"Geh in das Land, das ich Dir zeigen werde..."

Das Land Israel in der frühen rabbinischen Tradition und
im Neuen Testament

Europäische Hochschulschriften

Publications Universitaires Européennes
European University Studies

Reihe XXIII

Theologie

Série XXIII   Series XXIII

Théologie
Theology

Bd./Vol. 340

PETER LANG

Frankfurt am Main · Bern · New York · Paris

Katherine Elena Wolff

»Geh in das Land, das ich Dir zeigen werde...«

Das Land Israel in der frühen rabbinischen Tradition und im Neuen Testament

PETER LANG
Frankfurt am Main · Bern · New York · Paris

CIP-Titelaufnahme der Deutschen Bibliothek

Wolff, Katherine Elena:
"Geh in das Land, das ich dir zeigen werde": d. Land Israel in d.
frühen rabbin. Tradition u. im Neuen Testament / Katherine
Elena Wolff. - Frankfurt am Main ; Bern ; New York ; Paris :
Lang, 1989
   Europäische Hochschulschriften : Reihe 23, Theologie ;
   Bd. 340)
   Zugl.: Frankfurt (Main), Philos.-Theol. Hochsch. St.
Georgen, Diss., 1985
   ISBN 3-8204-1666-8

NE: Europäische Hochschulschriften / 23

ISSN 0721-3409
ISBN 3-8204-1666-8

© Verlag Peter Lang GmbH, Frankfurt am Main 1989
Alle Rechte vorbehalten.

Meinem Vater

HANS JULIUS WOLFF

zum Gedenken

INHALTSVERZEICHNIS

Zu Beginn ein Wort des Dankes

Der Weg, der in der Veröffentlichung dieser Arbeit nun zum Abschluß kommt, war ein langer, und er wäre nicht möglich gewesen, wenn nicht viele Menschen ihn in verschiedenster Weise mitgegangen wären. So sei an dieser Stelle ein Wort des Dankes gesagt an alle, ohne die dieses Buch nie zustande gekommen wäre.

An erster Stelle seien die Professoren der Philosophisch-Theologischen Hochschule St. Georgen in Frankfurt am Main genannt und insbesondere Prof. Dr. Johannes Beutler, SJ. Er hat mich als Dissertations-Moderator stets in seinen Lehrveranstaltungen und im persönlichen Austausch auf sehr partnerschaftliche Weise angeregt und ermutigt, und zugleich ließ er mich in großer Freiheit und Eigenständigkeit arbeiten. Während der Tübinger Zeit waren mir Prof. Dr. Gerhard Lohfink und Prof. Dr. Hans Peter Rüger mit ihren Lehrveranstaltungen und bei persönlichen Gesprächen eine große Hilfe. Auch den Professoren des Leo Baeck College in London sei gedankt, vor allem Dr. Jonathan Magonet und Dr. Louis Jacobs. Die Möglichkeit, eine Zeit am Leo Baeck College zu verbringen, war mir sehr wertvoll und ein großer Ansporn.

Frau Luise Vahle sei sehr herzlich für all ihre Schreibarbeit gedankt. Keine Mühe war ihr zu groß, und die Liebenswürdigkeit und das Interesse, mit denen sie immer wieder ans Schreiben ging, waren mir stets eine große Ermutigung.

Dem Verlag Peter Lang GmbH danke ich für die Aufnahme dieser Arbeit in die Reihe Europäische Hochschulschriften und für die Betreuung auf dem Weg hin zur Veröffentlichung. Herr Stephan Kanehl sei dabei besonders genannt.

Schließlich sei meiner Familie – vor allem meinen Eltern –, meiner Kongregation und Freunden nah und fern von Herzen gedankt. Ohne sie wäre diese Arbeit nicht nur nicht abgeschlossen, sondern nicht einmal begonnen worden. Ihre Ermutigung und Unterstützung – und damit ihr Mitgehen auf dem Weg – haben diesen erst ermöglicht. Den Schwestern meiner eigenen Gemeinschaft in Frankfurt sei insbesondere gedankt für das Verständnis und die Geduld, mit der sie mich durch diese Jahre begleitet haben.

Möge diese Arbeit, zu der so viele Menschen je auf ihre Weise
beigetragen haben, ein kleiner Schritt sein auf dem Weg zu
dem Frieden – zum Schalom –, den Juden und Christen erhoffen.

Frankfurt/Main, im Februar 1988

Katherine E. Wolff, NDS

Einleitung

Die vorliegende Arbeit, die im Hören auf die biblische und frühe rabbinische Tradition nach der Bedeutung des Landes Israel
im Neuen Testament fragt, hat ihren Ursprung sowohl in praktischen Erfahrungen des jüdisch-christlichen Gesprächs als auch
in einer persönlichen Betroffenheit durch den heutigen Staat
Israel. Im Bemühen, mit Christen auf die jüdische Tradition zu
hören, um so zu lernen, "welche Grundzüge für die gelebte religiöse Wirklichkeit der Juden nach ihrem eigenen Verständnis wesentlich sind"(1), und um dadurch auch zu einem vertieften Verständnis der christlichen Tradition zu gelangen, taucht des öfteren eine Schwierigkeit auf, wenn die Rede auf das Land Israel kommt. Daß das Judentum eine Religion ist, wird allgemein
und als selbstverständlich anerkannt. Daß diese Religion mit
einem Volk zu tun hat und daß dieses Volk als theologische
Größe zu sehen ist, bereitet ebenfalls normalerweise keine
Schwierigkeiten. Aber daß zu dieser Einheit noch eine dritte
Komponente gehört, nämlich der Bezug zu einem bestimmten Land,
und daß dieses Land ebenfalls als theologische Größe zu verstehen ist, stößt häufig auf Unverständnis und Widerspruch. Da
wird des öfteren das Urteil gefällt, diese Land-Dimension sei
Ausdruck des Verhaftetseins in einer materialistischen und dies-
seitigen Denkweise, und dieses Denken sei durch das Neue Testament - und also durch das Christentum - überwunden.

Von der entgegengesetzten Seite her gab vor einigen Jahren ein
schon vorhandenes Interesse und schließlich ein längerer Aufenthalt in Israel Anlaß zu positiver persönlicher Betroffenheit
und daraus hervorgehend zu der Frage, was dieses Land Christen zu sagen hätte, menschlich aber auch theologisch.

Diese beiden entgegengesetzten Ausgangspositionen kamen schließlich zusammen in der theologischen Frage, ob das Land im
Neuen Testament von irgendwelcher Bedeutung sei. Einerseits begegnete immer wieder die Auffassung, das Land spiele darin
keine Rolle und sei völlig spiritualisiert und also verschwun-

---

1   Richtlinien und Hinweise für die Durchführung der Konzils-
erklärung "Nostra Aetate", Art. 4. In: Richter, Klemens: Die
Katholische Kirche und das Judentum. Dokumente 1945-1980.
Deutsches Pax Christi Sekretariat, Frankfurt, S. 38.

den. Andererseits bleibt die Frage, wie ein solch völliges Spiritualisieren und Verschwinden möglich sei bei Verfassern, die zum größten Teil selbst Juden waren und von daher geprägt durch diese dritte Dimension des Judentums. Selbst wenn es ihnen um die Verkündigung Jesu des Christus ging, schien es nicht glaubwürdig, daß sie die so konkrete Dimension des Landes mit der ganzen Hoffnung, die sie enthält, einfach wie einen Mantel ablegen würden oder auch nur könnten.

Die vorliegende Arbeit versucht, auf diese Frage eine Antwort zu geben. Anders als die Untersuchung von W.D. Davies, "The Gospel and the Land. Early Christianity and Jewish Territorial Doctrine" (Berkeley, 1974), geht sie nicht von geographischen Gegebenheiten im Neuen Testament aus, sondern versucht vielmehr sozusagen zwischen den Zeilen zu lesen, um verborgene und in die christliche Verkündigung hineingearbeitete Landtraditionen zu erkennen. Die einzige andere bekannte Studie zu diesem Thema ist die unveröffentlichte Arbeit von Michelangelo Priotto, "Il significato della terra promessa nella vita e nel pensiero di Paolo" (Jerusalem, 1975), in der er sich mehr mit Jerusalem und dem Tempel auseinandersetzt, wie auch mit christologischen Aspekten, die in der vorliegenden Untersuchung mehr oder weniger ausgeklammert werden sollen.

Um das zu hören, was zwar zwischen den Zeilen aber als Teil des Gesamtgeflechtes gesagt wird, ist es notwendig, die rabbinische Tradition über das Land zu kennen. Daher ist ein großer Abschnitt dieser Arbeit diesen Traditionen gewidmet. Einige Autoren haben schon über dieses Thema geschrieben, wobei es meines Wissens sich immer um kürzere Artikel handelt, und eine größere Monographie noch nicht erschienen ist. Ein kurzer Überblick über die wichtigsten Erscheinungen zu diesem Thema wird genügen, um einen Eindruck davon zu geben.

Schon 1926 erschien ein Artikel von Samuel Klein: Das halachische Motiv משום ישוב ארץ ישראל in Jeschurun 13 (1926), S. 138-143.521f. Wie der Titel sagt, wird in diesem Artikel keine Übersicht über das Land in der frühen rabbinischen Tradition gegeben, sondern Klein setzt sich mit dem halachischen Prinzip, "mit Rücksicht auf die Besiedlung Palästinas", auseinander.

Ein kurzer Überblick erschien 1944 zunächst auf Hebräisch und dann 1950 in deutscher Sprache in dem Buch von Martin Buber, Israel und Palästina. Zur Geschichte einer Idee. DTV, München 1968. Buber beginnt mit einer biblischen Übersicht, der ein kurzes Kapitel über "die deutende und verklärende Lehre der talmudisch-midraschischen Epoche" folgt (a.a.O., S. 66).

14

1961 gab Abraham S. Halkin das Buch "Zion in Jewish Literature" heraus (New York 1961), zu dem Gerson D. Cohen das
wichtige Kapitel beitrug: Zion in Rabbinic Literature (a.a.O.,
S. 38-64). Darin bemerkt er, daß "In most expositions of Rabbinic theology, Palestine is singularly ignored as one of the
central pillars of Jewish religion." (a.a.O., S. 38). Er zeigt
dann an ganz konkreten Beispielen aus den rabbinischen Schriften, wie zentral das Land im Judentum ist.

Kurt Schubert veröffentlichte 1968 einen Artikel zum Thema "Das
Land Israel in der Sicht des rabbinischen Judentums" in dem
von Clemens Thoma herausgegebenen Buch "Auf den Trümmern
des Tempels. Land und Bund Israels im Dialog zwischen Christen und Juden", Freiburg 1968. Im selben Jahr erschien ein Artikel von M. Despina: La Terre d'Israel dans la liturgie juive,
in: Rencontre Chrétiens et Juifs 2 (1968), S. 220-227. Darin
gibt die Autorin einen kurzen aber dichten Überblick über die
Bedeutung des Landes im jüdischen Gebet und in der Feier von
Gedenktagen und Festen.

Von Clemens Thoma erschien 1970 der Beitrag: Das Land Israel
in der rabbinischen Tradition, in dem von W.P. Eckert, N.P.
Levinson und M. Stöhr herausgegebenen Band: Jüdisches Volk
- gelobtes Land. Die biblischen Landverheißungen als Problem
des jüdischen Selbstverständnisses und der christlichen Theologie. München 1970. Dieser Artikel eines christlichen Autors findet im selben Band seine jüdische Entsprechung in dem Beitrag
von Roland Gradwohl: Das Land Israel in der talmudischen Literatur. Beide Autoren geben einen kurzen Einblick, indem sie
gewisse Stichworte hervorheben.

Die nun begonnene Auseinandersetzung christlicherseits mit dem
Thema Land Israel findet einen weiteren Niederschlag in dem
1974 erschienenen Buch von W.D. Davies: The Gospel and the
Land. Early Christianity and Jewish Territorial Doctrine. Berkeley 1974, worin Davies auf einigen Seiten einen kurzen Überblick gibt über das Land in den frühen rabbinischen Quellen.
Der 1978 erschienene Artikel von Davies, La dimension "territoriale" du judaisme, in RSR 66,4 (1978), S. 533-568, setzt diese Thematik fort, wobei er darin der frühen rabbinischen Tradition nur wenige Seiten widmet.

1983 schließlich erschienen zwei wichtige Beiträge, der eine von
einem Juden und der andere von einem Christen geschrieben.
Shmuel Safrai veröffentlichte seinen Beitrag "The Land of Israel
in Tannaitic Halacha" in dem von Georg Strecker herausgegebenen Buch: Das Land Israel in biblischer Zeit. Jerusalemer Sym-

posium 1981 der Hebräischen Universität und der Georg-August-Universität Göttingen 1983, S. 201-215. Und im selben Jahr erschien ein Artikel von Günter Stemberger: Die Bedeutung des "Landes Israel" in der rabbinischen Tradition. Kairos 25 (1983), S. 176-199. Diese beiden zuletzt genannten Beiträge stellen in gewisser Hinsicht einen Neuansatz dar, indem der Beginn eines historisch-kritischen Umgangs mit frühen rabbinischen Texten zu spüren ist. Safrai spricht bewußt nur von tannaitischer Halacha (zu den Tannaim vgl. die Fußnote 1, S. 264), und Stemberger zeigt die Spannung auf zwischen palästinischem und babylonischem Talmud in bezug auf die Stellung des Landes.

Insofern es möglich ist, hier vom Beginn eines historisch-kritischen Ansatzes zu sprechen, ist es notwendig hinzuzufügen, daß ein solcher Ansatz in der Erforschung der rabbinischen Literatur noch ganz in den Anfängen steckt. In der vorliegenden Studie wird dieser Ansatz nicht aufgegriffen. Dazu wäre eine eigene Untersuchung – und zwar auf judaistischem Gebiet – erforderlich. Vielmehr wird im zweiten Teil dieser Arbeit versucht, einen Überblick zu geben, wie dies etwa von Cohen getan wurde. Das Unterscheidende dieser Studie ist dabei ihre Ausführlichkeit, die es ermöglichte, mehr Einzelheiten darzulegen und so den Reichtum der frühen rabbinischen Landtraditionen noch mehr zur Sprache kommen zu lassen. Dabei geht es, wie gesagt, nicht um eine historisch-kritische Analyse dieser Traditionen, sondern um die theologischen Aussagen, die darin enthalten sind. Indem sie so in ihrer Eigenaussage zur Geltung kommen, können sie gleichzeitig zu einem genaueren Hinhören auf das Neue Testament verhelfen.

Weder die rabbinische Tradition noch das Neue Testament können verstanden werden losgelöst von der Schrift, in der sie wurzeln und mit der sie sich auseinandersetzen. So gibt der erste Teil dieser Arbeit einen Überblick über die Bedeutung des Landes in den Büchern der "Schrift", wie sie das Neue Testament versteht. Auch dieser Überblick versteht sich nicht als historisch-kritische Exegese, sondern vielmehr als bibeltheologische Darstellung.

Ebensowenig will der erste Teil dieser Arbeit neue Forschungsergebnisse für den alttestamentlichen Bereich erarbeiten. Vielmehr sollen die rabbinischen Traditionen und neutestamentlichen Deutungen zum Thema Land Israel von ihrer Wurzel her situiert werden, und zwar in der Weise, wie die neutestamentlichen Verfasser und die Rabbinen die Schrift gesehen haben – in anderen Worten, nicht von einem historisch-kritischen Ansatz her. Von daher scheint es auch nicnt notwendig, alle Literatur über das Land Israel im Tenach zu berücksichtigen, vielmehr wurden nur die wichtigsten Erscheinungen der letzten Jahre zu Rate gezogen.

Das, was diese Studie angeregt hat, sagt gleichzeitig etwas aus über die Notwendigkeit der vorliegenden Untersuchung, die letztlich auf das Neue Testament hin abzielt. Seit der Erklärung des Zweiten Vatikanischen Konzils über das Verhältnis der Kirche zu den nicht-christlichen Religionen und insbesondere zum Judentum wächst die Erkenntnis, wie notwendig es ist, die Kirche von ihrer jüdischen Wurzel her zu verstehen und gleichzeitig die zum Christentum parallele nachbiblische Entwicklung des Judentums besser kennenzulernen. So sagt die vatikanische Verlautbarung vom 24. Juni 1985, "Hinweise für eine richtige Darstellung von Juden und Judentum in der Predigt und in der Katechese der katholischen Kirche" (Arbeitshilfen des Sekretariates der Deutschen Bischofskonferenz 44), im Teil über die Beziehungen zwischen Altem und Neuem Testament, daß Christen zwar "das Alte Testament im Lichte des Ereignisses von Tod und Auferstehung Christi lesen", daß dies "jedoch in keiner Weise den Wert des Alten Testaments in der Kirche (verringert) und ... die Christen nicht daran (hindert), ihrerseits die Traditionen der jüdischen Lektüre differenziert und mit Gewinn aufzunehmen." (vgl. II.6, a.a.O., S. 49 f.). Da für die jüdische Tradition der Schriftlektüre "Eretz Israel" ein wesentliches Element ist, könnte es großen "Gewinn" bringen, das Neue Testament gerade von dieser Lektüre her einmal abzuklopfen.

Damit ist eine weitere Eigenart dieser Studie mitgesagt. Ein Aspekt der jüdischen Schriftlektüre soll den Schlüssel geben, um von dieser Perspektive her einmal das Neue Testament zu sehen. In anderen Worten, die Schriften des Neuen Testamentes, die zum größten Teil - wenn nicht ganz - von Juden verfaßt wurden, die von ihrer Erfahrung mit und ihrem Glauben an Jesus her "die Schrift" neu deuten, sollen sozusagen mit jüdischen Augen betrachtet werden. Das heißt, jüdische Landtraditionen sollen der Boden sein, von dem her Fragen an das Neue Testament gestellt und Antworten gehört werden können. Dabei geht es allerdings nicht um die Frage, inwiefern jüdische Traditionen bzw. Zitate im Neuen Testament aufgenommen wurden. Vielmehr soll ein Kennen dieser Traditionen hellhöriger machen für Aussagen des Neuen Testamentes, um diese vielleicht auf etwas andere Weise und mit neuen Akzenten zu verstehen. Ebenso geht es nicht darum, rabbinische und neutestamentliche Traditionen einander gegenüberzustellen, miteinander zu vergleichen. Vielmehr wird der rabbinischen Schriftlektüre eine Art Schlüsselfunktion erteilt: sie soll einen neuen Verstehenshorizont für das

Neue Testament erschließen. Von daher schien es auch berechtigt, weder nach der Entstehungs- und Entwicklungsgeschichte einzelner Traditionen zu fragen, noch verschiedene Schichten zu analysieren oder miteinander zu vergleichen. Anders ausgedrückt, der Ansatz der Arbeit ist eher sozusagen rabbinisch. Die frühen Rabbinen haben die Schrift nicht historisch-kritisch analysiert, sondern nach ihren eigenen Methoden gedeutet. Dieser Auslegungsart liegt eine eher synchrone Betrachtungsweise zugrunde, wobei etwa Mose mit Akiba und Noach mit Abraham zusammengesehen werden können. Da es ihnen immer um das eine Wort Gottes geht, ist es den Rabbinen letztlich unerheblich, wenn zwei oder mehr von ihnen herangezogene und miteinander in Verbindung gebrachte Aussagen von den historischen Ereignissen oder der Niederschrift her hunderte von Jahren oder auch von Kilometern auseinanderliegen.

Mit all dem ist auch schon einiges zum methodischen Vorgehen in dieser Arbeit gesagt. Da sowohl das Neue Testament als auch die rabbinische Tradition im Tenach verwurzelt sind, ist es notwendig, in einem ersten Teil diese Wurzel kurz aufzuzeigen. Dabei sollen die Hauptthemen, die im Zusammenhang mit dem Land Israel zur Sprache kommen, dargestellt werden, wobei auch hier synchron vorgegangen wird. Im Anschluß an diesen ersten eher einführenden Teil folgen dann die beiden Hauptteile der Arbeit mit ihrer jeweiligen Fragestellung.

Im Kapitel über die frühen rabbinischen Traditionen sollen, ähnlich wie in Teil I, die verschiedenen Aspekte der Landtraditionen thematisch geordnet werden, wobei dies so weit wie möglich in Entsprechung zum ersten Teil geschehen soll. Dabei geht es um eine narrative Darstellung dessen, was Eretz Israel im Denken der frühen Rabbinen bedeutet hat. Anhand dieser Darlegung und mit Hilfe der Ergebnisse aus dem Tenach kann dann im dritten Teil zur eigentlichen Frage dieser Studie übergeleitet werden: welche Rolle spielt das Land Israel in der Theologie – oder den Theologien – der neutestamentlichen Verfasser? Dabei werden Stichworte, die sich in den beiden ersten Teilen als wesentlich ergeben, wie etwa Land, Ruhe und Erbe, als eine Art Leitfaden verwendet werden. Außerdem sollen einige von den Verfassern verwendete Zitate aus dem Tenach sowohl in ihrem ursprünglichen als auch in ihrem neutestamentlichen Kontext näher betrachtet werden. Auf diese Weise wird es möglich sein zu erkennen, ob und wie im Neuen Testament Landtraditionen übernommen und verarbeitet wurden.

Ein Anstoß zu dieser Arbeit wurde, wie gesagt, durch Erfahrungen im heutigen Staat Israel gegeben. Auch wenn diese Studie sich weder als politische noch als politisch-theologische versteht und auch nicht als solche verstanden werden will, besteht ein deutlicher Bezug auch zur Gegenwart des Staates Israel. Es wird nicht Stellung genommen zu einzelnen politischen Fragestellungen, die mit zu den vielen und komplexen Realitäten des heutigen Staates gehören, und es wird auch keine theologische Deutung politischer Ereignisse gegeben. Der Bezug ergibt sich vielmehr aus dem Wesen des Judentums, zu dem nach wie vor die Dimension des Landes gehört. Zu dem grundlegenden und allgemein-menschlichen Recht des jüdischen Volkes auf ein Land und einen Staat, in dem es nicht wie in der jahrhundertelangen Vergangenheit diskriminiert und verfolgt wird, kommt die religiöse Dimension hinzu. Nach wie vor ist der Bezug zu diesem bestimmten Land wesentlicher Bestandteil des Judentums. Und wenn auch sehr viele Israelis heute sich eher als säkularisiert verstehen, so bleibt dennoch die religiöse Deutung des Lebens im Land als erkennbares Zeugnis auch für die Völker. Von diesem Zeugnis her hat das Land nicht nur in bezug auf das Neue Testament der Kirche etwas zu sagen. Auch heute kann es Erinnerung sein an den konkreten und alltäglichen Vollzug eines Lebens aus dem Glauben in Gemeinschaft mit einem Volk von Glaubenden. Dieser Vollzug ist jeweils in einem bestimmten und begrenzten "Raum" zu leben, und gleichzeitig weist er über sich selbst hinaus auf das Reich Gottes hin, dem Juden und Christen gemeinsam und mit der ganzen Menschheit verbunden entgegengehen.

I.

DAS LAND IM TENACH

Der Herr sprach zu Abram:
Zieh weg aus deinem Land, von deiner Ver-
wandtschaft und aus deinem Vaterhaus in das
Land, das ich dir zeigen werde.
(Gen 12,1)

So spricht Gott, der Herr:
Nicht euretwegen handle ich, Haus Israel,
sondern um meines heiligen Namens willen,
den ihr bei den Völkern entweiht habt, wohin
ihr auch gekommen seid.
Meinen großen, bei den Völkern entweihten
Namen, den ihr mitten unter ihnen entweiht
habt, werde ich wieder heiligen. Und die Völker – Spruch Gottes, des Herrn – werden erkennen, daß ich der Herr bin, wenn ich mich
an euch vor ihren Augen als heilig erweise.
Ich hole euch heraus aus den Völkern, ich
sammle euch aus allen Ländern und bringe
euch in euer Land. Ich gieße reines Wasser
über euch aus, dann werdet ihr rein ... Dann
werdet ihr in dem Land wohnen, das ich euren Vätern gab. Ihr werdet mein Volk sein,
und ich werde euer Gott sein.
(Ezech 36,22-25.28)

Eine Arbeit, die der Bedeutung des Landes (Israel) in der frühen rabbinischen Tradition und im Neuen Testament nachgehen
will, kann nicht umhin, wenigstens in großen Zügen aufzuzeigen, welche Rolle das Land in den Schriften spielt, die von
Christen als "Altes Testament" und von Juden als "Tenach" bezeichnet werden. Sowohl die neutestamentlichen Schriftsteller als
auch die Rabbinen greifen Themen und Stichworte auf, die leicht
zu überhören sind, wenn die Überlieferung, an die sie anknüpfen, nicht bekannt ist. Aber neben dieser Gefahr kommt ein
noch grundsätzlicherer Gesichtspunkt hinzu: beide, sowohl Neues
Testament als auch die frühe rabbinische Tradition, verstehen

sich als eine Fortführung dieser Schriften. So sagt Norman Solomon über die erste Zeit nach Jesus bzw. der Zerstörung des Tempels: "Christians and Jews faced a similar problem. Both had to justify a faith and a pattern of life which were, from an objective historical point of view, different and even alien to the Hebrew scriptures they revered as the prime source of knowledge and truth. Both ended with what is essentially a new scripture linked to the old by eisegesis."(1) Ein Vergleich zwischen der Bedeutung des Landes in der rabbinischen Tradition und im Neuen Testament muß also zunächst fragen, aus welcher Quelle diese schöpfen. Nur von der ihnen gemeinsamen Wurzel her werden wir erkennen können, worin das je Spezifische liegt und inwieweit das Neue Testament von der mündlichen jüdischen Überlieferung in bezug auf das Land geprägt ist bzw. sich von ihr absetzt.

Das Land im Tenach(2) ist ein immenses Thema, das wie ein roter Faden durch die gesamte Schrift zieht, und das in fast jedem Buch ausdrücklich angesprochen wird. Gerhard von Rad schrieb 1943, zu einer Zeit, da dieses Thema in der Exegese noch gänzlich unbearbeitet war: "Es gibt im ganzen Hexateuch wohl keinen Gegenstand, der in gleicher Weise allen Quellen, und zwar in allen ihren Teilen, so wichtig ist wie das von Jahwe verheißene und dann verliehene Land."(3) Und dreißig Jahre später konnte Rolf Rendtorff sagen: "Wollte man **einen** Begriff, **ein** Thema wählen, an dem man die geschichtlichen Er-

---

1 Solomon, Norman: Division and Reconciliation. 1980 "St. Paul's Lecture", London 1980, S. 5.

2 Im folgenden soll vom Tenach die Rede sein statt vom "Alten Testament". Die allzu oft und lange vertretene christliche Ansicht, die "alt" im Sinne von "überholt" und ohne bleibenden Eigenwert versteht, legt eine andere Bezeichnung für diese Schriften nahe. Das Wort Tenach ist aus den Anfangsbuchstaben der drei Teile der Bibel Israels zusammengesetzt: Torah, Nebiim (Propheten) und Khetubim (Schriften). Die Bücher, die zur christlichen bzw. katholischen Bibel gehören aber nicht in den jüdischen Kanon aufgenommen wurden, sollen in einem getrennten Abschnitt am Ende dieses Kapitels behandelt werden, da sie ohnehin im oben ausgeführten Sinne nicht zur gemeinsamen Wurzel gehören.

3 von Rad, Gerhard: Verheißenes Land und Jahwes Land im Hexateuch. In: Gesammelte Studien zum Alten Testament, Bd. 1, München 1958, S. 87.

fahrungen des biblischen Israel und deren Niederschlag in seinem Glauben und Denken durch die Jahrhunderte und durch die
Bücher der Bibel hindurch verfolgen könnte, so würde sich kein
anderes dafür so sehr eignen wie: das Land."(4) Von den frühesten Schichten bis zum letzten nachexilischen Propheten des Tenach wird die Geschichte des Volkes Israel in engem Bezug zum
ihm verheißenen Land gedeutet, und auch in den Schichten, die
der späten Weisheitsliteratur zuzurechnen sind, klingt dieses
Thema an.

Es kann im Rahmen dieser Arbeit nicht darum gehen, eine ausführliche Darstellung des Landes im Tenach zu erarbeiten, in
der alle Gesichtspunkte berücksichtigt werden. So sollen die
Fragen rein historischer Art, wie der geschichtliche Ablauf der
Landnahme durch die Israeliten und die verschiedenen Grenzangaben für das Israel gegebene Land, außer acht gelassen
bleiben. Nur insofern diese historischen Gegebenheiten theologisch gedeutet werden, sollen sie an entsprechender Stelle aufgegriffen werden.(5) Ebenso wird in dieser Arbeit die Frage nach

----

4   Rendtorff, Rolf: Israel und sein Land. Theologische Überle-
    gungen zu einem politischen Problem, München 1975, S. 23.

5   Für die historischen Fragen sei zunächst auf den Bericht
    von Manfred Weippert verwiesen: Die Landnahme der israeli-
    tischen Stämme in der neueren wissenschaftlichen Diskus-
    sion. Ein kritischer Bericht. Göttingen 1967. Weippert
    referiert darin die Thesen Alts, Albrights und Menden-
    halls und kommt aufgrund eigener kritischer Auseinan-
    dersetzung zu dem Schluß, daß die These Alts in et-
    was veränderter Form der Realität am nächsten kommt.
    Demnach gab es zwei Phasen der "Landnahme". Zum er-
    sten wurden Nomaden auf friedliche Weise im kaum bewohn-
    ten Bergland seßhaft. In einer zweiten eher kriegerischen
    Phase haben die "Israeliten" Städte in der Ebene erobert.
    Eine zweite sehr wichtige Arbeit ist die von Roland de Vaux:
    Histoire ancienne d'Israel (I). Des Origines à l'installation
    en Canaan. Paris 1971; de Vaux geht dabei von archäologi-
    schen Funden aus. Eine weitere Studie zur historischen Fra-
    ge ist die von Annemarie Ohler: Israel, Volk und Land. Zur
    Geschichte der wechselseitigen Beziehungen zwischen Israel
    und seinem Land in alttestamentlicher Zeit. Stuttgart 1979.
    Dieser Studie liegt ein sozial-historischer Ansatz zugrunde,
    der m.E. zu interessanten Fragestellungen, aber zum Teil
    auch zu fragwürdigen Ergebnissen führt. Die Untersuchung

der Quellenzugehörigkeit nicht gestellt.(6) In seiner umfassenderen, aber leider nur zu einem kleinen Teil veröffentlichten Dissertation "Israels Hoffnung auf das Land"(7) geht Bernard Springer dieser Frage nach, indem er alle Schichten des Pentateuch nach ihrer theologischen Deutung des Landes untersucht, wie auch über den Pentateuch hinaus das Deuteronomistische Geschichtswerk und die Propheten Jeremia, Ezechiel und Deuterojesaja. So differenziert die Deutung des Landes in den verschiedenen Schichten ist, so sehr kommt Springer zu demselben Ergebnis wie Rendtorff(8): in allen Jahrhunderten und in jeder geschichtlichen Situation bleibt die enge Verbindung des Volkes Israel zu dem von Gott verheißenen (und wenigstens zeitweise gegebenen) Land. In seiner abschließenden Zusammenfassung schreibt Springer: "Zu verschiedenen Zeiten und aus verschiede-

----

Helmut Engels: Die Vorfahren Israels in Ägypten. Forschungsgeschichtlicher Überblick über die Darstellungen seit Richard Lepsius (1849). FTS 27. Frankfurt 1979, befaßt sich mit wissenschaftlichen Untersuchungen zu den historischen Anfängen des Volkes Israel bis einschließlich dem Exodus aus Ägypten. Landnahme und Landtraditionen als solche werden dabei höchstens am Rande berührt.

6   Auch dazu liegen Studien vor: so von G.Ch. Macholz: Israel und das Land. Vorarbeiten zu einem Vergleich zwischen Priesterschrift und deuteronomistischem Geschichtswerk. Heidelberg 1969 (Theol. Habil. Masch. Vervielf.) und von Peter Diepold: Israels Land. Stuttgart 1972, wo Diepold die Landauffassung im deuteronomischen Verständnis, bei Jeremia, im deuteronomistischen Geschichtswerk und in den deuternonomistischen Zusätzen zu Jeremia untersucht. Im Gegensatz zu Macholz sieht Diepold in den dtrjer Teilen im Buch Jeremia kerygmatische Neuansätze, durch die die Geschichte Israels nicht als beendet zu sehen ist, sondern die Grund zur Hoffnung geben: Gott selbst gibt einen neuen Anfang, indem er im Land einen neuen Bund schließt. Für Macholz hingegen, der laut Diepold mit Recht die dtrjer Texte aus dem dtrG ausschließt, ist die Geschichte Israels mit dem Exil - und damit mit dem Verlust des Landes und des Tempels - zu Ende. Für ihn ist dies die letzte Aussage des dtrG.

7   Springer, Bernard: Israels Hoffnung auf das Land. Eine Studie zum Inhalt der Landverheißung im Alten Testament. Wien - Rom 1976. Davon veröffentlicht: Die Landverheißung im Deuteronomistischen Geschichtswerk. Rom 1976.

8   Vgl. oben S. 22f.

nen Anlässen hat Israel seine Geschichte dargestellt und über
seinen Ursprung nachgedacht. Diese Geschichte beinhaltet wesentlich die Erwählung des Volkes und seine Bestimmung, von Gott
geführt, in das verheissene Land zu ziehen."(7) Und: "Die Dimension dieser Verheissung macht jenes Land zu einer hochtheo-
logischen Realität, die thematisch alle Bereiche des AT durch-
dringt."(9)

Im ersten Teil dieser Arbeit, der die zwei Hauptkapitel über
das Land in der frühen rabbinischen Tradition und im Neuen
Testament sozusagen "verwurzeln" soll, werden also weder die
historischen Fragen bezüglich Landnahme und Grenzen des Landes behandelt, noch soll nach der Quellenzugehörigkeit gefragt
werden. Das Anliegen dieses ersten Teiles ist vielmehr eher
"naiver" Art: welche Vorstellungen über das Land haben die frühen Rabbinen und die neutestamentlichen Verfasser geprägt?
Und daraus folgend: welche Fragen und welche Erwartungen bezüglich des Landes sind in ihre Schriften miteingegangen? Um
diese Fragen zu beantworten, ist es nicht nötig, nach geschichtlichen Abläufen und Quellenzugehörigkeit zu forschen. Das Interesse der rabbinischen und der neutestamentlichen Verfasser galt
nicht diesen Dingen (ganz abgesehen davon, daß sie vermutlich
nichts von Quellenscheidung wußten!). Ihre Fragen und die Antworten, die sie darauf fanden, waren vielmehr existenziell-theo-
logischer Art(10), und sie gingen dabei von dem biblischen Text
aus, so wie er ihnen vorlag.

Das wird auch die Methode dieses ersten Teiles sein: anhand
des biblischen Textes soll kurz aufgezeigt werden, welche Bedeutung das Land im Tenach hat. Dabei wird nur nach den
theologischen Dimensionen gefragt, und auch darin können nicht
alle Gesichtspunkte berücksichtigt werden – was im Rahmen dieser Arbeit auch nicht als nötig erscheint. Also auch bei dieser
Methode soll etwa eine detaillierte Schilderung der biblischen
Grenzangaben ausgeklammert bleiben, außer insofern sie theologische Aussagen machen. Allerdings sei hier mit allem Nach-
druck gesagt: selbst wenn diese Studie sich auf die theologischen Dimensionen des Landes beschränkt, darf nie vergessen

---

9   Springer, Bernard: a.a.O., S. 288.

10 Dies ist nicht in einem abstrakt-spekulativen Sinn zu ver-
    stehen. So waren für die Rabbinen die halachischen Fragen
    von erstrangiger Bedeutung: welche **Praxis** ist geboten auf-
    grund der neuen Situation seit der Zerstörung des Tempels
    – eine Situation, die für viele auch Leben außerhalb des
    Landes bedeutete.

werden, daß es sich immer um ein ganz bestimmtes Land handelt. Mit dem verheißenen Land ist nie – auch nicht in den spätesten Schichten des Tenach – eine bloß spirituelle Größe gemeint. Vielmehr ist immer die Rede von einem ganz konkreten geographischen Gebiet. Selbst wenn die Grenzen dieses Gebietes unklar bleiben, gemeint ist das spätere "Palästina" – das verheißene Land ist das Land Kanaan, das Land der "Hetiter, Girgaschiter und Amoriter, Kanaaniter und Perisiter, Hiwiter und Jebusiter" (so z.B. Dtn 7,1).(11)

1. DAS LAND ALS VERHEISSUNG AN DIE VÄTER

Die Sicherheit, mit der Israel um ein bestimmtes Land weiß und es als das seine betrachtet, selbst dann, wenn es dieses Land nicht besitzt, wurzelt in der Verheißung Gottes an Abraham bzw. an die Väter Abraham, Isaak und Jakob. Immer wieder wird in der Bibel auf diese Verheißung Bezug genommen: weil Gott dem Abraham das Land "zugeschworen" hat, und weil Gott seinem Schwur die Treue hält, kann sich Israel auf diese Verheißung berufen und sich durch alle Bedrängnisse hindurch auf das ihm zugesicherte Land hin ausrichten.(12) So ist häufig ein Rückverweis an die Väterverheißung zu lesen – selbst dann, wenn der Text nicht von Abraham, Isaak oder Jakob handelt (so z.B. in Ex 32,13; 33,1; Num 11,12; Jos 1,6; 21,43 f.; und Jer 32,22 und noch etliche mehr). Man kann also sagen, die Verheißung des Landes an Abraham – und mit ihm an Isaak und Jakob – ist das Fundament, auf das Israel in seiner Beziehung zum Land immer wieder baut.(13)

Die Verheißung an Abraham bzw. an die Väter enthält mehrere Elemente. Sie begegnet zum ersten Mal in Gen 12,1-3. In diesem

---

11 Alle biblischen Zitate in deutscher Sprache sind entnommen aus: Die Bibel. Einheitsübersetzung der Heiligen Schrift Altes und Neues Testament, Aschaffenburg 1980.

12 Vgl. dazu: Lohfink, Norbert: Die Landverheißung als Eid. Eine Studie zu Gn 15 (SBS 28), Stuttgart 1967. Und Giesen, Georg: Die Wurzel שבע "schwören". Eine semasiologische Studie zum Eid im Alten Testament. BBB 56. Königstein 1981.

13 Vgl. dazu: Springer, Bernard: Israels Hoffnung, insbesondere das Kapitel über die Priesterschrift, S. 161-185.

Text fällt auf, daß zunächst nicht direkt von einer Landverheißung gesprochen wird. Viel deutlicher ist die Verheißung zahlreicher Nachkommen und der Segen, der Abraham zugesichert
wird. Erst in V. 7 wird das Land ausdrücklich verheißen. In
vielen Texten ist die Landverheißung mit der Zusicherung von
Nachkommen verbunden (so z.B. Gen 13,14-17; 28,3f.); in anderen steht das Versprechen zahlreicher Nachkommen für sich allein (etwa Gen 22,17; 32,13). Schließlich kommt in manchen Texten ein weiteres Element hinzu, nämlich die Verheißung einer
neuen besonderen Beziehung zwischen Gott und den Vätern bzw.
deren Nachkommen (so etwa Gen 17,8; 28,15; Dtn 31,8).(14)

Im Rahmen dieser Arbeit soll uns das Verheißungselement der
Nachkommenschaft nicht näher beschäftigen außer insofern darin
deutlich wird, daß das den Vätern verheißene Land auch eine
Verheißung an deren Nachkommen ist.(15) Bernard Springer hat
darauf hingewiesen, daß die Landverheißung und die Verheißung
der Nachkommenschaft nur in den Väterüberlieferungen miteinander verbunden werden, so daß darin das Fundament des "großen Volkes" und dessen Verbindung zu einem bestimmten Land
gelegt wird. Er kommt zu dem Ergebnis: "Ausserhalb der Genesis finden wir bloss einen Rückverweis auf die Nachkommensver-
heissung in dem Fürbittgebet des Mose für sein Volk (Ex 32,13).
Bezeichnenderweise geht es hier um die Weiterexistenz des sünd-
haften Volkes. Die Verheissung zahlreicher Nachkommenschaft ist
ausserhalb der Väterzeit uninteressant geworden; Abrahams
Nachkommen sind bereits zum grossen Volk geworden."(16) Der
Frage nach dem "Segen", der in manchen Texten verheißen wird,
soll in unserem Zusammenhang ebenfalls nicht nachgegangen
werden. Das Verheißungselement der besonderen Beziehung zwischen Gott und den Vätern bzw. deren Nachkommen wird jedoch
weiter unten aufgegriffen, insofern diese Beziehung in einem Zusammenhang steht mit dem Land und Aufschluß gibt über dessen Bedeutung.

Eine Behandlung der einzelnen Texte, in denen von der Väterverheißung gesprochen wird, ist im Rahmen dieser Arbeit nicht

----

14 Für eine Aufstellung der Verheißungstexte mit ihren einzel-
    nen Elementen vgl. von Rad, Gerhard: Verheißenes Land,
    S. 87.

15 Die Frage, ob die Erfüllung dieser Verheißung sogar den
    Nachkommen vorbehalten ist unter Ausschluß der Väter selbst,
    soll uns weiter unten beschäftigen (s. 2. Abschnitt).

16 Springer, Bernard: Israels Hoffnung, S. 23f.

möglich und auch nicht nötig. Sowohl in diesem Abschnitt als auch in den folgenden Teilen scheint es sinnvoller, die wiederkehrenden Begriffe bzw. Elemente aufzuzeigen, um so eher zu einem Gesamtbild des Landes in der Hebräischen Bibel zu kommen. Folgende Texte werden der Untersuchung des Landes in der Väterverheißung zugrundegelegt:(17)

Gen	12,1-9; 13,14-18; 15,1-21; 17,1-27; 26,1-6; 28,1-22; 35,1-15; 48,1-22; 50,22-26
Ex	32,1-16; 33,1-6
Num	11,12; 14,23
Dtn	9,5f.; 9,25-29; 30,20; 31,7; 34,1-5
Jos	1,6; 21,43-45; 24,3 f.
Ri	2,1
Neh	9,7 f.
Jer	32,22

Der erste Begriff, der in den Texten der Väterverheißung auffällt und der sehr häufig wiederkehrt, ist "geben" (נתן).(18) So wie Gott derjenige ist, der den Vätern die Verheißung zuspricht, so ist er auch das Subjekt von "geben". Er allein gibt das Land, und zwar sowohl den Vätern als auch ihren Nachkommen.(19) Auffallend ist dabei, daß nie eine Bedingung an dieses Geben geknüpft ist. Im Gegenteil, in Dtn 9,6 wird sogar ausdrücklich gesagt, daß Israel eine eventuelle Bedingung nicht erfüllt hätte. Und doch soll es in das Land hineinziehen und

---

17 Diese wie auch die folgenden Textangaben erheben keinerlei Anspruch auf Vollständigkeit bezüglich der biblischen Texte, in denen die angesprochenen Themen behandelt oder erwähnt werden. Querverbindungen, die zu einer Wiederholung oder aber zu einer einmaligen Erwähnung bestimmter Texte in einem oder mehreren Zusammenhängen führen, sind bei einer Studie, wie in diesem Kapitel, mitgegeben.

18 Vgl. **Gen** 12,7; 13,15.17; 15,7.18; 26,3.4; 28,4.13; 35,12; 48,4; **Ex** 32,13; **Dtn** 30,20; 31,7; **Jos** 1,6; 21,43; **Neh** 9,8; **Jer** 32,22. Vgl. Labuschagne, C.J.: נתן ntn geben. In: THAT, Bd. 2, München 1976, Sp. 139 f.

19 Vgl. dazu: Buber, Martin: Israel und Palästina. Zur Geschichte einer Idee, München 1968, S. 30 f.

es in Besitz nehmen (Dtn 9,5). Die Gabe, die den Vätern verheißen wird, ist eine bedingungslose. Gott ergreift die Initiative, er will geben, und er steht zur verheißenen Gabe, die er eidlich zugesichert hat. An diese bedingungslose Verheißung läßt er sich dann auch im Laufe der Geschichte Israels erinnern, um so um Erbarmen und Treue angerufen zu werden (wie etwa Neh 9,8; Jer 32,22).

Damit ist schon ein zweiter Begriff angesprochen, der in den Väterverheißungstexten wiederholt begegnet: "schwören" (שבע).
(20) Gott leistet einen Schwur, daß er den Vätern und ihren Nachkommen das Land geben wird: "man sieht damit ... Gott sich selbst verpflichten, ja: vereidigen, seinen Angehörigen das Land zu geben."(21) Und wieder fällt auf, daß dieser Eid ohne Bedingung geleistet wird. Ähnlich wird auch das Wort "sagen", "sprechen" verwendet (אמר oder דבר).(22) Gott sagt das Land zu, er hat sein Wort gesprochen. Dieses einmal gesprochene Wort ist so unwiderruflich wie sein Wort bei der Schöpfung (Gen 1: אמר).

In diesem selben Zusammenhang ist auch vom Bund (ברית) die Rede, der geschlossen wird bzw. der niemals aufgehoben wird.
(23) Norbert Lohfink kommt zu dem Ergebnis, daß Gen 15,18 zur ältesten Schicht der Väterverheißungstexte zuzurechnen ist und gleichbedeutend ist mit dem Leisten eines Eides. So schreibt er: "Wir können also zusammenfassend sagen, daß sich krt b^erît nicht vom Grundsinn her, sondern erst in gegebenem Zusammenhang als 'Bund schließen' (nämlich 'Bund durch Eidablegung schließen') verstehen läßt. Die eigentliche Bedeutung ist die der Selbst- oder Fremdverpflichtung, meistens durch Eid - in dem Fall, von dem der Ausdruck hergenommen ist, durch Eid unter Setzung des Selbstverfluchungssymbols der zu durchschreitenden zerteilten Tiere. 'Verheißen' allein heißt krt b^erît nicht, es meint immer die Verstärkung und Absicherung einer Verheißung oder Zusage durch Eid oder ähnliches. Wir müßten also

---

20 Vgl. **Gen** 26,3; 50,24; **Ex** 32,13; 33,1; **Num** 11,12; 14,23; **Dtn** 9,5; 30,20; 31,7; 34,4; **Jos** 1,6; 5,6; 21,43.44; **Ri** 2,1; **Jer** 32,22.

21 Marquardt, Friedrich-Wilhelm: Die Juden und ihr Land, Hamburg 1975, S. 22.

22 Vgl. **Gen** 26,2; 28,15; **Neh** 9,8.

23 Vgl. **Gen** 15,18; 17,2.7.9-14; **Ri** 2,1 f.; **Neh** 9,8.

für Gen 15 eine Verpflichtungshandlung, am ehesten einen Eid erwarten, und nur wenn der Zusammenhang es fordert, könnte auch die Bedeutung 'Bund, Vertrag' angenommen werden.(24) Entsprechend dieser Bedeutung ist auffallend, daß in Gen 15,1-21 - wie in den oben genannten Texten - bei diesem Bundesschluß keine Bedingung an Abraham gestellt wird.

Dies gilt jedoch nicht für alle Texte, in denen die Landverheißung an die Väter im Kontext des Bundes gesehen wird. In Gen 17,9-14 ist erstmals eine Entsprechung zwischen der Initiative Gottes und dem Verhalten Abrahams und seiner Nachkommen zu sehen: Abraham und seine Nachkommen sollen den Bund Gottes halten, indem sie die Beschneidung praktizieren. Und in Ri 2,1f. wird eine Entsprechung dadurch gefordert, daß Israel keinen Bund mit den Bewohnern des Landes schließen darf und ihre Altäre niederreißen soll. Zum ersten Mal wird deutlich, daß die Initiative Gottes in der Landverheißung an Abraham, Isaak und Jakob eine Änderung im konkreten Leben der Väter und ihrer Nachkommen zur Folge haben soll. Die Forderung in Ri 2,2 bezieht sich zwar nicht mehr auf die Väter, sondern erst auf Israel zur Zeit der Landnahme unter Josua; aber in Gen 17,9 ist Abraham ausdrücklich angesprochen. Auch er ist zur Beschneidung verpflichtet - eine Verpflichtung, die so schwerwiegend ist, daß in V. 14 ein Unbeschnittener von diesem Bund ausgeschlossen wird.

Diese Forderung zur Entsprechung, zur Gegenseitigkeit, macht deutlich, daß die Landverheißung mit der Beziehung zwischen Gott und dem Empfänger der Verheißung zu tun hat. In Gen 17,8 wird dies ausdrücklich gesagt: "Dir und deinen Nachkommen gebe ich ganz Kanaan ... für immer zu eigen, und ich will dein Gott sein." Wie wir schon bei den Elementen der Väterverheißungstexte sahen, klingt diese besondere Beziehung auch in anderen Texten an.(25) Es geht nicht nur um eine neue Wohnstätte für die Väter und ihre Nachkommen, sondern um ein neues Verhältnis zwischen ihnen und Gott: Gott will **ihnen** Gott sein, mit ihnen sein, sie behüten und sie nicht verlassen. Rolf Rendtorff schreibt über Gen 17,8 (gekoppelt mit Lev 25,38): "Es

---

24 Lohfink, Norbert: Landverheißung, S. 107. Dagegen ist G. Giesen der Ansicht, daß das Leisten eines Eides durch Gott eher später zu datieren ist. Vgl. Giesen, G.: Wurzel, S. 237f . und 249-254.

25 Vgl. oben S. 27: **Gen** 17,8; 26,3; 28,15; **Dtn** 31,8.

wird hier geradezu als **eine** Zielsetzung des Heilshandelns Gottes an Israel verstanden: 'euch das Land zu geben **und** euer Gott zu sein' - fast könnte man sagen: 'und **damit** euer Gott zu sein.'"(26)

Die Forderung an die Israeliten in Ri 2,2, die Altäre der Bewohner des Landes niederzureißen, findet gewissermaßen eine Entsprechung darin, daß wiederholt geschildert wird, wie die Väter im verheißenen Land einen Altar errichten.(27) Im Land angekommen, sollen sie diese neue Beziehung nun zum Ausdruck bringen. Darin wird nicht nur gesagt, daß dies das zugesprochene Land ist, sondern es wird deutlich, daß eine Verbindung besteht zwischen dem Geber des Landes und dessen Empfänger, und daß das Land der Ort ist, wo diese Verbindung zu leben ist. Hier ist der Ort der Begegnung zwischen Gott und Mensch, wie es etwa der Text Gen 28,10-22 schildert. Martin Buber sagt dies auf andere Weise, wenn er über Gen 12,1-7 schreibt: "In Haran heißt Gott seinen Erwählten in das Land gehen, 'das ich dich sehen lassen werde'. In Sichem sieht er es - und erst hier läßt Gott auch sich selber zum erstenmal von ihm 'sehen' (V 7). In Haran 'sprach' er nur zu ihm; erst jetzt, in Kanaan, hören wir von jenem Angesicht-zu-Angesicht vor Gott stehen, das die Schrift das Sehen Gottes nennt, und dies ist die erste Stelle der Schrift, wo wir davon hören: der Mann, dem Gott das Land zu sehen gibt, ist der erste, der ihn sieht."(28) Wenn wir bedenken, an welcher Stelle der Ruf und die Verheißung an Abraham in Gen 12,1-9 stehen, nämlich nachdem das Buch Genesis bis Kapitel 11 von der Entfremdung zwischen Gott und den Menschen berichtet hat, dann wird noch deutlicher, wie sehr der Ruf Abrahams in ein neues Land einen Neubeginn setzt.

In den Texten, die von der Väterverheißung selbst handeln oder darauf verweisen, finden sich noch einige andere Begriffe, die von Bedeutung sind. So begegnet häufig das Verb ירש: beerben, in Besitz nehmen, sich bemächtigen.(29) Allerdings

----

26 Rendtorff, Rolf: Israel, S. 26.

27 Vgl. **Gen** 12,7.8; 13,18; 35,1.3.7; das Errichten des Steinmales, über das Öl gegossen wird, kann wohl ebenfalls in diesem Zusammenhang erwähnt werden: **Gen** 28,18.22; 35,14.

28 Buber, Martin: Israel, S. 33 f.

29 Schmid, H.H.: ירש jrš beerben in: THAT, Bd. I, München 1978 (3. Aufl.), Sp. 778-781.

sind es hier nicht die Väter selbst, sondern ihre Nachkommen, die das Land in Besitz nehmen sollen.(30) Ähnliches läßt sich über den Begriff des Erbbesitzes sagen (נחלה), der auch gelegentlich in den hier angeführten Texten erscheint.(31) Da diese Begriffe im Grunde in einem anderen Zusammenhang stehen und nicht eigentlich zur Väterverheißung gehören, sollen sie weiter unten behandelt werden.

Allerdings führt nicht jeder Ausdruck des Besitzes weg von den Vätern und der Verheißung an sie. Im oben schon zitierten Text, Gen 17,8, hören wir von einem ewigen Besitz, der Abraham verheißen wird; und in Gen 48,4 wird von derselben Verheißung an Jakob berichtet. Beide Male wird der Begriff אחזת עולם verwendet. Die Frage nach der Besitznahme des Landes durch die Väter soll, wie schon erwähnt, in einem folgenden Teil erörtert werden, so daß wir auch diesen Begriff hier nur nennen wollen.

Eine letzte Begriffsgruppe schließlich führt ebenfalls über diesen Teil hinaus: Die Verben herausgehen bzw. -führen und hinaufgehen (יצא und עלה). Diese Verben begegnen mehrmals in den hier behandelten Texten.(32) Da sie aber eher zur Exodustradition gehören als zur Väterverheißung, sollen sie im entsprechenden Abschnitt weiter unten näher betrachtet werden.

Die Überlegungen zum Land als Verheißung an die Väter sollen hiermit zum Abschluß kommen. Anhand der in diesem Abschnitt behandelten Texte wurde versucht aufzuzeigen, daß die Verheißung an die Väter das Fundament ist, auf das Israel durch seine weitere Geschichte hindurch aufbaut, und auf das es immer wieder zurückverweist. Die Initiative Gottes als Geber des Landes und seine durch einen Eid zugesicherte Verheißung sind dabei von grundlegender Bedeutung. Es hat sich erwiesen, daß auch dann, wenn diese Verheißung den Vätern bedingungslos zugesagt wird, sie eine neue Beziehung zwischen Gott und dem Empfänger der Verheißung stiftet: der Geber des Landes will den Vätern und ihren Nachkommen Gott sein, und zwar in dem Land, das er ihnen gibt. So kann F.-W. Marquardt schrei-

---

30 Vgl. **Gen** 15,7.8; 28,4; **Dtn** 9,5.6; **Jos** 21,43; 24,8.

31 Vgl. **Ex** 32,13; **Dtn** 31,7; **Jos** 1,6.

32 Vgl. **Gen** 15,7; **Ex** 32,12; **Dtn** 9,28; **Neh** 9,7 für יצא ; **Gen** 50,24; **Ex** 33,1; **Ri** 2,1 für עלה Vgl. hierzu Wehmeier, G.: עלה 'lh hinaufgehen. In: THAT, Bd. 2, Sp. 272-290.

ben: "In der Landverheißung ist Gott inne, sie enthält ihn
selbst ... Das niedrigste Materielle, Land, und das höchste Gei-
stige, Gott, sind in der Landverheißung durch Gottes Schwur
zusammengebunden ..."(33). Diese Bindung, von der der ganze
Tenach handelt, hat ihren Ursprung in der Verheißung an Abraham, Isaak und Jakob - eine Verheißung, die von Anfang an
deren Nachkommen mitmeint.

2. DIE BESITZNAHME DES LANDES DURCH DIE VÄTER

Betrachtet man die Texte der Landverheißung an die Väter, so
fällt auf, daß sie eine unerwartete Spannung in sich enthalten:
immer wieder berichtet die Bibel von der göttlichen Verheißung
eines Landes an die Väter. Aber wem will Gott eigentlich dieses
Land geben? Einmal heißt es, Gott werde es den Vätern selbst
geben;(34) ein anderes Mal wird es ihnen für ihre Nachkommen
verheißen;(35) und in einer dritten Aussage wird es ihnen und
ihren Nachkommen gegeben.(36) So stellt sich die Frage: haben
die Väter schon das Land in Besitz genommen? Hatten sie selbst
Anteil an der Erfüllung der Landverheißung? Gerhard von Rad
schreibt über diese innerbiblische Spannung: "... jene Landverheißung des Gottes der Väter war ursprünglich eine sehr direk-
te und einfache ... Beim Jahwisten aber ist die Landverheißung
an die Väter ausgerichtet auf die Erfüllung der Josuazeit; sie
ist in ihrer Direktheit merkwürdig gebrochen, und so ist jenes
eigentümlich dialektische Verhältnis der Väter zu dem Land ent-
standen, d.h. zu der Erfüllung des ihnen Verheißenen: es ist
ihnen zugesprochen kraft göttlichen Schwurs, aber sie besitzen
es noch nicht; noch ist es das Land ihrer Fremdlingschaft."(37)

Gerhard von Rad schreibt über die jahwistischen Texte. Peter
Diepold hat seinerseits einen ähnlichen Befund in den Texten
des Deuteronomium aufgezeigt. Diesbezüglich schreibt er zusam-

----

33 Marquardt, F.-W.: Juden, S. 22 f.

34 Vgl. **Gen** 13,17; 15,7.8; 28,4.

35 Vgl. **Gen** 12,7; 15,18; 26,4; 48,4; **Ex** 32,13; 33,1; **Dtn** 34,4.

36 Vgl. **Gen** 13,15; 17,8; 26,3; 28,13; 35,12.

37 von Rad, Gerhard: Verheißenes Land, S. 90 f.

menfassend: "Der Schwur Jahwes ergeht immer an die Väter, nie an Israel, sein Inhalt ist die Landgabe an Israel, nie an die Väter."(38) Aber sowohl Gerhard von Rad als auch Peter Diepold kommen anhand einer bestimmten Quellenschicht zu diesem Ergebnis. Indem Diepold auch andere Quellenschichten betrachtet, ist es ihm nicht mehr möglich, das Verhältnis der Väter zum verheißenen Land nur als Wohnen im Land ihrer Fremdlingschaft oder ausschließlich als ein Empfangen der Verheißung, nicht aber der Erfüllung derselben zu verstehen. So schreibt er in bezug auf die deuteronomistischen Zusätze bei Jeremia: "Auffällig ist ..., daß die Väter nicht nur die Empfänger des Schwures, sondern bereits auch schon die Empfänger des Landes sind."(39) In der Behandlung dieser Frage wollen wir folgende Texte berücksichtigen:

Gen 12,1-9; 13,14-18; 15,1-21; 17,1-27; 23,1-20; 26,1-6; 28,1-22; 35,1-15.27-29; 47,29-31; 48,1-7; 49,29-50,13; 50,24 ff.

Ex 13,19; 32,16; 33,1.

Dtn 34,1-6

Jos 24,29-33

Ri 2,8 f.

Auf die verschiedenen Adressaten der Landverheißung wurde oben schon hingewiesen. Betrachtet man die Texte näher, so fällt auf, daß für alle drei Väter mindestens ein Beispiel zu finden ist, in dem auch ihm selbst das Land zugesagt wird: für Abraham in Gen 13,17 und 15,7.8, für Isaak in Gen 26,3 (zusammen mit seinen Nachkommen) und für Jakob in Gen 28,4. Eine persönliche Zusage in Verbindung mit den Nachkommen findet sich häufiger.(40)

Dem gegenüber stehen die Texte, die von der Fremdlingschaft der Väter im Land sprechen. Auch hier werden alle drei Väter ausdrücklich genannt: Abraham in Gen 17,8 und 23,4, Isaak in Gen 26,2 f. und 35,27 (zusammen mit Abraham) und Jakob in Gen 28,4 – und alle drei in Ex 6,3 f. In allen sechs Texten wird eine Form von גור verwendet: "als Fremdling weilen", "Gast, Schützling, Klient", "der niedergelassene Fremde ...,

----

38 Diepold, Peter: Israels Land, Stuttgart 1972, S. 77 f.

39 Diepold, Peter: Land, S. 158.

40 Vgl. **Gen** 13,15; 17,8; 28,13; 35,12.

der sich für eine gewisse Zeit im Land etabliert hat und dem daher ein besonderer Status zuerkannt wird"(41) – ein besonderer Status, aber von Landbesitz im Sinne der Verheißung kann bei einem solchen Fremdling nicht die Rede sein. Die Spannung, die zwischen dieser Fremdlingschaft und der von Gott zugesagten Verheißung liegt, kommt in Gen 17,8 in konzentrierter Form zum Ausdruck: das Land, in dem Abraham als Fremdling lebt, wird auch ihm zum ewigen Besitz (אחזת עולם) gegeben.(42)

Der Text Gen 23,1-20 greift diese Spannung auf und bietet eine Lösung. In V.4 stehen wieder die beiden Begriffe nebeneinander: גר und אחזה, dieses Mal als Grabbesitz (אחזת ‑ קבר). Damit wird das Thema der Begräbnisstätte im Land eingeführt, das in gewisser Hinsicht die Spannung zwischen der Fremdlingschaft der Väter und der Landverheißung an sie persönlich auflöst. Diesem Thema soll nun nachgegangen werden.

Der Schlüsseltext ist Gen 23,1-20: nachdem Abraham sich ausdrücklich als "Fremdling und Beisasse" bezeichnet hat, wird in allen Einzelheiten geschildert, wie er ein Grab als Eigentum erwirbt. Herbert Chanan Brichto hat aufgezeigt, wie sehr im Altertum ein gutes Weiterleben nach dem Tod abhängig gesehen wurde vom Begräbnis des Verstorbenen. Von daher war die Begräbnisstätte von sehr großer Bedeutung. Hinzu kam die enge familiäre Bindung durch Generationen hindurch, die sich in der besonderen Verbindung zum Land, dem Ort des Begräbnisses, äußerte. So schreibt Brichto: "Property ... was essentially a religious concept, particularly real property. The family was attached to the soil as the notion of the burial place as the ancestral home was extended to the surrounding fields."(43) Und er spricht vom "all-important tie between sepulture and ownership" und sieht in Abrahams Kauf von Machpela ein unüberbietbares Beispiel dafür.(44) Brichto faßt schließlich den Zusammenhang zwischen Grabstätte und Nachkommenschaft folgendermaßen zusammen: "Death does not constitute dissolution but

---

41   Martin-Achard, R.: נור gur als Fremdling weilen in: THAT, Bd. 1, Sp. 409 f.

42   Auch Jakob wird in Gen 48,4 solch ewiger Besitz (אחזת עולם) zugesagt.

43   Brichto, Herbert Chanan: Kin, Cult, Land and Afterlife – a Biblical Complex, in: HUCA 44, Cincinnati 1973, S. 5.

44   Brichto, Herbert Chanan: a.a.O., S. 9.

rather a transition to another kind of existence, an afterlife in the shadowy realm of Sheol. The condition of the dead in this afterlife is, in a vague but significant way, connected with proper burial upon the ancestral land and with the continuation on that land of the dead's proper progeny."(45) So ist es nicht weiter verwunderlich, wenn der Anfang des Besitzes im Land der Verheißung in Form eines Grabes gemacht wird, und wenn dieses Grab auch für die Nachkommen Abrahams von großer Bedeutung ist, wie wir weiter unten sehen werden. Dieser Besitz gilt schon für Abraham und die verstorbene Sara, die dort begraben wird, und er gilt für die Nachkommen Abrahams, denen das Land ebenfalls verheißen ist.

Auf diesen Besitz kommen die biblischen Texte wiederholt zu sprechen, wenn sie von den unmittelbaren Nachkommen Abrahams handeln, von den Vätern, die wie er als Fremdlinge im Land lebten. Sowohl von Isaak als auch von Jakob wird ausdrücklich berichtet, sie seien in Mamre, in der Grabstätte, die Abraham als Eigentum erworben hatte, begraben worden.(46) Wie sehr dies von Bedeutung ist, wird auch in Gen 50,4-13 deutlich: ausführlich wird geschildert, wie Josef mit seinen Brüdern nach Kanaan geht, um Jakob in Mamre zu begraben, und noch einmal wird betont, daß Abraham das Grundstück von Machpela als Eigentum gekauft hatte.

Selbst wenn es sich nicht mehr um die Väter handelt, sei noch auf die Texte Gen 50,25; Ex 13,19; Jos 24,30-32 und Ri 2,9 hingewiesen, in denen es um das Begräbnis wichtiger Persönlichkeiten in der Geschichte Israels geht: Josef und Josua. Von beiden wird ausdrücklich berichtet, daß sie im Land der Verheißung begraben wurden, so daß auch sie Anteil haben an diesem Land. Umgekehrt wird in Dtn 34,1-6 der Tod Moses geschildert und dabei vermerkt, daß niemand seine Begräbnisstätte kennt; mit Sicherheit ist sie aber nicht im Land. So wird noch einmal die ganze Tragweite aufgezeigt, die darin liegt, daß Mose nicht in das verheißene Land hineinziehen durfte. Er wurde nicht einmal dort begraben.

Mit der ausführlichen Schilderung vom Kauf des Grundstückes von Machpela und indem mit Bedacht berichtet wird, daß diese Begräbnisstätte nicht nur für Abraham war, sondern daß auch Isaak und Jakob dort begraben wurden, scheint die Bibel die

----

45   Brichto, Herbert Chanan: a.a.O., S. 23.

46   Vgl. **Gen** 35,27 ff.; 49,29-32; 50,13.

Spannung in den Landverheißungstexten aufzulösen. Selbst wenn noch nicht von einer Besitznahme des ganzen Landes durch die Väter die Rede sein kann, hatten sie doch schon Anteil an der Erfüllung der Landverheißung. Ihre Begräbnisstätte war Eigentum im Land Kanaan, und so ist der ihnen zugesagte "ewige Besitz" für sie zur Realität geworden. Gerhard von Rad sagt dies deutlich, wenn er schreibt: "Auch die Väter hatten schon angeldartig einen kleinen Kreis des Landes zu eigen, das Grabgrundstück. Im Tod waren sie nicht mehr Fremdlinge in 'hettitischer' Erde, sondern da waren auch sie der Erfüllung teilhaftig geworden."(47)

Nichtsdestoweniger sollte die Spannung zwischen Landverheißung und Erfüllung dieser Verheißung nicht aus dem Auge verloren werden. Die Grabstätte war "Angeld", noch nicht voller Besitz. Und indem diese Spannung auf die spätere zum Teil mühsame Landnahme Israels unter Josua verweist, bei der die Stämme keineswegs auf schon erworbenes Land zurückgreifen konnten, wird noch einmal deutlich, wie sehr die biblische Geschichtsdeutung im Spannungsfeld steht zwischen der von Gott gegebenen Verheißung und deren Erfüllung. Indem diese Spannung schon in den Väterverheißungstexten enthalten ist, wird die unauflösliche Verbindung zwischen den Vätern und ihren Nachkommen hervorgehoben und noch einmal gesagt, daß die spätere Geschichte Israels die Weiterführung der Vätergeschichte ist und in der Verheißung an sie mitgemeint ist. Wie Peter Diepold in bezug auf das Deuteronomium schreibt: "Der Grund der Landgabe ist die Verheißung Jahwes an die Väter Israels, ihren Nachkommen das Land zu schenken."(48) Von diesem selben Spannungsfeld her ist dann auch ein weiteres Element der Spannung zu verstehen, mit dem wir weiter unten noch zu tun haben werden: selbst dann, wenn Israel im Land ist, ist dessen Besitz gefährdet. Deswegen kann Israel immer wieder neu auf die Verheißung verweisen und von einer noch ausstehenden Erfüllung sprechen. Gerhard von Rad schreibt über die Theologie des Tenach: "Verheißungen, in der Geschichte erfüllt, werden dadurch nicht entaktualisiert, sondern bleiben auf neuer Ebene und in teilweise gewandelter Gestalt als Verheißungen stehen. Gerade die Landverheißung wurde auch nach ihrer Erfüllung immer wieder als zukünftiges Heilsgut verkündet ..."(49).

---

47 von Rad, Gerhard: Verheißenes Land, S. 97.

48 Diepold, Peter: Land, S. 77.

49 von Rad, Gerhard: a.a.O., S. 100.

3. DER AUSZUG AUS ÄGYPTEN HINAUF ZUM LAND

Wir haben gesehen, wie wichtig die Landverheißung an die Väter im Tenach ist. Sie ist das Fundament, auf das Israel, die Nachkommenschaft der Väter, baut und auf das immer wieder verwiesen wird. Neben dieser Textgruppe steht eine zweite, die wir ebenfalls, wenn auch in anderer Weise, als Fundament bezeichnen können, nämlich die Texte, die vom Land sprechen, indem sie auf den Auszug aus Ägypten verweisen. Bernard Springer schreibt dazu: "Da wir bereits den Verheissungstyp der Vätererzählungen kennengelernt haben, ist es nicht schwer zu zeigen, wie sehr sich die Landverheissung der Exodustradition von diesem abhebt und unterscheidet."(50)

Grundlage für diese Textgruppe ist Ex 3,7 f. und V. 17 und Ex 6,2-8. In beiden Texten wird das Ziel des Auszuges aus Ägypten genannt, unmittelbar nachdem Gott die Verheißung der Erlösung gegeben hat. Das befreiende Handeln Gottes ist nicht schon damit getan, daß er Israel aus dem Frondienst der Ägypter errettet, sondern es führt weiter: Israel verläßt ein Land, um in ein neues hineinzuziehen. Bernard Springer kennzeichnet diese Texte folgendermaßen: "Diesem Verheissungstyp, dessen Elemente sich schon in den alten Quellen des Pentateuchs finden, ... kommt eine soteriologische Note zu. Die Landgabe ... beginnt sich in den folgenden Erlösungstaten Gottes bereits zu verwirklichen – in der Befreiung aus der Hand der Ägypter und in der Herausführung mit der konkreten Zielangabe des Landes, in dem jetzt bestimmte Völker wohnen."(51) So können wir sagen: im Gegensatz zu den Väterverheißungstexten, in denen der Schwur Gottes, das Land zu geben, im Mittelpunkt steht, liegt in diesen Texten die Betonung auf der Erlösungstat Gottes und auf dem Neuen, in das Israel durch diese Tat gebracht wird.

Wie im Vorhergehenden sollen nun gewisse Begriffe bzw. Elemente dieses Texttyps aufgezeigt werden. Dabei werden folgende Texte berücksichtigt:

Gen   15,7; 50,24 f.

Ex   3,7 f. 17; 6,2-8; 32,12 f.; 33,1

----

50 Springer, Bernard: Israels Hoffnung, S. 27.

51 Springer, Bernard: a.a.O., S. 28.

Lev   22,31 ff.; 25,38.55; 26,45

Num   15,41

Dtn   4,37 f.; 9,27 ff.; 26,5-9

Jos   2,10; 5,1.10 ff.; 24,5-8

Ri   2,1; 6,8-10

1 Sam   9,15 f.; 12,6-8

1 Kön   9,9

2 Chr   7,21 f.

Neh   9,9-15

Jer   32,21 ff.

Am   2,10

Der erste Begriff, der durch seine häufige Verwendung auffällt und deutlich auf den Auszug aus Ägypten verweist, ist das Verb "herausgehen" (יצא), das meistens in der Hif'il-Form verwendet wird im Sinne von herausführen.(52) Der häufigste Gebrauch von יצא in diesen Texten spricht von der ursprünglichen Herausführung aus Ägypten, worauf dann ein Hinweis auf die Landgabe folgt.(53) In diesem Zusammenhang ist Jos 2,10 besonders interessant: Rahab ist bereit, den israelitischen Kundschaftern zu helfen mit der Begründung, man habe gehört, mit welcher Macht Gott das Volk aus Ägypten herausgeführt hat. Hier wird die Herausführung angeführt sozusagen als Angeld und Garantie für die kommende Landnahme durch Israel.

Die Texte Ex 32,12 und Dtn 9,28 führen einen Schritt weiter im Verständnis, wie der Exodus in Verbindung gebracht wird mit der Landverheißung. Hier wird Gott seine schon vollbrachte Erlösungstat vorgehalten, um ihn an die Verheißung des Landes zu erinnern, deren Erfüllung noch aussteht. In Ex 32,12 erinnert Mose ihn daran um des Volkes willen; in Dtn 9,28 tut er es um Gottes selbst willen: in Ägypten würde Gott für ohnmächtig erachtet, wenn er die Israeliten zwar von dort herausführt aber nicht ans Ziel bringt. Hier wird eine Dimension angedeu-

----

52   Vgl. Gen 15,7; Ex 6,6; 32,12; Dtn 9,28; Jos 2,10; 24,5 f.; Ri 6,8; 1 Sam 12,8; 1 Kön 9,9; 2 Chr 7,22; Jer 32,21; Ezech 20,6.

53   Vgl. Ex 6,6; Dtn 4,37; 26,8; Jos 24,5 f.; Ri 6,8; 1 Sam 12,8; Jer 32,21 f.; Ezech 20,6.

tet, der wir in den Väterverheißungen schon auf andere Weise begegnet sind, und die weiter unten nochmal ausführlicher zur Sprache kommen wird: in der Landverheißung geht es nicht nur um das Volk, sondern auch um Gott. Er ist durch die Gabe des Landes an Israel mitbetroffen.

Diese Dimension wird in unserem Zusammenhang in anderer Form noch einmal angesprochen in 1 Kön 9,9 und 2 Chr 7,22. Dort wird die Strafe am Volk, das nun im Land ansässig ist, damit begründet, daß es den Gott verlassen hat, der es (bzw. seine Väter) aus Ägypten herausgeführt hat. In anderen Worten, das Volk wird bestraft, weil es das nicht tut, was Gott mit der Herausführung aus Ägypten beabsichtigt hat, und das hat aufs engste mit der Beziehung zu eben diesem Gott zu tun.

Zum Schluß soll noch auf zwei Texte anderer Art hingewiesen werden: Gen 15,7 und Neh 9,7. Hier begegnet das Verb יצא ebenfalls, dieses Mal aber nicht im Zusammenhang mit der Herausführung aus Ägypten. Vielmehr wird hier davon gesprochen, daß Gott Abraham aus Ur in Chaldäa herausgeführt hat, um ihm bzw. seinen Nachkommen das Land zu geben. Wir werden an den Anfang der Abrahamsgeschichte erinnert, Gen 12,1, wo zwar das Verb יצא nicht vorkommt, wo aber Abraham eindringlich zu einem Auszug aufgefordert wird. Wenn in diesen beiden Texten nun das Verb יצא verwendet wird, das so sehr an die Exodustradition erinnert, dann kann man annehmen, daß hier bewußt an diese Tradition angeknüpft wird. Nicht nur die Nachkommen Abrahams müssen ein Land verlassen, um in ein neues einzuziehen. Schon Abraham mußte es. Wieder einmal wird deutlich, wie sehr die Verheißung und die Gabe des Landes einen Neuansatz darstellen.

Dieser Neuansatz wird nochmal durch ein zweites Verb angedeutet, das häufig in den Texten dieser Gruppe verwendet wird: "hinaufgehen" (עלה).(54) Israel geht hinauf oder wird von Gott hinaufgeführt von Ägypten zum verheißenen Land. Das Land bedeutet nicht nur Errettung, sondern auch Aufstieg. Vom Kontext her, in dem dieses Verb begegnet, ist nicht anzunehmen, daß der Aufstieg in einem geographischen Sinn gemeint ist, zumindest nicht nur. Kein einziges Mal in den angegebenen Stellen wird ausdrücklich oder auch nur implizit von Bergen gesprochen. Selbst wenn solche vielleicht ursprünglich diese Ausdrucksweise veranlaßt haben sollten, scheint עלה in diesen Texten fast eine

----

54 Vgl. **Gen** 50,24 f.; **Ex** 3,8; 13,19; 33,1; **Ri** 2,1; 6,8; **1 Sam** 12,6; **Am** 2,10.

40

Art "terminus technicus" zu sein, um den Übergang von Ägypten ins Land auszudrücken.

Ein weiterer Begriff, der in den Texten, die auf den Exodus verweisen, oft wiederkehrt, ist das Verb "bringen", "führen" (הביא).(55) Dabei fällt auf, daß es Gott ist, der Israel führt und ins Land bringt. Bernard Springer schreibt über die alten Texte, die vom Land in bezug auf den Exodus sprechen: "Die Verheissungen der Exodusgruppe erscheinen im Vergleich zu den Väter-Landverheissungen viel indirekter und weniger klar formuliert zu sein. Wir finden das Verbum nātan (geben) hier nicht mehr. Gott gibt das Land nicht, aber er führt in das Land hinein. Die geographische Situation mag diesen Unterschied erklären: Die Väter empfingen im Land selbst die göttliche Zusage, die Exodusgeneration aber durch Mose ausserhalb des Landes." (56)

Einige weitere Texte sind interessant insofern sie den Exodus in anderer Weise ansprechen. So finden wir in Jos 24,2-15 und in Neh 9,6-37 Rückblicke, die die Geschichte Israels zusammenfassend darstellen. Sowohl in Jos 24,3-8 als auch in Neh 9,7-15 ist der Zusammenhang zwischen Exodus und Einzug ins Land deutlich. Die Dynamik des Auszuges bewegt sich von Ägypten weg auf das verheißene Land zu, das schließlich in den Besitz der Israeliten übergeht.

Interessanter ist Jos 5,1.10 ff. Dieser Text schildert den Einzug ins Land in deutlicher Anlehnung an den Auszug aus Ägypten. Wie beim Durchzug durch das Schilfmeer wird den Israeliten ein Weg durch den Jordan gebahnt, damit sie in das Land hineinziehen können. Und so wie sie vor ihrem Auszug aus Ägypten das Pascha feierten und ungesäuertes Brot aßen, so feiern sie gleich nach ihrem Einzug ins Land das Pascha und essen ungesäuertes Brot, dieses Mal vom Ertrag des Landes. Das, was jenseits des Schilfmeeres begonnen wurde, kommt diesseits des Jordans zur Erfüllung. Das Ziel des Exodus ist erreicht.

1 Sam 9,16 schließlich spricht den Exodus auf etwas andere Weise an. Hier geht es um die kriegerische Auseinandersetzung Israels mit den Philistern, nachdem Israel schon ins Land gelangt ist. Wie in Ägypten, ist auch hier Befreiung notwendig,

----

55 Vgl. **Ex** 6,8; **Dtn** 4,38; 26,9; **Jos** 24,8; **Ri** 2,1; **Neh** 9,15; **Jer** 32,23.

56 Springer, Bernard: Israels Hoffnung, S. 27.

dieses Mal aber nicht, um in ein anderes Land hinüberzuziehen, sondern um im zugesagten Land in Freiheit leben zu können. Die Heilszusage in 1 Sam 9,16 erinnert in ihrer Formulierung an Ex 3,7, wo Gott ebenfalls sein Volk gesehen hat (ראיתי) und sein Schreien (צעק) zu ihm gedrungen ist. Durch diese neue Heilszusage wird deutlich: Gott befreit sein Volk weiterhin, um es so in das ihm verheißene Land zu bringen, daß es ungestört dort leben kann.

Nachdem wir gesehen haben, daß der Auszug aus Ägypten auf den Einzug ins Land und das Wohnen in ihm zielt, soll noch eine letzte Textgruppe behandelt werden, in der ausdrücklich gesagt wird, weswegen Gott Israel aus Ägypten heraus- und ins Land hineinführt.(57) Ohne Ausnahme sprechen diese Texte vom Auszug aus Ägypten, indem sie das Verb יצא verwenden. Sie erwähnen nicht alle ausdrücklich das Land, aber wir haben oben gesehen, daß יצא im Zusammenhang mit dem Exodus auf das Land zielt; außerdem ist vom Kontext her, in dem diese Texte stehen, deutlich, daß vom Leben im Land die Rede ist. In Lev 25,38 und Ri 6,9 wird ausdrücklich vom Land gesprochen.

Mit Ausnahme von Lev 25,55 geben diese Texte als Grund für den Auszug an, daß Gott für Israel Gott sein will. Lev 25,55 meint nichts anderes, wenn es sagt, der Grund des Exodus sei, damit Israel Gott diene, damit die Israeliten seine Knechte seien. In Lev 25,38 steht die Begründung so sehr in Verbindung mit dem Land, daß man sagen kann: das Wozu des Exodus ist, damit Gott im Land dem Volke Israel Gott sei. Wieder einmal, wie auch in den Väterverheißungstexten, wird gesagt, daß das Land auch eine neue Beziehung zwischen Gott und Israel meint. Um dieser Beziehung willen hat Gott das Volk aus Ägypten herausgeführt und bringt er es ins Land. Auf andere Weise, aber ebenso deutlich wie in den Texten der Landverheißung an die Väter, wird dies in den Texten gesagt, die das Land in Bezug zum Auszug aus Ägypten sehen.

Unter dem Stichwort "Exodus" fällt noch eine letzte Gruppe von Texten auf, nämlich jene, in denen mit Verweis auf den Auszug aus Ägypten von einem neuen Exodus gesprochen wird.(58) Da diese Texte von einem zukünftigen Heilsereignis sprechen, sol-

---

57 Vgl. **Lev** 22,33; 25,38.55; 26,45; **Num** 15,41; **Ri** 6,9 f.

58 Vgl. **Jer** 16,14 f.; 23,7 f.; **Sach** 10,10 ff.

len sie jedoch erst im entsprechenden Abschnitt weiter unten (I.7) behandelt werden.

Wir haben gesehen, daß der Auszug aus Ägypten ähnlich wie die Verheißung an die Väter in der biblischen Geschichtsschreibung von grundlegender Bedeutung ist in bezug auf das verheißene Land. Wie bei den Vätern ist auch hier Gott derjenige, der die Initiative ergreift: er führt sein Volk aus Ägypten heraus, um es in das Land zu bringen. Im Unterschied zur Väterverheißung wird in den Texten, die auf den Exodus verweisen, eine soteriologische Dimension hervorgehoben: Israel wird errettet, und der Einzug ins Land bedeutet Aufstieg und Neuansatz. In diesem Neuansatz jedoch treffen sich die beiden Texttypen wieder: auf je eigene Weise wird gesagt, daß die Gabe des Landes gleichzeitig eine neue Beziehung zwischen Gott und Israel zur Folge haben soll. Ob Gott das Land zusagt und gibt, oder ob er aus dem Land der Knechtschaft herausführt, um in das neue Land hinaufzubringen, immer ist er auf der Suche nach Israel, das ihm zu eigen sein soll, so wie er ihm das Land zu eigen gibt und sein Gott sein will.

4. GESETZGEBUNG FÜR DAS LAND

Im vorhergehenden Teil haben wir gesehen, daß Gott Israel aus Ägypten heraus- und in das Land hinaufführt, um diesem Volk Gott zu sein. Wie konkret dieses Gottsein für Israel gemeint ist, wird sichtbar, wenn wir die Gesetze betrachten, die Israel beim Bundesschluß am Sinai gegeben werden – also bevor die Israeliten in das Land einziehen. Ob diese Schilderung den historischen Tatsachen entspricht, oder ob Israel vielmehr im Land ein Rechtssystem vorfand, das es sich zu eigen machte, ist für unsere Fragestellung unerheblich. Für uns ist eher von Bedeutung: der Tenach geht "von der Fiktion aus, daß Israel ein fertiges Gesetz in das Land mitbrachte."(59) Diese "Fiktion" wird vor allem im Buch Deuteronomium dargestellt: zu einer Zeit, da Israel schon längst im Land lebte, wird erzählt, als sei es noch in der Wüste und nehme die Torah gerade erst in Empfang. Dieses Gesetz und die Gründe, die dafür angegeben werden, sind sehr aufschlußreich hinsichtlich der Bedeutung des Landes. Sie sollen nun näher betrachtet werden, wobei folgende Texte berücksichtigt werden sollen:

----

59 Ohler, Annemarie: Israel, S. 303.

Ex	13,1-16; 34,1-18
Lev	18,1-26,46
Num	15,1-41; 33,50-56; 35,31-34
Dtn	5,23-35; 6,1-25: 7,1-11; 11,31 f.; 12,1-12; 15,1-11; 16, 18-20; 18,9-14; 23,20 f.; 24,1-4; 26,1-19; 27,1-10; 31,9-13
2 Sam	21,1-14
Esr	9,5-15
Jer	3,1-13
Ezech	20,6-8; 45,9-46,18

Grundlegend für unsere weitere Untersuchung ist zunächst die Tatsache, daß die Gesetze insgesamt und im einzelnen auf Zukunft hin gegeben werden. Immer wieder wird in einer oder der anderen Form gesagt, daß sie für das Leben im Land bestimmt sind.(60) Das schließt nicht aus, daß manche der Gesetze schon in der Wüstenzeit gelebt wurden, wie etwa kultische Vorschriften, aber insgesamt ist es nur im Land möglich, die Gebote der Torah in all ihren Auswirkungen zu erfüllen. Wie Norbert Lohfink schreibt: "Die vorausgesetzten Situationen sind nur im bewohnten Land möglich."(61) So gilt zum Beispiel das Gebot, die Erstlingsfrüchte darzubringen, ausdrücklich für die Früchte des Landes. Rolf Rendtorff drückt es anhand von Dtn 6,1 so aus: "Die Torah soll im Lande erfüllt werden. Mehr noch: sie kann eigentlich nur im Lande erfüllt werden."(62)

Somit kommt ein weiteres Element zu dem hinzu, was wir schon gesehen haben: nicht nur hat Gott den Vätern und ihren Nachkommen ein Land zugesagt und Israel aus Ägypten herausgeführt, um es in dieses verheißene Land zu bringen. Die Bewegung ist von Gott ausgegangen. Jetzt aber wird deutlich: auch Israel hat einen Anteil in dieser Bewegung hin zum Land. Gott

----

60 Vgl. **Ex** 13,5.11; 34,12; **Lev** 18,3; 19,9.23.33; 20,24; 23,10. 22.39; 25,2; **Num** 15,2.18; 33,51; **Dtn** 5,31; 6,1.3.10.18.22 f.; 7,1; 11,31; 12,1.9 f.; 15,7; 17,14; 18,9; 23,21; 26,1 f.; 27,1-5; 31,13; **Esr** 9,11.

61 Lohfink, Norbert: Das Hauptgebot. Eine Untersuchung literarischer Einleitungsfragen zu Dtn 5-11, AnBib 20, Rom 1963, S. 114.

62 Rendtorff, Rolf: Israel, S. 24.

hat die Initiative ergriffen, um im Land für Israel Gott zu sein. Ob er es aber tatsächlich sein wird, hängt auch von Israel ab. Im Bundesschluß am Sinai wird Israel nun als Partner sichtbar, durch den die Absicht Gottes zur Realität werden oder scheitern kann. Wie Norbert Lohfink sagt: "... zur eidlichen Verpflichtung der Gottheit tritt die eidliche Verpflichtung der Verheißungsempfänger auf deren Kult."(63) Die Gebote sind die Konkretisierung des neuen Verhältnisses, das mit der Gabe des Landes gestiftet wird.

Die Gesetze, die Israel im Land zu beobachten hat, werden von Gott erlassen. Er gibt das Land, Israel wird es in Besitz nehmen. Aber Israel soll in Erinnerung behalten, von wem es das Land erhalten hat und zu welcher Beziehung mit dem Geber es gerufen ist. "Weil Jahwe die Rechtsordnung, die das Land zusammenhält, erlassen hat, ist er Herr des Landes, ist das Land 'Erbe Jahwes'. Israel ist nicht Herr im eigenen Land."(64) In Lev 25,23 wird dies sehr eindringlich gesagt: Als Begründung für Gesetze bezüglich des Verkaufs von Land sagt Gott: "... denn mein ist das Land, und ihr seid nur Fremde und Halbbürger bei mir." In dieser Form wird dies sonst nirgends in der Bibel gesagt. Umso eindringlicher ist aber die ständig wiederkehrende Gesetzesbegründung: "Ich bin der Herr, euer Gott"(65), die manchmal die zusätzliche Erinnerung daran enthält, daß er Israel aus Ägypten herausgeführt hat.(66)

Das Gottsein Gottes für Israel berechtigt ihn einerseits, Gesetze zu erlassen. Andererseits wird in dieser so häufig wiederkehrenden Formel, "Ich bin der Herr, euer Gott," eindringlich zu Bewußtsein gebracht, weswegen Israel die Gebote und Vorschriften halten soll: indem Gott dem Volk das Land gibt, nimmt er Israel als sein Volk zu eigen. Im konkreten Leben im Land soll sichtbar werden, wessen Volk Israel ist - wer sein Gott ist. So ist ein weiterer Gedanke, der mehrmals wiederkehrt, mit der oben genannten Formel eng verbunden: Israel soll heilig sein, weil und so wie Gott heilig ist.(67)

----

63 Lohfink, Norbert: Landverheißung, S. 109.

64 Ohler, Annemarie: Israel, S. 291.

65 Vgl. **Lev** 18,4 f. 21; 19,1.4.10.12.14.16.18.25.28.31.32.34.37; 20,8; 23,22; 25,38.55; 26,1; **Dtn** 7,6; 26,17 ff.

66 Vgl. **Lev** 19,36; 22,23; **Num** 15,40 f.

67 Vgl. **Lev** 20,7 f. 26; 22,31 f.; **Num** 15,40.

Das Heiligsein Israels durch das Halten der Gebote, vor allem der Gesetze hinsichtlich des Götzendienstes und der Sexualität, steht in unmittelbarem Bezug zum Land. Wenn Israel nicht nach den Gesetzen Gottes lebt, wird das Land verunreinigt.(68) In seinem Ungehorsam unterscheidet sich Israel dann nicht mehr von den Völkern, die Gott aus Kanaan vertreiben will, um das Land Israel zu geben. Auch sie haben das Land verunreinigt, und deswegen werden sie vom Land ausgespien.(69)

Wie sehr Gott mitbetroffen ist durch das, was Israel im Land tut, wird in zwei weiteren Texten ausgesagt: wenn Israel sündigt, wird der Name Gottes entweiht (Lev 20,3), denn er selbst wohnt im Land (Num 35,34). Hier wird die neue Beziehung zwischen Gott und Israel, von der im Vorhergehenden schon öfter die Rede war, noch intensiver zum Ausdruck gebracht: Gott selbst ist mitbetroffen durch das Leben Israels im Land. So ist es auch nicht verwunderlich, wenn ein häufig wiederkehrendes Thema in der Gesetzgebung der Götzendienst bzw. der Kult des Gottes Israels ist. Dazu schreibt Gerhard von Rad: "... die Vorstellung vom Land als dem Besitztum Jahwes ... ist durch und durch kultisch."(70) Selbst wenn die einzelnen Gesetze nicht immer mit dem Kult im eigentlichen Sinn zu tun haben, geht es doch immer um die Anerkennung des Gottes Israels und die Beziehung zu ihm. "Alles Recht in Israel soll Bundesrecht sein, in dem die Folgerungen daraus formuliert werden, daß Israel nicht irgendein beliebiges, sondern Gottes Volk sein soll – und zwar nicht Volk eines beliebigen, sondern dieses einen, besonderen, bestimmten Gottes ..."(71).

Auf die Gesetze im einzelnen kann und muß im Rahmen dieser Betrachtung nicht näher eingegangen werden. Vielmehr sollen in zusammenfassender Weise die großen Bereiche kurz aufgezeigt werden. Alain Marchadour faßt diese folgendermaßen zusammen: "... pour rester terre d'alliance, elle doit remplir trois conditions:

- **d'abord** elle doit rester la terre du service exclusif de Dieu;
  ...

----

68   Vgl. **Lev** 18,25.28; **Num** 35,33 f.; **Dtn** 24,4; **Jer** 3,1 f. 9; **Esr** 9,11.

69   Vgl. **Lev** 18,1-5.24-30.

70   von Rad, Gerhard: Verheißenes Land, S. 95.

71   Marquardt, Friedrich-Wilhelm: Juden, S. 50.

- **ensuite** la terre est aussi le lieu où l'homme est appelé à observer le sabbat:

  - au sens restreint de terme: Dt 5,12-15 ...

  - au sens plus large, à travers le rite de l'année sabbatique (Dt 15,1-18). La terre donnée ne doit pas devenir terre de l'exploitation ...

- **enfin** la troisième condition découle de la précédente; la terre est l'espace où se déploient les exigences de l'alliance. Or celle-ci a toujours un double aspect: Dieu qui fait passer de la servitude au service, et les frères que je dois aimer au sens juridique du terme en reconnaissant leur dignité et leurs droits."(72)

Wie wir schon sahen, ist das Thema Götzendienst im Gegensatz zum Kult des Gottes Israels von zentraler Bedeutung. Es wird in vielen Texten auf verschiedene Weise direkt angesprochen.(73) Hinzu kommen die vielen kultischen Bestimmungen, die als eine Ausfaltung und Konkretisierung dieses Grundanliegens gesehen werden können.(74) Auch die Bestimmungen hinsichtlich der Feste, die in Israel zu feiern sind, können wir als eine solche Ausfaltung verstehen.(75)

Marchadour nennt als zweiten Punkt das Halten des Sabbats. In diesem Zusammenhang ist jedoch nicht nur der Sabbat zu nennen,(76) selbst im weiteren Sinn des Sabbatjahres, sondern

----

72 Marchadour, Alain: La terre dans la littérature biblique in: Sens. Juifs et Chrétiens dans le monde aujourd'hui 7/8 (1982), S. 175 ff.

73 Vgl. z.B. **Ex** 34,12-17; **Lev** 18,21; 19,4; 20,1-5; 26,1; **Num** 33,52; **Dtn** 7,2-6; **Ezech** 20,6 f.

74 Vgl. **Ex** 13,12 f.; 34,19.25 f.; **Lev** 19,5-8.19.26 ff.; 21,5-23; 22,1-30; 24,1-23; **Num** 15,1-41; **Dtn** 12,2-7.11 f.; **Ezech** 45,13-17; 46,1-15. Die Vorschriften bezüglich sexueller Reinheit wären auch hier zu nennen, werden aber weiter unten angeführt im Zusammenhang mit zwischenmenschlichem Verhalten.

75 Vgl. **Ex** 13,3-10; 34,18.22 ff.; **Lev** 23,4-8.15.21.23-44; **Ezech** 45,18-25.

76 Vgl. **Ex** 34,21; **Lev** 19,3.30; 23,3.

alle Gesetze, die mit der Landwirtschaft zu tun haben.(77) Auch wenn sie zum Teil kultische Bestimmungen sind, haben sie in einer solchen Zusammenfassung ihren eigenen Stellenwert. Hier geht es direkt um das Land und um den Umgang Israels mit ihm. Im Verhalten Israels hinsichtlich des Landes wird noch einmal aufgezeigt, in welcher Beziehung Gott, Israel und das Land zueinander stehen.

Der letzte große Bereich ist der der sozialen Gesetzgebung.(78) Im Land ist Israel in seinem Zusammenleben mit anderen gefordert, seien sie Israeliten oder Fremde, Freie oder Sklaven. Sogar die Tiere werden berücksichtigt.(79) Vor allem die sozial Benachteiligten werden genannt. Dabei fällt auf, daß in diesem Zusammenhang wiederholt an die Zeit in Ägypten und an den Auszug aus Ägypten erinnert wird. Weil die Israeliten selbst Fremde in Ägypten waren, sollen sie die Fremden in ihrer Mitte nicht benachteiligen (Lev 19,34). Weil sie aus dem Frondienst in Ägypten herausgeführt wurden und nun Knechte Gottes sind, sollen sie ihre Sklaven gerecht behandeln, wie es Knechten dieses Gottes geziemt (Lev 25,55). Besonders interessant ist Lev 25,38: innerhalb eines langen Textes, in dem es um solche sozialen Forderungen geht, heißt es: "Ich bin der Herr, euer Gott, der euch aus Ägypten herausgeführt hat, um euch Kanaan zu geben und euer Gott zu sein." Die Israeliten haben im Land in gerechter Weise miteinander und mit den Fremden umzugehen, denn das ist die Konkretisierung dessen, was Gott beabsichtigt, wenn er sie von Ägypten heraus- und ins Land hinaufführt. Auf andere Weise faßt Annemarie Ohler dies zusammen, wenn sie schreibt: "Das Land ist ein Rechtsbereich, es ist der geschützte Besitz der Familien Israels, weil es Jahwes Land ist. Gott

----

77 Vgl. **Lev** 19,9 f. 23 ff.; 23,9-14; 25,1-34; **Dtn** 15,1-3; 26, 1-11.

78 Da der Bereich der Gottesverehrung und des Dienstes an ihm schon im ersten Punkt behandelt wurde, scheint es - im Gegensatz zu Marchadour - nicht sinnvoll, ihn hier nochmal zu nennen. Desgleichen ist das Nennen der Bundesforderungen nur in diesem Zusammenhang als verfälschend abzulehnen. Bei **allen** hier behandelten Gesetzen geht es um die konkreten Forderungen, die im Rahmen des Bundes an Israel ergehen. Zu den Gesetzen sexueller Art, die zum Teil auch kultischen Charakter haben, vgl. **Lev** 18,6-23; 19,20 ff. 29; 20,11-21; **Dtn** 24,1-4.

79 Vgl. **Lev** 19,9-18.32-36; 23,22; 25,35-55; **Dtn** 15,4-11; 16,18-20; 17,14-20; 23,20 f.; **Ezech** 45,9-12; 46,16-18.

hat seinem Volk das Land als Lebensraum gegeben. Daraus leiten sich Folgerungen für das soziale Leben ab: Auch der Geringe hat Anrecht auf Rechtshilfe beim Torgericht; Landbesitz verpflichtet zur Solidarität mit dem verarmten Volksgenossen. Im Land zu leben heißt, verantwortlich zu sein für das Wohl aller, die zum Volk gehören; 'Land' ist sozusagen ein anderes Wort für Frieden und gegenseitige Hilfe, für die Verbundenheit des ganzen Volkes."(80)

In der Frage nach dem biblischen Verständnis des Landes sind wir einen Schritt weitergekommen. Nach der Initiative Gottes in der Landverheißung an die Väter und der Herausführung Israels aus Ägypten, wird das Volk im sinaitischen Bundesschluß zum Partner Gottes hinsichtlich des Landes. Es gibt Antwort auf die Initiative Gottes, indem es sich auf seine Gebote und Rechtssatzungen verpflichtet.

Diese Gebote erweisen sich als Konkretisierung und Ausfaltung der neuen Beziehung, die Gott mit der Gabe des Landes stiften will. Noch bevor Israel in das Land einzieht, wird ihm gesagt, wie es dort zu leben hat, denn Israel muß wissen, worauf es sich einläßt, wenn es die Gabe des Landes annimmt. Im Land soll durch das Leben Israels sichtbar werden, wer dieser Gott ist, der es aus Ägypten herausgeführt und ihm das Land gegeben hat. Israel soll "gottgemäß" leben und so zeigen, daß dieser Gott der Herr, sein Gott ist, daß das Land ihm gehört und den Menschen gegeben ist, und daß er Menschen zu einem neuen Miteinander ruft. Erst indem Israel diese Aufgabe annimmt, mit all ihren konkreten Auswirkungen, kann es begreifen, worum es in der Gabe des Landes letztlich geht, um dann das Land in Besitz zu nehmen. Wie groß die Gabe und die Aufgabe ist, bringt Gerhard von Rad treffend zum Ausdruck: "Von der Weltschöpfung bis zur Landnahme welch ein merkwürdiger Weg, welch eine Mühsal und welch ein Aufwand göttlicher Setzungen und Pläne für dieses Ziel! Aber es geht im Hexateuch eben nicht vornehmlich um die Religion Israels, auch nicht nur um die Beschlagnahme des menschlichen Gehorsams für Gott, sondern um die Legung eines Grundsteines für die Gottesherrschaft auf Erden hinunter in die materiellste Grundlage aller menschlichen Existenz."(81)

---

80 Ohler, Annemarie: Israel, S. 305.

81 von Rad, Gerhard: Das formgeschichtliche Problem des Hexateuch, in: Gesammelte Studien zum Alten Testament, Bd. 1, München 1958, S. 86.

5. DER EINZUG INS LAND

Wie wir schon bei den Väterverheißungen sahen, meint die Landverheißung zumindest auch die Nachkommen der Väter. Die göttliche Zusage an die Väter, die Herausführung aus Ägypten und
schließlich der Bundesschluß am Sinai sind alle auf dasselbe
ausgerichtet: daß Israel in das Land hineinkommt. So ist es
nicht verwunderlich, wenn eine ganze Reihe von biblischen Texten sich mit diesem Vorgang befassen. Diese sollen nun vor allem auf ihre theologischen Aussagen hin befragt werden. Folgende Texte werden dabei berücksichtigt:

Ex	15,17; 23,20-33; 33,2; 34,10-16
Lev	20,22-26
Num	13,1-14,45; 18,20-24; 20,1-13; 32,3-27; 33,50-34,15; 35, 1-15; 36,1-12
Dtn	1,19-44; 2,1-25; 3,18-29; 7,1-24; 9,1-8; 10,10 f.; 11,8. 22-25; 19,1-10; 26,1-10; 31,1-8.16-22.48-52; 33,27-29; 34,1-5
Jos	1,1-18; 2,8-24; 3,1-17; 7,1-15; 9,22-27; 11,15-23; 13,1-14; 18,1-7; 21,43-45; 23,1-16; 24,1-28
Ri	2,1-5.11-23; 3,7-15; 6,7-10; 10,6-16
1 Sam	7,2-7
Neh	9,22-25
Jes	36,1-22
Ezech	45,1-8; 47,13-48,35

Grundlegend in der biblischen Deutung des Einzugs Israels in
das Land der Verheißung ist die auffallende Spannung zwischen
dem Handeln Gottes und dem Handeln Israels: Gott gibt das
Land, wie wir oben schon gesehen haben. Zugleich liegt es
aber an Israel, das Land in Besitz zu nehmen.(82) Peter Diepold

---

82 Vgl. **Ex** 34,10 f.; **Lev** 20,23 f.; **Num** 32,4; **Dtn** 2,1-25; **Jos**
    3,1-17; Gott gibt das Land. **Lev** 20,24; **Num** 32,16-27; **Dtn**
    9,1-5; **Jos** 1,2-16: das Land wird von Israel in Besitz ge-
    nommen - um nur einige Beispiele zu nennen; das Nebenein-
    ander von Landgabe Gottes und Landnahme durch Israel
    wird in **Num** 33,53; **Dtn** 3,18.20; 7,11-24; 10,10 f.; 33,27 ff.;
    Jos 1,2-11; 7,1-15 besonders deutlich.

erklärt diese Spannung – oder besser dieses Nebeneinander – wenn er schreibt: "Landgabe erfordert Landnahme im umfassenden Sinn: Jahwes **Wort** kann nicht ohne Israels **Ant-Wort** bleiben ..."(83) So erweist sich diese Spannung als notwendige gegenseitige Ergänzung: nur indem Israel sich darum bemüht, das Land in Besitz zu nehmen, kann Gott es überhaupt geben. "Die Landgabe Jahwes realisiert sich durch die Landnahme Israels, in welcher Israel im Glauben ... an die Verheißungen seines Gottes eben diese Zusagen für sich in Anspruch nimmt."(84)

Der Begriff, der eine wichtige Rolle spielt neben dem Geben Gottes, von dem bei den Väterverheißungen schon die Rede war, ist יֵרֵשׁ, "in Besitz nehmen".(85) Das Wort hat kriegerische Untertöne, wie auch die biblischen Schilderungen von der Landnahme kriegerisch sind. Ebenso gewalttätig wie die Eroberung des Landes soll auch der Umgang Israels mit den Eroberten sein, wenn es das Land in Besitz genommen hat.(86)

Demgegenüber wird Gott, auf dessen Gebot Israel zu handeln hat, nicht weniger kriegerisch dargestellt: er wirft Schrecken auf die Völker, die schon im Land sind, er kämpft mit Israel, er vertreibt die anderen Völker vor Israel.(87) Die Landgabe besteht also nicht nur darin, daß Gott Israel das Land zusagt. Er gibt es aktiv, er ist an der Landnahme direkt beteiligt. In Jos 3,1-17 wird dies besonders plastisch geschildert, wenn die Bundeslade eine zentrale Rolle spielt beim Überqueren des Jordans, das der erste Schritt zur Landnahme ist.

Dieser direkten Beteiligung Gottes entspricht die Abhängigkeit Israels von ihm, wenn es das Land in Besitz nimmt. Gott kämpft für Israel, und nur wenn er dies tut, kann Israel das Land

---

83 Diepold, Peter: Land, S. 87.

84 Diepold, Peter: a.a.O., S. 88 f.

85 Vgl. z.B.: **Lev** 20,24; **Num** 33,53; **Dtn** 1,39; 3,18.20; 7,11; 10,10 f.; 11,8.23; **Jos** 21,43; 24,8; **Neh** 9,15.24; vgl. I,1, S. 31f. und Dreyfus, François: Le thème de l'héritage dans l'Ancien Testament. In: RScPhTh 42 (1958), S. 5-8.

86 Vgl. **Ex** 23,24.32 f.; 34,12 f. 15; **Num** 33,51 f. 55; **Dtn** 7,1-3.5.16; 31,5; **Jos** 7,1-15; 11,20 f.; 23,7; 24,14.23.

87 Vgl. z.B. **Ex** 23,23.27-30; **Dtn** 2,24; 9,7; **Jos** 2,9; 3,10; 9, 22; 23,3.

zu eigen nehmen. Was in Jos 3,1-17 positiv geschildert ist, wird in Num 14,39-45 bzw. Dtn 1,41-44 und in Jos 7,1-15 an Negativbeispielen berichtet. In dem Moment, in dem Israel gegen den Willen Gottes versucht, das Land einzunehmen, oder wenn es nicht nach den Geboten Gottes handelt, also seinen Teil in der Partnerschaft, die auf das Land hin ausgerichtet ist, nicht erfüllt, in dem Moment kann es auch nicht das Land einnehmen. Ohne die Beteiligung Gottes ist Israel ohnmächtig gegenüber den Völkern, die es zu überwinden gilt, die aber stärker sind als es selbst. Dies wird vor allem auch im Buch der Richter hervorgehoben.(88) Dabei geht es nicht nur um den Gehorsam Israels in direktem Bezug zur Landeinnahme, sondern um sein Halten der Gebote insgesamt. Nur wenn Israel sich als Bundespartner erweist, kann es das Land in Besitz nehmen.(89) Wie radikal diese Forderung ist, wird an der Wüstengeneration deutlich, die wegen ihres fehlenden Vertrauens nicht ins Land darf, und dann vor allem an der Person des Mose. Weil er mit Aaron im Glauben an Gott schwankte und ihn "nicht als den Heiligen bezeugen" wollte (Num 20,12), stirbt er außerhalb des Landes, nachdem er es vorher nur vom Nebo aus geschaut hat.(90)

Auf diesem Hintergrund nimmt Josua eine besondere Stellung ein - und damit die Landnahme unter seiner Führung. Von Josua wird gesagt, er habe alles so ausgeführt, wie Gott es Mose und Mose ihm befohlen hatte (Jos 11,15). Deswegen kann dann sofort darauf gesagt werden, Josua habe das ganze Land eingenommen. In Jos 23,14 kann Josua selbst sogar sagen, Gott habe alle seine Zusagen ohne Ausnahme erfüllt. Wenn Israel, hier in der Person des Josua, die Gebote Gottes erfüllt, wenn es seinem Teil der Partnerschaft nachkommt, dann läßt auch Gott es an nichts fehlen in der Erfüllung dessen, was er verheißen hat. Wie in den Väterverheißungstexten fällt auch hier eine Spannung auf. Obwohl Josua sagen kann, Gott habe alle Zusagen erfüllt, heißt es in Jos 13,1 (wo Josua schon als alt geschildert wird): "vom Land bleibt noch sehr viel in Besitz zu nehmen." Eine Begründung - wie etwa daß Israel gesündigt habe - wird hier nicht gegeben. Dieser Feststellung, daß noch viel vom Land einzunehmen bleibt, entspricht in gewisser Weise der Gedanke, der in Ex 23,29 f. und Dtn 7,22 zum Ausdruck kommt,

----

88 Vgl. **Ri** 2,1-5.11-15.18-23; 3,7-15; 6,7-10; 10,6-16.

89 Vgl. z.B. **Dtn** 8,1.

90 Vgl. **Num** 14,11-38; 20,1-13; **Dtn** 1,34 ff.; 3,23-29; 32,48-52; 34,1-5.

daß nämlich Gott Israel das Land nur allmählich gibt. Wieder wird die Spannung zwischen Verheißung und Erfüllung deutlich.

Im Zusammenhang mit der Landnahme und der Verteilung des Landes ist ein Begriff von besonders großer Bedeutung: das "Erbe" (נחלה).(91) In etlichen Texten wird von der Verteilung des Landes gesprochen, bei der den Stämmen ihr "Erbland" durch Los zugeteilt wird.(92) Gerhard von Rad schreibt: "Der Begriff נחלה wird ursprünglich sowohl für das Erbland der Sippe wie des Stammes gebraucht."(93) Aber auch hier nimmt der ursprüngliche Begriff theologische Bedeutung an. Indem er die Eigentumsrechte mit den Geboten hinsichtlich der sakralen Brache (Sabbat- und Jobeljahr) in Verbindung bringt, kommt von Rad zu dem Ergebnis: "Grund und Boden war nicht Eigentum in unserem Sinne, sondern war der Sippe von Jahwe als Lehen zur Bewirtschaftung gegeben. Das jeweils auf Zeit zur Bewirtschaftung ausgeliehene Grundstück kam durch Verlosung an den einzelnen und hieß נחלה, חלק ..."(94)

Auch in anderem Sinne bedeutet נחלה mehr als nur das Erbgrundstück der einzelnen Stämme oder Sippen. In Num 32,1-27 wird deutlich, daß ganz Israel an der Eroberung des ganzen Landes beteiligt sein soll. Das Ziel des Einzugs ist nicht nur die Sicherung eines eigenen Erbes in individualistischer Weise, sondern die Inbesitznahme des von Gott an die Nachkommen Abrahams verheißenen Landes. So wird auch der Begriff des Erbes übertragen "... aus der Sphäre des Einzelnen, der Sippe und des Stammes auf das **ganze** Land und das **ganze** Israel."(95) Erst nachdem die Gaditer und Rubeniter sich an der Eroberung des ganzen Landes beteiligt haben, dürfen sie laut Num 32,20 ff. zu ihrem Erbbesitz zurückkehren. Annemarie Ohler zeigt diesen Zusammenhang auf, wenn sie schreibt: "Nur weil das ganze

----

91 Vgl. Dreyfus, François: Héritage, a.a.O., S. 8-10; Wanke, G.: נחלה naḥ[a]lā Besitzanteil. In: THAT, Bd. 2, Sp. 57 ff.

92 Vgl. z.B. **Ex** 32,13; **Num** 18,20; 32,18 f.; 33,54; 36,7; **Dtn** 3,28; 9,26.29; 19,3.10; **Jos** 1,6; 11,23; 13,14; 18,2.4.7; 23,4; **Ezech** 47,13 f. 22 f. 29.

93 von Rad, Gerhard: Verheißenes Land, S. 89.

94 von Rad, Gerhard: a.a.O., S. 92.

95 Diepold, Peter: Land, S. 82.

Land Israel gehörte, konnte auch ein Stück daraus einem einzelnen Israeliten gehören ..."(96)

Die Leviten haben hinsichtlich des Erbes eine besondere Stellung. Ihnen wird kein eigenes Land zugeteilt, sondern das Volk ist verpflichtet, Abgaben an sie zu machen. Als Begründung heißt es wiederholt, daß Gott selbst ihr Anteil und Erbe ist.(97) In dieser Ausklammerung der Leviten, deren Aufgabe im kultischen Bereich liegt, wird noch einmal deutlich, daß die Landgabe und das Leben im Land auf Gott hin ausgerichtet ist und nur in der Beziehung zu ihm seinen Sinn hat. Dies wird auch angedeutet, wenn das Volk Israel als Erbbesitz Gottes bezeichnet wird, wie etwa in Dtn 4,20.

Ein letzter Text, der im Zusammenhang mit der נחלה von Bedeutung ist, findet sich in Ezech 47,22 f. Dort bei der neuen Landnahme nach dem Exil wird auch den Fremden in Israel ein Erbteil zugeteilt. Auch sie sollen nun Anteil haben am Land, dem Erbe Israels. Da dieser Text in Zusammenhänge verweist, die weiter unten behandelt werden, soll er hier nur genannt sein.

Ein weiteres Stichwort ist im Zusammenhang mit dem Einzug ins Land wichtig: Ruhe, (מנחה) oder ruhen (נוח). In das Land hineinkommen bedeutet zur Ruhe kommen, und zwar zu der Ruhe, die Gott Israel verschafft.(98) Diese Ruhe wird gesehen "... als das Zur-Ruhe-Kommen des müden Volkes im Lande der Verheißung durch Gottes Gnade ..."(99). In den Texten, mit denen wir es hier zu tun haben, ist diese Ruhe sehr konkret. So schreibt Gerhard von Rad: "Der Ausdruck meint zunächst ganz konkret die Beendigung der Mühsal der Wüstenwanderung und den Zustand

---

96 Ohler, Annemarie: Israel, S. 207.

97 Vgl. z.B.: Num 18,20-24; 35,1-15; Dtn 10,9; Jos 13,14; 18,7. Zur Bedeutung von חלק in diesem Zusammenhang vgl. Dreyfus, F.: Héritage, a.a.O., S. 10-13.

98 Vgl. Dtn 3,20; Jos 21,44; 23,1; vgl. Labuschagne, C.J.: נתן ntn geben. In: THAT, Bd. 2, Sp. 140; Stolz, E.: נוח nu[a]h ruhen. In: THAT, Bd. 2, Sp. 45 f.; Léon-Dufour, X.: "Ruhe". In: Wörterbuch zur biblischen Botschaft. Freiburg 1964, S. 568 f.

99 von Rad, Gerhard: Es ist noch eine Ruhe vorhanden dem Volke Gottes. Eine biblische Begriffsuntersuchung, in: Gesammelte Studien zum Alten Testament, Bd. 1, München 1958, S. 103.

eines von Jahwe bewachten Friedens für das seßhaft gewordene Israel."(100)

So wie unter Josua die Zusagen Gottes als erfüllt gesehen werden, so wird diese Ruhe als schon gegeben betrachtet. Bernard Springer schreibt dazu: "Der Zeit der Treue des unter Josua, dem zweiten Mose, geeinten Volkes entsprach auch die Erfüllung der göttlichen Verheissung, durch die Inbesitznahme des Landes und die Ruhe und Sicherheit, die Israel dort geschenkt wurde ..."(101)

Aber auch hinsichtlich der Ruhe macht sich eine Spannung bemerkbar. Im Buch Richter wird von שׁקט anstelle von מנוחה gesprochen, und hier ist die Ruhe immer nur vorübergehend.(102) Wie die Eroberung des Landes, steht auch sie in Abhängigkeit dazu, ob Israel sich als Bundespartner verhält oder nicht. Wieder einmal stellt uns die Bibel hinein in das Spannungsfeld zwischen Verheißung und Erfüllung.

Zum Schluß sei noch auf das Problem der Landesgrenzen eingegangen. Da wir hier die Frage der tatsächlichen geographischen Grenzen ausklammern wollen, genügt eine kurze Behandlung des Themas. Die Grenzen des verheißenen bzw. in Besitz zu nehmenden Landes werden verschiedentlich angegeben.(103) Wie Annemarie Ohler sagt, gibt die Bibel kaum ein eindeutiges Bild hinsichtlich der Landesgrenzen. Sie kommt zu dem Schluß, "... daß alttestamentliche Autoren weniger an einer objektiven Abgrenzung des Landes nach außen interessiert sind, als daran, was dieses Land für Israel selbst bedeutete. Auch dort, wo sie über die Grenzen des Landes sprechen, reden sie letzten Endes über Israels Glauben an den Gott, der das Land schenkte."(104)

Der Jordan wird häufig als Grenze genannt, und das Überschreiten des Jordans, das oft mit dem Verb עבר ausgedrückt wird, gilt wiederholt als Beginn des Einzugs in das Land. Dazu

---

100   von Rad, Gerhard: Verheißenes Land, S. 99.

101   Springer, Bernard: Israels Hoffnung, S. 129.

102   Vgl. z.B.: **Ri** 3,11.30; 5,31; 8,28.

103   Vgl. **Gen** 28,14; **Ex** 23,31; **Num** 32,5-15; 34,2-12; 35,10; **Dtn** 3,18.30; 9,1; 11,24; **Jos** 1.2.4.11; 3,7-17; 23,4; **Ezech** 47,13-20.

104   Ohler, Annemarie: Israel, S. 18.

schreibt Peter Diepold: "Der Jordanübergang wird ... zum Inbegriff der Landnahme. So kann עבר zum terminus technicus der
Landnahme werden und das Westjordanland formelhaft bestimmen
als das Land, 'in das ihr hinüberziehen werdet, um es in Besitz zu nehmen'."(105)

Neben dieser Grenzangabe steht die weit umfassendere von Ex
23,31 und Dtn 11,24, die sozusagen das andere Extrem darstellt, und die nie historische Realität gewesen ist. Diese Vorstellung kann in vielerlei Richtung verstanden werden. Annemarie Ohler deutet sie in einer Weise, die an die Verheißung
der Ruhe erinnert, wenn sie schreibt: "Das Land, das Gott
schenkt ... ist nicht durch zufällige geschichtliche Grenzen ein-
geengt. Meere und der große Strom umschließen es."(106) Und
so entsteht "das Bild eines Landes, das nicht durch die Ansprüche fremder Völker bedrängt ist, sondern zwischen Meer und
Meer oder zwischen Strom und Meer oder zumindest zwischen Jordan und Meer freien Raum für Gottes Volk bereithält."(106)
Bernard Springer sieht eine Verbindung zwischen solchen Landes-
vorstellungen und dem Halten des Bundes. Wenn gerade im Deuteronomistischen Geschichtswerk solche Grenzangaben stehen,
wird inmitten der Schuld Israels eine neue und noch größere
Verheißung ausgesprochen: wenn Israel zu Gott zurückkehrt und
als treuer Bundespartner lebt, dann wird Gott noch Größeres
tun als bisher. So schreibt Bernard Springer: "Das 'Gross-
Israel-Programm' will sowohl Schuld und Versagen Israels auf-
decken, als auch jene 'unbegrenzten' Möglichkeiten verkünden,
die für Israel in der Treue zu Jahwe begründet sind."(107)
Wenn wir die Vorstellung von Ezech 47,13-20 mitberücksichtigen
und in Verbindung bringen mit der Forderung in Ezech 47,22
f., auch den Fremden Erbbesitz im Land zu eigen zu geben,
dann öffnen sich weitere Perspektiven. Diese sollen jedoch weiter unten behandelt werden. Auf jeden Fall scheinen die Grenzangaben, die ein Bild von einem weit ausgedehnten Land zeich-
nen, ein sehr konkreter Ausdruck zu sein dafür, daß Israel
auch im Besitz des Landes auf eine noch ausstehende Erfüllung
der Landverheißung hoffte.

Die biblische Darstellung vom Einzug Israels in das verheißene
Land hat sich als theologisch sehr dicht erwiesen. Indem Israel

----

105   Diepold, Peter: Land, S. 29.

106   Ohler, Annemarie: a.a.O., S. 36.

107   Springer, Bernard: Israels Hoffnung, S. 136.

das ihm zugesagte Land in Besitz nimmt, antwortet es auf die Gabe Gottes. Diese Antwort entläßt Israel nicht aus der Beziehung zu dem Gott, der ihm das Land gegeben hat. Vielmehr kann das Volk das Land nur im Rahmen seiner Bundespartnerschaft erobern – eine Eroberung, die, wie wir gesehen haben, nur allmählich vor sich geht. Denn Gott bleibt immer der Geber, der Israel das Land um einer Beziehung willen zu eigen gibt. Diese Beziehung ist es auch, die der Weise der Landverteilung zugrundeliegt.

Selbst im Besitz des Landes und auch dann, wenn Gott dem Volk Ruhe verschafft hat, kann Israel nicht bei einem ein- für allemal Gegebenen stehenbleiben. Auch hinsichtlich der Landnahme, die zugleich Landgabe ist, steht Israel in der Spannung zwischen Verheißung und Erfüllung, und es bleibt ihm der Ausblick auf eine noch ausstehende Zukunft.

6. SEGEN ODER FLUCH IM LAND

Wir haben im Vorhergehenden schon verschiedentlich feststellen können, daß das Land und die Gebote Gottes an Israel aufeinander bezogen sind. Die Torah wird Israel noch außerhalb des Landes gegeben, um Israel kundzutun, wie es im Land leben soll. Und das Land wird nur dann gegeben, wenn Israel bereit ist, seinen Teil der Partnerschaft zu leben, die Gott initiiert hat – in anderen Worten, wenn es Gott Antwort gibt im Land durch ein Leben nach seinen Geboten. Wie sehr Land und Torah nicht voneinander zu trennen sind, bringt Rolf Rendtorff zum Ausdruck: "Das Alte Testament zeigt uns, daß man in Israel zu allen Zeiten und in immer neuen Ansätzen darüber nachgedacht hat, was das eigentlich Konstitutive der gemeinsamen Existenz dieses Volkes sei. Es gibt darauf vor allem zwei Antworten. Die eine lautet: die Willensoffenbarung Gottes, die Torah ... Die andere lautet: das Land."(108) So ist es nicht verwunderlich, wenn diese Willensoffenbarung Gottes im Land selbst immer wieder thematisiert wird. Dabei werden Landgabe und Gehorsam so sehr zu einer Einheit,(109) daß das Verhalten Israels Auswirkungen hat für das Ergehen des Landes und umgekehrt das Land für das Schicksal Israels ausschlaggebend ist. "Land ...

---

108 Rendtorff, Rolf: Israel, S. 24.

109 Vgl. Springer, Bernard: Israels Hoffnung, S. 71.

und Volk ... gehören zusammen, entsprechen einander und bedingen sich gegenseitig, weil beide Nachalah Jahwes sind."(110) Dieser gegenseitigen Bedingung von Volk und Land im Kontext des Gehorsams gegenüber der Torah soll nun nachgegangen werden unter Berücksichtigung folgender Texte:

Ex	20,12; 23,25 f.
Lev	18,26-30; 25,17-19; 26,1-38
Dtn	4,1-40; 5,16.33; 6,1-25; 7,12-16; 11,8-21.31 f.; 15,1-6; 28,1-68; 29,21-27; 30,15-20; 31,16-18.32-47
Jos	23,1-16
Ri	6,1-10; 10,6-14
1 Sam	12,1-25
1 Kön	8,22-61; 9,6-9
2 Kön	17,19-23
1 Chr	28,8
2 Chr	6,24-32; 7,11-22; 12,1-13; 36,17-21
Esr	5,12
Neh	9,26-37
Jes	1,19 f.; 3,8; 5,1-30; 7,10-25; 17,4-6; 50,1
Jer	1,11-2,19; 4,5-31; 5,1-6.15; 7,1-15.29-34; 9,1-15; 11,1-17; 14,1-22; 16,10 ff.; 17,19-27
Ezech	6,1-7,9; 9,9 f.; 12,17-20; 20,1-38; 22,21-31; 33,23-29
Dan	1,1 f.; 3,24-33; 9,7.16
Hos	1,2; 2,5; 4,1-5,15; 9,1-6; 10,12 f.
Am	2,4-16; 5,7-27; 6,1-9,6
Zef	1,2-13
Sach	7,1-14

Grundlegend in diesen Texten ist die Gegenüberstellung von Segen und Fluch, wie sie etwa in Dtn 28 und 30 vor Israel gestellt werden. Israel hat die Wahl zwischen Leben und Tod, zwischen Segen und Fluch. Wenn Israel sich an die Gebote Gottes hält, dann wird es gesegnet sein im Land. Ja, das Land selbst

---

110 Diepold, Peter: Land, S. 119.

wird gesegnet sein.(111) Dabei wird in Dtn 11,10 ff. hervorgehoben, daß dieses Land anders ist als alle anderen Länder, denn Gott selbst sorgt für es. Auch deswegen kann es so oft als das Land bezeichnet werden, in dem Milch und Honig fließen - ja, es ist ein "Kleinod" unter allen Völkern.(112) Wenn sich aber Israel von Gott abkehrt, dann wird der Segen sich in Fluch verwandeln, das Land wird zur Wüste und schließlich muß Israel das Land verlassen.(113)

Der Segen bzw. der Fluch wird sehr konkret geschildert und hängt oft unmittelbar mit dem Land selbst zusammen. So werden die Felder und das Vieh fruchtbar sein oder mit Plagen und der Pest geschlagen. Regen wird gegeben oder wird ausbleiben, was dann auch im ausgedörrten, verwüsteten Land sich zeigen wird. Entsprechend wird sich das Volk selbst vermehren oder unfruchtbar sein und sterben. Das Wohlergehen des Volkes und mit ihm des Landes hängt aber nicht nur in landwirtschaftlicher Hinsicht vom Verhalten Israels ab. Dieses Verhalten ist auch ausschlaggebend dafür, ob Israel in Frieden und Sicherheit im Land leben kann, oder ob fremde Völker es überfallen und zerstören. Auch in diesem Sinne kann das Land verwüstet werden. Israel selbst muß aber damit rechnen, das Land verlassen zu müssen, so wie die Völker, die vor ihm in Kanaan waren, vertrieben wurden. Dabei wird das Land selbst manchmal als aktiv geschildert: das Land wird Israel ausspeien, weil es durch das Volk verunreinigt wird. So werden etwa seine Sabbate

---

111 Vgl. **Ex** 20,12; 23,25 f.; **Lev** 25,17 ff.; 26,1-13; **Dtn** 4,40; 5,16.33; 6,2.17 f.; 7,12-16; 11,9.13 ff. 21; 15,1-6; 28,1-14; 30,15 f. 20; 32,47; **Jos** 23,4 ff.; 1 **Sam** 12,14; 1 **Chr** 28,8; 2 **Chr** 7,17 f.; 12,7.12 f.; **Jes** 1,19; **Jer** 17,24 ff.; **Hos** 10, 12.

112 Vgl. z.B. **Dtn** 6,3; 11,9; 31,20; **Jer** 11,5; **Ezech** 20,6.15.

113 Vgl. **Lev** 18,26-30; 26,14-38; **Dtn** 4,25-28; 6,10-15; 11,16 f.; 28,15-68; 29,21-27; 30,17 f.; 31,16 ff.; **Jos** 23,11-13.15 f.; **Ri** 6,1-10; 10,6-14; 1 **Sam** 12,9 f. 15-18; 1 **Kön** 8,33-40. 46 f.; 9,6-9; 2 **Kön** 17,19-23; 2 **Chr** 6,24-31; 7,13 f. 19-22; 12,1-10; 36,17-21; **Esr** 5,12; **Neh** 9,26-37; **Jes** 1,20; 3,8; 5, 1-30; 7,10-25; 17,4-6; 50,1; **Jer** 1,11-2,19; 4,5-6,15; 7,1-15.29-34; 9,1-15; 11,1-17; 14,1-22; 16,10-18; 17,27; 25,1-14; **Ezech** 6,1-7,9; 9,9 f.; 12,17-20; 20,1-38; 22,23-31; 33,23-29; **Dan** 1,1 f.; 3,24-33; 9,7.16; **Hos** 1,2; 2,5; 4,1-5,15; 9,1-6; 10,13; **Am** 2,4-16; 5,7-27; 6,1-9,6; **Zef** 1,2-13; **Sach** 7,1-14

ersetzt, die Israel ihm verweigert hat. Peter Diepold faßt diese gegenseitige Bedingtheit zusammen, wenn er über das Deuteronomium schreibt: "Israels Ja zu seinem Gott und dessen Gebot ermöglicht die ganze Fülle des von Jahwe Israel bereiteten Heils: die Landnahme ..., militärischen Sieg ..., Regenfülle ..., Fruchtbarkeit des Landes ..., Fruchtbarkeit des Volkes ..., Gesundheit ..., langes Leben und Reichtum ... Israels Weigerung, auf seinen Gott zu hören, die Verunreinigung des Landes ..., die Mißachtung seiner Willensoffenbarung und die Verehrung anderer Götter bringt den völligen Verlust des Heiles mit sich: Regenlosigkeit wird über das Land kommen ..., Dürre und Fruchtlosigkeit werden die Folgen sein ..., Tod ..., ja die völlige Ausrottung sind die geschichtlichen Möglichkeiten des Fluches, die über das Volk und sein Land kommen werden."(114)

Gerade anhand der Segensverheißungen und noch mehr der Strafandrohungen, die das Land und das Leben Israels im Land betreffen, wird deutlich, wie sehr das Thema des Landes durch den ganzen Tenach zieht. Israel ist zwar im Land, aber seine Sicherheit ist immer wieder gefährdet, so daß das Volk sich nie des vollen Besitzes des Landes sicher sein kann. Diese politische Erfahrung, die besonders durch die Eroberung des Nordreichs im 8. Jahrhundert akut wurde, wird dann auch theologisch reflektiert. So stellt Israel fest: "... dieses Land ist kein fester Besitz, es ist ein Geschenk, das Jahwe jeder Generation wieder neu anbietet und das im bundestreuen Handeln immer wieder erobert werden muss."(115) Entsprechend kann es aber auch verloren werden – wie das Nordreich es verloren hat – wenn Israel sich nicht so verhält, wie es dem Land und dem Geber des Landes entspricht. Der Verlust muß dabei nicht immer in Form des Exils sein, dessen Möglichkeit Israel überhaupt erst spät ins Bewußtsein kam. Der Verlust des Segens ist auch Verlust des Landes: es wird nicht mehr gegeben als Land, wo Milch und Honig fließen.

Bei den Propheten der Exilszeit wird die Gefahr des reellen Exils akut, und so häufen sich auch die Strafandrohungen, vor allem bei Jeremia und Ezechiel. Ein Gedanke, der bei Ezechiel häufig zum Ausdruck kommt und der an die wiederholte Begründung für die Gebote im Buche Leviticus erinnert, ist der, daß Israel – das Gott in seiner Mitte entweiht hat (Ezech 22,26) –

---

114 Diepold, Peter: Land, S. 102.

115 Springer, Bernard: Israels Hoffnung, S. 102.

durch die Strafe erkennen wird, daß Gott der Herr ist.(116)

Wieder geht es um die besondere Beziehung, um deretwillen Israel in das Land gebracht wurde. In Lev 26,11 f. wird dies in positiver Weise im Rahmen der Segensverheißung im Land gesagt. Die Bundesbeziehung, wie sie in der Bundesformel zum Ausdruck kommt, wird im Land gelebt: Gott wohnt inmitten Israels. Er ist Israels Gott, und Israel ist sein Volk. Weil Israel diese Beziehung nicht lebt, soll es bestraft werden. Umso verständlicher sind dann auch die Drohungen, die Israel ankündigen, es werde in der Fremde anderen Göttern dienen müssen, so wie es ihnen im Land, das nicht den Göttern gehört, nachgelaufen ist. Dort – nicht im Land, das Gott gibt – ist ihr Bereich. Dort gehört auch Israel hin, wenn es ihnen dienen will statt dem Gott, der es in das Land gebracht hat.(117) Peter Diepold schreibt: "Die Ver-Wüstung des Landes, die Exilierung in die 'Wüste' ... hat ihren tieferen Sinn darin, daß in diesen Ereignissen Israel von seinem Götzendienst geheilt wird, d.h., daß es erkennt, worauf es sein Vertrauen in falscher Weise gesetzt hatte, und daß es wieder zu seinem Gott zurückfindet, der allein Geber aller guten Gaben, Herr der Geschichte, Gebieter über Leben und Tod ist."(118)

In den hier berücksichtigten Texten kommt gelegentlich ein Gedanke zum Ausdruck, der dem Segen bzw. dem Fluch im Land eine weitere Dimension verleiht: andere Völker werden sehen, was an Israel geschieht und werden dadurch Gott erkennen und ihn verherrlichen.(119) So geht es im Auftrag Israels, im Land nach der Torah Gottes zu leben, nicht nur um Israel selbst und seine Beziehung zu Gott. Indem Israel in seinem Land diese besondere Beziehung lebt, werden auch die anderen Völker ins Auge gefaßt. Sie sollen an der Lebensqualität Israels in seinem Land erkennen, welcherart die Weisung Gottes ist und damit auch, wer Gott selbst ist, um so selbst zu ihm zu kommen. Hier wird eine Dimension aufgezeigt, die schon in vorhergehenden Zusammenhängen zur Sprache kam, und die uns weiter unten intensiver beschäftigen wird.

---

116 Vgl. z.B.: **Ezech** 6,7.14; 7,4.9; 12,20; 20,26.38; 33,29.

117 Vgl. z.B.: **Dtn** 4,27 ff.; 28,36.

118 Diepold, Peter: Land, S. 137.

119 Vgl. **Dtn** 4,6 ff.; 28,8 ff.; 29,23-27; **1 Kön** 8,41 ff. 60; **2 Chr** 6,32

Wir haben gesehen, daß der Einzug Israels ins Land unter Josua keine einmalige oder endgültige Besitznahme darstellt. Ob es im Land bleiben kann, und ob dieses Land weiterhin das Land der Verheißung bleibt, in dem Milch und Honig fließen, ist offen. Es hängt vom Verhalten Israels ab. Wenn Israel gemäß der Willensoffenbarung Gottes in der Torah lebt, wie es dem Sinn der Landgabe entspricht, dann wird es im Land lange leben und glücklich sein, und das Land selbst wird gesegnet. Wenn Israel sich jedoch von Gott abwendet und sich weder Gott noch den Mitbewohnern des Landes gegenüber so verhält, wie es dem Bund entspricht, dann wird es das Land verlieren mit der Verheißung, die es birgt, und das Land selbst wird zertrümmert und verwüstet.

In der größten Strafandrohung jedoch geht es um das Heil Israels. Das Volk soll zu seinem Gott zurückkehren, zu dem Gott, der den Vätern das Land verheißen und Israel aus Ägypten dorthin geführt hat. Die erste Initiative lag bei Gott, und auch wenn Israel ihn nun in seiner Mitte entweiht, gibt er die Suche nicht auf nach dem Volk, dessen Gott er sein will, und durch das er vor den Völkern verherrlicht werden soll.

7. DAS ZUKÜNFTIGE HEIL IM LAND

Von der ersten Initiative Gottes in den Verheißungen an die Väter bis zum Einzug ins Land unter Josua ist das Handeln Gottes und damit die Existenz Israels auf das Land ausgerichtet. Nachdem das Volk in den Besitz des Landes gekommen ist, steht die Frage nach dem Verhalten Israels darin im Vordergrund, wie auch die Frage nach den Folgen dieses Verhaltens hinsichtlich des Landes selbst und hinsichtlich des Bleibens Israels in dem von Gott gegebenen Land. Selbst im Land ist die Gabe keine Selbstverständlichkeit, wenngleich das Land als mit-konstitutiv für das Israel-Sein Israels zu verstehen ist.(120) Entsprechend war die Krise, die mit dem Exil aufkam.

Das Exil selbst mit seinen Implikationen und den allgemeinen Entwicklungen, die daraus hervorgingen, soll hier nicht näher untersucht werden. Vielmehr werden in diesem Abschnitt einige Aspekte des Exils betrachtet, die unmittelbar auf das Land hin-

---

120 Vgl. Diepold, Peter: Land, S. 143.

weisen, insbesondere die Heilsansagen, die aus der durch Israel verschuldeten Katastrophe erwachsen sind. Gerade als das Land endgültig verloren schien, als die Schuld Israels solche Aus- maße annahm, daß ein Bleiben im Land oder eine Rückkehr dort- hin ausgeschlossen schien, wurden Israel neue Verheißungen im Hinblick auf das Land gegeben - Verheißungen, die an dem schon Zugesagten anknüpfen, die aber gleichzeitig alles Bishe- rige überbieten.

Eine Fülle von biblischen Texten ist bei dieser Fragestellung zu berücksichtigen. Folgende Texte liegen dieser zusammenfassen- den Darstellung zugrunde:

Lev	26,39-45
Dtn	4,27-31
1 Kön	8,44 f. 48; 9,1-3
2 Chr	6,36-39; 7,11-16
Jes	2,1-5; 4,2-6; 11,1-16; 14,1-8; 27,13; 30,18-26; 32,15-20; 33,17-24; 35,1-10; 43,1-13; 44,26-28; 49,1-9.10-26; 51,1-16; 54,1-17; 55,12 f.; 56,1-8; 60,1-22; 61,1-11; 62,1-12; 65,8-25; 66,1-24
Jer	3,14-18; 12,1-17; 16,14-18; 23,3-7; 24,4-7; 29,10 f. 14; 30,3.10-21; 32,1-44; 33,1-26; 46,27 f.; 50,4 f. 18-20
Ezech	11,14-25; 20,39-44; 28,24-26; 34,11-31; 36,1-38; 37,1-28; 38,1-39,29; 48,35
Dan	6,11; 9,25
Hos	2,18-25
Joel	2,18-27; 3,1-4,21
Am	9,11-15
Obad	17-21
Mich	2,12 f.; 3,9-12; 4,1-13; 5,1-5; 6,9-16; 7,11-18
Nah	2,1
Hab	2,14
Zef	2,4-9; 3,9-20
Hag	2,18 f.
Sach	1,12-17; 2,5-17; 3,9 f.; 8,1-22; 9,1-16; 10,1-12; 14,1-21
Mal	3,1-12.23

Bevor wir uns der eigentlichen Fragestellung dieses Abschnittes zuwenden, muß die Bedeutung Jerusalems bzw. Zions in diesem Zusammenhang kurz aufgezeigt werden, da in den oben angeführten Texten nicht immer ausdrücklich vom Land die Rede ist. In anderen wiederum stehen Verheißungen hinsichtlich des Landes neben solchen, die sich auf Jerusalem bzw. den Zion beziehen. Schon dieser Befund macht deutlich, wie sehr Land und Jerusalem, Land und Zion miteinander verbunden, sogar ineinander verwoben sind.(121) Jerusalem bzw. der Zion sind als "gemeinsames religiöses Zentrum für Israel und Juda"(122) Mitte des Landes. In Jerusalem, im Tempel auf dem Zionsberg, ist Gott gegenwärtig. Dort wohnt er, nachdem Israel das Land in Besitz genommen hat. Wie Bernard Springer es ausdrückt: "... Jahwe ist nicht mehr der in der Mitte Israels mitziehende Gott, sondern der in der Mitte des sesshaft gewordenen Israels, 'durch seinen Namen' an einem erwählten Ort dieses Landes wohnende Gott, der von hier aus das Volk in seinem zugeteilten Lebensraum schützen und erhalten will."(123) Deswegen wendet sich der in der Fremde Betende nach Jerusalem hin,(124) und deswegen kann Jerusalem bzw. der Zion schließlich für das ganze Land stehen. "Hier konzentrierte sich die Erwählung des ganzen Landes, die erwählte Stadt und der erwählte Berg Zion waren der Grundstein des erwählten Landes. Gingen Landesteile später verloren, Jerusalem blieb das Unterpfand dafür, daß noch nicht alles verloren war; geriet Jerusalem in das Gericht, dann freilich schien es aus mit ganz Israel."(125)

Der Zion kann aber ebenso für das Volk Israel stehen.(126) Der Gott, der auf dem Zion wohnt, ist dort um des Volkes willen, das er ins Land gebracht hat, und dieses Volk pilgert regelmäßig nach Jerusalem, um diesem Gott besonders intensiv zu begegnen. So kann eine Identifizierung der beiden geschehen:

----

121 Vgl. z.B.: 1 Kön 8,44-48; 9,3; 2 Chr 6,36 ff.; Jes 11,9; 27,13; 30,19; 33,17-23; 35,8 ff.; 51,3.11; 62,4; 65,16-19; Jer 3,14; 31,6.12; Ezech 20,39 f.; 48,30-35; Obad 17-21; Joel 4,16.20 f.; Mich 3,9-12; 4,9-11; Zef 3,16 f.; Sach 1, 12-17; 8,1 f. 8; 14,8.

122 Springer, Bernard: Israels Hoffnung, S. 224.

123 Springer, B.: a.a.O., S. 141.

124 Vgl. 1 Kön 8,44-48; 2 Chr 6,36 ff.; Dan 6,11; Joel 3,5.

125 Marquardt, Friedrich-Wilhelm: Juden, S. 58.

126 Vgl. Jes 4,3 f.; 51,16; Zef 3,14; Sach 2,11.14; 9,9.

"Zion, die Stadt, die das Volk in sich birgt, hat an derselben Erwählung teil wie das Volk ... Wenn also von der Erwählung Zions und der Stadt die Rede ist, so ist diese nicht ohne das Volk zu denken."(127)

So meinen die an den Zion gerichteten Verheißungen mit Jerusalem auch das Land und das Volk Israel. Dies berechtigt dazu, im folgenden die Heilsansagen an das Land zusammen mit jenen an Zion zu betrachten. Ebenso können die Heilsinhalte, die an den Zion verheißen sind, auf das ganze Land bzw. Volk übertragen werden.

Da das Exil als durch die Sünde Israels verschuldet erkannt wurde, wundert es nicht, wenn Umkehr und Vergebung in den hier zu behandelnden Texten oft wiederkehrende Themen sind. (128) Wie wir schon sahen, ist das Leben eng verbunden mit dem Halten der Gebote, mit einem gottgemäßen Leben. Israel konnte nur unter der Bedingung ins Land einziehen, daß es dort so leben würde, wie Gott es von ihm wollte und um dessentwillen er dem Volk das Land überhaupt geben will. Israel aber hat sich immer wieder von Gott abgekehrt und sich als unfähig erwiesen, so zu leben, wie Gott es von ihm wollte, bis es schließlich das Land verlassen mußte. Hier entsteht nun eine Spannung: Israel muß zu Gott zurückkehren, um ins Land zurückzukönnen. Es muß seine Schuld bekennen und wieder nach den Geboten Gottes leben, um als Bundespartner im Land zu leben. Indem Israel seine Schuld beklagt, "erinnert" es Gott gleichzeitig an seine Verheißung. Gott hat Zusagen gemacht, und er ist treu.(129) Und hier kommt nun ein völlig neues Element hinzu. So wie Gott den Vätern ohne Bedingung das Land verheißen hat, so schenkt er nun Israel ohne Bedingung und ohne Vorleistung ihrerseits die notwendige Umkehr und die uneingeschränkte Möglichkeit, den Bund zu leben.(130) Nun wird die Bedingung für Israels Leben im Land selbst zum Geschenk Gottes: "Die Heimkehr in das Land ist an die Umkehr zu Jahwe gebunden, doch auch diese erscheint immer mehr als göttliches

---

127 Springer, Bernard: Israels Hoffnung, S. 276.

128 Vgl. 1 Kön 8,48; 2 Chr 6,36 ff.; Jes 14,1; 30,18-22; 33,24; 49,9-13; 54,6-10; Jer 3,14; 12,15; 24,7; 31,18-22; 32,39 f.; 33,8; 50,4 f. 20; Ezech 11,19 f.; 36,25-29; 39,25; Hos 2,18 f.; Joel 2,18; 3,1-5; Mich 7,18 ff.; Sach 3,9 f.; Mal 3,1-5.23.

129 Vgl. Lev 26,42-45; Dtn 4,29 ff.; Jes 49,14 ff..

130 Vgl. z.B.: Jer 32,39; 33,8; Ezech 36,25-29; 39,25-29.

Geschenk. Weiterhin bleibt der alte Grundsatz aufrecht, dass
Israel ohne Gehorsam das Land nicht besitzen kann ... Jahwe
befähigt sein Volk zu vollem und keiner Gefährdung mehr unter-
liegenden Bundesgehorsam."(131) Wie sehr dieser Neubeginn im
erneuten Bund ganz und gar Geschenk Gottes ist, wird daran
deutlich, daß sowohl bei Jeremia als auch bei Ezechiel das
Volk zuerst ins Land zurückkehrt und ihm dann erst die neue
Fähigkeit zum Leben als Bundespartner geschenkt wird.(132)
Peter Diepold schreibt dazu in bezug auf die deuteronomistische
Theologie bei Jeremia: "Was ist hier das Neue des Handelns
Jahwes? Nicht mehr ist das Wohnen im Lande, nicht mehr Jahwes
Zuwendung von der vorherigen Erfüllung des Gesetzes abhängig.
Vielmehr verkündigt DtrJer göttliche Gnade **ohne** menschliche Vor-
leistung, **ohne** gesetzliche Bedingungen, in einer erstaunlichen
inneren Wesensverwandtschaft zum Evangelium des Exils, Deu-
terojesaja."(133)

Damit ist auch gesagt, daß die erneute Landgabe eine endgültige ist. Da Israel befähigt wird, in uneingeschränkter Treue
als Bundespartner das Land zu besitzen, steht auch Gott nichts
im Wege, um alle seine Verheißungen an Israel zu erfüllen.

Der erste Schritt zu dieser Erneuerung und Erfüllung hin muß
die Rückkehr ins Land sein. Immer wieder wird die Sammlung
der Zerstreuten vom Volk Israel angesprochen.(134) Dabei ist
auffallend, daß Gott selbst die Zerstreuten sammelt (קבץ) und
ins Land bringt. Wiederholt wird an den Auszug aus Ägypten
angeknüpft und von einem neuen Exodus gesprochen, der den
ersten überbieten wird.(135) Dieses Mal ist aber keine Rede von
einer Person wie Mose. Gott selbst wird sein Volk auf dem Weg
ins Land führen und "weiden".

Ähnlich wird Gott auch selbst das Volk ins Land hineinbringen.
Bei der neuen Inbesitznahme des Landes führt kein Josua, und
das Land muß nicht erst erobert werden. Aber wie damals wird

----

131   Springer, Bernard: Israels Hoffnung, S. 283.

132   Vgl. **Jer** 31,23-34; 32,36-40; **Ezech** 36,22-30.

133   Diepold, Peter: Land, S. 166.

134   Vgl. z.B.: **Jes** 11,11-16; 14,2; 35,8 ff.; 43,1-7; 54,1-3;
      61,1; **Jer** 3,18; 23,3; 31,8-11; 46,27 f.; 50,18 f.; **Ezech**
      11,17 f.; 28,24 ff.; 34,12 f.; **Dan** 9,25; **Mich** 2,12 f.

135   Vgl. **Jer** 16,14 f.; 23,7 f.; **Sach** 10,7-12.

der Erbbesitz an die Stämme verteilt, und wieder werden Gesetze genannt, die den Kult und das Zusammenleben regeln sollen. (136) Auch werden Landesgrenzen erwähnt, denn wie beim ersten Einzug geht es auch jetzt um ein konkretes Gebiet. Diese Anlehnung an den ersten Einzug ins Land geschieht nicht von ungefähr. So schreibt Bernard Springer: "Die Wiederherstellung Israels vollzieht sich durch eine Wiederholung seiner anfänglichen Geschichte, die aber bewusst überhöht und als Ereignis von Endgültigkeit dargestellt wird."(137)

Diese Sammlung und Einholung Israels ins Land bedeutet gleichzeitig die endgültige Überwindung aller Feinde, wodurch Israel in Ruhe und Sicherheit im Land wohnen kann. Damit ist ein weiterer Aspekt der Heilsverheißungen angesprochen. Das Heil, das Israel für das neue Leben im Land zugesagt wird, ist ein umfassendes.(138) Israel wird im Frieden mit den anderen Völkern leben, im Land wird Gerechtigkeit geschehen, das Land wird Frucht bringen, auch dort, wo Wüste war, die Tiere werden in Harmonie miteinander und mit den Menschen leben, die Menschen werden gesund und glücklich sein in tiefer Übereinstimmung miteinander und mit der Natur. Die verheißene Ruhe wird Realität. Die Bilder, mit denen dieses Heil beschrieben wird, erinnern an den Garten Eden, der gelegentlich ausdrücklich genannt wird. Wieder wird deutlich, daß der Segen für Israel nicht zu trennen ist vom Segen für das Land. "Volk und Land sind eben nicht zu trennen. Wenn sich Heil für Israel verwirklicht, dann besteht es im gleichzeitigen Aufblühen von Volk und Land."(139)

Die Ursache dieses Heils ist die Gegenwart Gottes in Israel und die Erkenntnis Gottes durch Israel. So wird in Ezech 47,1-12 der Strom beschrieben, der aus dem Tempel hervorgeht und das Land heilt. Die Wüste und das Tote Meer werden dadurch frucht-

---

136 Vgl. **Ezech** 44,4-48,35.

137 Springer, Bernard: Israels Hoffnung, S. 258.

138 Vgl. z.B.: **Jes** 2,4; 11,1-16; 14,1-8; 30,23-26; 32,15-18; 54, 11-17; 55,13; 61,1-11; 65,16-25; **Jer** 3,14-18; 23,4-6; 30,10- 21; 31,2-22; 33,1-26; **Ezech** 34,13-16.23-31; 36,8-15.29 f. 33-38; **Dan** 9,25; **Hos** 2,20-25; **Joel** 2,18-27; **Am** 9,11-15; **Ob** 17-21; **Mich** 4,3-13; 5,1-5; 7,11-17; **Nah** 2,1; **Zef** 2,4-9; **Hag** 2,18 f.; **Sach** 9,1-16; 14,7-21; **Mal** 3,10 ff.

139 Springer, Bernard: Israels Hoffnung, S. 270.

bar, und die ganze Natur lebt auf. Wie in vorhergehenden Abschnitten wird auch hier die Dimension der Beziehung zwischen Gott und seinem Volk in dem von Gott gegebenen Land herausgestellt. Diese Dimension erfährt sogar eine Steigerung: hier ist sie von zentraler Bedeutung und nicht mehr zu übersehen.(140) Damit ist auch eine weitere Dimension angesprochen in der Zurückführung des Volkes durch Gott: diese geschieht auch um Gottes willen. Wieder ist er mitbetroffen durch das Verhältnis Israels zu seinem Land.

Die Betroffenheit Gottes kommt etwa in Jer 12,7-11 zum Ausdruck, wenn Gott über das sündige Israel und die Folgen für das Land klagt. Besonders deutlich wird diese Betroffenheit bei Ezechiel. In Ezech 11,16.22 ff. wird geschildert, wie Gott selbst das Land verläßt und mit Israel ins Exil zieht. Israel hat das Land durch seine Sünde dermaßen verunreinigt, daß Gott nicht mehr darin bleiben kann. Gleichzeitig hat Gott sich an Israel gebunden, um mit ihm zu sein - auch im Exil. Walter Brueggemann schreibt diesbezüglich: "Yahwe himself departs from the land and from the city. The damage being done because of the abomination is not only to land and to people but Yahwe himself. He does not simply choose to leave, but he is forced out by conditions he cannot tolerate ... Second, ... Yahwe's being in the land is derived from covenant commitments. Surely there is no other God so at the disposal of his partner's actions. He suffers with and because of them."(141)

Gott zieht also mit seinem Volk ins Exil. Aber damit ist weder seine Verheißung noch der Bund erfüllt, denn diese sind auf das Land bezogen: "... die Gewissheit dieser Gegenwart Gottes ist noch nicht die volle Realisierung des Bundes, genausowenig wie für die Auszugsgeneration die Einrichtung der Stiftshütte die Vollendung des Bundes war."(142) Damit ist die Treue Gottes angesprochen und mit ihr verbunden seine Ehre. Wie in der Wüste, als Mose Gott darauf aufmerksam machte, daß die Ägyp-

---

140 Vgl. **Jes** 4,5; 11,9; 32,15; 33,20 ff.; 43,1.7-13; 49,23.25; 54,5; 60,16.20; **Jer** 30,11; 46,28; **Ezech** 20,42.44; 28,26; 34, 27; 36,11.38; 39,28; 48,35; **Joel** 2,27; 4,17.21; **Mich** 2,13; 4,7; **Hab** 2,14; **Zef** 3,15.17; **Sach** 2,9.14; 8,3.23; 14,9.

141 Brueggemann, Walter: The Land - Place as Gift, Promise, and Challenge in Biblical Faith, Philadelphia 1977, S. 138 f.

142 Springer, Bernard: Israels Hoffnung, S. 194.

ter Gott für ohnmächtig halten könnten, falls er die Israeliten nicht ins Land brachte oder sie gar zerstörte, geht es auch bei Ezechiel darum, die Ehre Gottes wiederherzustellen, indem er seinen einmal gegebenen Schwur erfüllt. "Das öffentliche Ereignis der neuen Führung Gottes zielt ... darauf ab, die Ehre des göttlichen Namens wiederherzustellen. ... Die 'Ehre des göttlichen Namens' als Motiv des Heilshandelns Gottes ist eigentlich bloss ein anderer Aspekt der göttlichen Treue zum Schwur, zur Erwählung und Verheissung ..."(143) So wird sein Name wieder "geheiligt" - so etwa bei Ezech 36,22 ff. - indem er Israel von den Völkern seiner Zerstreuung herausführt und ins Land zurückbringt.

Wenn es Gott bei der Heimführung Israels auch um die "Ehre seines Namens" geht, dann gehört auf der anderen Seite dazu, daß Israel ihn im Land als Gott und als gegenwärtig in seiner Mitte erkennt. Auch dies wird in den Heilszusagen betont. Im neu gegebenen Land, in dem Gott den Bund mit Israel auf unwiderrufliche Weise erneuert, wird die von Anfang an angestrebte Beziehung zwischen Gott und Israel voll zur Geltung kommen. Auch diese Verheißung soll erfüllt werden. Dies kommt besonders dadurch zum Ausdruck, daß in diesen Texten wiederholt die Bundesformel verwendet wird.(144) Im neu gegebenen Land wird der Bund zwischen Gott und Israel in all seinen Dimensionen gelebt. Israel wird gesegnet sein im Land, es wird in uneingeschränkter Treue nach den Geboten Gottes leben, und Gott wird in seiner Mitte wohnen. So wird endgültig wahr: Gott wird ihr Gott sein, und Israel wird sein Volk sein.

In dieser zur Fülle gebrachten Bundesbeziehung geht es jetzt aber nicht nur um Israel, wie es auch bei der Ehre Gottes nicht nur um dieses Volk geht. "In der Sammlung und Heimführung Israels bezeugt Jahwe sich selbst mit dem Ziel, in diesem Geschehen von Israel und den Völkern erkannt zu werden."(145) Eine Dimension, die in vorhergehenden Abschnitten schon gelegentlich zur Sprache kam, wird in den hier behandelten Heilszusagen aufgegriffen und entfaltet.(146) Letztlich geht es in

---

143   Springer, Bernard: a.a.O., S. 243.

144   Vgl. **Jer** 24,7; 30,22; 32,38; **Ezech** 34,30; 36,28; 37,23.27; **Sach** 2,15; 8,8.

145   Springer, Bernard: Israels Hoffnung, S. 243.

146   Vgl. **Jes** 2,2 f.; 11,10; 14,1 f.; 49,6 f. 21 ff. 26; 51,4 f.; 56,3.6 ff.; 60,1-16; 61,5 f. 9; 62,2.10; 66,12.18-21; **Jer**

der Beziehung zwischen Gott und Israel, wie sie im Land gelebt werden soll, um die Beziehung zwischen Gott und allen Völkern.

Das zerstreute Israel wird in einem neuen Exodusereignis aus allen Völkern herausgeführt und in das ihm verheißene Land gebracht. Dort wird es befähigt, den Bund mit Gott in seiner ganzen Fülle zu leben – ein Leben, das konkrete Folgen haben wird: das Land wird gesegnet, wie auch Israel gesegnet sein wird in all seinen Bezügen. All dies werden die Völker sehen. Sie werden daran Gott erkennen und selbst zu ihm pilgern, um ihn anzubeten und nun auch ihrerseits von seiner Willensoffenbarung her zu leben, die für sie ebenso Heil bedeutet wie für Israel. Diese Verheißung geht so weit, daß in Sach 2,15 alle Völker als "Volk Gottes" bezeichnet werden. "Indem Jahwe das Volk Israel seiner ursprünglichen Bestimmung zuführt und seine Verheissung erfüllt, bricht die Herrschaft über die Welt an. An die Völker, die die Möglichkeit haben, im verheissenen und in Erfüllung gegangenen Wirken Jahwes an Israel, die Einzigkeit Gottes zu erkennen, ergeht die Einladung, die Rettung anzunehmen ... Der universelle Heilsplan ... spricht zuerst vom Heil, das sich für Israel auf dem Zion und in der paradiesischen Umwandlung des Landes verwirklicht ... Dieses Heil ist aber für alle Menschen bestimmt, es wird ... als Weltherrschaft Jahwes verstanden, die ewige Geltung hat ..."(147)

Anhand der hier behandelten Texte haben wir gesehen, daß die Geschichte Israels mit dem von Gott verheißenen Land durch das Exil keineswegs am Ende war. Vielmehr haben sich gerade an diesem Tiefpunkt der Beziehung Israels mit Gott und seinem Land neue, alles Bisherige überbietende Dimensionen entfaltet, die Israel aufgrund der neuen Heilsverheißungen eine Zukunft zusagen, die durch nichts mehr zerstört oder eingeschränkt werden kann. Gott wird Israel die Umkehr schenken und mit ihr eine neue Fähigkeit, als Bundespartner zu leben. Er selbst holt Israel aus allen Völkern der Zerstreuung heraus, er sammelt es und führt es erneut in sein Land. Dort wird die Verheißung an die Väter in all ihren Dimensionen erfüllt: Israel wird in uneingeschränkter Treue zur Torah leben; es wird gesegnet sein, wie auch das Land und die ganze Natur gesegnet sein werden.

12,14-17; **Ezech** 28,25; 36,19-36; 37,28; 39,27; **Mich** 4,1 f. 5; **Zef** 3,9 f.; **Sach** 2,15; 8,20-23; 9,1-8.10; 14,9.16-19.

147 Springer, Bernard: Israels Hoffnung, S. 265.

Gott wird in Jerusalem inmitten seines ins Land gebrachten Volkes wohnen, und er wird endgültig und uneingeschränkt Israels
Gott sein, wie Israel sein Volk sein wird. Durch Israel wird
seine Ehre wiederhergestellt, und die Völker werden ihn erkennen als den einzig wahren Gott, von dem das Heil kommt. Martin Buber hat diese Verheißung in seinen Bemerkungen zur jesajanischen Zionstheologie zusammengefaßt: "... das erlöste Zion
(wird) zur Mitte der erlösten Welt. Aber nicht der Menschheit
allein, vielmehr der ganzen Welt gilt die Erlösung, und eben
diese Welt-Erlösung zentriert in Zion. In einem 'pflanzt' Gott
den Himmel und spricht zu Zion: 'Mein Volk bist du', in einem
'schafft' er einen neuen Himmel und eine neue Erde und
'schafft' Jerusalem ... Erneuerung der Welt und Erneuerung
Zions sind eins, denn Zion ist das Herz der erneuerten Welt.
Jesajas zionozentrische Anschauung ist hier zu kosmischen Maßen
erwachsen.

Zum Herold und Bereiter der erlösten Welt ist das Volk Israel
berufen, das Land Israel zu ihrer Mitte und zum Thronsitz ihres Königs. In dieser Lehre hat die biblische Anschauung von
der einzigartigen Bedeutung des Zusammenhangs zwischen diesem Volk und diesem Land ihren Gipfel erreicht."(148)

8. DAS LAND IN DEN PSALMEN

Die Psalmen wurden in der bisherigen Untersuchung außer acht
gelassen. Als Gebete bringen sie die Vorstellungen der Bibel
hinsichtlich des Landes in anderer Weise zum Ausdruck als die
erzählenden Texte. Nachdem ein Gesamtüberblick über die Bedeutung des Landes in der Hebräischen Bibel gegeben worden ist,
sollen nun auch die Psalmen berücksichtigt werden, wobei das
Thema Land bzw. Zion in folgenden Psalmen thematisiert oder
angesprochen wird:

Pss 2,6.8; 10,16 ff.; 16,1-6; 25,13; 37,1-40; 44,3-26; 46,4-12;
     47,2-10; 60,3-14; 65,2-14; 68,7.10; 69,36 f.; 72,1-19; 74,
     1-23; 76,2 f.; 78,54 f. 60 f.; 79,1-13; 80,1-16; 83,2-17;
     85,2-14; 95,10 f.; 102,17.21 ff.; 105,6.9.11.44 f.; 106,24-
     27.38; 107,3.35-38; 108,7-14; 112,1 ff.; 114,1; 125,1-5;

---

148 Buber, Martin: Israel, S. 46 f.

126,1-6; 135,10 ff.; 136,17-22; 137,1-9; 147,1-20.(149)

Da diese Texte keine neuen Aspekte in bezug auf das Land bringen, genügt es, wenn der Befund nur kurz dargestellt wird.

Mehrmals wird die Landgabe thematisiert.(150) Hierbei begegnet wieder der Gedanke des "Erbes" (der jedoch nicht nur im Zusammenhang mit der Landgabe vorkommt).(151) Auffallend ist, daß zwar von den kriegerischen Auseinandersetzungen Israels die Rede ist, daß aber durchgehend Gott der Eroberer – und daher auch der Geber – des Landes ist. Eine Landnahme von seiten Israels wird also nur angedeutet insofern Israel kämpft. Desgleichen wird auch nicht ausdrücklich vom Einzug ins Land gesprochen, sondern eher davon, daß Gott Israel im Land "einpflanzt".

Auch in den Psalmen wird der Zusammenhang deutlich zwischen dem Halten der Gebote und dem Wohlergehen im Land bzw. dem

---

149   Eine Datierung der Psalmen erweist sich insgesamt als sehr schwierig, was auch für die hier angeführten Psalmen zu sagen ist. Insofern eine Datierung versucht wird, fällt auf, daß die in dieser Arbeit berücksichtigten Psalmen eine weite Zeitspanne umschließen. So nimmt H.J. Kraus an, daß etwa Ps 46 "sehr alt" ist (vgl. Psalmen Bd. 1, S. 497); Ps 147 hingegen stammt seines Erachtens aus dem 5. Jahrhundert (vgl. Bd. 2, S. 1136). Auffallend ist, daß Kraus in einigen Psalmen sehr alte Traditionen sieht, die später überarbeitet bzw. aktualisiert wurden, so etwa Pss 2; 44; 68; 107; 114. Mehrere könnten aus der Zeit um das Exil herum kommen, sei es aus vorexilischer oder aus nachexilischer Zeit, wie etwa Pss 25; 37; 78; 79. Da jedoch die Datierungen mit so vielen Fragezeichen zu versehen sind, und da die hier angeführten Psalmen eine so weite Zeitspanne umschließen, auch "um das Exil herum", scheint es für die Zwecke dieser Arbeit wenig sinnvoll, näher auf diese Frage einzugehen. Für eine ausführlichere Behandlung der einzelnen Psalmen vgl. Kraus, Hans-Joachim: Psalmen. 1. Teilband: Psalmen 1-59; 2. Teilband: Psalmen 60-150. Neukirchen-Vluyn 1978 (5. Aufl.).

150   Vgl. **Pss** 44,2-9; 47,2-5; 60,3-14; 76,2-13; 78,54 f.; 80,2-20; 105,11.44 f.; 107,35-38; 108,7-14; 135,10 ff.; 136,17-22.

151   Vgl. **Pss** 47,2-5; 78,54 f.; 136,17-22; wie auch 16,6; 68,10; 69,37.

72

Ungehorsam und der Austilgung aus dem Land.(152) Auffallend ist dabei das Vorkommen von ירש – in Besitz nehmen – vor allem in Ps 37.(153) Sein Gebrauch hier fällt umso mehr auf, da er im Zusammenhang mit der Landgabe in den Psalmen nur einmal vorkommt, in Ps 44,4, und dann als Negation: Israel nahm das Land nicht durch das Schwert in Besitz, sondern Gott hat es erobert. In Ps 37 dagegen wird der Gedanke der Inbesitznahme betont, aber hier sind es jene, die Gutes tun, die "Armen", die vom Herrn Gesegneten, die Gerechten, die das Land in Besitz nehmen. Wieder wird deutlich, daß das Land um der Torah willen und die Torah für das Leben im Land gegeben werden. Entsprechend können diejenigen, die nicht auf die Stimme Gottes hören – und das heißt auf seinen Willen, wie er in der Torah verkündet wird – laut Ps 95,10 f. nicht in die "Ruhe" Gottes, die durch das torahtreue Leben im Land gegeben wird, hineinkommen. Eine weitere Verschiebung ist hier festzustellen, nämlich daß der Einzelne durch sein Verhalten das Land in Besitz nimmt oder verliert; hier geht es nicht um das Volk als ganzes, wie in den bisher behandelten Texten, sondern um den Einzelnen.

Die Verbindung zwischen Torah und Land kommt in anderer Weise in Ps 114,2 zum Ausdruck, wobei gleichzeitig die Zielrichtung des Auszuges aus Ägypten deutlich wird: Juda wird zum Heiligtum Gottes und Israel zum Gebiet seiner Herrschaft. Der Auszug aus Ägypten geschieht um des Bundes willen, der im Land zu leben ist. So wird das Volk Israel und mit dem Volk sein Land zum Gebiet, wo die Herrschaft Gottes konkret ist.

Auch das Exil in seinem Bezug zum Land findet in den Psalmen seinen Niederschlag. Zum einen wird geklagt über den Zustand des Landes und dessen Verlust, zum andern wird Gott auch hier an das erinnert, was er Israel zugesagt und getan hat. (154) Wie bei Ezechiel kommt in Ps 78,60 f. zum Ausdruck, daß Gott selbst das Land, worin sein Heiligtum ist, verlassen muß und mit Israel ins Exil, sogar in Gefangenschaft geht. Ein weiterer Gedanke Ezechiels wird in Ps 79,9 wieder aufgegriffen: in der Not wird Gott angerufen und eindringlich gebeten, um

---

152 Vgl. **Pss** 16,3-6; 25,13; 37,1-40; 44,9-27; 95,10 f.; 105,44 f.; 106,24-27.34-42; 112,1-3; 125,3.

153 Vgl. **Ps** 37,9.11.22.29.34; auch **Ps** 25,13; vgl. Dreyfus, F.: Héritage, S. 41 f.

154 Vgl. **Pss** 74,1-23; 79,1-13; 137,1-9.

der "Ehre seines Namens" willen zu helfen. Auch hier ist Gott
mitbetroffen und seine Ehre ist mit auf dem Spiel in dem, was
Israel hinsichtlich des Landes geschieht.

Gott wird beim Verlust des Landes um Hilfe angerufen, und
auch in den Psalmen ist Heil im Land verheißen.(155) Wie in
den prophetischen Texten werden verschiedene Aspekte des Heiles angesprochen: Gott sammelt die Zerstreuten Israels und führt
sie zurück ins Land; er selbst sorgt für das Land und gibt
ihm Fruchtbarkeit; im Land wird Frieden sein, und das menschliche Zusammenleben wird von Gerechtigkeit gekennzeichnet sein.

Schließlich findet sich auch in den Psalmen der Ausblick auf
die Völker.(156) Durch das, was an Israel geschieht, werden
die Völker nach Gott suchen und ihn erkennen. Gott wird vom
Zion aus über die ganze Erde herrschen, und die Völker werden ihm Gaben bringen und ihm dienen. In Ps 2,8 werden sie
sogar als das Erbe des von Gott auf dem Zion eingesetzten Königs bezeichnet. Nun ist nicht mehr nur Israel das Erbteil Gottes, sondern wie die Völker in Sach 2,15 in den Bund miteinbezogen wurden, werden sie auch hier in einem neuen Verhältnis
zum König auf Zion gesehen und damit zu Gott.

Wir haben gesehen, daß die Psalmen die Gedanken der Bibel in
bezug auf das Land reflektieren. Auch die Verheißung an die
Väter fehlt nicht: in Ps 105,6.9 wird sie erinnert, wenn auch
dieser Aspekt in den Psalmen weniger angesprochen wird. Insgesamt jedoch können wir sagen, daß die Hauptgesichtspunkte
hinsichtlich des Landes in diesen biblischen Gebeten aufgegriffen werden.

---

155 Vgl. **Pss** 10,16 ff.; 46,2-12; 65,2-14; 68,7-10; 69,36 f.; 72,
     1-19; 85,2-14; 102,13-23; 106,44-47; 107,3; 125,1-5; 126,1-
     6; 147,1-20.

156 Vgl. **Pss** 2,6.8; 47,8; 65,9; 72,8-11.17; 83,2-19; 102,16;
     126,2.

9. DAS LAND IN DEN WEISHEITSBÜCHERN UND IN DEN APOKRYPHEN

Zum Schluß bleibt uns noch die Frage, welche Bedeutung das Land in der Weisheitsliteratur hat. Dabei sollen der (christlich-katholischen) Vollständigkeit halber auch die Bücher berücksichtigt werden, die nicht in den Tenach aufgenommen wurden. Auch wenn sie in der späteren rabbinischen Tradition eine geringere Rolle spielen, sind sie für den christlichen Exegeten von großer Bedeutung und können zum Gesamtbild des Landes vielleicht noch Zusätzliches beitragen. Dabei werden folgende Texte berücksichtigt:

Tob   13,2-18; 14,1-7.15

Jud   5,5-21; 8,11-27

Spr   2,20 ff.; 10,30; 29,4; 30,21 ff.

Weish 12,3-7

Sir   10,14-17; 16,9; 24,1-12; 36,13-19; 44,19-23; 45,6 f. 20 ff.; 46,1-10; 47,23 ff.; 48,15

Wie in den Psalmen begegnen auch hier schon bekannte Themen, die an dieser Stelle nur kurz aufgezeigt werden sollen.

Die Väter und die an sie und ihre Nachkommen ergangene Verheißung spielen hier eine etwas größere Rolle als in den Psalmen.(157) Dabei fällt auf, daß in Sir 44,20 f. der Eid Gottes an Abraham erst nach der Beschneidung gegeben wird. Der Schwur Gottes ist hier nicht bedingungslos, sondern wird in Abhängigkeit gesehen zum Bundesgehorsam Abrahams.

Auch der Einzug ins Land kommt zur Sprache.(158) Im Gegensatz zu den Psalmen spielt Israel hier eine aktivere Rolle, wobei betont wird, daß der Erfolg Israel nur gegeben wird, wenn es sich als Bundespartner verhält. Das Thema der Landverteilung wird in Sir 45,20 ff. angesprochen, allerdings nur unter dem Aspekt der Leviten, denen kein Anteil am Land gegeben werden soll, da Gott ihr Erbteil ist. Auch begegnet in Sir 46,8 wieder die Formel vom Land, in dem Milch und Honig fließen.

---

157 Vgl. **Jud** 5,6-9; **Sir** 44,19-23.

158 Vgl. **Jud** 5,14-17; 8,11-21; **Sir** 46,1-10.

Wie oben schon angeklungen ist, wird auch in diesen Texten
der Zusammenhang zwischen Bundesgehorsam und dem Bleiben
im Land thematisiert.(159) Dabei fällt eines auf: das Land wird
in der Weisheitsliteratur nur selten ausdrücklich erwähnt. Wenn
dies im Buch der Sprüche geschieht, dann auf sehr unvermittel-
te Weise und eingebettet in allgemeine Verhaltensregeln. So entsteht der Eindruck, als sei das Wohnen im Land von vornherein
als selbstverständlich vorausgesetzt. Die weisheitlichen Ratschlä-
ge scheinen für das Leben im Land gedacht zu sein, und wenn
ausdrücklich auf das Land Bezug genommen wird, so nur um eine Folge aufzuzeigen, die sich hinsichtlich des Landes aus einem bestimmten Verhalten ergibt.

Die Verbindung zwischen Bundesgehorsam und Leben im Land
schließt die Möglichkeit der Strafe mit ein, die zur Entstehungs-
zeit der hier behandelten Texte schon konkrete Erfahrung war
in Form des Exils. So ist es nicht verwunderlich, wenn das
Exil wiederholt ausdrücklich zur Sprache kommt.(160) Ebenso begegnen auch Heilsansagen, die von der Umkehr Israels, von
der Sammlung der Zerstreuten im Land, vom Wiederaufbau Jerusalems und des Tempels und von einem glücklichen Leben im
Land sprechen.(161)

Auch hier fehlt schließlich der Ausblick auf die Völkerwelt
nicht,(162) wenn er auch insgesamt nur eine geringere Rolle
spielt. Ausdrücklich wird die Zerstreuung Israels unter die Völker in Tob 13,3 f. von seinem Zeugnischarakter her angesprochen. Inmitten der Völker verkündet Israel seinen Gott und dessen Heilstaten. Diese Völker werden nach der Sammlung Israels
nach Jerusalem kommen, um dort den Namen Gottes zu preisen
und ihm Gaben zu bringen. Sie werden sich von ihren Götzen
abkehren und den Gott Israels in Ehrfurcht preisen.

Ein Text soll an dieser Stelle besonders erwähnt sein. In Sir
24,1-12 wird von der Weisheit gesprochen, die aus dem Munde
Gottes hervorgeht, und die auf der Erde einen Ruheplatz sucht.
Deutlich wird hier die Torah angesprochen, die Gott als sein

---

159 Vgl. **Jud** 5,17.20 f.; 8,18 ff.; **Spr** 2,20 ff.; 10,30; 29,4;
     30,21 ff.; **Weish** 12,3-7; **Sir** 16,9.

160 Vgl. **Tob** 14,4; **Jud** 5,18; **Sir** 16,9; 47,23 ff.; 48,15.

161 Vgl. **Tob** 13,5.15-18; 14,5 ff. 15; **Jud** 5,19; **Sir** 10,14-17;
     36,13-19; 48,15; 49,13.

162 Vgl. **Tob** 13,3 f. 13; 14,7.

Wort offenbart und seinem Volk Israel gegeben hat. Von ihr wird gesagt, daß sie in Jerusalem bzw. auf dem Zion wohnt und dort Ruhe findet. Die Ausdrucksweise dieses Textes ist in unserem Zusammenhang neu, aber die Begriffe, die verwendet werden, sind bekannt. Der Weisheit wird im Volk Israel, dem Erbbesitz Gottes, ihr Erbbesitz gegeben. Inmitten dieses Volkes, im Zelt Gottes auf dem Zion in Jerusalem wohnt sie, und dort findet sie Ruhe. In diesem Zusammenhang sei an die oben untersuchten Heilszusagen erinnert, vor allem bei Ezechiel, in denen die Ruhe Israels im Land von der Gegenwart Gottes auf dem Zion ausgeht.

Hier wird in sehr dichter Form die unauflösbare Verbindung zwischen Gott, Israel, der Torah und dem Land zum Ausdruck gebracht. Wenn diese Verbindung besteht, wenn die Offenbarung Gottes in Israel Wurzel faßt und zur Ruhe kommt, dann wird Israel die Ruhe gegeben, von der wir schon sahen, daß sie der Inbegriff der Erfüllung der Verheißungen Gottes ist.

Wie die Psalmen greifen auch die Bücher der Weisheitsliteratur und die Apokryphen die meisten Themen hinsichtlich des Landes auf, denen wir im Tenach insgesamt begegnet sind. Andererseits fügen weder sie noch die Psalmen etwas Wesentliches zum Gesamtbild hinzu, wenn sie auch gelegentlich einen eigenen Akzent setzen. Somit können wir diese Darstellung über die Bedeutung des Landes im Alten Testament zum Abschluß bringen.

ERGEBNISSE

Am Ende dieser Darstellung über die Bedeutung des Landes im Tenach ist es nicht nötig, alle Aspekte noch einmal zusammenzufassen. Vielmehr sollen die Hauptthesen kurz wiederholt werden. So konnten wir feststellen:

1. Das Land ist Inhalt einer bedingungslosen Verheißung von seiten Gottes an die Väter und ihre Nachkommen, wobei Gott sich durch einen Eid verpflichtet, seine Zusage zu erfüllen. In der Begräbnisstätte von Machpela erhalten die Väter das Angeld dieser Erfüllung.

2. Der Auszug aus Ägypten ist ausgerichtet auf den Einzug Israels ins Land und kommt darin zu seiner Erfüllung.

3. Noch bevor Israel in das verheißene Land einzieht, offenbart ihm Gott die Torah und damit seinen Willen. Die Torah

ist für das Leben im Land gegeben – nur da kann Israel sie ganz erfüllen. Umgekehrt wird Israel das Land im Hinblick auf die Torah gegeben. Das Land findet seinen Sinn darin, Raum der Bundespartnerschaft zu sein zwischen dem gegenwärtigen Gott und dem gehorsamen Israel.

4. Das Land ist der Raum einer neuen Beziehung zwischen Gott und seinem erwählten Volk. Dort will Gott seinem Volk Gott sein und in seiner Mitte wohnen. Und dort soll Israel gottgemäß leben und so sichtbar werden lassen, daß Gott sein Gott ist und wer dieser Gott ist.

5. Der Einzug ins Land ist gleichzeitig Gabe Gottes und Inbesitznahme Israels. Israel kann das Land in Besitz nehmen weil Gott mit ihm kämpft und die Völker vor ihm vertreibt. Der Erfolg Israels hängt ganz von seinem Gehorsam gegenüber Gott ab.

6. Selbst wenn Israel das Land in Besitz genommen hat und darin lebt, bleibt eine Spannung zwischen der gegebenen Verheißung und ihrer Erfüllung. Der Besitz des Landes ist immer gefährdet, und es bleibt zu erobern. Die Geschichte Israels spielt sich ab in diesem Spannungsfeld zwischen Verheißung und Erfüllung, zwischen schon Gegebenem und noch Ausstehendem.

7. Das Ergehen Israels im Land und mit ihm das Ergehen des Landes selbst ist bedingt durch das Verhalten Israels hinsichtlich der Gebote Gottes. Wenn Israel in Treue zur Torah lebt, ist das Land gesegnet; es bringt Frucht, und das Volk lebt im Glück. Wenn Israel ungehorsam ist und sich von Gott abkehrt, ist das Land verflucht; es verödet, und das Volk muß schließlich das Land verlassen.

8. Mit dem Exil ist die Geschichte Israels mit seinem von Gott gegebenen Land nicht zu Ende. Vielmehr ergehen an Israel Heilszusagen, die nicht zu trennen sind von der Rückkehr ins Land. Gott sammelt die Zerstreuten und führt sie ins Land zurück. Dort schenkt er Umkehr und eine neue, unwiderrufliche Fähigkeit zur Bundestreue. Das Land wird gesegnet, und Israel wird dort glücklich sein in Sicherheit, in Gerechtigkeit und in Frieden. Die Bundesbeziehung zwischen Gott und Israel wird endgültig und auf unwiderrufliche Weise wahr; die Verheißung an die Väter wird erfüllt.

9. In der neuen, endgültigen Landgabe sind die Völker auf neue Weise miteinbezogen. Durch das Handeln Gottes für Israel

und durch Israels Leben im Land nach der Torah wird der Name Gottes vor den Völkern geheiligt. Sie werden Gott erkennen und zum Zion nach Jerusalem pilgern, um ihre Gaben zu bringen und ihn anzubeten. So ist die Landverheißung an Abraham und seine Nachkommen und die geschichtliche Konkretisierung ihrer Erfüllung letztlich um der ganzen Menschheit willen gegeben, allen zum Segen.

Bei der Behandlung dieser verschiedenen Aspekte haben sich einige Einzelbegriffe als wesentlich herausgestellt.(163) Diese seien nur kurz wiederholt:

- geben (נתן)   – Gott gibt das Land

- schwören (שבע)(164)   – Gott schwört, das Land zu geben, er leistet diesbezüglich einen Eid

- herausgehen (יצא)   – Israel – bzw.
  herausführen   in der Hif'il-Form Gott

- bringen (הביא)   – Gott bringt ins Land

- hinaufgehen (עלה)   – Israel – bzw.
  hinaufführen   in der Hif'il-Form Gott

- hinübergehen (עבר)   – Israel überquert den Jordan hinein ins Land

- in Besitz nehmen (ירש) – Israel nimmt das Land in Besitz

- erben, Erbe (נחלה)   – Israel wird das Land zum Erbe gegeben

- Ruhe (מנחה)   – die Erfüllung der Verheißung im Land

- sammeln (קבץ)   – Gott sammelt das Volk, das unter den Völkern zerstreut ist

In der Behandlung des Themas Land wurden einige Aspekte nicht näher ausgeführt. Im Rahmen dieser Arbeit scheint dies nicht notwendig, da eine solche Untersuchung zu viele Einzelheiten beinhalten würde bzw. da die Themen implizit in dem

----

163 Wie sehr diese Einzelbegriffe im Zusammenhang mit dem Land verschiedene Aspekte eines Ganzen zur Sprache bringen, zeigt etwa G. Giesen. Vgl. Wurzel, S. 241.

164 Vgl. Giesen, G.: a.a.O., S. 230.

hier behandelten Stoff enthalten sind. Diese Aspekte seien hier nur kurz genannt:

- Die Frage, inwieweit das Land selbst im Tenach als von Gott "erwählt" gesehen wird, braucht uns nicht näher zu beschäftigen. Aus dem oben Erarbeiteten geht deutlich hervor, daß Gott ein bestimmtes Land einem bestimmten Volk zu einem bestimmten Zweck geben will.

- Ebenso scheint eine genauere Untersuchung der Personifizierung des Landes, wie sie gelegentlich im Tenach geschieht (so etwa in Sach 12,12, wo das Land trauert), für unsere Zwecke nicht notwendig zu sein. Wichtig in unserem Zusammenhang ist vielmehr das enge Miteinander zwischen Israel und dem Land und die Bedingtheit des Landes durch das Verhalten Israels.

- Eine Untersuchung zum Gebrauch und zur Bedeutung der beiden Begriffe für Land, Eretz und Adamah (ארץ und אדמה) in ihrem jeweiligen Zusammenhang scheint ebenfalls unnötig. Beide Worte können allgemein verwendet werden und beziehen sich nicht nur auf das Land Kanaan, das Israel gegeben wird. Umgekehrt können aber auch beide Begriffe dieses bestimmte Land meinen. In den hier behandelten Texten ist deutlich, daß das Israel verheißene Land bzw. das ihnen gegebene gemeint ist, und eine nähere Bestimmung der unterschiedlichen Bedeutungen würde hier zu weit führen.

- Schließlich sei hier das Thema der Armen im Land erwähnt. An diesem Stichwort wird noch einmal das Spannungsfeld zwischen Verheißung und Erfüllung deutlich, in dem die Geschichte Israels mit und in seinem Land sich vollzieht. In der Gesetzgebung für das Land wird den Benachteiligten ein wichtiger Platz eingeräumt. Indem dies geschieht, wird Israel mit den Geboten zugleich eine Verheißung gegeben: wenn Israel so lebt, wie ihm geboten ist, braucht niemand im Land in Not zu sein, und Gerechtigkeit wird zur Realität. Andererseits wird Israel aber wiederholt gesagt, daß es immer Arme im Land geben wird.(165) Diese Spannung wird in Dtn 15,4 und

---

165 In seinem Artikel: Von der "Anawim-Partei" zur "Kirche der Armen". Die bibelwissenschaftliche Ahnentafel eines Hauptbegriffs der "Theologie der Befreiung". In: Bib. 67 (1986), S. 153-176 gibt Norbert Lohfink einen forschungsgeschichtlichen Überblick über die Ergebnisse der Untersuchungen zur Frage, wer die "Armen" in der Bibel sind.

11 besonders deutlich. Es ist nicht notwendig, hier näher auf dieses Thema einzugehen. Es sei hier nur aufgezeigt als konkretes Beispiel für die Spannung zwischen Verheißung und Erfüllung, die das Leben Israels im Land kennzeichnet.

Damit können wir diesen ersten Teil der Untersuchung über das Land schließen. Die angeführten Texte haben deutlich gezeigt, wie sehr das Thema Land durch das ganze Alte Testament zieht.

In nur wenigen Büchern wird das Land nicht ausdrücklich erwähnt. Aber auch in einigen von diesen fehlt es deswegen nicht. So kann man sagen, daß das Buch Ruth auch das Thema Land behandelt: wir hören vom Verlassen des Landes wegen Hungersnot, von der Rückkehr ins Land, vom konkreten Umgang mit der Ernte des Landes und von der Auslösung des Erbstückes. Ebenso fehlt das Land nicht im Hohenlied. Die dort verwendeten Bilder setzen das Leben im Land als selbstverständlich voraus. Und in den Büchern der Makkabäer, wo nie ausdrücklich vom Land als solchem die Rede ist, geht es um nichts anderes als um das Leben Israels im Land, in der ihm von Gott gebotenen Weise.

In anderen Büchern wird das Land nur selten ausdrücklich genannt, aber es ist selbstverständliche Voraussetzung für das, was geschildert wird. So geht es in den Büchern Samuel, in denen der Könige und in den Büchern der Chronik um nichts anderes als um die konkrete Lebensgestaltung Israels in dem Land, das es in Besitz genommen hat, und um die Folgen seines Verhaltens für dieses Leben im Land. Ebenso ist der Hintergrund der Bücher Esra und Nehemia die Rückkehr ins Land nach dem Exil und der Neubeginn dort als Bundesvolk Gottes.

So können wir mit den Worten Annemarie Ohlers abschließend sagen: "Läßt man die Bibel selbst sprechen, so kann man die ganze Geschichte Israels schreiben als eine Geschichte der jeweils wechselnden Beziehungen des Volkes zu seinem Land."(166) Diese Beziehungen endeten nicht mit der Niederschrift der Bücher des Tenach. Vielmehr gingen sie weiter in der Geschichte und wurden auf verschiedene und neue Weise weiterhin theologisch reflektiert. Die Weiterentwicklung dieses Denkens in der frühen rabbinischen Tradition wird der Gegenstand des zweiten Teiles dieser Arbeit sein.

----

166   Ohler, Annemarie: Israel, S. 16.

II.

DAS LAND
IN DER FRÜHEN RABBINISCHEN TRADITION

"Jeder Sohn Israels, der im Lande Israel wohnt, nimmt das Joch des Himmelreiches auf sich ..."

(Sifra Behar Par. 5)

"Es wird gelehrt: Ben Zoma sprach zu den Weisen: Wird man denn in den messianischen Tagen des Auszuges aus Miçrajim gedenken, es heißt ja: 'siehe, Tage kommen, spricht der Herr, und man wird nicht mehr sagen: so wahr der Herr lebt, der die Kinder Jisrael aus Miçrajim geführt hat, sondern: so wahr der Herr lebt, der die Kinder Jisrael aus dem Nordlande und aus allen Ländern, wohin ich sie verstoßen habe, herausgeführt und hergebracht hat.' Sie erwiderten ihm: Nicht etwa, daß die Erwähnung des Auszuges aus Miçrajim ganz abgeschafft werden wird, vielmehr wird die (Erlösung aus der) Knechtschaft der Regierungen Hauptsache, der Auszug aus Miçrajim Nebensache sein. Desgleichen findest du: 'dein Name soll nicht mehr Jaqob sein, Jisrael soll dein Name sein;' nicht etwa, daß der Name Jaqob ganz abgeschafft werde, vielmehr soll Jisrael Hauptname und Jaqob Nebenname sein. Desgleichen heißt es: 'Gedenket des Ersteren nicht und nach den Früheren sehet euch nicht um. Gedenket des Ersteren nicht', dies ist die Knechtschaft der Regierungen, 'und nach dem Früheren sehet euch nicht um', dies ist der Auszug aus Miçrajim."

(b Berakhoth 12b – 13a)

"Mose empfing die Tora auf dem Berge Sinaj, überlieferte
sie Jehosua, Jehosua den Ältesten, die Ältesten den Propheten und die Propheten überlieferten sie den Männern
der Grossynode. Diese sprachen drei Dinge aus: Seid be-
dächtig beim Rechtsprechen, bildet viele Schüler aus,
und errichtet einen Zaun um die Tora."
(b Aboth 1,1)(1)

"R. Jehuda sagte im Namen Rabhs: Als Mose in die Höhe
stieg, traf er den Heiligen, gepriesen sei er, dasitzen
und Kränze für die Buchstaben winden. Da sprach er zu
ihm: Herr der Welt, wer hält dich zurück? Er erwiderte:
Es ist ein Mann, der nach vielen Generationen sein wird,
namens Aqiba b. Joseph; er wird dereinst über jedes Häk-
chen Haufen über Haufen von Lehren vortragen. Da sprach
er vor ihm: Herr der Welt, zeige ihn mir. Er erwiderte:
Wende dich um. Da wandte er sich um und setzte sich
hinter die achte Reihe; er verstand aber ihre Unterhal-
tung nicht und war darüber bestürzt. Als jener zu einer
Sache gelangte, worüber seine Schüler ihn fragten, woher er dies wisse, erwiderte er ihnen, dies sei eine
Mose am Sinaj überlieferte Lehre. Da wurde er beruhigt."
(b Menahoth 29 b)(2)

Es ist im Rahmen dieser Arbeit nicht möglich und auch nicht
nötig, auf den grundsätzlichen Zusammenhang zwischen Tenach
und rabbinischer Tradition näher einzugehen oder die rabbinischen Methoden der Schriftauslegung im einzelnen aufzuzeigen.
Vielmehr sei an die zu Beginn zitierte Überlegung Norman Solo-
mons erinnert,(3) die vom jüdischen Standpunkt her keineswegs
isoliert zu sehen ist. Die beiden oben angeführten Texte aus
dem babylonischen Talmud sollen genügen, um wenigstens anzu-
deuten, in welchem wesentlichen Bezug "schriftliche" und "mündliche Torah" in den rabbinischen Quellen zueinander stehen.
Die rabbinische Tradition versteht sich als Schriftauslegung,(4)

---

1 Goldschmidt, Lazarus: Der Babylonische Talmud. Königstein
   1981, Bd. 9, S. 665.

2 Goldschmidt, L.: a.a.O., Bd. 10, S. 486.

3 Vgl. S. 10.

4 Vgl. Cohen, Gerson D.: Zion in Rabbinic Literature. In:
   Halkin, Abraham S.: Zion in Jewish Literature. New York
   1961, S. 40 f.

und zugleich ist sie mehr: als "mündliche Torah" ergänzt sie die Aussagen der schriftlichen Torah, und indem sie einen "Zaun" errichtet, "korrigiert" sie diese sogar bisweilen. Jacob Neusner schreibt diesbezüglich: "The two Torahs complement one another, are necessary to one another, balance and complete the conceptions of one another."(5) Dies ist möglich, weil beide, die schriftliche und die mündliche Torah, als Offenbarung gelten, die voneinander unterschieden, aber als eine einzige Mose am Sinai gegeben wurde.(6) Ohne daß diese Zusammenhänge hier näher ausgeführt werden, sind sie nichtsdestoweniger der Hintergrund, auf dem die rabbinische Tradition auch in bezug auf das Land zu verstehen ist.

Wie im Tenach nimmt das Land auch in den frühen rabbinischen Schriften einen wichtigen Platz ein, sei es in agadischen Auslegungen oder in halachischen Bestimmungen. Letztere setzen häufig das Leben im Land voraus, selbst wenn sie es nicht jedes Mal ausdrücklich thematisieren. So schreibt Gerson D. Cohen: "Of the six divisions of the **Mishna, Tosefta** and **Talmud**, nine-tenths of the first, fifth and sixth orders, in addition to not insignificant portions of the remaining three parts, are concerned with the fulfillment of the laws of the Holy Land. In this connection, it cannot be overemphasized that for the evaluation of Jewish ideology on any issue, Jewish law and legal sources are by far the best criteria. We do less than justice to Rabbinic Judaism, if we do not stress the inseverable connection it had with the land of Israel not only ideologically, but quite practically and legally. The Rabbis could no more conceive of Judaism without the **land** of Israel than they could have without the **people** of Israel."(7)

Aus diesem grundsätzlichen Zusammenhang gehen gleichzeitig Grenzen für die folgende Arbeit hervor. Es wird nicht möglich sein, die Gesetze, die mit dem Land in Verbindung stehen, einzeln zu behandeln. Einige werden exemplarisch zur Sprache kommen, vor allem wenn sie in einem Kontext stehen, der uns unmittelbar beschäftigt. Aber die Bestimmungen als solche stehen nicht im Mittelpunkt unserer Fragestellung. Vielmehr interessieren sie uns insofern sie etwas über den Bezug des Volkes zum

---

5   Neusner, Jacob: Early Rabbinic Judaism. Historical Studies in Religion, Literature and Art. Leiden 1975, S. 29.

6   Vgl. Neusner, J.: a.a.O., S. 28 und S. 33.

7   Cohen, Gerson D.: Zion, S. 39.

Land aussagen. Umso wichtiger ist es, noch einmal zu betonen, daß häufig das Leben im Land der Hintergrund ist, auf dem die Praxis festgelegt wird, und diese Praxis ist eine "theologische".(8)

Wie im ersten Kapitel wird uns auch in diesem zweiten Teil die Frage nach den Grenzen des Landes nicht näher beschäftigen. Ebenso werden wir nicht nach den einzelnen Gebieten im Land und nach den unterschiedlichen Bestimmungen diesbezüglich fragen. Diese Thematik wird uns nur dann interessieren, wenn darin Beziehungen zwischen dem Land und den Gebieten außerhalb des Landes deutlich werden, wie dies vor allem im Zusammenhang mit Syrien der Fall ist.

Auch in diesem zweiten Teil ist die Fragestellung vor allem eine theologische. Daher werden nicht nur geographische, sondern auch historische Zusammenhänge nur insofern behandelt, wie sie zum Verständnis notwendig sind.

Schließlich sei noch geklärt, was mit "früher rabbinischer Tradition" gemeint ist. Da viele jüngere Quellen, wie etwa Pesikta Rabbati und Tanchuma, alte Überlieferungen aufgreifen und verarbeiten, ist es nicht einfach zu sagen, wann die "frühe" Tradition endet. Für die Absichten dieser Arbeit können wir die Quellenuntersuchung mit dem Babylonischen Talmud abschließen. (9) Da es hier nicht darum geht zu sehen, inwiefern das Neue Testament schon formulierte jüdische Traditionen hinsichtlich des Landes aufnahm, darf die Untersuchung auch solche Texte mit einschließen, die erst nach Abschluß des Neuen Testamentes redigiert wurden. Es geht in dieser Arbeit vielmehr um einen Vergleich: wenn wir das Neue Testament parallel sehen zur nachbiblischen "mündlichen Torah" des Judentums, können wir fragen, inwieweit ähnliche Entwicklungen stattfanden und inwieweit die Traditionen hinsichtlich des Landes auseinanderliefen. Bei dieser Fragestellung wird es auch nicht nötig sein, die ver-

----

8 Vgl. dazu S. 25, Anmerkung 10.

9 Zu den berücksichtigten Quellen vgl. Strack, Hermann L. und Stemberger, Günter: Einleitung in Talmud und Midrasch, München 1982 (7. Aufl.) und Bowker, John: The Targums and Rabbinic Literature. An Introduction to Jewish Interpretations of Scripture. Cambridge 1969.

schiedenen Traditionen genau zu datieren, was ohnehin äußerst schwierig ist.(10)

----

10 Schon ein kurzer Blick auf die Angaben in der Encyclopedia Judaica (Bd. 3.4.11.12.14.15) oder die Arbeit von Günter Stemberger: Geschichte der jüdischen Literatur. Eine Einführung. (München 1977), wie auch ein Vergleich zwischen beiden kann die Ungewißheit in der Datierung der rabbinischen Literatur deutlich machen. Die in der vorliegenden Untersuchung zitierten Werke werden dort folgendermaßen datiert:

	Encyclopedia Judaica	Stemberger
Targum Neofiti	7.-9. Jh.	1. od 2. Jh.
Palästin. Targum	7.-9. Jh. (?)	früh
Mischna	Anfang 3. Jh.	2. Jh.
Tosefta	parallel zu Mischna	parallel zu Mischna od. 5. Jh.
Mechilta	Ende 4. Jh.	2.-3. Jh.
Sifre Numeri	Ende 4. Jh.	2.-3. Jh.
Sifre Deuteronomium	Ende 4. Jh.	nicht einheitlich; Abschluß 3. Jh.
Sifra	Ende 4. Jh.	3. od. 4. Jh. (od. 6. Jh. ?)
ARN	unbestimmbar, aber mit tannaitischem Einschlag (1.-2.Jh.)	3. Jh. (oder nachtalmud.?)
Palästin. Talmud	Abschluß: Mitte 4. Jh.	Abschluß: Mitte 5. Jh.
Babylon. Talmud	Abschluß: Ende 5. Jh.	Abschluß: bis 7. Jh.
Midrasch Ber. r.	400-500	Beginn 5. Jh.
Midrasch Wajik. r.	400-500	kaum jünger als M. Ber.r.
Midrasch Echa r.	400-500	Beginn 5. Jh.
Midrasch Esther	400-500	–

In diesem zweiten Teil wird nach den theologischen Deutungen
des Landes gefragt, insofern sie aus den frühen rabbinischen
Schriften zu erkennen sind. Wie in der Hebräischen Bibel und
in der jüdischen Tradition generell, geht es hier nicht um eine
systematische Theologie.(11) Spannungen werden deutlich, bisweilen sogar Widersprüche, und je nach Kontext werden verschiedene Akzente gesetzt. Trotzdem läßt eine Quellenuntersuchung
ein Bild entstehen, aus dem die Bindung an das konkrete Land
Israel und die Sehnsucht nach dem verheißenen Heil in diesem

Pesikta de Rab Kahana	500-640	Mitte 5. Jh. (od. um 700?)
Midrasch Ruth r.	500-640	-
Midrasch Mischle	640-900	-
Midrasch Bamid. r.	640-900	9. od. 11. Jh.
Midrasch Debar. r.	640-900	ca. 900
Midrasch Schmot r.	775-900	11. od. 12.Jh.

Die Schwierigkeit in der Datierung betrifft nicht nur die
Werke insgesamt, sondern auch die Frage nach der Herkunft
und dem Alter einer bestimmten einzelnen Aussage. Nicht
nur werden ältere mündliche Traditionen schließlich schriftlich niedergelegt bzw. schon schriftlich vorhandene auch
in jüngeren Werken wiedergegeben. Jacob Neusner hat in
seinem Buch, The Rabbinic Traditions about the Pharisees
before 70 (Leiden 1971) aufgezeigt, daß es nicht auszuschließen ist, daß auch jüngere Traditionen älteren Rabbinen bzw. Pharisäern in den Mund gelegt werden. Eine historisch-kritische Analyse der verschiedenen Schichten in den
frühen rabbinischen Schriften wird erst in jüngster Zeit
und in sehr begrenztem Maße unternommen, wie schon in
der allgemeinen Einleitung gesagt wurde. Als ein Beispiel
dafür sei nochmals an das oben genannte Buch von Jacob
Neusner verwiesen. In der neu bearbeiteten Einleitung in
Talmud und Midrasch von H.L. Strack und G. Stemberger
(München 1982 (7. Aufl.)) wird ebenfalls auf diese Schwierigkeiten hingewiesen, aber auch einige methodische Ansätze werden aufgezeigt.

11 Vgl. hierzu Thoma, Clemens: Das Land Israel in der rabbinischen Tradition. In: Eckert, W.P., Levinson, N.P. und
Stöhr, M.: Jüdisches Volk - gelobtes Land. Die biblischen
Landverheißungen als Problem des jüdischen Selbstverständnisses und der christlichen Theologie. München 1970, S. 39.

Land nicht wegzudenken sind. Im folgenden sollen mit Beispielen aus den rabbinischen Schriften die verschiedenen Aspekte dieses Bildes aufgezeigt werden.

1. EIN LAND FÜR ISRAEL

1.1 Das Land der Väterverheißung

In den rabbinischen Schriften wird immer wieder zurückverwiesen auf die Verheißung an Abraham bzw. an die Väter. Dabei wird die Treue Gottes hervorgehoben: was Gott zugeschworen hat, macht er nicht rückgängig:

> "Gedenke doch deines Knechts Abraham, Jiçhaq und Jaqob, denen du bei dir geschworen hast, Was heißt: bei dir? R. Eleazar sagte: Mose sprach vor dem Heiligen, gepriesen sei er: Herr der Welt, hättest du ihnen bei Himmel und Erde geschworen, so könnte man sagen: wie Himmel und Erde einst aufhören werden, so kann auch dein Schwur aufhören. Du hast aber bei deinem großen Namen geschworen: wie dein großer Name in alle Ewigkeit lebt und besteht, so besteht auch dein Schwur in alle Ewigkeit."
>
> (b Ber. 32 a)(12)

Weil Gott einen Schwur geleistet hat, der ihn sozusagen zur Treue verpflichtet, können die Rabbinen auch des Bundes gewiß sein, den Gott mit Abraham geschlossen hat.(13)

Von dieser Bundesgewißheit her wird Abraham selbst gesehen als derjenige, der auf die zukünftige Erfüllung der Landesverheißung hin lebt:

> Abraham "baute daselbst einen Altar. Nach R. Eleasar errichtete er drei Altäre, einen wegen der guten Nachricht der einstigen Besitznahme des Landes, einen wegen

---

12 Goldschmidt, L.: Talmud, Bd. 1, S. 142; vgl. M. Bamid. r. 34,2 § 23 in: Wünsche, A.: Bibliotheca Rabbinica. Eine Sammlung alter Midraschim. Hildesheim 1967, Bd. 4, S. 535; und M. Bamid. r. 13,2 § 16, a.a.O., Bd. 4, S. 416.

13 Vgl. Targ. Pal. Dtn 28. In: Etheridge, J.W.: The Targums of Onkelos and Jonathan Ben Uzziel on the Pentateuch with the Fragments of the Jerusalem Targum. New York 1968, Targum of Palestine on Deuteronomy, Section 50, S. 642; Targ. Pal. Dtn 32, a.a.O., Section 53, S. 669.

des Erwerbes desselben und einen deswegen, dass seine Kinder nicht fallen möchten s. Jos. 7,6."

(M. Ber. r. 12,8, § 39)(14)

"Er sagte: Ich bin Fremdling und Beisass bei euch. Fremdling d. i. Einwohner und Beisass (תושב) d.i. Herr des Hauses; wenn du willst: Einwohner, wenn nicht: Herr des Hauses, denn Gott hat mir verheissen, dass er das Land einst meinen Nachkommen geben werde s. Gen. 12, 7."

(M. Ber. r. 23,4, § 58)(15)

Weil das Land Abraham, Isaak und Jakob verheißen wurde, kann das Volk ihrer Nachkommen dieses Land in Besitz nehmen. In der Verheißung an die Väter ist es auch ihnen gegeben, und indem sie es in Besitz nehmen, wird der Schwur Gottes an die Väter erfüllt:

"Deut. 34,4: 'Und der Ewige sprach zu ihm (Mose): Dies ist das Land, bezüglich dessen ich Abraham, Jizchak und Jacob geschworen und gesprochen: Deinem Samen will ich es geben. Ich lasse es dich schauen mit deinen Augen.' ... Und was heisst: 'Dies ist das Land, לאמר, zu sagen?' Gott sprach zu Mose: Geh, sage Abraham, Jizchak und Jacob, dass ich den Schwur, den ich euch geschworen, an euren Kindern erfüllt habe. Darum heisst es: לאמר, nämlich zu sagen: 'Dies ist das Land, was euch zum Erbe zufallen wird.'"

(M. Bamid. r. 34,2, § 23)(16)

---

14 Wünsche, A.: Bibliotheca, Bd. 1, S. 181; vgl. M. Ber. r. 12,7, § 39, a.a.O., Bd. 1, S. 180.

15 Wünsche, A.: a.a.O., Bd. 1, S. 275; vgl. M. Ber. r. 26,3 § 64, a.a.O., Bd. 1, S. 305; und Wünsche, August: Midrasch Tehillim. Hildesheim 1967: Ps 25,12, I, S. 227 f. und Ps 107,3,II, S. 133.

16 Wünsche, A.: Bibliotheca, Bd. 4, S. 530 f.; vgl. M. Bamid. r. 15,2, § 17. In: Wünsche, A., a.a.O., Bd. 4, S. 432; p Hal. 2,1.2. In: Schwab, Moise: Le Talmud de Jérusalem. Paris 1871-1889, Bd. 3, S. 280; pBa. ba. 8,3 (16a) In: Bavot. Pforten. Übersetzt von Gerd a. Wewers. Übersetzung des Talmud Yerushalmi, Bd. IV, 1-3. Tübingen 1982, S. 439-442; und M. Bamid. r. 2,32 § 2, in: Wünsche, A.: Bibliotheca, Bd. 4, S. 26.

Das Land wird gesehen als Erbe von den Vätern her. Gleichzeitig ist es aber in jeder Generation an die Nachkommen der Väter selbst gegeben. Sie sind nicht nur Erben, sondern auch eigenständige Empfänger der Gabe des Landes:

> "**Und er es dir geben wird**, d.i. daß es in deinen Augen nicht wie ein Erbe der Väter sei, sondern es sei in deinen Augen, als wäre es dir heute gegeben."
>
> (Mech. Bo 18; 13,11)(17)

1.2 Gott als Geber des Landes

Das Land ist Eigentum Gottes. Wenn es das Erbe Israels ist, dann weil Gott es gibt:(18)

> "**Und das Land soll nicht völlig verkauft werden. Zum Verfall. Denn mir gehört das Land.** Es sei nicht mißfällig in deinen Augen. **Denn Fremdlinge und Beisassen seid ihr bei mir.** Haltet nicht euch selbst für das Wesentliche. Und so heißt es: Denn Fremdlinge sind wir vor dir und Beisassen wie alle unsere Väter (I Chronik 29,15).
>
> (Sifra Behar Per. 4)(19)

> "Desgleichen sagst (liest) du: 'Wenn der Ewige, dein Gott, deine Grenze erweitern wird, wie er zu dir geredet' (Deut. 12,20). Und wo hat er es geredet? 'Ich werde Völ-

---

17 Winter, Jakob und Wünsche, August: Mechilta. Ein tannaitischer Midrasch zu Exodus. Leipzig 1909, S. 68; vgl. Targ. Jer. Fragm. Dtn 26. In: Etheridge, J.W.: Targums, Section 50, S. 635.

18 Vgl. Gradwohl, Roland: Das Land Israel in der talmudischen Literatur. In: Eckert, W.P., Levinson, N.P. und Stöhr, M.: Jüdisches Volk – gelobtes Land. München 1970, S. 53f.; Schubert, Kurt: Das Land Israel in der Sicht des rabbinischen Judentums. In: Thoma, C.: Auf den Trümmern des Tempels – Land und Bund Israels im Dialog zwischen Christen und Juden. Freiburg 1968, S. 85; Davies, W.D.: La dimension territoriale du judaisme. In: RSR 66,4 (1978), S. 535; Kosmala, Hans: Warum isst man Karpas am Sederabend? In: Jud. 16 (1960), S. 91–102.

19 Winter, Jakob: Sifra. Breslau 1938, Bd. 2, S. 628.

ker vor dir vertreiben und deine Grenze erweitern' (Ex. 34,24); ferner: 'Ich werde deine Grenze setzen vom Schilf- meere an' (das. 23,31)."

(Mech. Bo 12; 12,25)(20)

Diese Gabe Gottes ist konkret.(21) Sie umfaßt ein ganz bestimm- tes Gebiet und ist nicht der Willkür des Volkes überlassen:

"**Wenn ihr kommt.** Man könnte glauben, wenn sie nach jenseits des Jordan gekommen sind. Eine Belehrung, daß es heißt: **Nach dem Lande.** Man könnte glauben, nachdem sie zu Ammon und Moab gekommen sind. Eine Belehrung, daß es heißt: **Welches ich euch gebe.** Nicht aber Ammon und Moab."

(Sifra Mezora Par. 5)(22)

Auch bei Gott herrscht nicht Willkür, wenn er Israel das Land gibt. Die Gabe des Landes ist Folge und Ausdruck einer Bezie- hung zwischen Gott und dem Volk Israel und zwischen Gott und diesem Land. Aufgrund dieser Beziehung bringt Gott Volk und Land zusammen:

"**Und ich gebe ihn euch, um ihn in Besitz zu nehmen.** In Zukunft werde ich ihn euch geben zum ewigen Besitz. Vielleicht werdet ihr sagen: Du darfst uns nicht geben, was eines Anderen ist. Es ist aber das Euere. Es ist nämlich der Anteil des Schem, und ihr seid Kinder des Schem. Sie aber sind nur Kinder des Cham. Und zu wel- chem Behufe sind sie darin? Allein sie waren die Hüter des Ortes, bis ihr kommen solltet."

(Sifra Kedoschim Per. 11)(23)

----

20 Winter, J. und Wünsche, A.: Mechilta, S. 39; vgl. M. Schmot r. 12,12 § 15, in: Wünsche, A.: Bibliotheca, Bd. 3, S. 123; und Sif. Deut. 1,8 § 8, in: Kittel, Gerhard: Sifre zu Deuteronomium. Stuttgart 1922, S. 16.

21 Vgl. Safrai, Shmuel: The Land of Israel in Tannaitic Hala- cha. In: Strecker, Georg: Das Land Israel in biblischer Zeit. Jerusalemer Symposium 1981 der Hebräischen Universi- tät und der Georg-August-Universität Göttingen 1983, S. 207 ff.

22 Winter, J.: Sifra, Bd. 2, S. 398; vgl. Sifra Behar Par. 1, a.a.O., Bd. 2, S. 614; Sifra Emor Par. 10, a.a.O., Bd. 2, S. 584; und Mech. Bo 17; 13,5, in: Winter, J. und Wünsche, A.: Mechilta, S. 61.

23 Winter, J.: a.a.O., Bd. 2, S. 537 f.

"**Volk des Landes.** Weil um dessen willen das Land erschaffen wurde."

(Sifra Kedoschim Par. 10)(24)

"'So ist dies Land, was euch zum Eigenthum zufallen soll.' Was heisst: לכם, euch? Es gebührt euch (es ist euer würdig). Gleich einem Könige, welcher Sclaven und Mägde hatte, und er verheirathete an seine Knechte die Mägde von dem einen Lande und seine Mägde an die Knechte von dem andern Lande. Der König kam aber auf einen anderen Gedanken, er sprach: Es ist besser in Bezug auf meine Knechte und meine Mägde, dass ich meine Knechte an meine Mägde verheirathe, also die Meinigen an die Meinigen. So sprach auch Gott: Das Land ist mein, wie es heisst das. V. 55: 'Denn mein sind die Kinder Israels als Knechte;' es ist besser, wenn ich mein Land an meine Knechte vererbe, das Meinige an das Meinige. Darum heisst es hier: 'Das Land, was **euch** als Besitzthum zufallen soll.'"

(M. Bamid. r. 34,2, § 23)(25)

Wie kostbar die Gabe des Landes ist, geht daraus hervor, daß nur wenige Dinge in ähnlicher Weise als Gabe bezeichnet werden:

"**So gebe ich eure Regen zu ihrer Zeit.** R. Jonathan sagte: Drei Geschenke (Gaben) sind der Welt gegeben worden: Das Gesetz, die Lichter und die Regen. Das Gesetz s. Ex. 31,18: 'Und er gab dem Mose, als er sein Reden vollendet hatte;' die Lichter s. Gen. 1,17: 'Und Gott gab sie an die Veste des Himmels;' die Regen, wie es heisst: 'So gebe ich euch eure Regen zu ihrer Zeit.' ... R. Tanchuma zählt noch das israelitische Land hinzu, von dem es heisst Ps 105,44: 'Er gab ihnen die Länder der Völker.'"

(M. Wajik. r. 26,3, § 35)(26)

---

24 Winter, J.: a.a.O., Bd. 2, S. 520.

25 Wünsche, A.: Bibliotheca, Bd. 4, S. 536; vgl. Davies, W.D.: The Gospel and the Land. Early Christianity and Territorial Doctrine. Berkeley 1974, S. 55.57.

26 Wünsche, A.: a.a.O., Bd. 5, S. 250 f.; vgl. M. Ber. r. 1, 17, § 6, a.a.O., Bd. 1, S. 24; und Ps 18,36 in: Wünsche, A.: Tehillim I, S. 162.

Der Zusammenhang zwischen Land und Leiden verleiht dieser Gabe noch mehr Wert:

"R. Jose ben Jehuda sagte: Bevorzugt sind die Leidenden vor Gott, denn die Herrlichkeit Gottes ruht auf dem, über den Leiden kommt, wie es heisst: 'Der Herr, dein Gott, der dich züchtigt' ... R. Simeon ben Jochai sagt: Bevorzugt sind die Leiden, denn drei Gaben gab Gott den Israeliten, nach denen die Völker der Welt Verlangen haben und die Israel nur durch Leiden gegeben wurden. Folgende sind es: Das Gesetz, Palästina und die zukünftige Welt ... Wieso Palästina? Wie geschrieben steht: 'Der Herr, dein Gott, züchtigt dich' (Deut. 8,5) und es heisst: 'Und der Herr, dein Gott, bringt dich in ein gutes Land, in ein Land mit Wasserbächen, Quellen und Seen, die entspringen im Tale und auf dem Berge' (v. 7)."

(Sif. Deut. 6,5, § 32)(27)

1.3 Israel und die vorherigen Bewohner des Landes

Die Tatsache, daß Israel ein schon bewohntes Land zum Eigentum erhält, beschäftigt die Rabbinen sehr.(28) Warum hat Gott Israel dieses Land gegeben und nicht den anderen Völkern? Eine grundlegende Antwort wird in der Tätigkeit Gottes als Schöpfer gefunden. Weil Gott der Schöpfer ist, kann er frei darüber bestimmen, wie seine Schöpfung verteilt wird:

"R. Josua von Sichnin eröffnete im Namen des R. Levi seinen Vortrag mit Ps. 111,6: 'Um ihnen zu geben der Heiden Besitzthum' d.h. Gott offenbarte deshalb Israel, was am ersten und was am zweiten Tage geschaffen wurde (d.i. die Schöpfungsgeschichte wird deshalb von der Schrift erzählt), damit die Völker nicht die Israeliten necken und zu ihnen sprechen: Ihr seid ein Volk von Gewaltthätigkeiten! Auf Grund dieser Erzählung können ih-

---

27 Kittel, G.: Sifre, S. 57 f.; vgl. Mech. Jithro (Bachodesch) 10; 20,23, in: Winter, J. und Wünsche, A.: Mechilta, S. 227 f.; M. Schmot r. 1,1 § 1, in: Wünsche, A.: Bibliotheca, Bd. 3, S. 3; bBer. 5a in: Goldschmidt, L.: Talmud, Bd. 1, S. 14 f.; und Ps 94,2 in: Wünsche, A.: Tehillim II, S. 89.

28 Vgl. Cohen, G.D.: Zion, S. 48 f.; Thoma, G.: Land Israel, S. 44.

nen nun die Israeliten entgegnen: Besitzt ihr denn nicht ein geraubtes Land (mit Anspiel. auf Deut. 2,23). Die Welt und was sie füllt, gehört Gott; früher wollte er euch das Land geben, es gefiel ihm aber, es euch wieder wegzunehmen und es uns zu geben s. das. V. 6, wo der Sinn ist: 'er that ihnen die Geschlechter kund.'"

(M. Ber. r. 1,1, § 1)(29)

Von daher kann Israel den anderen Völkern gegenübertreten im Vertrauen auf die Gabe Gottes, die er mit Macht verwirklicht. So wie die Verheißung Gottes nicht rückgängig wird, so kann Israel gewiß sein, daß Gott seine Verheißung erfüllt, selbst wenn diese Erfüllung auf sich warten läßt:

"Es war Zank zwischen. R. Jeremja sagte im Namen des R. Jehuda bar R. Simon: Das Vieh unsers Vaters Abraham zog gezäunt (mit verschlossenem Maule) aus (um nicht fremde Felder abzuweiden), das Vieh Lots aber zog ungezäunt aus. Da sprachen die Hirten Abrahams zu den Hirten Lots: Ist der Raub erlaubt? Gott hat zu Abraham gesagt, entgegneten ihnen die Hirten Lots, deinem Samen will ich das Land geben; Abraham ist ein unfruchtbares Maulthier, er wird nie Kinder bekommen, morgen stirbt er, und Lot, seines Bruders Sohn beerbt ihn, folglich essen wir nicht mit ihnen, sondern sie essen mit uns. Da sprach Gott zu ihnen: Allerdings habe ich zu ihm gesagt: Deinem Samen will ich es geben, aber wann? Wenn sieben Völker entwurzelt sein werden."

(M. Ber. r. 13,7, § 41)(30)

Je nachdem wie die Völker sich Israel gegenüber verhalten, wenn sie das Land in Besitz nehmen, ergeht es ihnen selbst:

"Rabbi Simeon ben Nachman hat gesagt: Josua sandte drei Briefe nach dem Lande Israel, bevor er dasselbe betrat. Der eine lautete: Wer sich aus dem Lande hinwegwenden will, der kann es thun; der zweite: Wer Frieden schliessen will, der mag es thun, und der dritte: Wer den Krieg fortsetzen will, wird geschlagen werden. Der

---

29 Wünsche, A.: Bibliotheca, Bd. 1, S. 1 f.; vgl. M. Bamid. r. 34,2 § 23, a.a.O., Bd. 4, S. 536 f.

30 Wünsche, A.: a.a.O., Bd. 1, S. 187; vgl. M. Ber. r. 37,1 § 84, a.a.O., Bd. 1, S. 408 f.; und M. Bamid. r. 34,2 § 23, a.a.O., Bd. 4, S. 531.

Stamm Girgasi verliess das Land und wandte sich nach
Afrika vergl. 2 Reg. 18,32, wo unter den Worten: 'Bis
dass ich komme und euch führe in das Land gleich dem
eurigen' Afrika zu verstehen ist. Die Gibeoniten schlos-
sen Frieden s. Josua 10,1, und die 31 Könige setzten
den Krieg fort und fielen in der Schlacht."

(p Schebiith 6,1 (Folie 18a))(31)

Der Versuch, sich der Übernahme des Landes durch Israel zu
widersetzen, hat nicht nur Gewalt zur Folge. Das, was die Völker unternehmen, wird für Israel zum Segen:

"R. Simeon ben Jochai hat gelehrt: Als die Kanaaniter
hörten, dass die Israeliten über sie kämen, da verbargen sie ihr Gut in die Häuser und Felder. Gott sprach:
Ich habe ihren Vätern (den Vorfahren der Israeliten) versprochen (die Versicherung gegeben), dass ich ihre Kinder (Nachkommen) in ein Land bringen will, dass voll
von jeglichem Gut ist, wie es heisst Deut. 6,11: 'Und
Häuser voll von jeglichem Gut,' was thut Gott? Er schickt
Plagen in sein Haus und er muss es räumen und der
Schatz kommt zum Vorschein."

(M. Wajik. r. 14,34, § 17)(32)

Umgekehrt werden die Kanaanäer aber auch gelobt, weil sie
das Land freiwillig für Israel räumten. Bei dieser Deutung
wird auch ersichtlich, daß es in der rabbinischen Tradition
hinsichtlich des Landes für Israel nicht darum geht, den anderen Völkern ihr Existenzrecht abzusprechen:

"**Und es wird sein, wenn der Ewige dich bringt in das
Land Kena'ani.** Erlangt hat es Kena'an, daß das Land
nach seinem Namen benannt wird. Was hat denn Kena'an
getan? Allein als Kena'an hörte, daß die Israeliten in
das Land einzogen, stand er auf und räumte es vor ihnen. Da sprach der Heilige, geb. s. er! zu ihm: Du

---

31 Wünsche, A.: Der Jerusalemische Talmud in seinen haggadischen Bestandteilen. Hildesheim 1967, S. 77; vgl. M. Wajik.
r. 14,34 § 17 in: Wünsche, A.: Bibliotheca, Bd. 5, S. 113
f.; M. Schmot r. 13,17 § 20, a.a.O., Bd. 3, S. 162; Targ.
Pal. Nm 21 in: Etheridge, J.W.: Targums, Section 39, S. 416;
Mech. Haschira (Beschallach) 9; 15,14 in: Winter, J. und
Wünsche, A.: Mechilta, S. 141.

32 Wünsche, A.: Bibliotheca, Bd. 5, S. 113.

hast es vor mir geräumt, ich werde das Land nach deinem Namen nennen und dir ein Land geben, schön wie
dein Land. Und welches ist dieses? Dieses ist Afrika ...
Der Heilige, geb. s. er! sprach zu ihnen: Ihr habt meinen Freund geehrt, auch ich werde das Land nach euerm
Namen nennen und euch ein Land geben, schön wie euer
Land."

(Mech. Bo 18; 13,11)(33)

Die Auseinandersetzung um das Anrecht Israels auf dieses bestimmte Land bezieht sich nicht nur auf die Zeit der Landnahme unter Josua. Auch zukünftige Generationen, die Israel das
Land strittig machen wollen, müssen schließlich weichen:

"**Den Kindern der Kebsweiber, die Abraham hatte, gab
er Geschenke.** In den Tagen Alexanders von Macedonien
kamen die Nachkommen Ismaels, um Israel das Erstgeburtsrecht (und damit auch Palästina) streitig zu machen. Mit ihnen verbanden sich auch zwei schlechte Familien, die Kanaaniter und Aegypter. Da sprachen die
Israeliten: Wer geht und rechtet mit ihnen? Da sagte
Gebia ben Pesisa (ein buckliger Zauberer): Ich überneh-
me es ... Er ging und rechtete mit ihnen. Alexander von
Macedonien fragte zunächst die Ismaeliten (Araber): Was
wollt ihr von mir? Da antworteten sie: Wir verlangen unser Recht und berufen uns auf ihr Gesetz, in dem es
heisst: Den Erstgeborenen der Gehassten muss er anerkennen s. Deut. 21,17; Ismael kann demnach das Doppelte
verlangen. Da entgegnete Gebia ben Pesisa: Mein Herr
König! kann der Vater mit seinen Kindern nicht thun,
was er will? Allerdings antwortete Alexander. Wenn dem
so ist, so steht geschrieben: Abraham gab alles, was er
hatte, dem Jizchak. Nun fragten sie ihn: Wo hast du die
Urkunde (das Legat), welche den Streit zwischen seinen
Söhnen schlichtet? Da verwies er sie auf die Worte: 'Den
Kindern der Kebsweiber, die Abraham hatte, gab er Geschenke und schickte sie fort.' Die Ismaeliten zogen beschämt von dannen. Hierauf kamen die Kanaaniter und
sprachen: Wir berufen uns auf ihr Gesetz, in welchem
das Land stets Kanaan genannt wird, man gebe uns somit unser Land zurück. Gebia ben Pesisa sprach: Mein
Herr König! kann ein Herr mit seinem Knechte nicht machen, was er will? Allerdings, entgegnete Alexander.

----

33 Winter, J. und Wünsche, A.: Mechilta, S. 68; vgl. M. Bamid.
    r. 15,2, § 17, in: Wünsche, A.: Bibliotheca, Bd. 4, S. 432.

Nun, fuhr jener fort, es steht geschrieben: Noah sprach:
'Verflucht sei Kanaan, der Knecht der Knechte soll er
sein' s. Gen. 9,25. Das Land gehört demnach uns und
sie sind meinem Herrn König unterthan. Auf diese Antwort gingen auch die Kanaaniter beschämt davon. Nun
traten die Aegypter auf und beriefen sich ebenfalls auf
das Gesetz, in welchem es heisst: 600 000 sind von uns
weggezogen, beladen mit silbernen und goldenen Gefässen
s. Ex. 12,36, wir verlangen unser Silber und Gold zurück. Gebia ben Pesisa entgegnete: Mein Herr König!
600 000 Menschen haben bei ihnen 210 Jahre gearbeitet,
das Silber und Gold, welches sie mitnahmen, war ihr
Lohn, einen Denar für jeden Tag. Die anwesenden Philo-
sophen machten die Rechnung, sie waren noch nicht bis
auf 100 Jahre gekommen, so stellte sich schon ein solches Ergebnis heraus, dass das Land Aegypten hätte
ganz ausgeleert werden müssen (wenn es die Forderung
hätte entrichten wollen). So gingen auch die Aegypter
beschämt davon."

(M. Ber. r. 25,6, § 61)(34)

Aufgrund der besonderen Beziehung Israels zum Land, wird
auch ihr Exil anders bewertet als das anderer Völker:

"**Vor Elend und Trübsal wandert Juda aus.** Wenn die Völker der Welt ins Exil wandern, so ist das für sie kein
Exil. Die Völker der Welt, welche von ihrem Brot essen
und von ihrem Wein trinken, ihr Exil ist kein Exil, die
Israeliten aber, die nicht von ihrem Brote essen und von
ihrem Wein trinken, ihr Exil ist ein Exil. Die Völker
der Welt ferner, welche (bei ihrer Auswanderung) in
Sänften getragen werden, ihr Exil ist für sie kein Exil,
die Israeliten aber, welche barfuss auswandern, ihr Exil
ist für sie ein Exil."

(M. Echa r. 1,3)(35)

Die Tatsache, daß nur Israel das Land als Eigentum erhält,
hat konkrete Folgen in der Halacha. So können Nichtjuden im

---

34 Wünsche, A.: Bibliotheca, Bd. 1, S. 291 ff.; vgl. bSyn-
    hedrin 91 a, in: Goldschmidt, L.: Talmud, Bd. 9, S. 32f.

35 Wünsche, A.: a.a.O., Bd. 2, S. 63.

Land keinen Erbbesitz erhalten,(36) und Proselyten (unter anderen) können bei der Darbringung der Erstlingsgaben das Bekenntnis von Dtn 26,5-10 nicht sprechen: b Arakhin 14 a spricht vom Erbbesitzfelde,

"das nur bei Jisraeliten und nicht bei Nichtjuden vorkommen kann, weil sie (die Nichtjuden) nicht erbbesitzfähig sind ..."(37)

Die konkreten Folgen, die für Israel aus der Gabe des Landes ergehen, werden uns noch beschäftigen. In diesem ersten Abschnitt haben wir gesehen, daß die Landverheißung an die Väter auch für deren Nachkommen bestehen bleibt als hervorragende und ganz bestimmte konkrete Gabe Gottes. Diese Gabe gründet in der freien Entscheidung Gottes, die auch angesichts der Ansprüche anderer Völker Gültigkeit hat. Im folgenden Abschnitt soll gefragt werden, welche Qualitäten das von Gott gegebene Land besitzt.

---

36 Vgl. Stemberger, Günter: Die Bedeutung des "Landes Israel" in der rabbinischen Tradition. In: Kairos 25 (1983), S. 185-188.

37 Goldschmidt, L.: a.a.O., Bd. 11, S. 682; vgl. M. Maaser Seni 5,13.14. In: Goldschmidt, L.: Talmud, Bd. 1, S. 408; pKilaim 7,5, in: Schwab, M.: Talmud, Bd. 2, S. 293; pAboda Zara 1,8.9 (40a) in: Avoda Zara. Götzendienst, Übersetzung des Talmud Yerushalmi, Bd. IV,7. Tübingen 1980, S. 29 f. M. Ketuboth 8,3.7 in: Goldschmidt, L.: a.a.O., B. 5, S. 254.259; bGittin 47 a, in: Goldschmidt,.L.: a.a.O., Bd. 6, S. 333 f.; bAboda Zara 21 ab, a.a.O., Bd. 9, S. 499 ff.; bMenahoth 31 a, a.a.O., Bd. 10, S. 492; bBehoroth 11 b, a.a.O., Bd. 11, S. 482 f.

2. EIN LAND WO MILCH UND HONIG FLIESST

2.1 Gottes Segen für das Land

In der Hebräischen Bibel wird das Land der Verheißung immer wieder als das Land beschrieben, wo Milch und Honig fließt. Die rabbinische Tradition hebt stark hervor, daß das Land Israel ein besonders gesegnetes Land ist.(38)

Das Land ist gesegnet, weil Gott Israel ein gutes Land versprochen hat und weil Gott sich durch dieses Versprechen gebunden weiß:

"'Denn nahe war הוא', d.i. nicht brachte Gott sie auf ihrem geraden Wege, sondern als die Kena'aniter hörten, daß die Israeliten einziehen, standen sie auf und verbrannten alle Saaten und fällten alle Bäume und zerstörten die Bauten und verstopften die Quellen. Da sprach der Heilige, geb. s. er!: Ich habe ihnen, indem ich zu ihren Vätern sprach, nicht zugesichert, daß ich sie in ein zerstörtes Land einführen werde sondern in eines, das voll ist alles Guten, wie es heißt (Deut. 6,11): 'Und Häuser voll alles Guten'. Allein siehe, ich führe sie einen Umweg durch die Wüste 40 Jahre, bis die Kena'aniter aufstehen und wieder herstellen, was sie verdorben haben."
(Mech. Wajehi beschallach – Eingang; 13,17)(39)

Letztlich ist der Segen über dem Land eine Folge und ein Ausdruck der besonderen Beziehung zwischen Gott und dem Volk, dem er das Land gibt. Wegen dieser Beziehung sorgt Gott selbst für das Land:

"Nicht wie das Land Ägypten ist es ... Beim Land Ägypten, wenn man sich an ihm nicht mit Beil und Hacke müht und den Schlaf seiner Augen fahren lässt, so hat

----

38 Vgl. Stemberger, G.: Bedeutung, S. 190 f.; Cohen, G.D.: Zion, S. 43.

39 Winter, J. und Wünsche, A.: Mechilta, S. 74; vgl. M. Koh. 3,2, in: Wünsche, A.: Bibliotheca, Bd. 1, S. 47; M. Schmot r. 13,17, § 20, a.a.O., Bd. 3, S. 161 f.; M. Wajik. r. 19, 23, § 25, a.a.O., Bd. 5, S. 167 f.; und Sif. Deut. 11,10, § 38, in: Kittel, G.: Sifre, S. 80 f.

man nichts davon. Beim Land Israel ist es nicht so, sondern sie schlafen auf ihren Betten und Gott lässt ihnen
Regen kommen. Es gleicht einem König, der auf dem Wege
ging; er sah einen Sohn guter Leute und übergab ihm
einen Knecht, der ihm Dienste leisten sollte. Wiederum
sah er einen Sohn guter Leute, der verzärtelt und ver-
hätschelt war und sich mit seiner Arbeit abmühte, und
dessen Eltern man (besonders gut) kannte; da sagte er,
ich bestimme, dass ich selber mit meinen Händen schaffe
und dir zu essen gebe. So auch: allen Ländern wurden
Diener gegeben, sie zu bedienen, – Ägypten trinkt vom
Nil, Babylon trinkt vom Strom. Aber das Land Israel ist
nicht so, sondern sie schlafen auf ihren Betten, und der
Heilige, g. s. E., lässt ihnen Regen kommen. Und um
dich zu belehren, dass nicht wie die Art von Fleisch
und Blut die Art Gottes ist: Fleisch und Blut erwirbt
sich Knechte, dass sie ihn ernähren und unterhalten sollen, aber der, der da befahl und die Welt entstand, erwirbt sich Knechte, dass er sie ernährt und erhält."
(Sif. Deut. 11,10, § 38)(40)

Auch in diesem Zusammenhang wird an Abraham erinnert. Nicht
nur hat Gott diesem ein Land zugeschworen. Abraham selbst hat
sich beim Empfang seiner Gäste in Mamre (Gen 18,1-15) auf eine Weise verhalten, die Segen für das Land fruchtet.(41)

Entsprechend wird Ps. 1,3 auf ihn hin gedeutet:

"'Er ist wie ein Baum gepflanzt an Wasserbächen', Gott
pflanzte Abraham in das jüdische Land ..."
(M. Ber. r. 25,1, § 61)(42)

Inwiefern das Land gesegnet ist, wird an vielen Stellen beschrieben. Oft wird die Formel vom Land, in dem Milch und Honig fließt, aufgegriffen. So wird eine Formulierung, die offen-
sichtlich an diese anknüpft, in den Targumim häufig eingefügt:

----

40 Kittel, G.: Sifre, S. 76 f.; vgl. Targ. Pal und Jer. Fragm.
    Dtn 11, in: Etheridge, J.W.: Targums, Section 46, S. 594.

41 Vgl. M. Ber. r. 18,4 § 48. In: Wünsche, A.: Bibliotheca,
    Bd. 1, S. 226; M. Koh. 11,1, a.a.O., Bd. 1, S. 146; und
    M. Bamid. r. 7,48, § 14, a.a.O., Bd. 4, S. 348 f.

42 Wünsche, A.: a.a.O., Bd. 1, S. 289.

"... in ein Land, das gute Früchte bringt, rein wie
Milch und süß wie Honig ..." (eigene Übersetzung)
(Targ. Neof. I zu Ex 3,8)(43)

Aber die Umschreibung von Milch und Honig genügt nicht, um
die Vorzüge des Landes zu beschreiben. In Vergleichen und anhand von vielen Einzelbeispielen wird das Land gepriesen. So
wird das Land wiederholt mit einer Gazelle verglichen:

"'Ein Erbe der Lieblichkeit': Wie ist es mit dem ṣebi?
Der ist schnellfüssiger als jedes Haustier und jedes Wild.
So kommen auch die Früchte des Landes Israel schneller
zur Reife als alle Früchte der anderen Länder. Eine andere Deutung. Wie ist es mit dem ṣebi? Wenn du ihn häu-
test, so fasst seine Haut nicht mehr das Fleisch. So
fasst auch das Land Israel die Früchte nicht, wenn
Israel nach der Torah handelt. Und wie ist es mit
dem ṣebi? Er ist leichter zum Essen als jedes Haustier
und jedes Wild. So sind auch die Früchte des Landes Israel leichter zum Essen als die aller Länder. Oder: Sind
sie nur leicht, sind sie nicht auch fett? Da ist eine Belehrung, indem es heisst: 'Ein Land, welches fliesst von
Milch und Honig' (Deut. 11,9). Sie sind fett wie Milch
und süss wie Honig."
(Sif. Deut. 11,10, § 37)(44)

Einzelbeispiele konkretisieren die Vorzüge des Landes:

"'Ein **Land**, das von Milch und Honig fliesst' (Deut. 11,
9). Siehe, zwölf Länder wurden gegeben, entsprechend
den zwölf Stämmen; und nicht gleicht der Geschmack der
Früchte des einen Stammes dem Geschmack der Früchte

---

43 Vgl. Diez Macho, Alejandro: Neophyti I. Targum Palestinen-
    se, Ms. de la Bibliotheca Vaticana, Bd. 2, S. 411; vgl.
    Targ. Neof. I on Lev 20,24, a.a.O., Bd. 3, S. 386; Ex.
    12,5, a.a.O., Bd. 2, S. 443; und Deut. 26,9.15, a.a.O.,
    Bd. 5, S. 535 f.; Targ. Pal. Dtn 11, in: Etheridge, J.W.:
    Targums, Section 46, S. 594; und Targ. Pal. Dtn 26.27,
    a.a.O., Section 50, S. 635-638.

44 Kittel, G.: Sifre, S. 75. Das hebräische Wort für Lieblich-
    keit ist "ṣebi", was auch Gazelle bedeutet. Vgl. M. Schmot
    r. 23,20, § 32, in: Wünsche, A.: Bibliotheca, Bd. 3, S.
    251 f.; bKethuboth 112a, in: Goldschmidt, L.: Talmud, Bd.
    5, S. 366; und bGittin 57a, a.a.O., Bd. 6, S. 369.

des anderen Stammes."

(Sif. Deut. 11,11, § 39(45)

"Rabbi Abuhu, Rabbi Jose bar Chanina und Rabbi Simeon ben Lakisch gingen durch den Weinberg von Doron. Da brachte ihnen ein Winzer eine Pfirsiche und sie und ihr Eseltreiber assen davon und liessen noch übrig; sie schätzten sie so gross wie einen Kessel vom Dorfe Chanina, dergleichen einer einen Sea Linsen hält.

Rabbi Chanina sagt: Als ich hierher kam, nahm ich meinen, meines Sohnes und meines Eseltreibers Gürtel, den Stamm eines Johannisbrodbaumes im Lande Israel zu messen und sie reichten nicht aus. Ich schnitt eine Frucht ab und meine Hand wurde voll Süssigkeit."

(p Pea 7,3 (Folie 25 a))(46)

Weil man aber die vielen Vorzüge des Landes gar nicht alle aufzählen kann, greifen die Rabbinen schließlich zu einem Gleichnis:

"**Ihr kamt bis zum Gebirge des Emoriters, das Jahve, unser Gott, uns gibt.** Ein Gleichnis. Wie ein König, der seinen Sohn einem Erzieher überlieferte, und der liess ihn herumgehen und zeigte ihm und sprach zu ihm: Alle diese Weinstöcke sind dein und alle diese Weinberge und alle diese Olivenpflanzungen sind dein. Als er aber müde war, sie zu zeigen, da sagte er: Alles, was du siehst, ist dein. So Israel: Zu der Zeit, da sie in der Wüste vierzig Jahre waren, hat Moses zu ihnen gesagt: 'Der Herr, dein Gott, bringt dich in ein gutes und weites Land, ein Land mit Wasserflüssen, Quellen und Seen, die sich ergehen in der Ebene und auf dem Berge' (Deut. 8, 7). Als sie aber zum Lande gekommen waren, da sagte er zu ihnen: **Ihr kamt bis zum Gebirge des Emoriters, das der Herr, dein Gott, dir gibt.**"

(Sif. Deut. 1,20 f., § 18)(47)

----

45   Kittel, G.: a.a.O., S. 83.

46   Wünsche, A.: Talmud, S. 57 f.; vgl. Schebiith 4,7 (Folie 13a), a.a.O., S. 74; bKethuboth 111b–112a in: Goldschmidt, L.: Talmud, Bd. 5, S. 363–366; bBaba Bathra 146a, a.a.O., Bd. 8, S. 389 f.; M. Bamid. r. 13,24 in: Wünsche, A.: Bibliotheca, Bd. 4, S. 421.

47   Kittel, G.: Sifre, S. 29 f.; vgl. Targ. Pal. and Jer. Fragm. Dtn 32 in: Etheridge, J.W.: Targums, Section 53, S. 663f.

So wie das Land gesegnet ist, weil Gott selbst für es sorgt, sind die Vorzüge des Landes nichts anderes als das Konkretwerden der Sorge Gottes für das Volk Israel:

"Gott sprach zu ihnen: 'Wenn ich euch (bisher), wo ihr 'in einem Land der Einöde und Schluchten (Jer. 2,6) wart, ernährt und unterhalten habe, um wieviel mehr werde ich euch (nun), wo ihr einzieht in 'ein gutes und weites Land, ein Land, in dem Milch und Honig fließt' (Ex. 3,8), ernähren und unterhalten!'"
                                   (Sif. Num. 10,33, § 82)(48)

Weil Gott selbst es ist, der Israel im Land ernährt und unterhält, kann alles schließlich in der Aussage zusammengefaßt werden, daß es dort an nichts fehlt.(49)

2.2 Israels Wertschätzung des Landes

Wenn die Rabbinen immer wieder hervorheben, wie gut das Land ist, dann verwundert es nicht, wenn sie auch betonen, daß Israel das Land in Ehren halten soll. Wie wichtig dies ist, wird ersichtlich, wenn die Rabbinen Parallelen ziehen zwischen dem Ruf an Abraham, sein Land zu verlassen, und der "Bindung Isaaks":

"**Und er sprach: nimm deinen Sohn** d.i. er sprach: ich bitte dich darum. Abraham entgegnete: Ich habe zwei Söhne, welchen von ihnen? Gott sprach: Deinen einzigen. Abraham sprach: Der eine ist einzig für seine Mutter und der andere ist einzig für seine Mutter. Gott sprach: Den du lieb hast. Abraham sprach: Giebt es denn Grenzen in meinem Innern (ich habe einen so lieb wie den anderen)? Gott sprach: Den Jizchak. Warum offenbarte

----

48   Kuhn, Karl Georg: Sifre Numeri. Der tannaitische Midrasch zu Sifre Numeri. Stuttgart 1959, S. 216 f.

49   Vgl. Targ. Pal. Dtn 9. In: Etheridge, J.W.: a.a.O., Section 46, S. 586; bSukka 35a in: Goldschmidt, L.: Talmud, Bd. 3, S. 353; bBerakhot 36b, a.a.O., Bd. 1, S. 165; Sif. Deut. 11,10, § 37 in: Kittel, G.: a.a.O., S. 72 f.; Sif. Deut. 11, 14, § 42, a.a.O., S. 96 f.; und M. Koh. 2,8 in: Wünsche, A.: Bibliotheca, Bd. 1, S. 30.

es ihm Gott nicht gleich? Um ihn in seinen Augen lieb zu machen und ihm für jedes Wort Lohn zu geben. Das ist nach dem Sinne des R. Jochanan, denn derselbe sagte: Als ihn Gott auswandern (לֵך לְך) hiess, verkündigte er es ihm auf dieselbe Weise: 'Gehe aus deiner Heimath' d.i. aus deinem Bezirke, 'aus deinem Vaterhause' d.i. aus dem Hause deines Vaters, 'nach dem Lande, das ich dir zeigen werde.' Warum offenbarte er es ihm nicht gleich? Um das Land in seinen Augen lieb zu machen und ihm für jedes Wort und für jeden Schritt Lohn zu geben."

(M. Ber. r. 22,2, § 55)(50)

Die Tatsache, daß Mose nicht in das Land hinüber durfte, beschäftigt die Rabbinen immer wieder. Auch in diesem Zusammenhang wird das Thema aufgegriffen:

"**Ich möchte hinübergehen und sehen.** Ist es möglich, dass Mose von Gott verlangte, dass er in das Land eintreten dürfe? Fürwahr es heisst doch bereits: dass du diesen Jordan nicht überschreiten wirst. Ein Gleichnis. Wie ein König, der zwei Knechte hatte, und über den einen von ihnen verhängte, dass er dreissig Tage lang keinen Wein trinke. Der sprach: Was verhängte er über mich, dass ich dreissig Tage lang keinen Wein trinken soll? Ich koste ein ganzes Jahr und auch zwei Jahre lang überhaupt nicht davon! Und all das, wozu? Um abzuschwächen die Worte seines Herrn. Wiederum verhängte er über den zweiten, dass er keinen Wein trinken solle dreissig Tage lang. Der sprach: Ist es möglich, dass ich leben könnte ohne Wein auch eine einzige Stunde? Und all dies, um seinem Herrn Achtung zu erweisen. So hatte Moses Achtung erwiesen den Worten Gottes und erbat von ihm, dass er eintreten dürfe ins Land. In dem Sinn heisst es: **Ich möchte hinübergehen und sehen.**"

(Sif. Deut. 3,25, § 28)(51)

Schließlich wird die Wertschätzung des Landes als so wichtig gesehen, daß um ihretwillen allein ein Buch der Bibel geschrie-

----

50 Wünsche, A.: Bibliotheca, Bd. 1, S. 263; vgl. M. Ber. r. 12,1, § 39, a.a.O., Bd. 1, S. 177; und Singermann, Felix: Midrasch Tanchuma. Berlin 1927, S. 82.

51 Kittel, G.: Sifre, S. 44 f.; vgl. M. Debar. r. 3,24, § 2 in: Wünsche, A.: a.a.O., Bd. 3, S. 22 f.

ben worden wäre:

"R. Ada b. R. Hanina sagte: Hätten die Jisraeliten nicht gesündigt, so würden ihnen nur die fünf Bücher der Torah verliehen worden sein und das Buch Jehosua, weil dieses die Wertschätzung des Jisraellandes ist."

(b Nedarim 22 b)(52)

Dieser Wertschätzung des Landes steht die Haltung der Kundschafter und die der Rubeniten und Gaditen gegenüber. Weil die Kundschafter das, was gut ist, schlecht machen, müssen sie sterben und können nicht in das Land hineinkommen.(53) Und die Rubeniten und Gaditen werden bestraft, weil sie den Wohlstand höher einschätzen als das Land:

"Und so findest du unter den Kindern Gads und unter den Kindern Rubens, weil sie reich waren, grossen Besitz hatten, ihr Geld liebten und ausserhalb des israelitischen Landes wohnten, wurden sie zuerst von allen Stämmen verbannt, wie es heisst I Chron. 5,26: 'Und er führte weg die Rubeniter und Gaditer und den halben Stamm Manasse.' Und was hat es ihnen verursacht? Weil sie sich von ihren Brüdern wegen ihres Besitzthums getrennt hatten. Woher lässt sich das beweisen? Aus dem, was in der Thora geschrieben steht: 'Die Kinder Rubens hatten grossen Besitz.'"

(M. Bamid. r. 32,1, § 22)(54)

Die Schlechtmachung des Landes durch Israel wirkt noch schwerwiegender neben der Hochschätzung durch Fremde:

----

52 Goldschmidt, L.: Talmud, Bd. 5, S. 411.

53 Vgl. ARN 20. In: Goldin, Judah: The Fathers according to Rabbi Nathan. New York 1955, S. 96 f.; vgl. bArakhin 15a in: Goldschmidt, L.: Talmud, Bd. 11, S. 687; bTaanith 29 a, a.a.O., Bd. 3, S. 739; M. Schir ha-Sch. in: Wünsche, A.: a.a.O., Bd. 2, S. 30; M. Bamid. r. 13,2, § 16, a.a.O., Bd. 4, S. 416; M. Bamid. r. 21,5, § 19, a.a.O., Bd. 4, S. 473; M. Bamid. r. 5,21, § 9, a.a.O., Bd. 4, S. 162; und Goldin, J.: a.a.O., S. 54.

54 Wünsche, A.: Bibliotheca, Bd. 4, S. 526.

"R. Johanan sagte: Weshalb war es diesem Frevler beschieden, Osnappar, der **große** und **erlauchte** genannt zu
werden? Weil er vom Jisraellande nicht herabwürdigend
gesprochen hat, denn es heißt: **bis ich komme und euch
in ein Land bringe, das eurem Lande gleicht.** Rabh und
Semuel (streiten hierüber); einer sagt, er war ein weiser König, und einer sagt, er war ein törichter König.
Einer sagt, er war ein weiser König, wenn er ihnen nämlich gesagt hätte, in ein besseres Land als das eurige,
so würden sie gesagt haben, er lüge; einer sagt, er war
ein törichter König, denn dies ist ja keine Großtat. -
Wo führte er sie hin? Mar Zutra sagte, nach Afrika; R.
Hanina sagte, nach den Selugbergen. Die Jisraeliten aber
sprachen herabwürdigend vom Jisraellande. Als sie nämlich nach Sus kamen, sagten sie, dieses gleiche unserem
Lande; als sie nach Almin kamen, sagten sie, es gleiche
der ewigen Stadt; als sie nach Sus Tre kamen, sagten
sie, dieses sei doppelt (so schön)".
(b Synhedrin 94 a)(55)

Die Schlechtmachung des Landes ist nicht nur in bezug auf das
Land selbst zu verstehen. Sie ist eine Abkehr von Gott, der alles getan hat, um das Land gut zu machen, und der Israel dieses Land geben will. So kommt die Geringachtung des Landes
der Geringachtung Gottes gleich:

"Die Kundschafter haben keinen Anteil an der zukünftigen Welt; denn es heißt: 'Keiner, der mich gering geachtet hat, soll es (das gelobte Land) sehen.'"
(Tos. Sanh. 13,9)(56)

Nicht nur wird Gott gering geachtet, sondern seine Absichten
für Israel werden als das Gegenteil interpretiert. So ist die Geringachtung gleichzeitig eine Verleumdung Gottes:

"Die Kundschafter gingen und besahen das Land, und du
findest: überall, wo sie hinkamen, wurden sie als Israeliten erkannt, wie es heisst Jes. 61,9: 'Alle, die sie

---

55   Goldschmidt, L.: Talmud, Bd. 9, S. 49; vgl. Sif. Deut. 11,
     10, § 37, in: Kittel, G.: Sifre, S. 73 und Sif. Deut. 11,10,
     § 38, a.a.O., S. 78.

56   Rengstorf, Karl H.: Die Tosefta. Stuttgart 1976, Bd. 4/3,
     S. 211; vgl. M. Bamid, r. 14,2, § 16, in: Wünsche, A.:
     Bibliotheca, Bd. 4, S. 422.

sehen, erkennen sie.' Gott sprach: Wenn sie die Amoriter sehen und erkennen, dass es Israeliten sind, so werden sie sie umbringen, was thue ich? In jeder Stadt, in die die Kundschafter einzogen, war entweder das Oberhaupt der Stadt erschlagen, oder ihr König war erschlagen, damit die Einwohner mit der Bestattung (eig. mit dem Hinausbringen) ihrer Todten beschäftigt sein sollten und ihre Gedanken nicht auf die Kundschafter richteten, damit sie dieselben nicht umbrächten, aber sie haben mich damit erzürnt; denn als sie zu Mose und zu den Israeliten zurückkehrten, sprachen sie: Was ist das für ein Land! Ueberall, wo sie hinkamen, sahen sie nichts als Todte. Und welchen Nutzen gewährt es? 'Es ist ein Land, was seine Bewohner verzehrt.'"

(M. Bamid. r. 14,19, § 16)(57)

Schließlich sind die Kundschafter, die Israel für sich forderte, ein Zeichen mangelnden Vertrauens in Gott, der das Land geben will:

"R. Jose sagte: Wem waren sie (die Israeliten) ähnlich? Einem Könige, der für seinen Sohn eine liebenswürdige (vortreffliche) wohlgesittete und reiche Frau ausgesucht hatte. Ich habe dir, sprach der König zu ihm, eine liebenswürdige, wohlgesittete und reiche Frau ausgesucht, worauf der Sohn antwortete: Ich will erst gehen und sie sehen, weil er seinem Vater nicht glaubte. Das missfiel seinem Vater und er dachte bei sich: Was soll ich thun? Wenn ich ihm sage: Ich zeige sie dir nicht, so denkt er jetzt, dass sie hässlich ist und deshalb will er sie nicht sehen lassen. Endlich sprach er zu ihm: Siehe sie dir an, so wirst du erkennen, ob ich dich getäuscht (belogen) habe, weil du mir aber nicht Glauben geschenkt hast, so gelobe ich hiermit, dass du sie nicht in deinem Hause sehen sollst, sondern ich gebe sie deinem Sohne. So sprach auch Gott zu den Israeliten: Das Land ist gut (vortrefflich), allein sie glaubten es nicht, sondern sprachen: 'Wir wollen Männer vor uns hersenden, dass sie es erforschen.' Da dachte Gott: Halte ich sie davon ab, so sprechen sie, weil das Land nicht gut ist, darum will er es uns nicht sehen lassen; allein sie sollen es

---

57 Wünsche, A.: Bibliotheca, Bd. 4, S. 427; vgl. M. Bamid. r. 13,22, § 16, a.a.O., Bd. 4, S. 420; M. Bamid. r. 15,2, § 17, a.a.O., Bd. 4, S. 432; und bSota 35a, in: Goldschmidt, L.: Talmud, Bd. 6, S. 119.

sehen, aber ich schwöre, dass nicht einer von ihnen hineinkommen soll, wie es heisst Num. 14,23: 'Sie sollen das Land nicht sehen, was ich geschworen habe ihren Vätern, und alle, die mich verachten, sollen es nicht sehen,' sondern ich gebe es ihren Kindern."

(M. Bamid. r. 13,2, § 16)(58)

Statt Geringachtung, Verleumdung und Mißtrauen jedoch soll Israel in das Land ziehen, das Gott für es bereitet hat, und es soll es in Besitz nehmen, um dort als Volk Gottes zu leben.

2.3 Ein Land um Gottes willen

In der besonderen Beziehung Gottes zu einem bestimmten Land und einem bestimmten Volk liegt die Bewegung inne, diese zusammenzubringen um der Beziehung zu Gott selbst willen:

"Vier (Dinge) werden Erbe genannt. Das Heiligtum wird Erbe genannt, wie es heißt: 'Auf dem Berge deines Besitztums'; das Land Israel wird Erbe genannt, wie es heißt (Deut. 15,4): In dem Lande, welches der Ewige, dein Gott, dir als Erbe gibt'; die Thora wird Erbe genannt, wie es heißt (Num. 21,10): 'und von der Gabe (Thora), Erbe Gottes'; Israel wird Erbe genannt, wie es heißt (Joel 4,2): 'Mein Volk und mein Erbe Israel'. Es sprach der Heilige, geb. s. er!: Kommen mögen die Israeliten, welche Erbe genannt werden, nach dem Lande, welches Erbe genannt wird, und bauen das Heiligtum, welches Erbe genannt wird, im Verdienste der Thora, welche Erbe genannt wird."

(Mech. Haschira (Beschallach) 10; 15,17)(59)

Indem Gott Israel ein Land gibt, handelt er nicht nur um Israels willen. Es geht auch um Gott selbst. Israel soll Gott erkennen und anerkennen:

"Weshalb sind die Israeliten aus Aegypten gezogen? R. Josua ben Levi sagte: Deshalb, weil Gott voraussah, dass

---

58 Wünsche, A.: Bibliotheca, Bd. 4, S. 417 f.; vgl. Sif. Deut. 1,22, § 20, in: Kittel, G.: Sifre, S. 30 f.

59 Winter, J. und Wünsche, A.: Mechilta, S. 143; vgl. M. Bamid. r. 34,2 § 23. In: Wünsche, A.: Bibliotheca, Bd. 4, S. 534; M. Bamid. r. 5,12, § 9, a.a.O., Bd. 4, S. 146.

sie ihm einst eine Wohnung fertigen würden, wie es
heisst Ex. 29,46: 'Sie sollen erkennen, dass ich der Ewige, ihr Gott, bin, der sie aus dem Lande Aegypten geführt hat, um unter ihnen zu wohnen.' Die Israeliten
sind nur im Verdienste der Wohnung aus Aegypten gezogen."

(M. Bamid. r. 3,14, § 3)(60)

Nicht nur Israel soll Gott erkennen. Im Handeln Gottes für Israel geht es ihm auch um sein Ansehen unter den Völkern. Dies
gilt sowohl in bezug auf die Landnahme unter Josua als auch
im Zusammenhang mit dem Exil:

"R. Eleazar sagte: Mose sprach vor dem Heiligen, gepriesen sei er: Die Völker der Welt würden (dann) sagen,
seine (Gottes) Kraft ist wie die eines Weibes erschlafft,
er vermag nicht zu retten. Da sprach der Heilige, gepriesen sei er, zu Mose: Haben sie nicht bereits die Wunder
und Machttaten gesehen, die ich ihnen am Meere erwiesen habe!? Mose erwiderte: Herr der Welt, immerhin können sie sagen: gegen einen König konnte er bestehen,
gegen einunddreißig Könige kann er nicht bestehen."

(b Berakhoth 32 a)(61)

"Einmal heisst es Ps. 94,14: 'Denn nicht verstösst der
Ewige sein Volk und sein Erbtheil verlässt er nicht' und
einmal heisst es wieder I Sam. 12,22: 'Denn der Ewige
wird sein Volk nicht verstossen, um seines grossen Namens willen.' R. Samuel bar Nachmani sagte: Zuweilen
zeigt sich Gott gnädig wegen seines Volkes, seines Erbtheils, zuweilen wegen seines grossen Namens. R. Ibi
sagte: Sind die Israeliten es würdig (verdienen sie es),
so geschieht es wegen seines Volkes, seines Erbtheils,
sind sie es aber nicht würdig, so geschieht es wegen seines grossen Namens. Die Rabbinen sagen: Im Lande ge-

---

60 Wünsche, A.: a.a.O., Bd. 4, S. 43; vgl. Targ. Is. 29,22f.
    In: Stenning, J.F.: The Targum of Isaiah. Oxford 1949
    (1953), S. 94; M. Schmot r. 23,20, § 32, in: Wünsche, A.:
    Bibliotheca, Bd. 3, S. 251 f.; M. Schmot r. 4,2, § 6,
    a.a.O., Bd. 3, S. 69; bSynhedrin 111 a, in: Goldschmidt,
    L.: Talmud, Bd. 9, S. 138.

61 Goldschmidt, L.: Talmud, Bd. 1, S. 143; vgl. M. Echa r.
    Einleitung der Schriftgelehrten, in: Wünsche, A.: a.a.O.,
    Bd. 2, S. 14.

schieht es wegen seines Volkes, seines Erbtheils, im Auslande aber wegen seines grossen Namens, wie es heisst
Jes. 48,11: 'Um meinet-, meinetwillen thue ich es."

(M. Ruth r. 1,6)(62)

Auf diesem Hintergrund ist die Sünde Israels umso schwerwiegender, wenn es die gute Gabe Gottes schlecht macht und Gott
selbst nicht vertraut. Bei der Gabe des Landes geht es nicht
nur um das Wohlergehen Israels. Es geht auch um Gott selbst.

---

62 Wünsche, A.: Bibliotheca, Bd. 3, S. 20; vgl. Ps 94,3, in:
    Wünsche, A.: Tehillim II, S. 90.

3. EIN BESITZ FÜR ISRAEL

3.1 Gott führt ins Land

Auch wenn Israel das Vorhaben Gottes schlecht macht und Kanaan zu seinem Nachteil mit Ägypten vergleicht, läßt Gott sich nicht davon abbringen, sein Volk in das von ihm bereitete Land zu führen. Dies ist das Ziel des Auszugs aus Ägypten, und vom Exodus her sollte Israel Vertrauen zu Gott haben:

> "Und ich sagte euch. Er sagte ihnen, Deut. 1,29: Nicht aus mir selbst rede ich zu euch, sondern aus dem Munde des Heiligen, g. s. E., rede ich zu euch: Habt nicht Angst und fürchtet euch nicht vor ihnen. Warum? denn, Deut. 1,30: Ich bin der Herr euer Gott, der vor euch hergeht. Er sagte ihnen: Wer hat euch die Wunder getan in Ägypten? Und alle diese Wunder wird er euch tun, wenn ihr hineingeht in das Land. Wie alles, was er euch getan hat in Ägypten vor eueren Augen. Wenn ihr nicht glaubt an das, was in der Zukunft sein wird, so glaubt doch an das, was schon vergangen ist."
>
> (Sif. Deut. 1,29, § 25)(63)

Allerdings hat sich Israel nicht als des Landes würdig erwiesen. So wird der Einzug des Volkes verzögert:

> "Wäre Israel würdig gewesen, so wären sie in elf Tagen in das Land eingewandert; aber weil sie schlecht gehandelt hatten, legte Gott ihnen vierzig Jahre auf, wie es heisst: 'Nach der Zahl der Tage, die ihr das Land ausgekundschaftet habt, vierzig Tage: – für jeden Tag ein Jahr' (Nu. 14,34). R. Jehuda sagte: Wäre Israel würdig gewesen, so wären sie schon in drei Tagen in das Land eingewandert, wie es heisst: 'Und die Lade des Bundes des Herrn zog vor ihnen her einen Weg von drei Tagen, um für sie auszuspähen eine Ruhestätte' (Nu. 10,33). 'Ruhestätte' ist nichts anderes als das Land Israel, wie es heisst: 'Denn nicht seid ihr bis jetzt zu der Ruhestätte und zu dem Besitz gelangt, den der Herr, dein Gott, dir geben wird' (Deut. 12,9). R. Benaa sagte: Wä-

----

63 Kittel, G.: Sifre, S. 35; vgl. bSynhedrin 111 a, in: Goldschmidt, L.: Talmud, Bd. 9, S. 137 f.; M. Ber. r. 1,3 § 3, in: Wünsche, A.: Bibliotheca, Bd. 1, S. 12.

re Israel würdig gewesen, so wären sie bereits in einem Tag in das Land eingewandert, wie es heisst: 'Heute zieht ihr aus im Monat Abib; und es wird geschehen, wenn der Herr dich in das Land der Kanaaniter bringt' (Ex. 13,4 f.), (nämlich): sofort. Abba Jose ben Chanin sagte im Namen des Abba Kohen bar Delaja: Wäre Israel würdig gewesen, so wären sie sofort, als ihre Fusssohlen aus dem Meer aufstiegen, in das Land eingetreten, wie es heisst: 'Ziehe hinauf, nimm es in Besitz, wie dir der Gott deiner Väter befohlen hat' (Deut. 1,21)."

(Sif. Deut. 1,2, § 2)(64)

Die Tatsache, daß Israel des Landes nicht würdig ist, gibt Anlaß, auch in diesem Zusammenhang an die Väter zu erinnern. Nicht nur gibt Gott Israel das Land, weil er es den Vätern versprochen hat, sondern wegen der Verdienste der Väter kann Israel überhaupt ins Land ziehen:

"**Ich bringe euch in das Land, wenn ich meine Hand erhebe.** Ich werde ihnen thun, was ich ihren Vätern versprochen habe, dass ich ihnen das Land geben werde, und sie sollen es in ihrem Verdienste in Besitz nehmen."

(M. Schmot r. 6,8, § 6)(65)

Weil Gott treu ist, kann er nicht anders, als Israel in das Land hineinzubringen:(66)

"Da sprach der Heilige, gepriesen sei er, zu ihm: Wenn du so handelst, wo doch deine Frau eine Hure und deine Kinder Hurenkinder sind, und du nicht weißt, ob sie deine oder fremde sind, wie sollte ich Jisrael (fortschicken)!? Sind sie doch Kinder meiner Bewährten, Kinder Abrahams, Jiçhaqs und Jaqobs. Eine der vier Erwerbungen, die ich mir auf meiner Welt geeignet habe: eine Erwerbung ist die Tora, wie es heißt: **der Herr erwarb mich wie den Anfang seiner Wege**; eine Erwerbung sind Himmel und Er-

---

64 Kittel, G.: Sifre, S. 8; vgl. M. Bamid. r. 15,2, § 17 in: Wünsche, A.: Bibliotheca, Bd. 4, S. 433.

65 Wünsche, A.: Bibliotheca, Bd. 3, S. 70; vgl. M. Schmot. r. 15,1 § 23 in: Wünsche, A.: a.a.O., Bd. 3, S. 178; M. Ber. r. 32,10, § 76, a.a.O., Bd. 1, S. 374; M. Ber. r. 28, 15, § 69, a.a.O., Bd. 1, S. 336; und M. Schir ha-Sch. 8,8, a.a.O., Bd. 2, S. 185.

66 Vgl. Cohen, G.D.: Zion, S. 39 f.

de; wie es heißt: **der Himmel und Erde geeignet**; eine Erwerbung ist der Tempel, wie es heißt: **dieser Berg, den
seine Rechte geeignet**; eine Erwerbung ist Jisrael, wie
es heißt: **das Volk, das du dir geeignet hast.** Und du
sagst, daß ich sie auf eine andere Nation tausche!? ...
Alsdann begann er, sie zu segnen, wie es heißt: **wie der
Sand am Meere soll die Zahl der Kinder Jisrael sein &c.**
und anstatt daß man zu ihnen gesagt hat: ihr seid nicht
mein Volk, wird man zu ihnen sagen: Söhne des lebendigen Gottes. Die Söhne Jehudas und die Söhne Jisraels werden sich versammeln &c. **Ich will ihn mir in das Land
einsäen und der Nichtgeliebt Liebe erweisen, und zu
Nichtmeinvolk sagen: du bist mein Volk."**

(b Pesahim 87 b)(67)

Angesichts der bevorstehenden Eroberung des Landes hat Israel
keinen Grund zur Angst. So wie Gott treu zu seiner Verheißung
steht, hat er auch die Macht, sein Versprechen auszuführen:

"Doch nachdem der Herr aller Welten gesagt hat, ich werde dieses Volk zahlreich machen wie die Sterne des Himmels, und ich werde ihnen das Land der Kanaanäer zum
Besitz geben, ist es Ihm nicht möglich, das zu vollbrin-
gen, was Er gesprochen hat?" (eigene Übersetzung)

(Targ. Pal. Num 23)(68)

So wichtig ist Gott die Besitznahme des Landes durch Israel
und das Vertrauen des Volkes diesbezüglich, daß er um derent-
willen anderes hintanstellt:

"**Nachdem er geschlagen hatte den Sichon, den König von
Cheschbon.** Ein Gleichnis. Wem gleicht die Sache? Einem
König, der da mit seinem Heere in die Wüste zog. Seine
Soldaten sprachen zu ihm: Gib uns heisse Kuchen. Er
sprach zu ihnen: Ich will es euch geben. Da sprachen
sie wieder zu ihm: Gib uns heisse Kuchen. Da sprach
zu ihnen sein Oberst: Weil der König gut ist (könnt ihr
das wagen); - wenn nicht, woher hat er Mühlen, woher
Öfen in der Wüste? Ebenso sprach Mose: Wenn ich Israel
vorher zurechtweise, so werden sie jetzt von mir sagen:
Weil er keine Kraft hatte, uns ins Land zu bringen und

---

67 Goldschmidt, L.: Talmud, Bd. 2, S. 584 f.; vgl. M. Schir
ha-Sch. 5,5 in: Wünsche, A.: Bibliotheca, Bd. 2, S. 137.

68 Vgl. Etheridge, J.W.: Targums, Section 40, S. 424.

Sichon und Og vor uns niederzuwerfen, weist er uns zurecht. Er machte es aber nicht so, sondern nachdem sie in das Land eingewandert waren und er danach Sichon und Og vor ihnen niedergeworfen hatte, erst darauf wies er sie zurecht. Darum heisst es: **Nachdem er geschlagen hatte.**"

(Sif. Deut. 1,4, § 3)(69)

Auf diesem Hintergrund bekommt die Frage nach dem Sinn der 40jährigen Verzögerung in der Wüste neue Dringlichkeit: Nicht nur negative Antworten werden gegeben:

"Unser grosser Rabbi sagt: Weil Gott den Völkern der Welt Furcht vor den Israeliten einflössen wollte, so hielt er sie 40 Jahre in der Wüste auf, er leuchtete ihnen mit einer Wolkensäule am Tage und mit einer Feuersäule des Nachts. Als die Völker das hörten, fiel auf sie Zittern und Beben, wie es heisst Ex. 15,16: 'Es fiel auf sie Schrecken und Furcht, und was steht dann? V. 17: 'Du bringst sie hin und pflanzest sie.'"

(M. Schmot. r. 13,17, § 20)(70)

Der notwendigen Verzögerung wird dann aber auch die Eile Gottes gegenübergestellt:

"'11 Tage (reisen beträgt die Entfernung) ... vom Horeb' (Deut. 1,2)! Welche Belehrung ergibt sich aber (dann) daraus, daß es heißt: **Da zogen sie vom Berg des Herrn** (usw.)?: Das lehrt, daß die Schekina an diesem Tage 36 Meilen (vorwärts) ging, damit sie (rasch) in das Land kämen."

(Sif. Num. 10,33, § 82)(71)

So sehr es Gott ist, der das Volk zum Land bringt, der bestimmt, wann Israel hineinzieht, und der die feindlichen Völker besiegt, ist es auch Israel überlassen, das Land in Besitz zu nehmen.

---

69   Kittel, G.: Sifre, S. 11.

70   Wünsche, A.: Bibliotheca, Bd. 3, S. 162; vgl. M. Schmot r. 13,17, § 50, a.a.O., Bd. 3, S. 160 f.

71   Kuhn, Karl Georg: Sifre, S. 214; vgl. Sif. Num. 10,35 § 84 a.a.O., S. 221.

3.2 Israel zieht ins Land ein

Wie die Gabe des Landes von seiten Gottes die Folge einer bestimmten Beziehung ist, ist die Eroberung des Landes durch Israel ebenfalls Ausdruck dieser Beziehung.(72) Entsprechend hat diese Eroberung zu erfolgen:

"Der Eintritt ins Land Ägypten ist eine Erlaubnis, der Eintritt ins Land Israel eine Pflicht."
(Sif. Deut. 11,10, § 38)(73)

"Da zogen sie vom Berge des Herrn einen Weg von 3 Tagen. ... (Die Gelehrten) haben (dafür) ein Gleichnis gegeben: Wem gleicht die Sache?: Menschen, die zum Kriege ausziehen. Dann, wenn sie abmarschieren, sind sie fröhlich, aber immer, wenn sie anlangen, sind ihre Hände schlaff. Aber bei den Israeliten war es nicht so. Sondern immer, wenn sie anlangten, waren sie fröhlich und sprachen: 'Wir wollen (weiter)gehen und das Land Israels ererben!' – Ein anderer Ausspruch: (Die Israeliten) sprachen: 'Unsere Väter haben gesündigt und es wurde ihnen das Urteil gesprochen: 'In dieser Wüste sollen eure Leiber fallen' (Num. 14,29). Aber wir wollen nicht sündigen und sterben in der Wüste, sondern wollen gehen und das Land Israels ererben!'"
(Sif. Num. 10,33, § 82)(74)

Wenn Israel so vorgeht, wie von ihm gefordert wird, dann kann es die Feinde besiegen und das Land in Besitz nehmen:

"וַיַּרְא bedeutet soviel wie יִרְאָה, Furcht; denn sie fürchteten sich, weil sie alle Völker in der Gewalt Israels sahen; weil Sichon kam und das Land Moab wegnahm, und es führte Krieg mit dem ersten König von Moab, und Og nahm das ganze Land der Kinder Ammons, wie es heisst Deut. 3,11: 'Nur Og, der König von Baschan, war übrig'

----

72 Vgl. Gradwohl, R.: Land Israel, S. 54.

73 Kittel, G.: Sifre, S. 81.

74 Kuhn, K.G.: Sifre, S. 213 f.; vgl. pSota 8,7(10), in: Schwab, M.: Talmud, Bd. 7, S. 321; und M. Bamid. r. 13, 23, § 16, in: Wünsche, A.: Bibliotheca, Bd. 4, S. 421; M. Bamid. r. 21,1, § 19, in: Wünsche, A.: Bibliotheca, Bd. 4, S. 472 f. M. Schir ha-Sch 2,13, a.a.O., Bd. 2, S. 71.

u.s.w. Nun kamen die Israeliten und nahmen es beiden
weg, denn es war auch kein Unrecht darin, nun sahen
sie ihr Land in der Hand Israels und sprachen: Hat Gott
nicht ihnen gesagt das. 2,9: 'Denn ich gebe dir nichts
von seinem Lande als Besitz,' siehe, unser Land liegt
vor ihnen? Darum fürchteten sie sich."
(M. Bamid. r. 22,3, § 20)(75)

Wiederholt wird gesagt, daß die Eroberung des Landes nur allmählich geschieht:

"Und dies entspricht R. Ismael, der sagt: alle biblischen
Texte, in denen es um den Einzug in Palästina geht, beziehen sich auf eine Zeit, die auf dieses Ereignis folgt,
das 14 Jahre gedauert hat: 7 Jahre für die Eroberung
und 7 Jahre für die Verteilung." (eigene Übersetzung)
(p Hul. 2,1,2)(76)

Wenn die Eroberung vollzogen ist, wird Israel weiten Raum haben. Auf die Grenzen des Landes soll hier nicht eingegangen
werden. Sie werden gelegentlich genau beschrieben, aber wie
in der Bibel sind die Grenzumschreibungen auch bei den Rabbinen unterschiedlich.(77) Zwei Texte mögen als Beispiele genügen:

"**Wenn ihr über den Jordan hinüber in das Land Kanaan
kommt.** Von hier aus pflegte R. Jehuda zu sagen: Der Jordan gehört **nicht** zum Lande Kanaan. - R. Schim'on ben
Johai (dagegen) sagt: 'Die an dem Jordan Jerichos liegen' (Num. 31,12). Wie Jericho zum Lande Kanaan gehört, (so) gehört (dann) auch der Jordan (noch) zum
Lande Kanaan."
(Sif. Num. 35,10, § 159)(78)

"Da ist eine Belehrung, dass es heisst: 'Von der Wüste
und diesem Libanon an bis zu dem grossen Strom, dem
Euphratstrom, und bis zu dem grossen Meer im Westen

---

75 Wünsche, A.: a.a.O., Bd. 4, S. 483 f.

76 Vgl. Schwab, M.: Talmud, Bd. 3, S. 281, vgl. pOrl. 1,2,
    a.a.O., Bd. 3, S. 318; pSot. 7,3(5), a.a.O., Bd. 7, S. 301
    und pSot. 9,1, a.a.O., Bd. 7, S. 323.

77 Vgl. Stemberger, G.: Bedeutung, S. 181-185; Safrai, S.:
    Land, S. 207 ff.

78 Kuhn, K.G.: Sifre, S. 662.

soll euer Gebiet sein' (Jos. 1,4). Von der Wüste und dem
Libanon an ist euer Gebiet, und die Wüste und der Libanon sind nicht euer Gebiet. Aber wenn ihr erobert
habt, so ist der Libanon euer Gebiet und die Wüste euer
Gebiet. 'Von dem grossen Strom, dem Euphratstrom an usf.
soll euer Gebiet sein': Von dem Strom an ist euer Gebiet,
und der Strom ist nicht euer Gebiet. Wenn ihr den Strom
erobert habt, so ist der Strom euer Gebiet. 'Und bis zu
dem grossen Meer im Westen': Bis zum Meer ist euer Gebiet, und das Meer ist nicht euer Gebiet. Wenn ihr erobert habt, soll es euer Gebiet sein. Und ebenso heisst
es: 'Und Grenze ist das Meer; und es soll sein das
grosse Meer für euch als Gebiet' (Nu 34,6). Es soll euer
Gebiet sein."

(Sif. Deut. 11,24, § 51)(79)

Auch in bezug auf die Eroberung des Landes wird auf die Väter zurückgegriffen:

"**Die Erde, worauf du liegst §c.** Was Großes ist dabei!?
R. Jiçhaq erklärte: Dies lehrt, daß der Heilige, gepriesen sei er, das ganze Jisraelland zusammenrollte und es
unter unseren Vater Jaqob legte, damit es von seinen Kindern leicht erobert werde.'

(b Hul. 91 b)(80)

Beim Einzug Israels ins Land geschieht ein klarer Einschnitt
in ihrem Leben. Dieser kommt darin zum Ausdruck, daß das
Manna, die Nahrung der Wüste, ausbleibt und, wie die Rabbinen
wiederholt betonen, Israel nun vom Ertrag des Landes ißt. Damit beginnt für Israel etwas Neues:

"Dann brachten sie in Gilgal den Omer dar, wie es heißt:
**Die Israeliten aßen vierzig Jahre lang Manna, bis sie
in bewohnbares Land kamen. Sie aßen Manna, bis sie
zur Grenze des Landes Kanaan kamen** (Ex 16,35).
Die Schrift sagt aber nicht nur: **Bis sie kamen.** Und warum sagt die Schrift: **Bis sie zur Grenze des Landes Ka-**

---

79 Kittel, G.: Sifre, S. 134; vgl. M. Ber. r. 26,23, § 64, in:
    Wünsche, A.: Bibliotheca, Bd. 1, S. 307; und Targ. Pal.
    Ex 15, in: Etheridge, J.W.: Targums, Section 16, S. 494f.

80 Goldschmidt, L.: Talmud, Bd. 11, S. 282; vgl. M. Ber. r.
    33,19, § 79, in: Wünsche, A.: Bibliotheca, Bd. 1, S. 389f.

naan kamen? Dies will lehren, daß sie das Manna, das sie an dem Tag, an dem Mose starb, gesammelt hatten, vom siebten Adar bis zum sechzehnten Nisan aßen, neununddreißig Tage, bis sie in Gilgal den Omer dargebracht hatten. Denn wenn das Manna nicht ausgegangen wäre, hätten sie nicht von den natürlichen Produkten des Landes Kanaan essen wollen." (eigene Übersetzung)

(Tos. Sot. 11,2)(81)

Die Besitznahme des Landes ist noch nicht abgeschlossen in dem Moment, in dem die anderen Völker besiegt sind. Zur Eroberung gehört auch die Verteilung des Landes als Erbbesitz für Israel. Dies wird ganz deutlich an Josua aufgezeigt, dessen Aufgabe die Verteilung des Landes mit einschließt:

"Und er soll ihnen (das Land) zum Erbbesitz geben. Das zeigt an, daß Josua erst dann aus der Welt geschieden ist, nachdem er an die Israeliten das Land als Erbbesitz verteilt hatte.

(Sif. Num. zu Deut. 3,28, § 136)(82)

Die Frage nach den ursprünglichen Empfängern der Erbteile im Land wird wiederholt thematisiert. Es geht dabei darum, ob das Land an diejenigen verteilt wurde, die aus Ägypten auszogen oder an diejenigen, die unter Josua ins Land einzogen.(83) Die Frage braucht uns hier nicht näher zu beschäftigen, da sie bei den Rabbinen zwar erbrechtliche Folgen hat, aber theologisch ohne Belang ist hinsichtlich des Landes. Wichtig in unserem Zusammenhang ist die Bedeutung des Erbes überhaupt.(84)

----

81 Vgl. Neusner, Jacob: The Tosefta. Vol. 3: Nashim. New York 1979, S. 194; vgl. Mech. Wajassa (Beschallach) 5; 16,35, in: Winter, J. und Wünsche, A.: Mechilta, S. 164 f.; und bQiddusin 37b - 38a, in: Goldschmidt, L.: Talmud, Bd. 6, S. 632 f.

82 Kuhn, K.G.: Sifre, S. 563; vgl. Sif. Deut. 3,28, § 29, in: Kittel, G.: Sifre, S. 48.

83 Vgl. Gradwohl, R.: Land Israel, S. 55 f.

84 Vgl. Targ. Pal. Ex 15, in: Etheridge, J.W.: Targums, Section 16, S. 494; Targ. Pal. Ex 34, a.a.O., Section 21, S. 558; Targ. Neof. I on Gen 44,18, in: Diez Macho, A.: Targum, Bd. 1, S. 620 f.; Sif. Num. 26,52-53, § 132, in: Kuhn, K.G.: Sifre, S. 528-531; bBaba Bathra 117a-119b, in: Goldschmidt, L.: Talmud, Bd. 8, S. 308-313; bBaba Bathra 112b-

Theologisch allerdings interessant ist die Stellung der Leviten im Land:(85)

"Und der Herr sprach zu Aaron: In ihrem Lande sollst du keinen Erbbesitz bekommen: Bei der Verteilung des Landes. - Und sollst keinen Anteil unter ihnen haben: An der (Kriegs)beute. - Ich bin dein Anteil und dein Erbbesitz: 'An meinem Tisch ißt du und an meinem Tisch trinkst du!' Ein Gleichnis. Womit ist die Sache vergleichbar? Mit einem Könige von Fleisch und Blut, der seinen Söhnen Gaben gab. Einem seiner Söhne aber gab er keine Gabe. Zu dem sagte er: 'Mein Sohn! Zwar habe ich dir keine Gabe gegeben, aber du ißt (ja) an meinem Tisch und an meinem Tisch trinkst du!' In diesem Sinne sagt auch (die Schrift): 'Als ihren Anteil gebe ich (Gott) es (den Priestern) von meinen Feueropfern' (Lev. 6,10); 'von den Feueropfern des Herrn und von seinem Erbteil sollen sich (die Priester) ernähren' (Deut. 18,1).
(Sif. Num. 18,20, § 119)(86)

Die Art der Landverteilung kommt wiederholt zur Sprache. Es wird betont, daß diese durch Los geschah,(83) und dies wird theologisch gedeutet:

"Mittelst zweier Urnen wurde das Land Israel vertheilt, in der einen befanden sich die Loose, in der andern die Namen der Stämme. Aus beiden zogen nun zwei junge Priester die Zettel, auf dem einen stand das Gebiet und auf dem andern der Name des Stammes.
(p Joma 4,1 (Folie 18b))(87)

"'Gemäß dem Spruch des Herrn' (Jos. 19,50). Das zeigt an, daß das Land Israels verteilt worden ist im heiligen

---

113a, a.a.O., Bd. 8, S. 300 f.; und pBaba Bathra 8,3 (16a) in: Wewers, G.: Bavot, S. 439-442.

85 Vgl. Dreyfus, F.: Héritage, S. 10-13 (allerdings dort nicht zur rabbinischen, sondern zur biblischen Tradition).

86 Kuhn, K.G.: Sifre, S. 402; vgl. Sif. Num. 18,20, § 119, a.a.O., S. 401; Sif. Num. 18,24, § 119, a.a.O., S. 416 f.; Sif. Num. 18,26, § 120, a.a.O., S. 417; und M. Bamid. r. 3,14, § 3, in: Wünsche, A.: Bibliotheca, Bd. 4, S. 43 ff.

87 Wünsche, A.: Talmud, S. 111.

Geist."

(Sif. Num. 25,54, § 132)(88)

So schließt sich der Kreis: am Beginn der Landnahme steht die
Führung Gottes, und auch die Verteilung des eroberten Landes
geschieht "im heiligen Geist". Aber auch damit ist die Landeroberung keine abgeschlossene Sache, wie das Land selbst kein
fertiges Produkt ist. Die Art, wie Israel im Land lebt, trägt
ebenfalls zur Eroberung des Landes bei, und so erfolgen konkrete Weisungen für den Umgang mit dem Land.

3.3 Der Umgang mit dem Land

Bevor Israel in das Land kam, hat Gott es für sie bearbeitet,
um ihnen ein gutes, ein gesegnetes Land zu geben. Es ist das
Land, für das Gott selbst sorgt. Gleichzeitig aber wird Israel
mit seiner Besitznahme des Landes auch Verantwortung dafür gegeben:

"... vom Anfange der Schöpfung der Welt war Gott nur
mit Pflanzen beschäftigt, wie es heisst Gen. 2,8: 'Der
Ewige, Gott, pflanzte einen Garten Eden.' So sollt auch
ihr, wenn ihr in das (verheissene) Land kommt, euch zuerst mit nichts anderem als mit Pflanzen beschäftigen,
wie es heisst: 'So ihr in das Land kommt' u.s.w.; ...

als die Israeliten in der Wüste vierzig Jahre lang wan-
derten, da fiel das Manna herab, der Brunnen stieg für
sie auf, es fanden sich für sie Wachteln, das Gewölk
der Herrlichkeit umgab sie und die Wolkensäule zog vor
ihnen her; als sie aber in das verheissene Land gekommen waren, sprach Mose zu ihnen: Jeder von euch nehme
eine Hacke auf die Schulter, gehe hinaus und pflanze
sich verschiedene Pflanzungen. Das ist nun hier gesagt:
'So ihr in das Land kommt, so pflanzt.'"

(M. Wajik. r. 19,23, § 25)(89)

---

88   Kuhn, K.G.: Sifre, S. 532; vgl. Mech. 26,55.56, a.a.O., S.
     533; bBaba Bathra 121b-122a, in: Goldschmidt, L.: Talmud,
     Bd. 8, S. 319 ff.; bSynhedrin 43b, a.a.O., Bd. 8, S. 634;
     Targ. Pal. Dtn 1, in: Etheridge, J.W.: Targums, Section
     44, S. 559; Sif. Deut. 1,8, § 7, in: Kittel, G.: Sifre, S.
     15; und M. Bamid. r. 26,53, § 21, in: Wünsche, A.: Biblio-
     theca, Bd. 4, S. 512.

89   Wünsche, A.: Bibliotheca, Bd. 5, S. 167 f.; vgl. M. Koh.

122

Zunächst hat Israel die Verantwortung, sich das Land zu eigen zu machen. So wird der Kauf von Land nahegelegt,(90) und dieser darf sogar am Sabbath vollzogen werden oder unter Umständen, die eine rituelle Verunreinigung verursachen:

"'Wenn jemand ein Feld in Syrien kauft, so ist es ebenso, als würde er eines in den Vororten von Jerusalem kaufen.' In welcher Hinsicht? R. Seseth erwiderte: Dies besagt, daß man den Kaufschein sogar am Sabbath schreibe. - Am Sabbath, wie kommst du darauf!? - Wie Raba erklärt hat, man beauftrage einen Nichtjuden, daß er es tue, ebenso beauftrage man auch hierbei einen Nichtjuden, daß er es tue. Und obgleich auch der Auftrag an einen Nichtjuden des Feierns wegen verboten ist, haben es die Rabbanan hierbei nicht verboten, wegen der Besiedelung des Jisraellandes."

(b Gittin 8 b)(91)

"Man darf zur Messe der Nichtjuden gehen und Vieh, Sklaven, Mägde, Häuser, Felder und Weinberge ankaufen, dies schriftlich bescheinigen lassen und (das Schriftstück) aufs Amt bringen, weil dies ebenso ist, als rette man es aus ihrer Hand.

(b Erubin 47 a)(92)

Auf diesem Hintergrund wird intensiv darüber diskutiert, ob und inwieweit Nichtjuden im Land sich Besitz aneignen können.(93) Dabei geht es um mehr als nur um die Frage des Eigentums, da diese auch Folgen in bezug auf Erstlingsgaben, Zehntabgaben usw. mit sich bringt:

2,6, a.a.O., Bd. 1, S. 28; M. Koh. 2,8, a.a.O., Bd. 1, S. 30; Sif. Deut. 1,8, § 8, in: Kittel, G.: Sifre, S. 15 f.

90 Vgl. Davies, W.D.: Dimension, S. 536; Cohen, G.D.: Zion, S. 45 f.; Stemberger, G.: Bedeutung, S. 185 f.; Klein, S.: Das halachische Motiv משום ישוב ארץ ישראל. In: Jesch. 13 (1926), S. 138; Safrai, S.: Land, S. 211.

91 Goldschmidt, L.: Talmud, Bd. 6, S. 208; vgl. bBaba Qamma 80 b, a.a.O., Bd. 7, S. 270 f.

92 Goldschmidt, L.: a.a.O., Bd. 2, S. 142; vgl. M. Ketuboth 8,3.7, a.a.O., Bd. 5, S. 254.259.

93 Vgl. Schubert, K.: Land Israel, S. 83 f.; Stemberger, G.: Bedeutung, S. 185 ff.; Thoma, C.: Land Israel, S. 42 f.

"Man darf ihnen in Jisraellande keine Häuser vermieten, und selbstverständlich keine Felder; in Syrien darf man ihnen Häuser vermieten, jedoch keine Felder; ausserhalb des Landes darf man ihnen Häuser verkaufen und Felder vermieten – so R. Meir. R. Jose sagt, im Jisraellande dürfe man ihnen Häuser vermieten, jedoch keine Felder, in Syrien dürfe man ihnen Häuser verkaufen und Felder vermieten, und ausserhalb des Landes dürfe man ihnen beides verkaufen. Aber auch da, wo sie ihm zu vermieten erlaubt haben, gilt dies nicht von einem Wohnraume, weil er da seine Götzen hineinbringen würde, und es heisst: du sollst keine Greuel in dein Haus bringen. Nirgends aber darf man ihnen ein Badehaus vermieten, weil es seinen Namen trägt.

Gemara. Wieso selbstverständlich keine Felder; wollte man sagen, weil bei solchen zweierlei zu berücksichtigen ist: erstens Besitzergreifung des Bodens, und zweitens entzieht man ihn der Verzehntung, so ist ja bei Häusern ebenfalls zweierlei zu berücksichtigen: erstens Besitzergreifung des Bodens, und zweitens entzieht man sie der Mezuzapflicht!? R. Mesarseja erwiderte: Die Mezuza ist Pflicht des Hausbewohners."

(b Aboda Zara 21 a)(94)

Landeroberung bedeutet nicht nur Besitz, sondern auch die Pflege des Landes.(95) Auch dafür bieten die rabbinischen Schriften Beispiele:

"Die Rabbanan lehrten: Man darf aus dem Jisraellande keine Dinge, die als Lebensmittel dienen, zum Beispiel Wein, Öl und Mehl, ausführen. R. Jehuda b. Bethera erlaubt es beim Weine, weil dies das Laster vermindert. Und wie man sie aus dem Jisraellande nach dem Auslande nicht ausführen darf, ebenso darf man sie auch nicht aus dem Jisraellande nach Syrien ausführen."

(b Baba Bathra 90b-91a)(96)

---

94 Goldschmidt, L.: a.a.O., Bd. 9, S. 499; vgl. auch die Fortsetzung, 21a b, S. 500 f.; vgl. bGittin 47b, a.a.O., Bd. 6, S. 335; bBaba Meçia 101a b, a.a.O., Bd. 7, S. 792 ff.; pDemai 5,9, in: Schwab, M.: Talmud, Bd. 2, S. 186 f.

95 Vgl. Klein, S.: Motiv, S. 142 f.; Gradwohl, R.: Land Israel, S. 58 f.

96 Goldschmidt, L.: Talmud, Bd. 8, S. 252; bBaba Qamma 81b, a.a.O., Bd. 7, S. 275; bSynhedrin 25b, a.a.O., Bd. 8, S.

Trotz der strengen Verpflichtung Israels, den Götzendienst aus seiner Mitte auszurotten, ist die Erhaltung des Landes vorrangig:

> "Man macht nicht drei Städte in Israel zu abgefallenen, damit man das Land Israel nicht zerstöre, sondern man macht (nur) eine (oder) zwei (auf einmal). R. Schim'on sagt: Auch (wenn man) zwei (davon macht, dann) nur (so, daß) die eine in Judäa und die andere in Galiläa (ist). In Grenznähe macht man (dazu) nicht einmal eine einzige Stadt, damit die Nichtjuden nicht einfallen und das Land Israel zerstören."

(Tos. Sanhedrin 14,1)(97)

Die Weisungen für den konkreten Umgang mit dem Land gewinnen an Bedeutung auf dem Hintergrund des Zusammenhangs zwischen der Berufung Israels, nach der Torah zu leben, und dem Wohnen des Volkes im Land. Dieser Zusammenhang, wie er in der rabbinischen Tradition gesehen wird, soll uns im nächsten Abschnitt beschäftigen.

558; bMenahot 44a, a.a.O., Bd. 10, S. 529; bTamid 29b, a.a.O., Bd. 12, S. 302 f.; und Tos. Arakhin 5,19, in: Neusner, J.: Tosefta, Bd. 5, S. 210 f.; pKilaim 2,5 (6), in: Schwab, M.: Talmud, Bd. 2, S. 240.

97 Rengstorf, K.H.: Tosefta, Bd. 4/3, S. 217 f.; vgl. Tos. Sanhedrin 14,10, a.a.O., Bd. 4/3, S. 226; Tos. Negaim 1,13, a.a.O., Bd. 6/1, S. 356 f.; und pSanhedrin 1,5 in: Sanhedrin. Gerichtshof. Übersetzt von Gerd A. Wewers. Übersetzung des Talmud Yerushalmi, Bd. IV,4. Tübingen 1981, S. 41.

4. DIE TORAH UND DAS LAND

4.1 Füllt das Land mit der Torah

In der rabbinischen Tradition sind Torah und Land aufs engste aufeinander bezogen.(98) Das Land ist der Lebensraum für die Torah, und nur indem Israel nach der Torah lebt, kommt das Land zu seiner eigentlichen Bestimmung.

> "... macht euch auf und füllet das ganze Land Israel mit der Thora."
>
> (M. Ber. r. 25,1, § 61)(99)

> "Es heisst Ezech. 45,1: 'Und wenn ihr das Land verlooset zur Besitzung.' Das ist es, was die Schrift gesagt hat Ps 16,6: 'Die Loose sind mir ins Liebliche gefallen, auch das Besitzthum gefällt mir.' 'Die Loose sind mir gefallen' d.s. die zwölf Stämme, weil das Land an die zwölf Stämme vertheilt wurde, wie es heisst Ezech. 47,13: 'Das ist die Grenze, nach welcher ihr das Land vertheilen sollt unter die zwölf Stämme Israels.' 'Ins Liebliche' d.i. im Verdienste der Thora, wie es heisst Prov. 22,18: 'Denn lieblich ist es, wenn du sie bewahrest in deinem Innern, wenn sie bereit sind allzumal auf deinen Lippen.' Mancher Mensch ist lieblich (schön und angenehm) und sein Kleid ist hässlich, ein anderer ist hässlich und sein Kleid ist lieblich (schön), die Israeliten aber waren lieblich für das Land, und das Land war ihnen lieblich. Darum heisst es: 'Auch das Besitzthum gefällt mir.' So heisst es Hi. 29,14: 'Gerechtigkeit zog ich an und sie zog mich an.'"
>
> (M. Ber. r. 34,2, § 23)(100)

Von daher gibt es noch einen weiteren Grund für die 40jährige Verzögerung in der Wüste:

----

98   Vgl. Cohen, G.D.: Zion, S. 41 ff.; Davies, W.D.: Dimension, S. 537; Davies, W.D.: Gospel, S. 59 f.

99   Wünsche, A.: a.a.O., Bd. 1, S. 290; vgl. Mech. Jithro (Bachodesch) 1; 19,2 in: Winter, J. und Wünsche, A.: Mechilta, S. 194.

100 Wünsche, A.: Bibliotheca, Bd. 4, S. 531; vgl. M. Schmot r. 12,1.2, § 15, zu Ps 106,9, a.a.O., Bd. 3, S. 110.

"'Denn nahe war הוא ', d.i. nicht brachte der Heilige,
geb. s. er! sie auf dem geraden Wege nach dem Land
Israel, sondern auf dem Wege der Wüste. Der Heilige,
geb. s. er! sprach: Wenn ich die Israeliten jetzt nach
dem Lande bringe, so werden sie sofort Besitz ergreifen,
ein Mensch an seinem Felde und ein Mensch an seinem
Weinberge, und sie werden müßig sein von der Thora;
allein ich will sie einen Umweg führen durch die Wüste
40 Jahre, damit sie Manna essen und das Wasser des
Brunnens trinken und so die Thora mit ihrem Körper ver-
mischt werde (verwachse)."

(Mech. Wajehi beschallach - Eingang; 13,17)(101)

"'Und Gott führte sie nicht.' Gleich einem König, welcher
einen Sohn hatte, dem er das Erbe geben wollte. Er dachte aber bei sich: Gebe ich es ihm jetzt, wo er noch
klein ist, so versteht er es noch nicht zu bewahren, ich
will lieber warten, bis er das Schreiben (und Lesen) er-
lernt hat und auf ihrem Grunde steht, hernach will ich
es ihm geben. So sprach auch Gott: Wenn ich jetzt die
Israeliten in das verheissene Land einziehen lasse, wo
sie sich noch nicht mit den Pflichtgeboten beschäftigt haben, so wissen sie sich noch nicht mit der Hebe und mit
den Zehnten zu beschäftigen, ich will lieber ihnen zuerst
die Thora geben, dann will ich sie in das verheissene
Land einführen. Das wollen die Worte sagen: 'Und Gott
führte sie nicht.'"

(M. Schmot r. 13,17, § 20)(102)

Weil Torah und Land so sehr zusammengehören, darf Israel im
Land nicht so leben wie die Kanaanäer vor ihnen oder wie die
Ägypter, aus deren Land sie herausgeführt wurden:

"**Wie die Tat des Landes Mizrajim, in welchem ihr ge-
wohnt habt, sollt ihr nicht tun.** Die Schrift verkündet,
daß die Taten der Egypter verderblicher waren als die
aller Völker und an dem Orte, an welchem die Israeliten
wohnten, verderblicher als die ihrer aller. **Und wie die
Tat des Landes Kenaan, wohin ich euch kommen lasse,
sollt ihr nicht tun.** Man weiß doch, daß sie in das Land
Kenaan kommen. Was zu lehren ist aber gesagt: Und wie

---

101 Winter, J. und Wünsche, A.: Mechilta, S. 74.

102 Wünsche, A.: Bibliotheca, Bd. 3, S. 161.

die Tat des Landes Kenaan usw. Allein die Schrift verkündet, daß die Taten der Kenaaniter verderblicher waren als die aller Völker und der Ort, auf den die Israeliten ihren Sinn richteten, verderblicher als alles.

(Sifra Achare Mot Per. 13)(103)

In diesem Zusammenhang wird deutlich, wie sehr der Auszug
aus Ägypten, die Offenbarung der Torah am Sinai und der Einzug ins Land aufeinander bezogen sind und eine Einheit bilden:

**Und auf Überschuß sollst du nicht geben deine Speise.
Ich bin der Ewige.** Von hier haben sie gesagt: Wer auf
sich nimmt das Joch des Überschusses nimmt auf sich
das Joch des Himmels, und wer von sich abwälzt das
Joch des Überschusses, wälzt von sich ab das Joch des
Himmels. **Ich bin der Ewige, euer Gott, der ich euch aus
Mizrajim herausgeführt habe.** Auf die Bedingung hin habe ich euch aus dem Lande Mizrajim herausgeführt, auf
die Bedingung hin, daß ihr auf euch nehmet das Gebot
des Überschusses. Denn jeder, der sich bekennt zu dem
Gebote des Überschusses, bekennt sich zum Auszug aus
Mizrajim, und jeder, der das Gebot des Überschusses
leugnet, ist als leugnete er den Auszug aus Mizrajim.
**Euch das Land Kanaan zu geben, um euch zum Gotte zu
sein.** Von hier haben sie gesagt: Jeder Sohn Israels, der
im Lande Israel wohnt, nimmt das Joch des Himmelreiches
auf sich, und wer nach außerhalb des Landes hinausgeht, ist als ob er einem Götzen diente.

(Sifra Behar Par. 5)(104)

Aufgrund dieser Bezogenheit von Land und Torah ist das Studium der Torah (der schriftlichen wie der mündlichen) wesentlich zur Lebenserhaltung im Land.(105)

"R. Abba bar Kahana begann mit Jer. 9,11: 'Wer ist der
Mann, der weise ist, das einzusehen, und wer ist es,
zu dem des Ewigen Mund geredet, dass er es verkünde.'
R. Simeon ben Jochai hat gelehrt: Wenn du siehst, dass

----

103 Winter, J.: Sifra, Bd. 2, S. 490; vgl. M. Wajik. r. 18,3,
     § 21, in: Wünsche, A.: Bibliotheca, Bd. 5, S. 156 f.

104 Winter, J.: a.a.O., Bd. 2, S. 636; vgl. Sifra Schemini Per.
     12, a.a.O., Bd. 1, S. 318.

105 Vgl. Thoma, C.: Land Israel, S. 44 f.

Städte im israelitischen Lande spurlos von ihrem Orte verschwunden (eig. ausgerissen) sind, so wisse, dass Schul- (Bibel-) und Mischnalehrer nicht den gebührenden Unterhalt gefunden haben. Was ist der Grund: 'Warum geht das Land zu Grunde?' Antwort s. das. V. 12: 'Weil sie mein Gesetz verlassen, das ich ihnen vorgelegt.' Rabbi sandte R. Dosa und R. Immi, dass sie die Städte im Lande Israel bereisen und untersuchen sollten. Sie kamen in eine Stadt, wo sie verlangten: Bringet uns die Wächter der Stadt, und es wurden ihnen der Oberwachtmeister und Senator vorgeführt. Diese, sprachen die Beauftragten, sind nicht die Wächter, sondern die Zerstörer der Stadt. Nun, wer sind denn die Wächter? wurden sie gefragt. Die Schul- und Mischnalehrer sind es, sie wachen am Tage und in der Nacht s. Jos. 1,8: 'Und du sollst darüber nachsinnen Tag und Nacht.' Ebenso heisst es Ps. 127,1: 'Wenn der Ewige nicht das Haus bauet, so bemühen sich umsonst, die daran bauen, und wenn der Ewige nicht die Stadt behütet, so wachet vergebens der Wächter.'"

(Pesikta des Rab Kahana 15)(106)

Herausführung aus Ägypten, Offenbarung am Sinai, Leben im Land - all das gehört zum Bund zwischen Gott und Israel. Im Kontext dieses Bundes können auch Einzelgebote herausgegriffen werden, an denen der Bund sichtbar wird. Das Wohnen bzw. Bleiben im Land wird dann vom Einhalten dieses einen Gebotes abhängig gemacht. Hier wird nicht ein Gebot über alle anderen gestellt. Vielmehr wird daran deutlich, wie sehr das Wohnen im Land eine Bundesangelegenheit ist:

"Und durch welches Verdienst waren die Israeliten würdig, das Land Kanaan in Besitz zu nehmen? Durch das Verdienst des Omergesetzes. Darum schärft Mose den Israeliten ein und spricht zu ihnen: 'Bringet die Erstlingsgarbe eurer Ernte zum Priester.' ...

----

106 Wünsche, A.: Pesikta des Rab Kahana. Das ist die älteste in Palästina redigierte Haggada. Leipzig 1885, S. 163; vgl. p Hagihga 1,7 (76c) in: Hagiga. Festopfer. Übersetzt von Gerd A. Wewers. Übersetzung des Talmud Yerushalmi, Bd. II,1. Tübingen 1983, S. 21 f.; M. Echa r. Einleitung, in: Wünsche, A.: Bibliotheca, Bd. 2, S. 1 f.

R. Jochanan hat gesagt: Möge dir das 'Omergesetz nicht geringfügig in deinen Augen erscheinen, denn durch die Beobachtung der 'Omervorschrift war unser Vater Abraham so glücklich, das Land Kanaan in Besitz zu nehmen, wie es heisst Gen. 17,8: 'Und ich gebe dir und deinem Samen nach dir das Land zu deinem Aufenthalte.' Unter welcher Bedingung? S. das. V. 9: 'Dass du meinen Bund bewahrest.' Welcher ist das? Die Vorschrift betreffs des 'Omers."

(Pesikta des Rab Kahana 8)(107)

Da das Wohnen im Land und das Leben nach der Torah aufeinander bezogen sind, können die Rabbinen sagen, daß die Gabe des Landes eine bedingte ist; die Torah hingegen ist Israel bedingungslos gegeben:

"Drei Dinge wurden auf eine Bedingung hin gegeben: Das Land Israel und das Haus des Heiligtums und die Herrschaft des Hauses David, ausgenommen sind das Buch der Thora und der Bund mit Aharon, welche nicht auf eine Bedingung hin gegeben wurden. Das Land Israel, woher (entnehme ich es)? Weil es heißt (Ex. 11,16 ff.): 'Hütet euch für euch, daß nicht betört werde euer Herz u.s.w., und entbrennen wird der Zorn des Ewigen wider euch'! ... Und woher (entnehme ich), daß das Buch der Thora nicht auf eine Bedingung hin gegeben wurde? Weil es heißt (Deut. 33,4): 'Die Thora gebot uns Mose, ein Erbe der Gemeinde Jakobs' ..."

(Mech. Jithro (Amalek) 2; 18,27)(108)

Diese Bedingtheit der Gabe des Landes und damit die Bezogenheit von Torah und Land aufeinander werden schließlich in der Mischna folgendermaßen zusammengefaßt:

----

107 Wünsche, A.: Pesikta, S. 88 f.; vgl. M. Wajik. r. 23,10, § 28, in: Wünsche, A.: Bibliotheca, Bd. 5, S. 197; M. Ber. r. 17,8, § 46, a.a.O., Bd. 1, S. 218; bSabbath 118 ab, in: Goldschmidt, L.: Talmud, Bd. 1, S. 798 f.; Mech. Wajassa (Beschallach) 5; 16,30, in: Winter, J. und Wünsche, A.: Mechilta, S. 162 f.; und Piska 18,3.4/5, in: Braude, W.G.: Pesikta Rabbati. Discourses for Feasts, Fasts and Special Sabbaths. New Haven 1968, Bd. 1, S. 386 f.

108 Winter, J. und Wünsche, A.: Mechilta, S. 189 f.; vgl. Ps. 132,1, in: Wünsche, A.: Tehillim II, S. 215; und M. Mischle 9,1, in: Wünsche, A.: Bibliotheca, Bd. 4, S. 24.

"Wer auch nur **ein** Gebot ausübt, dem erweist man Gutes,
man verlängert ihm das Leben und er erbt das Land;
wer ein Gebot nicht ausübt, dem erweist man nicht Gutes,
man verlängert ihm nicht das Leben und er erbt nicht
das Land."

(M. Qiddusin 1,10)(109)

4.2 Das Land des Einen Gottes

Die Einheit Volk Israel – Torah – Land schließt die Beziehung
zum Einen Gott mit ein. Wenn es darum geht, das Land Israel
"mit der Torah zu füllen", dann bedeutet das, daß dieses Land
zum Bereich des Einen Gottes Israels gemacht werden soll.(110)
In diesem Land ist kein Platz für die Götter der anderen Völker,(111) was auch die Haltung gegenüber diesen im Land lebenden Völkern mitbestimmt:

"Wofür verwenden die Rabbanan (den Schriftvers:) **ihre
Aseras sollt ihr niederhauen!?** – Dieser ist für eine Lehre des R. Jehosua b. Levi zu verwenden, R. Jehosua b.
Levi sagte nämlich, das Niederhauen der Götzenbilder gehe der Eroberung des Jisraellandes voran, und die Eroberung des Jisraellandes gehe der Ausrottung der Götzenbilder voran. R. Joseph lehrte nämlich: **Stürzt ihre Altäre um, und lasset sie; zertrümmert ihre Malsteine, und
lasset sie.** Wieso lassen, man muß sie ja verbrennen!?
Dies erklärte R. Hona: zuerst verfolge (den Feind), nachher verbrenne (seine Götzen)."

(b Aboda Zara 45 b)(112)

---

109 Goldschmidt, L.: Talmud, Bd. 6, S. 637; vgl. Tos. Qiddu-
     shin 1,13, in: Neusner, J.: Tosefta, Bd. 3, S. 245.

110 Vgl. Safrai, S.: Land, S. 211.

111 Vgl. Schubert, K.: Land Israel, S. 83 f.; Gradwohl, R.:
     Land Israel, S. 56.

112 Goldschmidt, L.: Talmud, Bd. 9, S. 575; vgl. Tos. Sot. 8,
     5, in: Neusner, J.: Tosefta, Bd. 3, S. 185; bBerakhot 57b,
     in: Goldschmidt, L.: Talmud, Bd. 1, S. 256; und p Berak-
     hot 9,2 (13c) in: Berakhoth. Übersetzt von Charles Horo-
     witz. Der Jerusalemer Talmud in deutscher Übersetzung,
     Bd. I. Tübingen 1975, S. 227.

"Nach einer Belehrung wird der Fremde nur als Einwohner aufgenommen, wenn er sich dazu verpflichtet, alle Gebote, die im Gesetz des Mose geschrieben sind, zu erfüllen; nach einer anderen Belehrung genügt es für seine Aufnahme, wenn er seine Götzen verleugnet hat." (eigene Übersetzung)

(p Jabmuth 8,1)(113)

Auch dieses Ziel hat konkrete Auswirkungen für das Leben im Lande:

"Auch an einem Ort, wo man sagte, es sei (erlaubt) zu vermieten, (gilt das) nicht für einen Wohnraum. Man sagte (als Grund): weil der (Heide seinen) Götzen dort hineinbringt. Wie geschrieben steht: **Und du sollst keinen Greuel in dein Haus bringen** (Dtn 7,26). Und an jedem Ort vermietet man den (Heiden) nicht ein Badehaus, weil es seinen (= des Vermieters) Namen trägt.
Auch an einem Ort, wo man sagte, es sei (erlaubt) zu vermieten usw. Verkauft man denn an einem Ort (z.B. in Syrien), wo man gewöhnlich (den Heiden Häuser) verkauft, dem (Heiden) auch einen Wohnraum oder vermietet dem (Heiden) auch einen Wohnraum? Rabbi Aḥa: Rabbi Tanḥum-bar-Ḥiyya im Namen von Rabbi Le'azar-be-Rabbi-Yose: auch (nicht) eine kleine Kammer wie etwa in der Gerberei (griech. "byrsikē") von Sidon. Nicht allein die ganze Sache (ist verboten), sondern auch ein Raum (dabei).

(p Avoda Zara 1,10(9)(114)

Da die anderen Völker fremden Göttern dienen, gelten ihre Länder als Bereiche des Götzendienstes. Von daher soll das Volk Israel es vermeiden, außerhalb des Landes Israel zu leben:(115)

----

113 Vgl. Schwab, M.: Talmud, Bd. 7, S. 112.

114 Wewers, Gerd A.: Avoda Zara. Götzendienst. Übersetzung des Talmud Yerushalmi, Bd. IV, 7. Tübingen 1980, S. 33f.; vgl. p Pea 4,6 (9), a.a.O., Bd. 2, S. 62; und p Avoda Zara 3,8 (6) (43a) in: Wewers, G.: Avoda Zara, S. 109f.

115 Vgl. Safrai, S.: Land, S. 210; Thoma, C.: Land Israel, S. 48; Schubert, K.: Land Israel, S. 84 f.; Stemberger, G.: Bedeutung, S. 181.

"Wohne nicht inmitten der Heiden, damit du nicht ihre Wege erlernst ... Und verlasse nicht das Heilige Land, damit du nicht Götzen anbetest; denn also spricht David: **denn sie haben mich vertrieben, so daß ich jetzt nicht mehr am Erbbesitz des Herrn teilhaben kann. Sie sagen: Geh fort, diene anderen Göttern!** (1 Sam 26,19). Kannst du dir aber vorstellen, daß König David Götzen anbete-te? Vielmehr sprach David: Wer das Land Israel verläßt und in ein anderes Land hinausgeht, wird in der Schrift wie einer betrachtet, der Götzen anbetet." (eigene Übersetzung)

(ARN 26)(116)

Umgekehrt, wenn Israel im Land den Götzen dient, kann es nicht erwarten, das Erbe Abrahams zu erhalten:

"**Wenn er von seinem Samen dem Molech hingibt.** Jeglichen Samen, der von ihm ist. **Um zu verunreinigen mein Heiligtum und zu entweihen meinen heiligen Namen.** Es lehrt, daß er verunreinigt das Heiligtum, entweiht den Namen (Gottes) und entfernt die Schechina und stürzt Israel ins Schwert und verbannt sie aus ihrem Lande."
(Sifra Kedoschim Par. 10)(117)

In der durch seinen Götzendienst verursachten Verbannung wird Israel den Götzen dienen müssen. Dadurch wird ihm dann bewußt, was es in seiner Untreue im Land getan hat:

"R. Jochanan sagte zweierlei. Nebucadnezar sprach zu ihnen: Hat nicht das Götzenwesen bei euch seine Wurzel (kommt es nicht von euch)? Steht nicht also geschrieben: Und ihre Bilder aus Jerusalem und Samaria? und jetzt kommt ihr, um meinen Gott zu einer Verheerung zu machen? R. Jochanan sagte ferner: Nebucadnezar sprach zu ihnen: Als ihr in eurem Lande waret, schicktet ihr zu uns und liesset von uns Klauen, Haare und Knochen von

---

116   Vgl. Goldin, J.: Fathers, S. 111; vgl. ARN 26, a.a.O., S. 112; und bKetuboth 110b, in: Goldschmidt, L.: Talmud, Bd. 5, S. 357 f.

117   Winter, J.: Sifra, Bd. 2, 520; vgl. M. Wajik. r. 25,1, § 33, in Wünsche, A.: Bibliotheca, Bd. 5, S. 232 f.; Targ. Pal. Dtn 32, in: Etheridge, J.W.: Targums, Section 53, S. 666; Sif. Deut. 6,4, § 31, in: Kittel, G.: Sifre, S. 50 f.; und Tos. Sotah 6,9, in: Neusner, J.: Tosefta, Bd. 3, S. 174 f.

Götzen holen und zeichnetet sie, um zu erfüllen, was geschrieben steht Ezech. 23,14: 'Bilder der Chaldäer, gemalt mit Bergroth' und jetzt kommt ihr, um mein Götzenbild zu einer Zerstörung (eitel und nichtig) zu machen? ... R. Samuel bar Nachmani sagte ferner: Nebucadnezar sprach zu ihnen: Hat euch nicht Mose im Gesetze geschrieben Deut. 4,28: 'Daselbst werdet ihr Göttern dienen, welche das Werk von Menschenhänden sind?' Sie antworteten: Mein Herr König! unter למסנד ist nicht zu verstehen: anzubeten, sondern: ihnen dienstbar zu sein durch Frohnen, Beisteuern, Strafgelder und Kopfgelder."

(M. Wajik. r. 25,1, § 33)(118)

4.3   Die Erfüllung der Torah im Land

"R. Simlaj trug vor: Weshalb begehrte Mose, in das Jisraelland zu kommen; brauchte er etwa von seinen Früchten zu essen, oder etwa sich von seinem Gute zu sättigen? Vielmehr sprach Mose also: Viele Gebote sind den Jisraeliten auferlegt worden, die nur im Jisraellande ausgeübt werden können, ich möchte daher in das Land kommen, damit sie alle durch mich ausgeübt werden können."

(b Sota 14 a)(119)

In diesem Text kommt eine Problematik zum Ausdruck, die in den rabbinischen Schriften, speziell den halachischen, großen Raum einnimmt. Die Torah als ganze ist Israel gegeben. Sie soll im Land gelebt werden, und ganz kann sie auch nur dort verwirklicht werden.(120) Nichtsdestoweniger ist Israel auch außerhalb des Landes an die Torah gebunden. In diesem Abschnitt soll die rabbinische Diskussion diesbezüglich anhand von einigen Beispielen aufgezeigt werden. Im Rahmen dieser Arbeit ist es weder möglich noch nötig, diese Thematik erschöpfend darzulegen.

---

118   Wünsche, A.: Bibliotheca, Bd. 5, S. 232 f.

119   Goldschmidt, L.: Talmud, Bd. 6, S. 55; vgl: p Schebiith 6,1, in: Schwab, M.: Talmud, Bd. 2, S. 375 f.

120   Vgl. Cohen, G.D.: Zion, S. 42 f.; Safrai, S.: Land, S. 202.205; Stemberger, G.: Bedeutung, S. 179; Davies, W.D.: Dimension, S. 536 f.; Davies, W.D.: Gospel, S. 56 f.

Vieles in der Torah soll die Praxis Israels sowohl im Land als auch außerhalb des Landes bestimmen:

"Jedes Gesetz, das mit dem (Jisraelitischen) Lande zusammenhängt, gilt nur im Lande und das nicht mit dem Lande zusammenhängt, gilt sowohl im Lande als auch ausserhalb des Landes, ausgenommen (die Gesetze) vom Ungeweihten und von der Mischfrucht; R. Eliezer sagt, auch das vom Neuen.

Gemara. Was heißt 'zusammenhängt' und was heißt 'nicht zusammenhängt'; wollte man sagen, 'zusammenhängt' heiße, wenn dabei das Kommen erwähnt wird, und 'nicht zusammenhängt' heiße, wenn dabei das Kommen nicht erwähnt wird, so wird ja das Kommen auch bei den Tephillin und beim Erstgeborenen des Esels erwähnt, dennoch gelten diese sowohl im Lande als auch außerhalb des Landes!? R. Jehuda erwiderte: Er meint es wie folgt: jedes Gesetz, wobei die Person pflichtig ist, gilt sowohl im Lande als auch ausserhalb des Landes, und wobei das Land pflichtig ist, gilt nur im Lande."

(b Qiddusin 36b - 37a)(121)

"R. Jischma'el sagt: (Die Schrift will) dich lehren, daß sie überall, wo es heißt: 'eure Wohnsitze', vom Lande redet. - R. 'Akiba entgegnete ihm: Da (die Schrift) sagt: 'Ein Ruhetag ist es für den Herrn in allen euren Wohnsitzen' (Lev. 23,3), so höre ich: Sowohl im Lande, als auch außerhalb des Landes. - R. Jischma'el entgegnete ihm: Das ist nicht nötig. Wenn (schon) die leichten Gebote außerhalb des Landes und im Lande gelten, ist es da nicht eine Schlußfolgerung, daß der Sabbat - das Schwerere - (erst recht) im Lande und außerhalb des Landes gilt?"

(Sif. Nu. 15,2, § 107)(122)

---

121 Goldschmidt, L.: Talmud, Bd. 6, S. 629; vgl. Sif. Deut. 11,18, § 44, in: Kittel, G.: Sifre, S. 114; pOrla 3,9, in: Schwab, M.: Talmud, Bd. 3, S. 355; pQiddouschin 1,9, a.a. O., Bd. 9, S. 236; Tos. Qiddushin 1,12, in: Neusner, J.: Tosefta, Bd. 3, S. 245; und bQiddusin 38 ab, in: Goldschmidt, L.: a.a.O., Bd. 6, S. 633 f.

122 Kuhn, K.G.: Sifre, S. 282 f.; vgl. Tos. Menahot 9,1.2, in: Neusner, J.: Tosefta, Bd. 5, S. 140; Tos. Temurah 2, 17, a.a.O., Bd. 5, S. 222; M. Menahoth 8(9),1 in: Goldschmidt, L.: Talmud, Bd. 10, S. 657; M. Parah 2,1, a.a.

Auf diesem Hintergrund werden die Gebote, die nur im Land bzw. mit den Erträgen des Landes zu erfüllen sind,(123) besonders hervorgehoben:

"R. Jose Galiläer sagt, aus dem Transjardengebiete bringe man keine Erstlinge, weil es kein 'von Milch und Honig überfliessendes Land' ist."

(M. Bikkurim 1,10)(124)

"Sobald die Israeliten den Jordan überschritten hatten, waren sie verpflichtet zu Challa und zu Orla und zum neuen Getreide. Kam der sechzehnte Nissan, waren sie verpflichtet zum Omer. Verweilten sie fünfzig Tage, waren sie verpflichtet zu den zwei Broden. Nach vierzehn Jahren waren sie verpflichtet zu den Zehnten. Sie fingen an (die Jahre) für das Erlaßjahr zu zählen. Im einundzwanzigsten machten sie das Erlaßjahr. Im vierundsechzigsten Jahre machten sie das Jobeljahr."

(Sifra Behar Par. 1)(125)

Die Gebote, deren Erfüllung im Land zu verwirklichen ist, beschränken sich keineswegs nur auf solche landwirtschaftlicher Art. Folgende Überlieferung begegnet wiederholt:

O., Bd. 12, S. 730 f.; M. Bekhoroth 9,1, a.a.O., Bd. 11, S. 615; M. Hullin 11,1, a.a.O., Bd. 11, S. 417; M. Hullin 10,1, a.a.O., Bd. 11, S. 399; Sifra Emor Per. 7, in: Winter, J.: Sifra, Bd. 2, S. 573; Sifra Emor Per. 12, a.a.O., Bd. 2, S. 586; und Sif. Num. 35,29, § 161, in: Kuhn, K. G.: Sifre, S. 682.

123 Vgl. Stemberger, G.: Bedeutung, S. 179; Safrai, S.: Land, S. 202.204 f.; Davies, W.D.: Gospel, S. 57 f.

124 Goldschmidt, L.: Talmud, Bd. 1, S. 430; vgl. pScheqalim 4,1, in: Schwab, M.: Talmud, Bd. 5, S. 281 f.; vgl. pHalla 4,8, a.a.O., Bd. 3, S. 308 f.; Sifra Emor Per. 13, in: Winter, J.: Sifra, Bd. 2, S. 588; Sifra Zaw Par. 7, a.a.O., Bd. 1, S. 21; Sif. Deut. 11,11, § 39, in: Kittel, G.: Sifre, S. 81; Tos. Schebiith 4,6.7, in: Rengstorf, K.H.: Tosefta, Bd. 1/2, Stuttgart 1971, S. 191 f.; Tos. Sanhedrin 3,5, a.a.O., Bd. 4/3, S. 49 f.; M. Temurah 3,5, in: Goldschmidt, L.: Talmud, Bd. 12, S. 66 f.; bBerakhot 22 a, in: Goldschmidt, L.: Talmud, Bd. 1, S. 94; bRos Hasana 13a, a.a.O., Bd. 3, S. 559; bHulin 136a, a.a.O., Bd. 11, S. 422; bMenahoth 84a, a.a.O., Bd. 10, S. 658.

125 Winter, J.: Sifra, Bd. 2, S. 615.

"Bei der Einwanderung in das Land (Kanaan) erhielt
(das Volk) Israel drei Gebote: Ihm wurde geboten, einen
König zu wählen, den Tempel zu bauen und die Amalekiter
auszurotten."

(Tos. Sanhedrin 4,5)(126)

Die Erfüllung der Torah schließt aber noch weit mehr als alle
Einzelgebote ein. Sie kann wie in Mich. 6,8 als "Recht tun"
zum Ausdruck kommen, wenn Israel für die Benachteiligten in
seiner Mitte sorgt:

"**Und der Herr sagte zu mir: rab lak.** Er sagte zu mir:
Du stellst ein δεῖγμα dar für die Richter, die sagen sollen: Wenn schon Moses, der grosse Weise, keine Rücksicht
fand, – weil er nämlich gesagt hatte: Höret doch, ihr
Widerspenstigen! so wurde eine Bestimmung getroffen,
dass er nicht eintreten dürfe ins Land, – um wieviel
mehr, die da hinhalten das Recht und die da verdrehen
das Recht."

(Sif. Deut. 3,26, § 29)(127)

In diesem Text klingt an, worum es letztlich geht bei der Erfüllung der Torah: Gott ist der Gott Israels, und indem Israel
nach der Torah lebt, kommt diese Beziehung zum Ausdruck,
wird sie konkret – bis hin zur Bereitschaft, um dieser Beziehung willen in den Tod zu gehen:

"**Für die, so mich lieben und für die, so meine Gebote
beobachten.** 'Für die, so mich lieben', d.i. Abraham,
unser Vater, und seinesgleichen. 'Und für die, so meine
Gebote beobachten', d.s. die Propheten und die Aeltesten.
R. Nathan sagt: 'Für die, so mich lieben und für die,
so meine Gebote beobachten', d.s. die Israeliten, welche
im Lande Israel wohnen und ihr Leben für die Gebote
hingeben. (Man fragte den einen und den andern:) Weshalb gehst du hinaus, um (mit dem Schwerte) hingerich-
tet zu werden? (Antw.:) Weil ich meinen Sohn beschnitten

---

126 Rengstorf, K.H.: Tosefta, Bd. 4/3, S. 69; vgl. bSynhedrin
20b, in: Goldschmidt, L.: Talmud, Bd. 8, S. 535; M. Debar. r. 17,14, § 5, in: Wünsche, A.: Bibliotheca, Bd. 3,
S. 70; Ps. 7,7, in: Wünsche, A.: Tehillim I, S. 67; und
Piska 12, in: Braude, W.G.: Pesikta, Bd. 1, S. 241 f.

127 Kittel, G.: Sifre, S. 46; vgl. Sifra Emor Per. 13, in:
Winter, J.: Sifra, Bd. 2, S. 590 f.

habe. Warum gehst du hinaus, um verbrannt zu werden? Weil ich in der Thora gelesen habe. Warum gehst du hinaus, um gekreuzigt zu werden? Weil ich Ungesäuertes (Mazza am Pesachfeste) gegessen habe. Warum wirst du mit der Geißel geschlagen? Weil ich den Lulab (Feststrauß) am Hüttenfeste) genommen habe. Und es heißt (Sach. 13): 'Weil ich geschlagen wurde im Hause derer, die mich beliebt machen (מאהבי)', d.i. jene Schläge, haben mir verursacht, beliebt zu sein (ליאהב) bei meinem Vater, der in den Himmeln ist."

(Mech. Jithro (Bachodesch) 6., 20,5)(128)

4.4 Die Halacha und das Ausland

Da das Land Israel in bezug auf die Erfüllung der Torah eine einzigartige Stellung einnimmt, liegt es nahe, daß die Rabbinen sich Gedanken machen über die Beziehung zwischen diesem Land und den anderen Ländern.(129) Wieder soll diese Thematik hier nur an einigen Beispielen angedeutet werden, die die Spannung aufzeigen zwischen Leben im Land und Leben außerhalb des Landes - eine Spannung, die angesichts der historischen Realität zur Zeit der Entstehung der frühen rabbinischen Quellen nur zu erwarten ist. Die Tatsache, daß das Land selbst hinsichtlich der Halacha in verschiedene Gebiete eingeteilt wurde, (130) soll hier nur angedeutet werden:

"Dreierlei Landesgebiete unterscheidet man hinsichtlich der Fortschaffung: Judäa, Transjarden und Galiläa, und jedes dieser Landesgebiete zerfällt in drei Gebiete: Obergaliläa, Untergaliläa und die Ebene...

Warum aber sprechen sie von drei Landesgebieten? Dass man nämlich in jedem derselben (Siebentjahrsfrüchte) so lange essen darf, bis man im letzten Gebiete aufhört. R. Simon sagte: Die Einteilung in drei Gebiete gilt nur für Judäa, in allen anderen Landesgebieten richte man sich nach dem Königsberge. Bezüglich Oliven und Datteln

---

128 Winter, J. und Wünsche, A.: Mechilta, S. 213.

129 Vgl. Thoma, C.: Land Israel, S. 37 ff.; Cohen, G.D.: Zion, S. 41; Gradwohl, R.: Land Israel, S. 52.

130 Vgl. Stemberger, G.: Bedeutung, S. 181 ff.

werden die Landesgebiete als eines betrachtet."

(M. Sebiith 9, 2,3)(131)

In der Beziehung zum Ausland (und in diesem Zusammenhang
geht es immer um die im Ausland wohnenden Juden) geht es bei
allem um die halachischen Bestimmungen. Wie werden zum Beispiel Zehntabgaben und ähnliches bei Importen bzw. Exporten
geregelt?

"Kezib selbst ist frei vom Demai. Die Vermutung (bezüglich der Früchte innerhalb) des Landes Israel (lautet):
(Alles ist) pflichtig, bis bekannt wird, daß es frei ist.
Die Vermutung (bezüglich der Früchte) des Auslandes
(lautet): (Alles ist) frei, bis dir bekannt wird, daß es
pflichtig ist."

(Tos. Demai 1,4)(132)

"Und woher (ergibt sich), daß man nicht (die Hebe) abheben darf von Früchten des Inlandes für Früchte des
Auslandes und nicht von Früchten des Auslandes für
Früchte des Inlandes? Da ist es eine Belehrung, daß es
heißt: 'Und aller Zehnte des **Landes**, von der Saatfrucht
des Landes' (Lev. 27,30). (Das besagt) daß man nicht
(die Hebe) abheben darf von Früchten des Inlandes für
Früchte des Auslandes und nicht von Früchten des Auslandes für Früchte des Inlandes."

(Sif. Num. 18,26, § 120)(133)

Auch in Bereichen, die mit Landwirtschaft nichts zu tun haben,
wird zwischen Land und Ausland unterschieden:

"Wer einen Scheidebrief aus Transjordanien übermittelt,
ist einem gleichgestellt, der einen Scheidebrief aus dem

----

131 Goldschmidt, L.: Talmud, Bd. 1, S. 357; vgl. pDemai 1,1
     in: Schwab, M.: Talmud, Bd. 2, S. 124; M. Halla 4,8 in:
     Goldschmidt, L.: Talmud, Bd. 1, S. 417; M. Baba Bathra
     3,2, a.a.O., Bd. 8, S. 124 f.; und bPesahim 52b in: Gold-
     schmidt, L.: a.a.O., Bd. 2, S. 464.

132 Rengstorf, K.H.: Tosefta, Bd. 1/2, S. 8; vgl. pSchebiith
     6,1, in: Schwab, M.: Talmud, Bd. 2, S. 377 f.

133 Kuhn, K.G.: Sifre, S. 418 f.; vgl. Tos. Schebiith 4,18, in:
     Rengstorf, K.H.: a.a.O., Bd. 1/2, S. 213; Tos. Jadajim 2,
     15, a.a.O., Bd. 6/3, S. 261; und b Gittin 22a, in: Gold-
     schmidt, L.: Talmud, Bd. 6, S. 247.

Land Israel übermittelt, und er braucht nicht zu sagen:
'Er ist vor mir geschrieben und vor mir versiegelt worden' (M. Git. 1,3a).
Wer aus Übersee einen Scheidebrief übermittelt und nicht
sagen kann: 'Er ist vor mir geschrieben und vor mir un-
terzeichnet worden', wenn er ihn aufgrund der Unter-
schriften bestätigen kann, ist er gültig." (eigene Übersetzung)

(Tos. Gittin 1,1)(134)

"R. Dostai b. Jehuda sagt: Zum Tode Verurteilte, die
aus dem Inland ins Ausland flohen, kann man sofort hinrichten; hingegen kann man (zum Tode Verurteilte), die
vom Ausland ins Inland flohen, nur hinrichten, wenn
man ihnen aufs neue den Prozeß gemacht hat."

(Tos. Sanhedrin 3,11)(135)

"Einst entfloh ein Sklave aus dem Auslande nach dem
(Jisrael)lande und sein Herr folgte ihm. Als er hierauf
zu R. Ami kam, sprach dieser zu ihm: Er schreibe dir
einen Schuldschein über seinen Wert und du schreibe ihm
einen Freilassungsbrief, sonst bringe ich ihn aus deinem
Besitze kraft einer Lehre des R. Ahi b. R. Josija. Es
wird nämlich gelehrt: **Sie sollen in deinem Lande nicht
wohnen, damit sie dich nicht zur Sünde gegen mich verleiten &c.** Man könnte glauben, die Schrift spreche von
einem Nichtjuden, der auf sich genommen hat, keinen Götzen zu dienen, so heißt es: **du sollst nicht einen Sklaven
an seinen Herrn ausliefern, der sich zu dir vor seinem
Herrn rettet.** Was mache ich mit ihm? **Bei dir soll er bleiben, in deiner Mitte &c.** R. Josija wandte ein: Wieso
heißt es: **vor seinem Herrn,** es müßte ja heißen: vor seinem Gott!? Vielmehr, erklärte R. Josija, spricht die Schrift
vom Verkaufe eines Sklaven nach dem Auslande. R. Ahi b.
R. Josija wandte dagegen ein: Wieso heißt es: **der sich
zu dir rettet,** es müßte ja heißen: der sich von dir rettet!? Vielmehr, erklärte R. Ahi b. R. Josija, spricht die
Schrift von einem Sklaven, der aus dem Auslande nach
dem (Jisrael)lande geflohen ist."

(b Gittin 45a)(136)

---

134 Neusner, J.: Tosefta, Bd. 3, S. 211.

135 Rengstorf, K.H.: Tosefta, Bd. 4/3, S. 59.

136 Goldschmidt, L.: Talmud, Bd. 6, S. 325; vgl. bJabmuth 46
     b-47a, a.a.O., Bd. 4, S. 471 f.; pGuitin 4,6(7), in:
     Schwab, M.: Talmud, Bd. 9, S. 11.

Wie in einigen Texten schon angeklungen ist, nehmen nicht alle ausländischen Gebiete dieselbe Stellung ein. So kann in einer Situation von Babylonien, wo die großen Akademien waren, gesagt werden:(137)

> "R. Joseph b. Minjomi sagte im Namen R. Nahmans: Babylonien gleicht einer an der Grenze liegenden Stadt."
> (b Baba Qamma 83a)(138)

Eine besondere Stellung nimmt Syrien ein. Zum einen hatte es zu dem von David eroberten Gebiet gehört. Zum anderen lebten zur Zeit der rabbinischen Diskussionen viele Juden in Syrien. Es galt, sie so weit wie möglich an das Leben im Land anzugliedern. Gleichzeitig aber verhinderte die teilweise halachische Angleichung Syriens an das Land, daß die Auswanderung zu einem Mittel wurde, etwa den gebotenen Abgaben oder dem Sabbatjahr zu entgehen.(139) Auch hier soll die Beziehung zwischen dem Land und Syrien nur durch einige Textbeispiele angedeutet werden. Inwieweit Syrien auch in der Hoffnung in bezug auf das Land und ein zukünftiges Heil einen Platz einnimmt, wird in einem späteren Abschnitt zur Sprache kommen.

Wie schon angedeutet, nimmt Syrien eine Art "Zwischenstellung" ein. Halachisch wird es in mancher Hinsicht wie das Land eingestuft, es ist aber nicht das Land:

> "In drei Punkten gleicht Syrien dem Lande Israel, und in drei (anderen) Punkten dem Auslande: Syriens Boden verunreinigt wie der des Auslandes; wer einen Scheidebrief aus Syrien bringt, gleicht dem der einen solchen aus dem Auslande bringt; wer einen Sklaven nach Syrien

---

137 Wenn ein solcher Text gerade im babylonischen Talmud zu lesen ist, klingt darin natürlich die ganze damalige Spannung zwischen Israel bzw. Palästina und Babylonien an – eine Spannung, die aufgrund der wichtigen Akademien in beiden Ländern von um so größerer Bedeutung war. Vgl. Stemberger, G.: Bedeutung, S. 176.193-196; Thoma, C.: Land Israel, S. 46f.

138 Goldschmidt, L.: a.a.O., Bd. 7, S. 279.

139 Vgl. Klein, Samuel: Motiv, S. 139; Cohen, Gerson, D.: Zion, S. 46 f.; und Davies, W.D.: The Gospel and the Land. Early Christianity and Territorial Doctrine. Berkeley 1974, S. 55; Stemberger, G.: Bedeutung, S. 176; Safrai, S.: Land, S. 208.

verkauft, handelt wie einer, der ihn nach dem Auslande verkauft. In drei (anderen) Punkten gleicht es dem Lande Israel: Wer Grundbesitz in Syrien erwirbt, gleicht dem, der solchen im Außenbezirk Jerusalems erwirbt; Syrien verpflichtet zur Zehntabgabe und zur Beobachtung des Siebentjahres; und wenn man es in der Reinheit betreten kann, so ist es rein."

(Tos. Baba kamma 1,5)(140)

"Der Sohn des Antinos brachte Erstgeburten aus Babylonien, und man nahm sie von ihm nicht an. Joseph der Priester brachte Erstlingsgaben vom Weine und vom Öl, und man nahm sie von ihm nicht an ... Ariston brachte Erstlinge aus Apamea, und man nahm sie von ihm an, weil sie sagten, wenn man ein Feld in Syrien kauft, sei es ebenso, als kaufe man es in der Umgegend von Jerusalem."

(M. Halla 4,11)(141)

"**Man darf kein Kleinvieh im Jisraellande züchten, wohl aber darf man es in Syrien und in den Wüsten des Jisraellandes ...**

Gemara. Die Rabbanen lehrten: Man darf im Jisraellande kein Kleinvieh züchten, wohl aber darf man dies in den Wäldern des Jisraellandes; in Syrien sogar in bewohnten Gegenden und selbstverständlich im Auslande."

(b Baba Qamma 79 b)(142)

An den oben zitierten Texten wird deutlich, wie sehr einerseits die Torah in erster Linie in Verbindung mit dem Land Israel gesehen und gelebt wird. Gleichzeitig mußte man sich mit der Realität der Diaspora auseinandersetzen(143) und mit der Frage, wie die im Ausland lebenden Juden ebenfalls zu einem Leben

----

140 Rengstorf, K.H.: Tosefta, Bd. 6/1, S. 6 f.; vgl. pDemai 6,9 in: Schwab, M.: Talmud, Bd. 2, S. 203.

141 Goldschmidt, L.: Talmud, Bd. 1, S. 417 f.

142 Goldschmidt, L.: a.a.O., Bd. 7, S. 267 f.; vgl. M. Sebiith 6,1.2, a.a.O., Bd. 1, S. 352; M. Orla 3,9, a.a.O., Bd. 1, S. 426; bGittin 8a, a.a.O., Bd. 6, S. 207; pDemai 6,11, in: Schwab, M.: Talmud, Bd. 2, S. 205; und pSchebiith 6,2, a.a.O., Bd. 2, S. 384.

143 Vgl. Cohen, G.D.: Zion, S. 50 ff.; Thoma, C.: Land Israel, S. 45 f. 48.

nach der Torah berufen sind, und in welchem Bezug sie zum Land stehen. Trotz der Tatsache, daß viele Juden nicht im Land leben, bleibt dieses der erste Bezugspunkt.

4.5 Leben nach der Torah und Folgen für das Land

Volk - Torah - Land: diese drei Elemente gehören aufs engste zusammen. Deswegen hat das Leben Israels nach der Torah Folgen für sein Leben im Land, ja für das Land selbst:

> "**Er fordert (doreš) es ein.** Es wurde gegeben zum Einfordern. Nämlich: dass man davon abzusondern hat Kuchengabe, Hebe und Zehnten. Oder könnte man meinen, dass euch alle anderen Länder zum Einfordern gegeben wurden? Da ist eine Belehrung, dass es heisst: Es. Es wurde zum Einfordern gegeben, aber die übrigen Länder wurden nicht zum Einfordern gegeben ... Wenn die Israeliten den Willen Gottes tun, so sind des Herrn Augen beständig darauf gerichtet, und sie leiden keinen Schaden; wenn aber die Israeliten nicht den Willen Gottes tun, dann blickt er auf die Erde, dass sie erzittert, rührt er die Berge an, dass sie rauchen ... - R. Simeon ben Jochai sagt: Es gleicht einem König, der da Söhne und viele Diener hat, und sie werden ernährt und unterhalten von seiner Hand. Und der Schlüssel des Speichers ist in seiner Hand. Wenn sie seinen Willen tun, so öffnet er den Speicher, und sie essen und werden satt; wenn sie aber nicht seinen Willen tun, so verschliesst er den Speicher, und sie sterben vor Hunger. So Israel: wenn sie den Willen Gottes tun, so 'öffnet dir Jahve seinen reichen Speicher, den Himmel' (Deut. 28,12). Wenn sie aber nicht den Willen Gottes tun, so 'entbrennt der Zorn Jahves wider euch und er verschliesst den Himmel und kein Regen wird sein' (Deut. 11,17)."

(Sif. Deut. 11,12, § 40)(144)

---

144   Kittel, G.: Sifre, S. 86.89; vgl. Sif. Deut. 11,14, § 42, a.a.O., S. 98 f.; Pes. de R. Kah. 14, in: Wünsche, A.: Pesikta, S. 155; M. Wajik. r. 11,1, § 13, in: Wünsche, A.: Bibliotheca, Bd. 5, S. 87; M. Wajik. r. 26,3, § 35, a.a. O., Bd. 5, S. 250; und Sifra Bechukkotaj Par. 1, in: Winter, J.: Sifra, Bd. 2, S. 644 f.; Targ. Pal. Dtn 32 in: Etheridge, J.W.: Targums, Section 53, S. 664; vgl. Targ. Jer. Fragm. Dtn 32, a.a.O., Section 53, S. 664.

Wie wir weiter oben schon sahen, verstehen die Rabbinen das Land Israel als dasjenige, für das Gott selbst in besonderer Weise sorgt.(145) Dies wird konkret im Regen, der für das Land lebensnotwendig ist. Entsprechend werden die Folgen des Gehorsams bzw. Ungehorsams des Volkes auch hinsichtlich des Regens konkretisiert:

> "**Und ich will den Regen eueres Landes geben zu seiner Zeit, Frühregen und Spätregen.** Und ich will geben: Ich selbst, nicht durch einen Engel und nicht durch einen Boten. **Den Regen eueres Landes:** Aber nicht den Regen aller Länder ... 'Wenn ihr in meinen Geboten wandelt und meine Satzungen beobachtet und sie tut, so will ich euch Regen geben zu seiner Zeit' (Lev. 26,3 f.). **Und es wird geschehen, wenn ihr gehorcht, ja gehorcht meinen Geboten, so will ich den Regen eueres Landes geben zu seiner Zeit, Frühregen und Spätregen."**
>
> (Sif. Deut. 11,14, § 42)(146)

> "**Und ich werde euere Regen geben zu ihrer Zeit** ... Es trug sich in den Tagen des Herodes zu, daß die Regen in den Nächten herabkamen. Am Morgen schien die Sonne und wehte der Wind und die Erde wurde trocken und die Arbeiter gingen hinaus zu ihrer Arbeit. Da wußte man, daß ihre Taten für den Namen Gottes sind."
>
> (Sifra Bechukkotaj Per. 1)(147)

Die Gründe, weswegen Israel der Regen vorenthalten wird, lassen sich an konkreten Übertretungen verdeutlichen:

> "Wegen fünf Dingen fällt kein Regen, wegen derer, die den Götzen dienen, Unzucht treiben, Blut vergiessen, öf-

---

145 Vgl. Gradwohl, R.: Land Israel, S. 56; Schubert, K.: Land Israel, S. 85.

146 Kittel, G.: a.a.O., S. 96 f.

147 Winter, J.: Sifra, Bd. 2, S. 645; vgl. M. Bamid. r. 5,6, § 8, in: Wünsche, A.: Bibliotheca, Bd. 4, S. 129; bBaba Bathra 25b in: Goldschmidt, L.: Talmud, Bd. 8, S. 96; bTaanith 7b, a.a.O., Bd. 3, S. 656; Sifra Bechukkotaj Per. 5, in: Winter, J.: Sifra, Bd. 2, S. 654; und Targ. Pal. Dtn 28, in: Etheridge, J.W.: Targums, Section 50, S. 642.

fentlich Almosen geloben und sie nicht geben und nicht
die Zehnten entrichten, wie es sich gehört."

(M. Bamid. r. 5,6, § 8)(148)

Die Untreue gegenüber der Torah hat nicht nur in bezug auf
Regen schlimme Folgen. So wie das Ausbleiben des Regens das
Land insgesamt in Mitleidenschaft zieht, so wirkt sich der Unge-
horsam des Volkes auf sein Wohlergehen im Land insgesamt aus:

"Es heisst Jes. 24,5: 'Das Land ist entweiht unter ihren
Bewohnern, denn sie übertraten die Gesetze, überschritten die Satzung.' R. Jizchak hat gesagt: Du warst gegen
das Land untreu, darum ist sie gegen dich untreu, sie
zeigt dir stehendes Getreide und sie zeigt dir nicht Garbenhaufen, sie zeigt dir Garbenhaufen und sie zeigt dir
nicht die Tenne, sie zeigt dir die Tenne und sie zeigt
dir nicht Körnerhaufen. Warum? Weil sie die Gesetze
(תורות) übertreten haben, sowohl das geschriebene wie
das mündlich überlieferte. 'Sie haben die Satzung (das
Festgesetzte) überschritten' d.i. die Satzung in Betreff
der Zehnten haben sie überschritten. 'Sie haben den ewigen Bund gebrochen.' Darum schärft Mose den Israeliten
die Vorschrift ein: 'Du sollst verzehnten.'"

(Pes. de R. Kah. 11)(149)

Ein Aspekt der Untreue gegenüber der Torah, der in diesem Zusammenhang wiederholt zum Ausdruck kommt, ist der der Gerechtigkeit bzw. Ungerechtigkeit gegenüber den Wehrlosen in Israels
Mitte:

"Ich habe befohlen, dass ihr eure Zehnten vom Besten
entrichten sollt, auch ich werde euch vom Besten geben.
Wie so? Kommt der Levit zu dir und du giebst ihm vom
Besten, 'so wird der Ewige dir seine gute Schatzkammer
eröffnen' (s. Deut. 28,12): giebst du ihm aber nur von

---

148 Wünsche, A.: Bibliotheca, Bd. 4, S. 122; vgl. pTaanith
     3,3, in: Schwab, M.: Talmud, Bd. 6, S. 167; Tos. Qiddu-
     shin 1,4, in: Neusner, J.: Tosefta, Bd. 3, S. 242; und
     bTaanith 7b, in: Goldschmidt, L.: Talmud, Bd. 3, S. 656.

149 Wünsche, A.: Pesikta, S. 121 f.; vgl. pBerachot 9,2 (Folie
     57a), in: Wünsche, A.: Talmud, S. 37; und ARN 20, in:
     Goldin, J.: Fathers, S. 97.

Grummet und Erbsen, so gebe ich dir auch nur von Grummet und Erbsen. So heisst es das. V. 24: 'Und der Ewige wird als Regen deines Landes Staub geben und Asche
wird vom Himmel auf dich herabfallen.' 'Und kommt der
Levit, denn er hat keinen Theil und kein Erbe mit dir'
(s. Deut. 14,29). R. Luliani von Daroma hat im Namen
des R. Juda bar Simon gesagt: Du hast vier Hausgenossen, deinen Sohn, deine Tochter, deinen Knecht und deine Magd, auch ich habe vier, den Leviten, den Fremdling, die Waise und die Witwe. Sie alle stehen in einem
Verse s. Deut. 16,14: 'Und freue dich an deinem Feste,
du und dein Sohn und deine Tochter und dein Knecht
und deine Magd und der Levit und der Fremdling und
die Waise und die Wittwe, welche in deinen Thoren sind.'
Gott sprach: Ich habe gesagt, dass du die Deinigen und
die Meinigen erfreuen sollst in den Festtagen, die ich
dir gegeben habe.'"

(Pes. de R. Kah. 11)(150)

"**Nicht sollt ihr Unrecht tun im Gericht.** Es lehrt, daß
der Richter, der das Recht beugt, genannt wird Ungerech-
ter, Verhaßter, Verabscheuter, Gebannter und Greuel.
Und er verursacht fünf Dinge. Er verunreinigt das Land
und entweiht den Namen (Gottes) und entfernt die Schechina und stürzt Israel in das Schwert und bringt es
aus seinem Lande in die Verbannung."

(Sifra Kedoschim Per. 4)(151)

Auch andere Sünden haben Strafen zur Folge, die das Land betreffen. Diese Strafen verdichten sich: der Regen bleibt aus
und das Land wird unfruchtbar, das Land wird verunreinigt;
es verödet und wird vom Feind überfallen; und schließlich muß
das Volk in die Verbannung. In den folgenden Texten soll diese Thematik exemplarisch noch deutlicher aufgezeigt werden:

"Es heisst Jerem. 9,9: 'Auf den Bergen erhebe ich Weinen und Klagegeschrei und über die Anger der Wüste
Wehklage' d.i. auf den hohen Bergen, welche zur Wüste

----

150   Wünsche, A.: Pesikta, S. 127.

151   Winter, J.: Sifra, Bd. 2, S. 505; vgl. Kedoschim Per. 8,
      a.a.O., Bd. 2, S. 517; M. Ruth r. 1,2, in: Wünsche, A.:
      Bibliotheca, Bd. 3, S. 11; M. Echa r. 1,3, a.a.O., Bd.
      2, S. 63 f.; und M. Mischle 30,4, a.a.O., Bd. 4, S. 67.

geworden, will ich Wehklage erheben, 'denn verödet sind
sie, dass kein Mensch vorüberzieht, und sie hören nicht
mehr die Stimme der Heerde (קוֹל מִקְנֶה)' (s. das.) d.i.
nicht genug, dass ihr nicht auf seine Stimme hörtet, sondern ihr habt auf die Stimme des Eiferers (קוֹל מִקְנֶה) gehört, dass ihr ihn ereifertet durch euren Götzendienst,
wie es heisst Deut. 32,16: 'Sie ereiferten ihn durch fremde Götter, durch Gräuel erzürnten sie ihn.' Es heißt Jerem. 9,9: 'Von den Vögeln des Himmels an bis zum Vieh
ist alles entflohen, fortgezogen.'"

(Pes. de R. Kah. 13)(152)

"Wegen der Sünde des Blutvergießens ist das Heiligtum
zerstört und die Göttlichkeit von Jisrael gewichen, denn
es heißt: ihr sollt das Land nicht entweihen &c. Und verunreinigt das Land nicht, in dem ihr wohnet, da auch
ich darin wohne; wenn ihr es aber verunreinigt, so werdet ihr darin nicht wohnen, und auch ich wohne nicht
darin.

Wegen der Sünde der Hurerei, des Götzendienstes und des
(Nicht-)Erlassens im Erlaß- und Jobeljahre kommt Verbannung über die Welt; die einen werden verbannt, und andere kommen und lassen sich an ihrer Stelle nieder, wie
es heißt: denn all diese Greueltaten haben die Bewohner
des Landes verübt &c.; ferner: da wurde das Land unrein, und ich suchte seine Verschuldung an ihm heim &c.;
ferner: daß nicht etwa das Land euch ausspeie, wenn
ihr es verunreinigt. Bezüglich des Götzendienstes heißt
es: **und ich will euere Leichen werfen &c.**; ferner: **und
euere Heiligtümer verwüsten &c.**; **euch aber will ich unter
die Völker zerstreuen.** Bezüglich des Erlaß- und Jobeljahres heißt es: **dann wird das Land seine Ruhezeiten ersetzt
bekommen die ganze Zeit hindurch, in der es wüste liegt,
während ihr im Lande euerer Feinde seid &c.**; ferner:
**die ganze Zeit hindurch, in der es wüste liegt, wird es
Ruhe haben.**"

(b Sabbath 33a)(153)

---

152 Wünsche, A.: Pesikta, S. 148 f.

153 Goldschmidt, L.: Talmud, Bd. 1, S. 530; vgl. Sifra Bechukkotaj Per. 7, in: Winter, J.: Sifra, Bd. 2, S. 658; M. Bamid. r. 5,4, § 7, in: Wünsche, A.: Bibliotheca, Bd. 4,
S. 115; ARN 38, in: Goldin, J.: Fathers, S. 160 f.; M.

Wegen der Sünden Israels wird das Land entweiht. Vor allem im Zusammenhang mit Blutvergießen wird von der Verunreinigung des Landes gesprochen:

"Es heisst Num. 35,33: 'Ihr sollt das Land nicht entweihen' u.s.w. Die Schrift meldet hier, dass Blutvergiessen das Land verunreinigt und die Schechina zum Weichen bringt. Auch ist wegen Blutvergiessen der Tempel zerstört und die Israeliten sind deswegen aus ihrem Lande vertrieben worden."

(M. Bamid. r. 5,4, § 7)(154)

Die Sünde Israels hat auch zur Folge, daß das Land trauert:

"Die Rabbanan lehrten: Der gerichtliche Eid, auch er kann in jeder Sprache gesprochen werden. Man spricht zu ihm: Wisse, daß die ganze Welt erbebte, als der Heilige, gepriesen sei er, am Berge Sinai sprach: **du sollst den Namen des Herrn, deines Gottes, nicht freventlich aussprechen.** Von allen in der Tora genannten Sünden heißt es: **er vergibt,** von dieser aber heißt es: **er vergibt nicht.** Wegen aller in der Tora genannten Sünden bestraft man nur ihn selbst, wegen dieser aber ihn und seine ganze Familie ... Wegen aller in der Torah genannten Sünden bestraft man ihn allein, wegen dieser aber bestraft man ihn und die ganze Welt, denn es heißt: **schwören und lügen &c.** – Vielleicht nur, wenn er alles getan hat!? – Dies ist nicht einleuchtend, denn es heißt: **denn wegen des Schwörens trauert das Land,** und es heißt: **deshalb trauert das Land, und es schmachten alle seine Bewohner.**"

(b Sebuoth 38b – 39a)(155)

Das Ergebnis der Sünden Israels ist schließlich, daß das Land vom Feind überfallen wird, Jerusalem wird zerstört und das Land verwüstet, und das Volk muß ins Exil:(156)

Aboth 5,10, in: Goldschmidt, L.: Talmud, Bd. 9, S. 679 f.; bSabbath 62b, in: Goldschmidt, L.: Talmud, Bd. 1, S. 619.

154 Wünsche, A.: Bibliotheca, Bd. 4, S. 115; vgl. Sifra Kedoschim Par. 2, in: Winter, J.: Sifra, Bd. 2, S. 503.

155 Goldschmidt, L.: Talmud, Bd. 9, S. 363; vgl. bQiddusin 13a, a.a.O., Bd. 6, S. 541 f.

156 Vgl. Stemberger, G.: Bedeutung, S. 178.

"Und ihr werdet geschlagen werden vor eueren Feinden.
Daß der Tod euch umbringen wird im Innern und die
Feinde euch umringen werden draußen. Und sie werden
über euch herrschen, euere Hasser. Denn ich werde gegen euch aufstellen (Feinde) von ihnen und gegen euch.
Und wenn die Völker der Welt gegen Israel aufstehen,
suchen sie nur was öffentlich (nicht verborgen) ist. Denn
es heißt: Und es geschah, wenn Israel säte, zogen herauf Midjan und Amalek und die Söhne des Ostens, und
zogen herauf wider es. Und lagerten sich wider es und
verderbten den Ertrag des Landes bis nach Assa und lie-
ßen keine Lebensmittel übrig in Israel, nicht Lamm und
Rind und Esel (Judicum 6,3 u. 4)."

(Sifra Bechukkotaj Per. 4)(157)

"Und ihr werdet untergehen unter den Völkern. R. Akiba
sagt: Das sind die zehn Stämme, welche nach Medien verbannt wurden. Andere sagen: Ihr werdet untergehen unter den Völkern. Nicht untergehen, sondern verbannt werden.

(Sifra Bechukkotaj Per. 8)(158)

Wie schwerwiegend der Verlust des Landes ist, wird noch einmal daran deutlich, daß die Verbannung Israels aus dem Land
mit der Ausweisung aus dem Garten Eden parallel gesetzt wird:

"'Und der Ewige, Gott, rief Adam und sprach zu ihm:
Wehe (אַיֶּכָּה wo bist du)?' Es steht איכה (d.i. das Wort
אַיְכָה kann auch אֵיכָה gelesen werden). Auch seine Kinder
habe ich in das Land Israel gebracht, ich habe ihnen
Vorschriften gegeben, sie haben aber meine Vorschrift
übertreten, darum habe ich sie mit Vertreibung und Entlassung bestraft und ich habe Wehe (איכה) über sie aus-
gerufen. Ich habe sie in das Land Israel gebracht s.
Jerem. 2,7: 'Und ich brachte euch in das Land Karmel;'

----

157 Winter, J.: Sifra, Bd. 2, S. 653; vgl. Mech. Jithro (Bacho-
     desch) 1; 19,1, in: Winter, J. und Wünsche, A.: Mechilta,
     S. 192; bSabbath 119b, in: Goldschmidt, L.: Talmud, Bd.
     1, S. 804 f.; und bSynhedrin 94b, a.a.O., Bd. 9, S. 50f.

158 Winter, J.: Sifra, Bd. 2, S. 659; vgl. Targ. Is. 28,2, in:
     Stenning, J.F.: Targum, S. 86; Targ. Is. 28,13, a.a.O.,
     S. 88; und Targ. Pal. und Jer. Fragm. Dtn 32, in: Ethe-
     ridge, J.W.: Targums, Section 53, S. 666.

'ich habe ihnen Vorschriften gegeben s. Lev. 24,2: 'Befiehl den Kindern Israels' u.s.w.; sie haben aber meine Vorschrift übertreten s. Dan. 9,11: 'Und alle Israeliten haben deinen Bund übertreten;' und ich habe sie mit Vertreibung bestraft s. Hos. 9,15: 'All ihre Bosheit in Gilgal; daselbst hass' ich sie wegen ihrer schlechten Handlungen, aus meinem Hause vertreibe ich sie, nicht mehr will ich sie lieben;' und ich habe sie mit Entlassung bestraft s. Jerem. 15,1: 'Ich entlasse sie von meinem Angesicht, dass sie fortsetzen,' und ich habe Wehe über sie gerufen s. Thren. 1,1: 'Wehe! einsam sitzt die Stadt.'"

(Pes. de R. Kah. 15)(159)

Der Kreis schließt sich, indem wir zum Ausgangspunkt zurückgeführt werden: die Untreue zur Torah hat nicht nur schlechte Zeiten für das Land zur Folge. Am Ende führt sie zum Verlust des Landes selbst:

"Es gleicht einem König, der seinen Sohn zu einem Gelage schickte; und er sass und befahl ihm und sprach zu ihm: Iss nicht mehr, als du nötig hast, und trinke nicht mehr als du nötig hast, damit du rein in dein Haus kommest. Der Sohn achtete nicht darauf. Er ass und er trank mehr als er nötig hatte und erbrach sich und beschmutzte die Tischgesellschaft. Da packten sie ihn an Händen und Füssen und warfen ihn hinter den Palast. So sprach der Heilige, g.s.E., zu ihnen, zu Israel: Ich brachte euch in ein gutes und weites Land, in ein Land, das von Milch und Honig fliesst, zu essen seine Frucht und satt zu werden an seiner Güte und meinen Namen darüber zu segnen. Ihr bliebet nicht beim Guten; so seid nun unter der Vergeltung."

(Sif. Deut. 11,17, § 43)(160)

"Ferner sagte R. Eleazar: Ein Mensch, der keine Einsicht besitzt, wandert endlich in die Verbannung, denn es heißt: **mein Volk wird unversehens in die Verbannung wandern.**"

(b Synedrin 92a)(161)

----

159 Wünsche, A.: Pesikta, S. 160 f.; vgl. M. Echa r. Einleitung in: Wünsche, A.: Bibliotheca, Bd. 2, S. 5.

160 Kittel, G.: Sifre, S. 109.

161 Goldschmidt, L.: Talmud, Bd. 9, S. 38.

4.6 Der Ausblick auf Rückkehr

In einem späteren Teil soll die Zukunftshoffnung hinsichtlich des Landes ausführlich behandelt werden. Nichtsdestoweniger ist es nicht möglich, diesen Abschnitt abzuschließen, ohne den Ausblick auf eine Rückkehr ins Land aufzuzeigen. Bei aller Härte der Folgen der Sünde, wie sie im Babylonischen Exil erfahren wurden (und von dieser Zeit sprechen die oben behandelten Texte), ist die Strafe nicht das letzte Wort.(162) Wie wir schon am Anfang sahen, steht Gott zu seinem Schwur an die Väter. Das Verderben des Landes und sein Verlust durch Israel zur Zeit des Babylonischen Exils sind nicht endgültig. Israel ist aus dem Babylonischen Exil zurückgekehrt.

Um dieser zukünftigen Rückkehr willen muß Israel auch außerhalb des Landes nach der Tora leben:

"Sie sprachen zu ihm: 'Hesekiel! Ein Sklave, den sein Herr verkauft hat, ist der nicht aus seiner Gewalt herausgekommen?' Er antwortete ihnen: 'Doch.' Da sagten sie zu ihm, 'Weil Gott uns verkauft hat an die Völker der Welt, sind wir (also) aus seiner Gewalt herausgekommen.' Er antwortete ihnen: 'Siehe, ein Sklave, den sein Herr verkauft hat mit der Bedingung, daß er (später wieder an ihn) zurückfällt, ist der etwa aus seiner Gewalt herausgekommen?' 'Und das, was ihr im Sinne habt, darf durchaus nicht geschehen, insofern ihr sagt: Wir wollen den Völkern gleichen, die rings um uns wohnen, und den Geschlechtern der Erde, indem wir Holz und Stein dienen. So wahr ich lebe, ist der Spruch des Herrn, fürwahr mit starker Hand und mit ausgerecktem Arm und mit ausgeschüttetem Grimm werde ich König über euch sein.'"

(Sif. Num. 15,41, § 115)(163)

"**Und ihr werdet schnell verschwinden (usf.).** Obgleich ich euch ins Exil führe aus dem Land nach ausserhalb des Landes, so seid doch durch die (Erfüllung der) Gebote gekennzeichnet, sodass, wenn ihr zurückkehrt, sie euch nicht neu sein werden. Es gleicht einem König, der in Zorn geriet über seine Frau; sie aber kehrte zurück

---

162 Vgl. Cohen, G.D.: Zion, S. 55-58; Davies, W.D.: Dimension, S. 540 f.; Gospel, S. 73.

163 Kuhn, K.G.: Sifre, S. 352.

in das Haus ihres Vaters. Da sprach er zu ihr: Schmücke
dich mit deinen Schmucksachen, dass, wenn du zurückkehrst, sie nicht neu für dich seien. So sprach der Heilige, g.s.E., zu ihnen, zu Israel: Meine Kinder, seid
durch die Gebote gekennzeichnet, sodass, wenn ihr zurückkehrt, sie euch nicht neu sein werden."

(Sif. Deut. 11,17, § 43)(164)

So kommt auch der Gedanke zum Ausdruck, daß Gott für das
Land sühnt, oder auch daß das Land selbst für Israel sühnt:

"... wegen der Sünden Seines Volkes schlug Er das Land;
aber Er wird für das Land sühnen und für Sein Volk."
(eigene Übersetzung)

(Targ. Jer. Dtn. 32)(165)

"... nachdem die Erde Palästinas verbrannt war, war
Gerechtigkeit geschehen (und die Fehler verziehen). Man
hat im Namen R. Judas gelehrt: 7 Jahre lang wurde das
Heilige Land verzehrt (im Gedenken an seine bösen Taten), wie es heißt (Daniel 9,27): Vielen macht er den
Bund schwer, eine Woche lang (sieben Jahre)."
(eigene Übersetzung)

(pKilaim 9,4.5.6)(166)

Wiederholt münden Beschreibungen von der Verwüstung ein in
Ausdrücke der Zuversicht hinsichtlich einer zukünftigen Wiederherstellung des Landes:

"R. Seira sagte: Komm und sieh, wie ausdauernd das
israelitische Land ist, dass es immer noch Früchte zeugt.
Und wodurch erzeugt es Früchte? R. Chanina und R.
Josua ben Levi. Der eine sagte: Weil man gedüngt hatte,
der andere sagte: Weil man es mit Staub umgepflügt hatte. Sieben Jahre hindurch, sagte R. Judan, hat sich bei
ihnen (das Strafgericht mit) Schwefel und Salz erhalten.

---

164 Kittel, G.: Sifre, S. 113; vgl. M. Schir ha-Sch. 8,12, in:
    Wünsche, A.: Bibliotheca, Bd. 2, S. 191; Sifra Bechukkotaj
    Per. 8, in: Winter, J.: Sifra, Bd. 2, S. 659 f.; und Targ.
    Is. 28,25 f., in: Stenning, J.F.: Targum, S. 90.

165 Vgl. Etheridge, J.W.: Targums, Section 53, S. 670; vgl.
    Stemberger, G.: Bedeutung, S. 178.

166 Vgl. Schwab, M.: Talmud, Bd. 2, S. 319.

Und das alles warum? Weil es heisst Dan. 9,27: 'Und fest schliesst er einen Bund mit vielen Siebend lang'. Wie verfuhren die Cuthäer daselbst? Sie besäten es stückweise; jedoch säeten sie hier, so wurde es verbrannt, säeten sie dort, so wurde es auch verbrannt. Ein Mann pflügte einmal im Thale Beth Arba und drückte seine Hand auf das Pflugeisen, da stieg Staub auf, welcher seinen Arm verbrannte, um zu bestätigen, was Deut. 29,23 gesagt ist: 'Mit Schwefel und Salz ist das ganze Land verbrannt'. Rabba bar Rab Kahana sagte: Die Schrecken des Landes und dessen Verwüstungen waren in der That ehemals vorhanden, um den Ausspruch Gen. 9,2: 'Eure Frucht und euer Schrecken (מחתכם) wird auf dem Gethier des Feldes sein', in Zukunft aber wendet sich alles wieder, wie es heisst Ezech. 36,34: 'Das öde Land wird wieder bebaut werden, statt dass es eine Wüste war in den Augen aller Vorübergehenden'."

(M. Echa r. Einleitung)(167)

Indem die Rabbinen die Geschehnisse zur Zeit des Babylonischen Exils auf dem Hintergrund der erfolgten Rückkehr ins Land deuten können, haben sie Grund, auch in der gegenwärtigen Situation ihrer Zeit eine Botschaft der Hoffnung zu verkünden.

---

167 Wünsche, A.: Bibliotheca, Bd. 2, S. 40 f.; vgl. pTaanith 4,5 (6), in: Schwab, M.: Talmud, Bd. 6, S. 193 f.; Targ. Is. 32,14 f. in: Stenning, J.F.: Targum, S. 104.

5. DAS HEILIGE LAND

5.1 Der Tempel in Jerusalem – die Mitte des Landes

Auch in diesem Kapitel soll Jerusalem und der Tempel nicht als
eigenes Thema behandelt werden, sondern nur insofern diese
ausdrücklich im Zusammenhang mit dem Land erscheinen. Wie
im Tenach wird auch in der rabbinischen Tradition zum Ausdruck gebracht, daß Jerusalem und in Jerusalem der Tempel die
Mitte, der Kern des Landes – und der Welt – ist.(168) Dort konzentriert sich das, worum es im Land insgesamt geht:

> "Von allen Ländern hat Gott das Land Israel erwählt
> und vom Lande Israel wieder den Tempel und vom Tem-
> pel wieder das Allerheiligste."
> (M. Schmot r. 28,1, § 37)(169)

> "Die Schrift sagt: **dein Nabel ein gerundetes Becken, dem
> der Mischwein nicht fehlen darf** &c. Dein Nabel, das ist
> das Synedrium, und zwar wird es deshalb Nabel genannt,
> weil es auf dem Nabelpunkte der Welt sitzt."
> (b Synhedrin 37a)(170)

Indem die Rabbinen um die Mitte des Landes und der gesamten
Welt wissen, findet auch das Gebet Israels seine Mitte. Nach
Jerusalem und dem Tempel hin soll sich der Betende wenden;(171)
dort findet das Volk im Gebet seine Einheit:

----

168 Vgl. Gradwohl, R.: Land Israel, S. 59; Böhl, Felix: Über
     das Verhältnis von Shetija-Stein und Nabel der Welt in
     der Kosmogonie der Rabbinen. In: ZDMG 124/2 (1974), S.
     253-270; Davies, W.D.: Gospel, S. 65.69.

169 Wünsche, A.: Bibliotheca, Bd. 3, S. 274; vgl. M. Wajik.
     r. 11,1, § 13, a.a.O., Bd. 5, S. 85.

170 Goldschmidt, L.: Talmud, Bd. 8, S. 602; vgl. M. Kelim 1,
     6-9, a.a.O., Bd. 12, S. 592 f.; bJoma 54b, a.a.O., Bd.
     3, S. 150 f.; pScheqalim 4,1, in: Schwab, M.: Talmud,
     Bd. 5, S. 282; M. Bamid. r. 5,1, § 7, in: Wünsche, A.:
     Bibliotheca, Bd. 4, S. 113 f.

171 Vgl. Landsberger, F.: The Sacred Direction in Synagogue
     and Church. In: HUCA 28 (1957), S. 181-203; Davies, W.D.:
     Dimension, S. 539.

"Wer auf einem Esel reitet, steige ab und bete; kann er
nicht absteigen, so wende er sein Gesicht (gen Jerusalem); kann er sein Gesicht nicht wenden, so richte er
seinen Sinn auf das Allerheiligenhaus. Wer zu Schiff
oder auf einem Flosse reist, richte seinen Sinn auf das
Allerheiligenhaus."

(M. Berakhoth 4,5 f.)(172)

Die Zentralität Jerusalems kommt auch darin zum Ausdruck, daß
das Volk regelmäßig nach Jerusalem pilgern soll,(173) um dort
dem Gott zu begegnen, um den es im Leben im Land geht:

**"Furcht vor euch und Schrecken vor euch wird der Herr,
euer Gott, geben.** Warum ist das gesagt? Weil es heisst:
'Dreimal im Jahr soll all dein Männliches erscheinen vor
dem Herrn, deinem Gott' (Deut. 16,16). Dass nicht Israel
sagen solle: Siehe, wir ziehen hinauf, anzubeten – wer
bewahrt uns unser Land? Da sprach zu ihnen der Heilige, g.s.E.: Zieht hinauf, und ich bewahre, was euch gehört. Wie es heisst: 'Und nicht soll jemand begehren
dein Land, während du hinaufziehst, zu erscheinen'
(Ex. 34,24)."

(Sif. Deut. 11,25, § 52)(174)

"Rabbi Pinchas erzählt folgende Geschichte: Es waren
zwei Brüder zu Askalon, welche heidnische Nachbarn hatten. Dieselben sagten: Wenn die Juden hinaufgehen nach
Jerusalem, so wollen wir ihnen alles nehmen, was sie haben. Als sie hinaufgezogen waren, schickte Gott Engel,
welche in ihrer Gestalt aus- und eingingen. Als die Brüder wieder zurückkehrten, sandten sie ihren Nachbarn
Geschenke; die Heiden fragten, wo sie gewesen wären.
Sie antworteten: In Jerusalem. Jene fragten: Wen habt
ihr denn in euerm Hause zurückgelassen? Diese antwor-

---

172 Goldschmidt, L.: a.a.O., Bd. 1, S. 125; vgl. bBerakhoth
31a, a.a.O., Bd. 1, S. 136; bBer. 34b, a.a.O., Bd. 1, S.
156; Berach. 4,1 (Folie 26a), in: Wünsche, A.: Talmud,
S. 13; M. Schir ha-Sch. 4,4, in: Wünsche, A.: Bibliotheca,
Bd. 2, S. 114; Piska 33,1, in: Braude, W.G.: Pesikta, S.
629 f.

173 Vgl. Stemberger, G.: Bedeutung, S. 177; Thoma, C.: Land
Israel, S. 59.

174 Kittel, G.: Sifre, S. 141; vgl. bPesahim 8b, in: Goldschmidt, L.: a.a.O., Bd. 2, S. 334 f.

teten: Niemand. Da riefen jene aus: Gelobt sei der Gott
der Juden, welcher sie nicht verlassen hat und sie nicht
verlassen wird."

(pPea 3,7 (Folie 14a)(175)

So sehr Jerusalem und der Tempel die Mitte sind, dürfen sie
nicht losgelöst vom Land werden, dessen Kern sie sind. Für
den Beter außerhalb des Landes gibt zunächst nicht Jerusalem,
sondern das Land die Orientierung:

"Die Rabbanan lehrten: Ein Blinder, oder jemand, der
die Richtungen nicht genau zu bestimmen vermag, richte
sein Herz auf seinen Vater im Himmel, denn es heißt: **sie
werden zum Herrn, ihrem Gott beten.** Steht er außerhalb
des Landes, so richte er sein Herz auf das Jisraelland,
denn es heißt: **sie werden zu dir beten, durch ihr Land.**
Steht er im Jisraellande, so richte er sein Herz auf Jerusalem, denn es heißt: **sie werden zu dir beten, durch
diese Stadt, die du erwählt hast.** Steht er in Jerusalem,
so richte er sein Herz auf das Heiligtum, denn es heißt:
sie werden zu diesem Hause beten. Steht er im Heiligtum,
so richte er sein Herz auf das Allerheiligste, denn es
heißt: **sie werden zu diesem Orte beten.** Steht er im Allerheiligsten, so richte er sein Herz auf die Gnadenkam-
mer.

(bBerakhoth 30a)(176)

5.2 Das Land, in dem Gott wohnt

Wenn Israel sich im Gebet zum Tempel nach Jerusalem und zum
Land hin wendet, dann tut es dies weil jene, wie wir sahen,
heilig sind. Das können sie aber nur sein, weil sie in besonderer Weise mit Gott in Verbindung stehen:(177) Gott wohnt in diesem Land, und sein Name ist mit ihm verknüpft:

----

175 Wünsche, A.: Talmud, S. 57; vgl. bBerakhoth 28a, in:
     Goldschmidt, L.: Talmud, Bd. 1, S. 123.

176 Goldschmidt, L.: Talmud, Bd. 1, S. 131; vgl. bBaba Bathra
     25b, a.a.O., Bd. 8, S. 96; pBer. 4,5 (8b) in: Horowitz,
     C.: Berakhot, S. 131 ff.; und Sif. Deut. 3,26, § 29, in:
     Kittel, G.: Sifre, S. 46 f.

177 Vgl. Stemberger, G.: Bedeutung, S. 178; Cohen, G.D.: Zion,
     S. 43; Safrai, S.: Land, S. 205; Davies, W.D.: Gospel, S.
     62.

"Der Ewige erschien ihm und sprach zu ihm: Ziehe nicht nach Aegypten hinab, sondern wohne in diesem Lande Israel, d.i. pflanze, säe und pfropfe. Oder: Wohne im Lande d.i. bleibe in der Nähe der Schechina."

(M. Ber. r. 26,2, § 64)(178)

"(In dessen Mitte ich wohne.) Rabbi sagt: Ein Gleichnis. Womit ist die Sache vergleichbar? Mit einem König, der zu seinem Knechte sagte: 'Wenn du mich suchst, - ich bin bei meinem Sohne! Stets, wenn du mich suchst, - ich bin bei meinem Sohne!' Und in diesem Sinne sagt (die Schrift): 'Der bei ihnen wohnt (selbst) mitten unter ihren Unreinheiten' (Lev. 16,16); und (ferner) sagt sie: 'Indem sie meine Wohnung, die mitten unter ihnen ist, unrein machen' (Lev. 15,31); und (ferner) sagt sie: 'Und sie sollen ihre Lager nicht unrein machen, in deren Mitte ich wohne' (Num. 5,3); und (ferner) sagt sie: Und macht nicht unrein das Land, wo ihr seßhaft seid, in dessen Mitte ich wohne; denn ich, der Herr, wohne mitten unter den Israeliten."

(Sif. Num. 35,34, § 161)(179)

Die besondere Verbundenheit des Landes mit Gott kommt auch zum Ausdruck, wenn das Land als Raum der besonderen Intimität gesehen wird:

"Und der Herr sprach zu Mose: Steige auf das Abarimgebirge hier, auf den Berg Nebo. Dies gehört zum Erbbesitz der Rubeniten und Gaditen. Als Mose in den Erbbesitz der Rubeniten und Gaditen hineinkam, da freute er sich und dachte: 'Anscheinend hat mir (Gott) mein Gelübde gelöst!' Er begann (daher), flehentliche Bitten vor Gott auszuschütten. Ein Gleichnis. Womit ist die Sache vergleichbar? Mit einem König von Fleisch und Blut der seinem Sohn das Verbot auferlegte, er dürfe nicht

---

178 Wünsche, A.: Bibliotheca, Bd. 1, S. 305; vgl. Targ. Is. 38,11, in: Stenning, J.F.: Targum, S. 126; Targ. Is 8,18, a.a.O., S. 30; und Targ. Pal. Dtn 4, in: Etheridge, J.W.: Targums, Section 45, S. 570.

179 Kuhn, K.G.: Sifre, S. 689 f.; vgl. Sif. Num. 5,3, § 1, a.a.O., S. 12 f.; Sif. Num. 6,27, § 43, a.a.O., S. 140; Sif. Num. 6,23, § 39, a.a.O., S. 122 f.; Sif. Num. 11,16, § 92, a.a.O., S. 247; und M. Bamid. r. 11,16, § 15, in: Wünsche, A.: Bibliotheca, Bd. 4, S. 407.

in das Innere seines Palastes hineingehen. (Der König)
ging (nun) hinein in die Torhalle, - und (der Sohn) hinter ihm; in den Hof, - und (der Sohn) hinter ihm; in
das Triclinium, - und (der Sohn) hinter ihm. Als (aber
nun der König) sich anschickte, in das Schlafgemach hineinzugehen, (da) sagte er zu (dem Sohn): 'Mein Sohn!
Von hier an weiter (hinein) ist es dir verboten!!'"

(Sif. Num. 27,12, § 134)(180)

Als besonderer Raum Gottes kommt dem Land eine ihr eigene
Qualität zu. Diese besteht zum einen darin, daß Gott sich nur
im Lande offenbart. Zum anderen ist sie, wie wir in anderem
Zusammenhang schon sahen, durch die Torah gekennzeichnet:

"Du kannst erkennen, daß die Schechina sich nicht im
Auslande offenbart, denn es heißt: 'Jona erhob sich, um
vor dem Ewigen nach Tharschisch zu entfliehen' (Jon.
1,3). Konnte er denn vor dem Ewigen entfliehen, es heißt
bereits: 'Wohin soll ich gehen vor deinem Geiste' u.s.w.
... Allein Jona sprach: Ich will ins Ausland gehen nach
einem Orte, wo die Schechina nicht wohnt und sich offenbart, denn die Völker sind der Buße nahe, (sie sind bereit, Buße zu tun,) damit ich Israel nicht schuldig mache. Gleich dem Sklaven eines Priesters, der seinem
Herrn entfloh. Er sprach: Ich will nach dem Gräberhause
(Friedhofe) gehen, einem Orte, wohin mein Herr mir nicht
nachkommen kann. Sein Herr sprach zu ihm: Ich habe
deinesgleichen. So sprach auch Jona: Ich will ins Ausland gehen, nach einem Orte, wo sich die Schechina nicht
offenbart, denn die Völker sind der Buße nahe, damit
ich Israel nicht schuldig mache. Der Heilige, geb. s. er!
sprach zu ihm: Ich habe Boten deinesgleichen, wie es
heißt: 'Und der Ewige warf einen großen Sturm aufs
Meer' (Jon. 1,4)."

(Mech. Bo. Eingang; 12,1)(181)

"'Land': das sind die übrigen Länder, 'chusot': das
sind die Wüsteneien. tebel: das ist das Land Israel.
Warum wird sein Name tebel genannt? Auf Grund des Ge-
würzes, das in seiner Mitte ist. Was ist das Gewürz,

---

180 Kuhn, K.G.: Sifre, S. 548 f.; vgl. Sif. Deut. 3,27, § 29,
     in: Kittel, G.: Sifre, S. 47.

181 Winter, J. und Wünsche, A.: Mechilta, S. 3; vgl. das. S.
     2; und Mech. Bo. 16; 13,3, a.a.O., S. 59; vgl. Cohen,
     G.D.: Zion, S. 43.

das in seiner Mitte ist? Das ist die Torah, denn es heisst: 'Unter den Heiden ist keine Torah' (Thren. 2,9). Hieraus ergibt sich, dass die Torah im Land Israel ist."

(Sif. Deut. 11,10, § 37)(182)

5.3 Das Land der Heiligkeit Israels

Mit der Verbindung zwischen Land und Torah ist wieder die Brücke geschlagen zum Volk Israel, das im Land die Torah zu leben hat. Aufgrund des Bezuges Land – Volk – Torah kann das Land als (rituell) rein gelten, wohingegen das Ausland grundsätzlich als unrein angesehen wird.(183) Folgende Texte sollen diese Auffassungen kurz aufzeigen. Eine nähere Darstellung ist in unserem Zusammenhang jedoch nicht nötig:

"Das Jisraelland ist rein und seine Tauchbäder sind rein."

(M. Miqvaoth 8,1)(184)

"Wer in Ländern der weltlichen Völker auf Bergen oder Felsen geht, ist unrein."

(M. Ahiluth 18,6.7)(185)

Die grundsätzliche Reinheit des Landes kann allerdings durch das Verhalten Israels aufgehoben werden. Die Folgen der Sünde Israels hinsichtlich des Landes wurden im 4. Abschnitt schon gezeigt. In diesem Zusammenhang kommt noch eine weitere Dimension hinzu, die durch das Wohnen Gottes im Land gegeben ist: die Schechina entfernt sich, wenn das Land durch Israel entweiht wird:

"Der Mörder macht das Land unrein und vertreibt (dadurch) die Schekina; der Hohepriester dagegen bewirkt,

---

182 Kittel, G.: Sifre, S. 72 f.

183 Vgl. Cohen, G.D.: Zion, S. 42; Safrai, S.: Land, S. 206f.; Stemberger, G.: Bedeutung, S. 178.

184 Goldschmidt, L.: Talmud, Bd. 12, S. 797; vgl. pAvoda Zara 5,4(3) (44d) in: Wewers, G.: Avoda Zara, S. 16.

185 Goldschmidt, L.: a.a.O., Bd. 12, S. 688; vgl. bNazir 54b, a.a.O., Bd. 5, S. 663 f.; bSynhedrin 12a, a.a.O., Bd. 8, S. 503; und Targ. Pal. Ex 4, in: Etheridge, J.W.: Targums, Section 13, S. 450.

daß die Schekina unter den Menschen wohnt im Lande."
(Sif. Num. 35,25, § 160)(186)

"**Und Mose trat heran zum Wolkendunkel.** Es verursachte
(bewirkte) es ihm seine Demut, denn es heißt (Num.
12,3): 'Und der Mann Mose war sehr demütig'. Die Schrift
zeigt an, daß jeder, der demütig ist, am Ende die Schechina bei den Menschen auf der Erde weilen macht, denn
es heißt (Jes. 57,15): 'So spricht der Hohe und Erhabene,
der in Ewigkeit thront, und Heiliger ist sein Name; hoch
und heilig throne ich, und mit dem Gebeugten und dem
Demütigen bin ich' ... Wer aber hochmütig ist, bewirkt,
daß das Land verunreinigt wird und die Schechina sich
entfernt, wie es heißt (Ps. 101,5): 'Stolze Augen und
hochmütiges Herz, es ertrage ich nicht'. Und alle Hoch-
mütigen werden ein Greuel genannt, wie es heißt (Prov.
16,5): 'Ein Greuel des Ewigen ist der Hochmütige'. Der
Götzendienst wird Greuel genannt, denn es heißt (Num.
7,26): 'Du sollst nicht einen Greuel bringen in dein
Haus'. Wie nun der Götzendienst das Land verunreinigt
und die Schechina entfernt, so bewirkt auch der Hochmut,
daß das Land unrein wird und die Schechina sich entfernt."
(Mech. Jithro (Bachodesch) 9; 20,21)(187)

Indem die Rabbinen um die Sünde Israels und um die auf sie
folgende Entfernung der Schechina aus dem Land wissen, heben
sie nochmals die besondere Beziehung Gottes zu diesem Land
und dessen Volk hervor. Die Klagelieder auf die Zerstörung Jerusalems werden zum Anlaß, die Trauer Gottes zu beschreiben:

----

186 Kuhn, K.G.: Sifre, S. 680 f.; vgl. Sif. Num. 35,34, § 161,
     a.a.O., S. 686; Mech. Mischpatim (Nezikin) 10; 21,28, in:
     Winter, J. und Wünsche, A.: Mechilta, S. 272; Mech. Misch-
     patim (Nezikin) 13; 22,1, a.a.O., S. 284; Mech. Ki thissa
     (Masech. de Schabtha) 20; 31,12, a.a.O., S. 335; Sifra
     Kedoschim Per. 8, in: Winter, J.: Sifra, Bd. 2, S. 517;
     Sifra Achare Mot Per. 4, a.a.O., Bd. 2, S. 458; und
     bSebuoth 7b, in: Goldschmidt, L.: Talmud, Bd. 9, S. 254.

187 Winter, J. und Wünsche, A.: Mechilta, S. 225; vgl. M.
     Echa r. Einleitung der Schriftgelehrten, in: Wünsche, A.:
     Bibliotheca, Bd. 2, S. 16; Sif. Num. 6,26, § 42, in: Kuhn,
     K.G.: Sifre, S. 135 f.

"Als Gott das Heiligtum erblickte, sprach er: Das ist ge-
wiss mein Haus, mein Ruheort, in welchen die Feinde gekommen und darin nach Willkür geschaltet haben. Wehe
mir wegen meines Hauses! rief Gott weinend aus, wo sind
meine Kinder, wo meine Priester, wo meine Freunde? Was
kann ich für euch thun? Ich habe euch gewarnt, aber
ihr seid nicht in euch gegangen. Ich gleiche heute,
sprach er zu Jeremja, einem Menschen, der einen einzigen Sohn hatte und für ihn den Trauhimmel aufstellte
und dieser starb darunter. Schmerzt es dich nicht mei-
netwegen und wegen meiner Kinder! Geh und rufe Abraham, Jizchak, Jacob und Mose aus ihren Gräbern, denn
sie wissen zu weinen (d.i. sie wissen, was eine solche
Trauer zu bedeuten hat)."
(M. Echa r. Einleitung der Schriftgelehrten)(188)

Der Reinheit des Landes entspricht die besondere Qualität des
Lebens dort. Nicht nur sehnt Israel sich danach, im Land zu
sein; wenn es dort lebt, erfährt es einen qualitativen Unterschied:(189)

"R. Eleazar sagte: Wer im Jisraellande wohnt, weilt ohne Sünde, denn es heißt: **und kein Bewohner sage, er
sei krank; dem Volke, das da wohnt, ist seine Schuld
erlassen.** Raba sprach zu R. Asi: Wir beziehen dies auf
die mit Krankheiten Belasteten."
(b Kethuboth 111a)(190)

"**Als einen Dienst der Gabe übergebe ich euch das Priestertum.** Um das Essen der heiligen Gaben im Landgebiet
dem Dienst des Heiligtums im Heiligtum gleichzustellen
... Einmal kam R. Tarfon zu spät ins Lehrhaus, worauf
Rabban Gamli'el zu ihm sagte: 'Welchen Grund hattest
du zu spät zu kommen?' Da sagte R. Tarfon: 'Weil ich

---

188 Wünsche, A.: Bibliotheca, Bd. 2, S. 26; vgl. das. S. 7;
     Pes. R. Kah. 15, in: Wünsche, A.: Pesikta, S. 161 f.

189 Vgl. Davies, W.D.: Gospel, S. 59 f.

190 Goldschmidt, L.: Talmud, Bd. 5, S. 359; vgl. bRos Hasana
     16b, a.a.O., Bd. 3, S. 567 f.; bMoed Qatan 25a, a.a.O.,
     Bd. 4, S. 214 f.; pRosch ha-Schana 2,5(7), in: Schwab,
     M.: Talmud, Bd. 6, S. 81; pAvoda Zara 2,1 (40c) in: We-
     wers, G.: Avoda Zara, S. 37; M. Ber. r. 6,9, § 30, in:
     Wünsche, A.: Bibliotheca, Bd. 1, S. 131.

(Priester)dienst getan habe.' (Rabban Gamli'el) entgegnete: 'All deine Worte sind doch (recht) verwunderlich!
Gibt es denn jetzt (noch Priester)dienst?' Da antwortete
(R. Tarfon): 'Siehe, (die Schrift) sagt: **Als einen Dienst
der Gabe übergebe ich euch das Priestertum:** Um das Essen der heiligen Gaben im Landgebiet dem Dienst des Heiligtums im Heiligtum gleichzustellen.'"

(Sif. Num. 18,7, § 116)(191)

Die besondere Qualität des Lebens im Land läßt die rabbinische
Tradition in einem Kommentar zu Ps. 55,8 zu dem Schluß kommen:

"'Weit wanderte ich, verweilte in der Wüste.' Denn es
ist besser, in der Wüste des jüdischen Landes zu verwei-
len, als auf den Märkten des Auslandes."

(M. Ber. r. 12,1, § 39)(192)

5.4 Das höchste aller Länder

In der rabbinischen Tradition wird immer wieder zum Ausdruck
gebracht, daß es besser ist, im Land Israel zu leben als ir-
gendwo sonst. Dies wird nicht nur im Hinblick darauf gesagt,
daß Israel nur im Land die Torah ganz leben kann. Es ist auch
deswegen vorzuziehen, weil das Land selbst besser ist.

Ein häufig wiederkehrender Gedanke ist der, daß das Land Israel höher ist als alle anderen:(193)

"'Eine fette Ecke'. Fett ist das Land Israel. Und das
belehrt dich: was höher ist als das andere ist auch vorzüglicher als das andere. Das Land Israel, weil es höher
ist als alles, ist auch vorzüglicher als alles. So heisst
es: 'Wir wollen hinauf ziehen und es erobern' (Num.
13,30); 'Da stiegen sie hinauf und kundschafteten das
Land aus' (ebd. v. 21)."

(Sif. Deut. 11,10, § 38)(194)

----

191   Kuhn, K.G.: Sifre, S. 367 f.

192   Wünsche, A.: Bibliotheca, Bd. 1, S. 176.

193   Vgl. Gradwohl, R.: Land Israel, S. 59 f.

194   Kittel, G.: Sifre, S. 76; vgl. Sif. Deut. 1,25, § 23, a.a.O.,
      S. 33; bQiddusin 69 ab, in: Goldschmidt, L.: Talmud, Bd.

Die Vorzüglichkeit des Landes ist darin begründet, daß Gott dieses Land erwählt hat:

"Er hat Länder erschaffen und hat sich eins davon ausgesucht, nämlich das Land Israel, wie es heisst Deut. 11,12: 'Stets sind die Augen des Ewigen deines Gottes auf dasselbe.' So nennt auch Gott dasselbe sein Land und sein Land hat er getheilt."
(M. Bamid. r. 3,14, § 3)(195)

Da Gott besonders auf das Land Israel blickt, hat es auch viele Vorzüge.(196) Etliche Beispiele aus der rabbinischen Tradition beschreiben diese Vorzüge. Die folgenden Texte seien exemplarisch dafür angeführt:

"**Daß ich sehe das schöne Land, das jenseits des Jordans liegt.** Das ist (ein Beleg für) das, was R. Jehuda sagt: Das Land Kanaan ist schön(es Land), der Erbbesitz der Rubeniten und Gaditen aber nicht."
(Sif. Num. 3,25, § 135)(197)

"Die Rabbanan lehrten: Im Jisraéllande bringt zur Zeit seines Regens eine Seafläche fünf Myriaden Kor; in Çoán bringt zur Zeit seiner Besiedelung eine Seafläche siebzig Kor. Es wird nämlich gelehrt: R. Meir sagte: Ich sah in der Ebene von Beth Sean eine Seafläche siebzig Kor hervorbringen. Du hast unter den Ländern kein fruchtbareres als das Land Miçrajim, wie es heißt: **wie der Garten des Herrn, wie das Land Miçrajim**; und du hast im ganzen Lande Miçrajim nichts fruchtbareres als Çoán, da Könige erzogen wurden, wie es heißt: **denn zu Çoán waren seine Fürsten**; ferner hast du nirgends im ganzen Jisraéllande mehr Felsboden als in Hebron, weshalb man

---

6, S. 745; bSynhedrin 87a, a.a.O., Bd. 9, S. 13; und bZebahim 54b, a.a.O., Bd. 10, S. 178.

195 Wünsche, A.: Bibliotheca, Bd. 4, S. 47; vgl. Mech. Bo. Eingang; 12,1 in: Winter, J. und Wünsche, A.: Mechilta, S. 2; bMegilla 14a, in: Goldschmidt, L.: Talmud, Bd. 4, S. 57; bArakhin 10b, a.a.O., Bd. 11, S. 670 f.; bTaanith 10a, a.a.O., Bd. 3, S. 665 f.

196 Vgl. Gradwohl, R.: Land Israel, S. 52; Davies, W.D.: Gospel, S. 57.

197 Kuhn, K.G.: Sifre, S. 555; vgl. ARN 34, in: Goldin, J.: Fathers, S. 142 f.

da auch die Toten begrub, dennoch war Hebron sieben-
mal besser als Çoán bebaut."

(b Kethuboth 112a)(198)

Die Vorzüge des Landes sind nicht nur Israel bekannt. Auch
die Völker sind am Land Israel interessiert und wollen in irgendeiner Weise Anteil daran haben:

"**Die Çidonim nennen Hermon Sirjon.** Es wird gelehrt: Se-
nir und Sirjon gehören zu den Bergen des Jisraéllandes;
dies lehrt, daß von den weltlichen Völkern jeder ging
und für sich eine große Stadt baute, die er mit dem Namen eines Berges im Jisráellande belegte. Dies lehrt,
daß sogar die Berge des Jisráellandes bei den weltlichen
Völkern beliebt sind."

(b Hulin 60b)(199)

"So heisst es auch Jerem. 3,19: 'Ich gebe dir ein liebli-
ches Land, das herrlichste Eigenthum unter den Heeren
der Völker.' Du findest, als Josua jene Könige erschlagen hatte, da waren ihrer nach R. Janai, dem Priester,
zweiundsechzig, einunddreissig in Jericho und einunddreissig in den Tagen Siseras. Als er nämlich ging, um
gegen Israel zu kämpfen, so wurden auch sie mit ihm
umgebracht. Warum? Weil sie Wasser vom Lande Israel
zu trinken begehrten. Sie baten daher den Sisera und
sprachen zu ihm: Wir bitten von dir, wir wollen mit dir
in den Krieg ziehen. Jeder König, der mit in den Krieg
zu ziehen bat, bezahlte und dingte Arbeiter (Truppen)

---

198 Goldschmidt, L.: Talmud, Bd. 5, S. 365; vgl. bSota 34b,
a.a.O., Bd. 6, S. 118; Sif. Deut. 11,10, § 37, in: Kittel,
G.: Sifre, S. 71; pSchebiith 4,9, in: Schwab, M.: Talmud,
Bd. 2, S. 364; pBerakhoth 6,1 (10b) in: Horowitz, C.:
Berakhoth, S. 166; M. Koh. 4,6, in: Wünsche, A.: Biblio-
theca, Bd. 1, S. 60; M. Ber. r. 17,27, § 47, a.a.O., Bd.
1, S. 222; M. Debar. 3,23, § 2, a.a.O., Bd. 3, S. 19, M.
Bamid. r. 13,23, § 16, a.a.O., Bd. 4, S. 420.

199 Goldschmidt, L.: a.a.O., Bd. 11, S. 185; vgl. Sif. Deut.
1,7, § 6, in: Kittel, G.: Sifre, S. 14; Sif. Deut. 11,10,
§ 37, a.a.O., S. 74; M. Ber. r. 2,14, § 16, in: Wünsche,
A.: Bibliotheca, Bd. 1, S. 70 f.; M. Schir ha-Sch. 8,11,
a.a.O., Bd. 2, S. 189; M. Schmot r. 23,20, § 32, a.a.O.,
Bd. 3, S. 251.

für Geld, dass sie ihm helfen sollten. Sie sprachen zu Sisera: Wir erbitten von dir gar nichts, sondern wir ziehen mit dir umsonst, denn wir begehren nur unsere Bäuche mit Wasser von jenem Lande zu füllen, wie es heisst Jud. 5,19: 'Könige kamen, sie stritten; damals stritten die Könige Canaans bei Thaanach am Wasser Megiddos; kein Stückchen Silber bekamen sie,' um dir kund zu thun, dass kein Land so beliebt ist, wie das Land Israel."

(M. Bamid. r. 34,2, § 23)(200)

Da das Land so bevorzugt ist, verwundert es nicht, wenn es mit dem Garten Eden in Zusammenhang gebracht wird:

"R. Abuhu erklärte im Namen des R. Chanina Hos. 6,7 auf diese Weise: Sie sind wie der erste Mensch. Sowie ich den ersten Menschen in den Garten führte (s. und er setzte ihn in den Gan Eden), Befehle gab (s. und Gott der Ewige befahl den Menschen) und er übertrat sie (s. von den Bäumen, von denen ich dir gebot, nicht davon zu essen, hast du gegessen) und bestrafte ihn durch Fortschickung (s. und er schickte ihn aus dem Gan Eden) und stimmte Klage über ihn an: Echa, ach wie! (s. und Gott der Ewige rief den Menschen und sprach: wo bist du), so habe auch ich (spricht der Prophet), seine Kinder in das Land Israel gebracht s. Jerem. 2,7, ihnen Gebote gegeben s. Ex. 27,20, sie übertraten sie aber s. Dan. 9,11, und ich bestrafte sie durch Fortschicken s. Jerem. 15,1, und Vertreibung s. Hos. 9,15 und stimmte über sie Klage an s. Thren. 1,1."

(M. Ber. r. 3,9, § 19)(201)

Die Vorzüge des Landes sind keineswegs nur materieller Art. Dem, der im Land Israel ist, wird in hervorragender Weise Weisheit gegeben,(202) jene Weisheit, die in der Torah gründet:

"... zehn Theile Stärke giebt es in der Welt, neun Theile kommen auf Jehuda und ein Theil auf die übrige Welt;

---

200 Wünsche, A.: Bibliotheca, Bd. 4, S. 534.

201 Wünsche, A.: Bibliotheca, Bd. 1, S. 86; vgl. M. Ber. r. 2,14, § 16, a.a.O., Bd. 1, S. 70 f.; M. Wajik. r. 11,1, § 13, a.a.O., Bd. 5, S. 87; bErubin 19a, in: Goldschmidt, L.: Talmud, Bd. 2, S. 59.

202 Vgl. Thoma, C.: Land Israel, S. 47.

zehn Theile Schönheit sind in der Welt, neun Theile kommen auf Jerusalem und ein Theil auf die übrige Welt; zehn Theile Weisheit sind in der Welt, neun Theile kommen auf das Land Israel und ein Theil auf die übrige Welt; zehn Theile Gesetzkunde (תורה) giebt es in der Welt, neun Theile kommen auf das Land Israel und ein Theil auf die übrige Welt."

(M. Esther 1,3)(203)

"Rabbi Nathan sagt:
Es gibt keine Liebe wie die Liebe der Torah.
Es gibt keine Weisheit wie die Weisheit des Landes Israel.
Es gibt keine Schönheit wie die Schönheit Jerusalems ...
Rabbi Simeon ben Eleazar sagt: Wenn ein Weiser, der im Lande Israel gelebt hat, das Land verläßt, verschlechtert er sich; einer, der dort lebt, ist ihm überlegen. Aber obwohl der erste sich verschlechtert hat, ist er allen hervorragenden Männern anderer Länder noch immer überlegen. Ein Gleichnis wird erzählt: Womit ist dies zu vergleichen? Mit indischem Eisen, das von Übersee kommt: obwohl es jetzt weniger wertvoll geworden ist im Vergleich zu vorher, ist es noch immer besser als alle hervorragenden Metalle anderer Länder." (eigene Übersetzung)

(ARN 28(204)

Wenn das Land weise macht, liegt es nahe, daß den im Land Lebenden größeres Gewicht zukommt. Dies findet seinen stärksten Ausdruck darin, daß nur die im Land getroffenen Entscheidungen, etwa in bezug auf den Kalender, autoritativ sind:(205)

"R. Saphra sagte: R. Abahu erzählte folgendes: Als R. Hananja, Bruderssohn R. Jehosuas, sich zur Diaspora begab und daselbst, außerhalb des Landes, Schaltjahre ein-

---

203 Wünsche, A.: a.a.O., Bd. 2, S. 16 f.; vgl. bQiddusin 49b, in: Goldschmidt, L.: Talmud, Bd. 6, S. 674.

204 Vgl. Goldin, J.: Fathers, S. 116; vgl. M. Ber. r. 2,14, § 16, in: Wünsche, A.: Bibliotheca, Bd. 1, S. 71; M. Wajik. r. 25,39, § 34, a.a.O., Bd. 5, S. 238; M. Schir ha-Sch. 4,4, a.a.O., Bd. 2, S. 110 f.; bSynhedrin 38b, in: Goldschmidt, L.: Talmud, Bd. 8, S. 608; und bTemura 29a, a.a.O., Bd. 12, S. 93.

205 Vgl. Stemberger, G.: Bedeutung, S. 180; Cohen, G.D.: Zion, S. 42.

setzte und die Monate festsetzte, schickte man ihm zwei
Schriftgelehrte nach. R. Jose b. Kipper und den Sohnes-
sohn des Zekharja b. Qebutal ... Als es (später) dazu
kam, daß er als unrein erklärte und jene als rein erklär-
ten, daß er verbot und jene erlaubten, ließ er von ihnen
bekanntmachen: Diese Männer sind lügenhaft, sie sind
nichtig. Sie sprachen zu ihm: Du hast ja bereits gebaut
und kannst nicht mehr niederreißen, du hast bereits um-
zäunt und kannst nicht mehr durchbrechen. Da fragte er
sie: Warum sprechet ihr rein, was ich unrein spreche?
Warum erlaubt ihr, was ich verbiete? Sie erwiderten: Weil
du außerhalb des Landes Schaltjahre einsetzest und die
Monate festsetzest. Da entgegnete er: Auch Aqiba b. Joseph
setzte außerhalb des Landes Schaltjahre ein und setzte
die Monate fest. Sie erwiderten: Laß R. Aqiba, der im
Jisraélland seinesgleichen nicht hinterlassen hat. Da
sprach er: Auch ich habe im Jisraélland meinesgleichen
nicht hinterlassen. Sie erwiderten: Die Böcklein, die du
hinterlassen hast, sind gehörnte Ziegenböcke geworden;
diese sandten uns zu dir und sprachen zu uns folgendermaßen: Gehet hin und sagt es ihm in unserem Namen; ge-
horcht er, so ist es gut, wenn nicht, so sei er im Bann.
Sagt es auch unseren Brüdern in der Diaspora; gehorchen sie, so ist es gut, wenn nicht, so mögen sie auf
einen Berg gehen, wo Ahija einen Altar errichten, Hananja auf der Harfe spielen, und sie allesamt (Gott) ver-
leugnen und sprechen mögen: Wir haben keinen Anteil
an dem Gott Jisraels. Hierauf begann das ganze Volk
laut zu weinen, indem sie sprachen: Behüte und bewahre,
wir haben einen Anteil an dem Gott Jisraels. - Warum
dies alles? - Weil es ḥeißt: **denn von Çijon geht die Torah aus und das Wort des Herrn von Jerusalem. -"**

(b Berakhoth 63 ab)(206)

---

206 Goldschmidt, L.: Talmud, Bd. 1, S. 286 f.; vgl. pBiccurim
     3,3 in: Schwab, M.: Talmud, Bd. 3, S. 386; vgl. pNeda-
     rim 9,9, a.a.O., Bd. 8, S. 208; bTaanith 23b, in: Gold-
     schmidt, L.: Talmud, Bd. 3, S. 717 f.

5.5 Das Land als bevorzugter Wohnort

Da das Land Israel in so vielerlei Hinsicht ausgezeichnet ist,
wird auch das dortige Wohnen bevorzugt.(207) Sowohl in agadischen Kommentaren als auch in halachischen Bestimmungen wird
dies sehr deutlich gesagt:

> "R. Ami sagte im Namen des Resch Lakisch: In den Ein-
> künften des Auslandes ist kein Segen, erst wenn du wie-
> der in das Land deiner Väter zurückkehrst, werde ich
> mit dir sein. Hier heisst es nur: ich werde mit dir sein,
> aber 2 Sam. 7,9 heisst es: ich werde mit dir sein über-
> all, wo du gehst? Allein weil David die Israeliten ernährt
> hatte, wurde ihm gesagt: ich werde mit dir sein überall,
> wo du gehst, Jacob dagegen sorgte nur für den Unterhalt
> seines Hauses, darum wurde ihm gesagt: Kehre wieder
> in das Land deiner Väter zurück, und ich werde mit dir
> sein."
>
> (M. Ber. r. 31,3, § 84)(208)

> "Man kann jeden zwingen, mit ihm nach dem Jisraéllande
> zu ziehen, niemand aber fortzuziehen; man kann jeden
> zwingen, mit ihm nach Jerusalem zu ziehen, niemand aber
> fortzuziehen, einerlei, ob Männer oder Frauen."
>
> (M. Kethuboth 13,11)(209)

Trotz dieser klaren Stellungnahme wird aber auch eine Spannung deutlich, in der noch einmal die Auseinandersetzung zwischen den großen Akademien in Babylon und denen in Palästina
zum Tragen kommt.(210) Umso mehr fällt es auf, wenn folgende
Begebenheit im palästinischen Talmud zu lesen ist:

----

207 Vgl. Cohen, G.D.: Zion, S. 46 f.; Gradwohl, R.: Land Is-
    rael, S. 57; Safrai, S.: Land, S. 210; Stemberger, G.: Be-
    deutung, S. 184 ff.

208 Wünsche, A.: Bibliotheca, Bd. 1, S. 359.

209 Goldschmidt, L.: Talmud, Bd. 5, S. 356; vgl. Tos. Ketubot
    12,5, in: Neusner, J.: Tosefta, Bd. 3, S. 98; und bArakhin
    3 ab, in: Goldschmidt, L.: a.a.O., Bd. 11, S. 647.

210 Vgl. Stemberger, G.: Bedeutung, S. 176. 193-197; Thoma,
    C.: Land Israel, S. 45 ff.

"Kahana, welcher im Gesetz sehr erfahren war, kam herauf nach dem heiligen Lande. Da fragte ihn ein nichts-
würdiger Bube: Was giebt es Neues im Himmel? Er antwortete: Dein Urtheil ist unterschrieben. Und so geschah es
auch, denn er starb. Dasselbe begegnete auch einem andern, welcher ihn auf gleiche Weise verspottet hatte. Da
dachte Kahana: Was ist das? Ich bin heraufgekommen Gutes zu thun und ich sündige! Bin ich denn heraufgekommen, die Kinder Israel zu tödten? Ich will lieber dahin
zurückkehren, wo ich hergekommen bin. Er begab sich
deshalb zu Rabbi Jochanan und sprach zu ihm: Wenn einen seine rechte Mutter verachtet und seines Vaters Weib
(Nebenweib) ehrt ihn, zu welcher soll er gehen? Rabbi
Jochanan antwortete: Zu derjenigen, welche ihn ehrt. In
Folge dessen begab sich Kahana wieder nach Babylon zurück. Als man dies Rabbi Jochanan erzählte, verwunderte
er sich, dass er ohne Erlaubnis und Abschied fortgereist
wäre. Allein man sagte ihm, dass er durch seine Frage
um Erlaubnis bei ihm nachgesucht und dieselbe durch
die ihm gewordene Antwort auch erhalten habe."

(pBerach. 2,8 (Folie 18 ab))(211)

Selbst wenn eine gewisse Spannung besteht hinsichtlich der Frage, ob und wann man ins Land hinaufziehen soll, ist eines
klar: derjenige, der im Land lebt, soll es nicht wieder verlassen:(212)

"In der Hungersnoth zur Zeit der Richter gaben nach R.
Huna im Namen des R. Acha 42 Sea Aussaat nur 41 Ernte. Es ist aber gelehrt worden, der Mensch soll nur dann
ins Ausland gehen, wenn zwei Sea Weizen einen Sela ko-
sten? Allein das ist nur dann der Fall, sagte R. Simeon
ben Jochai, wenn man überhaupt nichts mehr bekommen
kann; ist dagegen noch etwas zu haben, wenn auch zu
hohem Preise, so darf man nicht ins Ausland gehen. Weil
Elimelech das doch gethan hatte, so wurde er bestraft,
er starb und auch seine Söhne starben."

(M. Ber. r. 26,1, § 64)(213)

----

211   Wünsche, A.: Talmud, S. 11; vgl. M. Schir ha-Sch. 5,5,
      in: Wünsche, A.: Bibliotheca, Bd. 2, S. 136 f.; bBerakhoth
      57a, in: Goldschmidt, L.: a.a.O., Bd. 1, S. 251 f.

212   Vgl. Safrai, S.: Land, S. 210; Stemberger, G.: Bedeutung,
      S. 188 ff.

213   Wünsche, A.: Bibliotheca, Bd. 1, S. 304; vgl. M. Ber. r.

"Rabbi Ula war vom heiligen Lande nach Babylon gezogen und war daselbst dem Tode nahe. Da fing er an zu
weinen. Seine Schüler fragten ihn: Warum weinst du? wir
bringen dich nach deinem Tode nach dem heiligen Lande.
Was habe ich für einen Nutzen davon, entgegnete er, ich
bin doch um meine Perle (Seele) in dem unreinen Lande
gekommen. Denn es ist ein Unterschied, im Schosse seiner Mutter seinen Geist auszuhauchen, als im Schosse einer fremden."

(pKilaim 9,3 (Folie 32b)(214)

Auch in der Frage, ob Juden das Land verlassen dürfen oder
nicht, geht es letztlich um die Beziehung zwischen Israel und
Gott und um die Frage, ob Israel außerhalb des Landes so leben kann, wie es soll:

"**Wohne in diesem Lande.** Nach R. Hosaja (sprach Gott zu
ihm:) Du bist ein fehlerfreies Opfer geworden, sowie nun
ein Opfer, wenn es über die Vorhänge hinauskommt, unbrauchbar wird, so würdest auch du, wenn du aus dem
Lande zögest, unbrauchbar werden."

(M. Ber. r. 26,2, § 64)(215)

12,10, § 40, a.a.O., Bd. 1, S. 182; M. Ruth r. 1,2,
a.a.O., Bd. 3, S. 13.

214 Wünsche, A.: Talmud, S. 72; vgl. pDemai 2,3, in: Schwab,
M.: Talmud, Bd. 2, S. 151; bQiddusin 31b, in: Goldschmidt, L.: Talmud, Bd. 6, S. 611 f.

215 Wünsche, A.: Bibliotheca, Bd. 1, S. 305; vgl. M. Echa r.:
Einleitung der Schriftgelehrten, a.a.O., Bd. 2, S. 17.

6. DAS LAND DES HEILES

6.1 Der Ort der Ruhe

Das Heil, auf das Israel hofft, ist eng verbunden mit dem Land. So sehr dieses Heil als zukünftig gesehen wird, darf dennoch nicht der Gegenwartsbezug übersehen werden. Die in den Abschnitten 2 und 5 beschriebenen Vorzüge des Landes sind ein Teil dieses Heiles. Außerdem wird das Land ausdrücklich als Raum des Friedens und der Ruhe beschrieben:

"Dort wird es euch nicht gestattet sein, so zu tun wie wir heute hier tun, indem jeder das praktiziert, was er selbst als richtig erachtet. Denn ihr seid noch nicht zum Heiligtum gekommen, zum Ort, wo Friede wohnt, und zum Erbe des Landes, das der Herr, euer Gott, euch geben wird. Aber wenn ihr den Jordan überquert habt, und wenn ihr in dem Land wohnt, das der Herr, euer Gott, euch als Erbe geben wird, und wenn Er euch Ruhe gegeben hat von all euren Feinden ringsum, dann werdet ihr das Haus des Heiligtums bauen, und dadurch werdet ihr in Sicherheit wohnen." (eigene Übersetzung)
(Targ. Pal. Dtn 12)(216)

"Die Israeliten begaben sich an einen anderen Ort, wie es heisst Ps. 102,8: 'Ich bin wie ein Einsamer auf dem Dache,' nachher flohen sie, wie die Vögel, von einem Orte zum andern, wie es heisst Prov. 27,8: 'Wie ein Vogel, der fern von seinem Neste schweift, so ein Mann, der fern von seinem Orte schweift.' Als sie in das verheissene Land Israel kamen, fanden sie ein Nest, wie es heisst Ps. 84,4: 'Auch der Vogel findet ein Haus.' Und ebenso sagt David Ps. 132,5: 'Bis ich finde einen Ort für den Ewigen, eine Wohnstätte für den Mächtigen Jacobs.' Darum heisst es auch Ps. 124,7: 'Unsere Seele entrann, wie ein Vogel dem Stricke der Vogelsteller.'"
(M. Schmot r. 13,17, § 20)(217)

---

216 Vgl. Etheridge, J.W.: Targums, Section 47, S. 597 und LeDéaut, Roger: Targum du Pentateuque. Traduction des deux recensions palestiniennes complètes. Bd. 4, S. 116; in: SC 271.

217 Wünsche, A.: Bibliotheca, Bd. 3, S. 157; vgl. M. Ber. r. 37,2, § 84, a.a.O., Bd. 1, S. 409; M. Aboth 5,7, in: Gold-

Die Auffassung des Landes Israel als Ort der Sicherheit wird
schon in die Zeit Noachs zurückverlegt, und auch in diesem Zusammenhang wird das Land mit dem Garten Eden in Verbindung
gebracht:

"Und die Taube kam zu ihm zurück zur Abendzeit und
siehe, sie hatte ein frisches Oelblatt in ihrem Schnabel
... Woher brachte sie es? Nach R. Abba bar Kahana von
den Schösslingen im Lande Israel, nach R. Levi vom Oel-
berge, welcher damals im Lande Israel durch die Fluth
nicht überschwemmt worden war, was auch Gott zu Ezechiel 22, 24 gesagt hat. R. Bibi sagte: Der Taube wurden
die Thore des Paradieses geöffnet, so dass sie das Blatt
bringen konnte."

(M. Ber. r. 8,11, § 33)(218)

Wieder wird das Besondere des Landes Israel auf die Verbindung zur Torah und somit auf die besondere Beziehung mit Gott
zurückgeführt:

"Er sieht die Ruhe, dass sie gut (טוב) ist, nämlich die
Thora, welche Koh. 4,2 טוב gut genannt wird. Und das
Land, dass es lieblich ist. Unter 'Land' (ארץ) ist die
Thora zu verstehen s. Hi. 11,9."

(M. Ber. r. 49,15, § 98)(219)

So ist es auch Gott selbst, der den Frieden und die Sicherheit
im Land gibt:

"Und ich werde Frieden geben im Land, und ihr werdet
dort wohnen, und niemand wird euch ängstigen; und ich
werde im Land Israel die Macht der wilden Tiere vertil-
gen, und das Schwert dessen, der haßt, wird nicht durch
euer Land ziehen." (eigene Übersetzung)

(Targ. Neof. I zu Lev 26,6)(220)

---

schmidt, L.: Talmud, Bd. 9, S. 678 f.; bBerakhoth 7b,
a.a.O., Bd. 1, S. 28.

218 Wünsche, A.: Bibliotheca, Bd. 1, S. 147; vgl. M. Schir ha-
Sch. 1,15, a.a.O., Bd. 2, S. 50; M. Schir ha-Sch. 4,1,
a.a.O., Bd. 2, S. 103; M. Wajik. r. 24,2, § 31, a.a.O.,
Bd. 5, S. 221.

219 Wünsche, A.: a.a.O., Bd. 1, S. 487; vgl. M. Schir ha-Sch.
1,16, a.a.O., Bd. 2, S. 51.

220 Vgl. Diez Macho, A.: Targum, Bd. 3, S. 409 und LeDéaut,
R.: Targum,, Bd. 2, S. 505 f.; in SC 256.

6.2 Die heilvolle Zukunft im Land

Wenn auch die Rabbinen das Land schon jetzt als Ort der Ruhe verstehen, weisen sie zugleich sehr häufig auf das kommende Heil hin. Israel lebt aus der Hoffnung, und diese Hoffnung wird im Land ihre Erfüllung finden.(221)

Die Erfahrung des babylonischen Exils gibt Anlaß, von der Zuversicht zu sprechen, daß das Exil nicht das letzte Wort über Israel ist, sondern daß das Volk – und zwar das ganze – einst ins Land zurückkehren wird:

> "Und er (Mose) sagte: Wenn ich nun vor dem Herrn Erbarmen gefunden habe, dann laß, so bitte ich, die Schechina der Herrlichkeit des Herrn mitten unter uns ziehen; denn es ist ein Volk mit hartem Nacken. Du aber vergib uns unsere Schuld und unsere Sünde, und gib uns das Erbe des Landes, das du unseren Vätern versprochen hast, und tausche uns nicht aus gegen ein anderes Volk. Und Er sprach: Siehe, ich verspreche, daß ich dieses Volk nicht gegen ein anderes Volk austauschen werde; aber von dir wird eine Menge von Gerechten hervorgehen, und vor deinem ganzen Volk werde ich wunderbare Dinge für sie tun zu der Zeit, da sie bei den Strömen von Babel in Gefangenschaft ziehen: denn ich werde sie von dort heraufholen, und ich werde sie von innerhalb des Stromes Sambation wohnen lassen; und ähnliche Wunder sind noch nie unter allen Bewohnern der Erde getan worden, noch inmitten irgendeiner Nation." (eigene Übersetzung)
>
> (Targ. Pal. Ex 34)(222)

> "Rabbi Berekhya und Rabbi Ḥelbo im Namen von Rabbi Shemu'el-bar-Naḥman: in drei Exile gingen die Israeliten ins Exil: einmal innerhalb (= jenseits) des Stroms Sanbatyon, einmal nach Dafne bei Antiochia und einmal, als die Wolke auf sie herabkam und sie bedeckte. Wie sie

---

221 Vgl. Cohen, G.D.: Zion, S. 56 ff.; Thoma, C.: Land Israel, S. 49.

222 Vgl. Etheridge, J.W.: Targums, Section 21, S. 558 f. und LeDéaut, R.: Targum, Bd. 2, S. 271; in: SC 256; vgl. ferner Targ. Is 55,10-13, in: Stenning, J.F.: Targum, S. 186; Targ. Is 60,4, a.a.O., S. 200; Targ. Is 6,13, a.a.O., S. 22; Targ. Is 30,26; a.a.O., S. 100; Targ. Is 54,2, a.a.O., S. 182; Targ. Is 66,9, a.a.O., S. 220.

in drei Exile gingen, so sind auch der Stamm Ruben,
(der Stamm) Gad und der halbe Stamm Manasse in drei
Exile gegangen. Was ist der Grund? (Es steht geschrieben:) **Auf dem Weg deiner Schwester bist du gegangen,
und ich gebe ihren Becher in deine Hand** (Ez 23,31). Und
wie diese zurückkehren werden, werden (auch) jene aus
den drei Exilen zurückkehren. Was ist der Grund? (Es
steht geschrieben:) **Zu den Gefangenen zu sagen: kommt
heraus** (Jes 49,9). Das sind die (von den zehn Stämmen),
die innerhalb (= jenseits) des Stroms Sanbatyon ins Exil
gingen. **Zu denen, die in der Finsternis sind: zeigt euch**
(Jes 49,9). Das sind die, auf die die Wolke herabkam
und sie bedeckte. **An den Wegen werden die weiden, und
an allen Kahlhöhen ihre Weide haben** (Jes 49,9). Das
sind die (Stämme Juda und Benjamin), die nach Dafne
bei Antiochia ins Exil gingen.
(pSanhedrin 10,6(3)(223)

Der Auszug aus dem Exil und der erneute Einzug ins Land werden mit dem Exodus aus Ägypten in Verbindung gebracht,(224)
wobei die zweite Erlösung als eine Überhöhung der ersten gesehen wird:

"(Es heißt Jerem. 16,14:) 'Darum siehe, Tage kommen,
ist der Spruch des Ewigen und nicht mehr wird gesprochen werden: So wahr der Ewige lebt, der die Kinder Israel aus Aegypten herausgeführt hat'. Womit ist die Sache zu vergleichen? Mit einem, der sich nach Kindern
sehnte. Es wurde ihm eine Tochter geboren, da gelobte
er bei ihrem Leben; dann wurde ihm ein Sohn geboren,
da ließ er die Tochter und pflegte bei dem Leben des
Sohnes zu geloben. R. Simeon ben Jochai sagt: Womit ist
die Sache zu vergleichen? Mit einem, der auf dem Weg
ging. Es traf ihn ein Wolf, und er wurde errettet, da
erzählte er die Begebenheit mit dem Wolf. Dann traf ihn
ein Löwe, und er wurde von ihm errettet; da ließ er die

---

223 Wewers, Gerd A.: Sanhedrin. Gerichtshof. Übersetzung des
     Talmud Yerushalmi, Bd. IV,4. Tübingen 1981, S. 294; vgl.
     M. Echa r. 1,1, in: Wünsche, A.: Bibliotheca, Bd. 2, S.
     62; M. Schir ha-Sch. 1,15, a.a.O., Bd. 2, S. 50; M. Schir
     ha-Sch. 8,10, a.a.O., Bd. 2, S. 186; und bBerakhoth 6b,
     in: Goldschmidt, L.: Talmud, Bd. 1, S. 21 f.

224 Vgl. Cohen, G.D.: Zion, S. 58.

Begebenheit mit dem Wolf und pflegte die Begebenheit mit dem Löwen zu erzählen.

(Mech. Bo 16; 13,2)(225)

"Es wird gelehrt: Ben Zoma sprach zu den Weisen: Wird man denn in den messianischen Tagen des Auszuges aus Miçrajim gedenken, es heißt ja: **siehe, Tage kommen, spricht der Herr, und man wird nicht mehr sagen: so wahr der Herr lebt, der die Kinder Jisrael aus dem Nordlande und aus allen Landen, wohin ich sie verstoßen habe, herausgeführt und hergebracht hat.** Sie erwiderten ihm: Nicht etwa, daß die Erwähnung des Auszuges aus Miçrajim ganz abgeschafft werden wird, vielmehr wird die (Erlösung aus der) Knechtschaft der Regierungen Hauptsache, der Auszug aus Miçrajim Nebensache sein. Desgleichen findest du: **dein Name soll nicht mehr Jaqob sein, Jisrael soll dein Name sein;** nicht etwa, daß der Name Jaqob ganz abgeschafft werde, vielmehr soll Jisrael Hauptname und Jaqob Nebenname sein. Desgleichen heißt es: **Gedenket des Ersteren nicht und nach dem Früheren sehet euch nicht um. Gedenket des Ersteren nicht,** dies ist die Knechtschaft der Regierungen, **und nach dem Früheren sehet euch nicht um,** dies ist der Auszug aus Miçrajim."

(bBerakhoth 12b – 13a)(226)

Auch der erneute Einzug Israels ins Land ist verbunden mit seinem Leben nach der Torah:

"Gott sprach: In dieser Welt wollten sie alle in das Land Israel, allein in Folge ihrer Sünden sind sie daraus verbannt worden, aber einst werdet ihr frei von Sünde und Schuld sein, dann pflanze ich euch in ungestörter Ruhe (eig. als ruhige Pflanzung) hinein, wie es heisst Am. 9,15: 'Ich pflanze sie fest in ihrem Lande, dass sie nicht mehr ausgerissen werden aus ihrem Lande.'"

(M. Debar. r. 9,1)(227)

---

225 Winter, J. und Wünsche, A.: Mechilta, S. 57.

226 Goldschmidt, L.: Talmud, Bd. 1, S. 54; vgl. pBerakhoth 1,6 (4a) in: Horowitz, C.: Berakhoth, S. 41; Mech. Bo 16; 13,3, in: Winter, J. und Wünsche, A.: a.a.O., S. 58; Targ. Is. 43,2-8, in: Stenning, J.F.: Targum, S. 144.

227 Wünsche, A.: Bibliotheca, Bd. 3, S. 50; vgl. Targ. Pal.

Wenn Israel in das Land zurückkehrt, wird es dort Ruhe finden. Diese Rückkehr ist jedoch zunächst an die Überwindung der feindlichen Völker gebunden. Diese wird parallel zur ersten Eroberung des Landes gesehen, wobei die damals unvollständige Besitznahme bei der Rückkehr aus dem Exil zur Vollendung gelangen wird:

"R. Chelbo sagte im Namen des R. Abba im Namen des R. Jochanan: Gott kam auf den Gedanken, den Israeliten ein Land mit 10 Völkerschaften zu Theil werden zu lassen, er gab ihnen aber nur sieben, nämlich Chiti, Perisi, Rephaim, Amori, Kenaani, Girgasi und Jebusi. Warum grade sieben? Der Grund dafür ist schon oben angegeben. Welche drei gab er ihnen nicht? Rabbi sagte: Arabia, Schelmaja und Mutija; R. Simeon ben Jochai sagte: Damaskus (in Cölesyrien), Kleinasien und Apamea, R. Elieser ben Jacob sagte: Kleinasien, Thracien und Carthagena; die Rabbinen endlich sagen: Edom, Moab und das Erste der Kinder Ammon. Diese drei sind es, welche ihnen Gott in dieser Welt nicht gab, Edom s. Deut. 2,5, Moab s. das. 2,9, Kenisi von Esau, Keni und Kadmoni von Ammon und Moab stammend; erst in den Tagen des Messias werden diese wieder an Israel kommen, um das Wort Gottes zu erfüllen; für jetzt wurden ihnen nur sieben gegeben s. Deut. 7,1. R. Jizchak sagte: Die Sau weidet mit zehn Ferkeln, das Lamm nicht einmal mit einem. Gott versprach dem Abraham das Land der zehn Völker, als sein Weib Sarai noch nicht geboren hatte."

(M. Ber. r. 15,18, § 44)(228)

"Dereinst, wenn das Ende gekommen ist, sagt der Heilige, geb. s. e., nicht zu den Völkern: So und so habt ihr meinen Kindern getan. Sondern sofort kommt er und zerbricht das Joch und zerhaut die Jochstangen. Denn es heißt: **Und ich zerbrach die Stangen eueres Joches.** Und ferner heißt es: Der Ewige ist gerecht, er zerhaut die Stricke der Bösewichte."

(Sifra Bechukkotaj Per. 3)(229)

Dtn 30, in: Etheridge, J.W.: Targums, Section 51, S. 653; Targ. Is 27,5 f., in: Stenning, J.F.: Targum, S. 84; Targ. Is. 42,6 f., a.a.O., S. 140.

228   Wünsche, A.: Bibliotheca, Bd. 1, S. 209; vgl. pSchebiith 6,1, in: Schwab, M. Talmud, Bd. 2, S. 377.

229   Winter, J.: Sifra, Bd. 2, S. 650; vgl. Sifra Bechukkotaj

Nachdem die Feinde Israels überwunden sind, wird Israel in Sicherheit und Frieden im Land leben können:

"**Und ihr leget euch nieder, und Niemand schreckt auf.** Nicht fürchtend irgend ein Geschöpf. **Und ich schaffe das wilde Getier weg aus dem Lande.** R. Jehuda sagt: Er schafft sie weg aus der Welt. R. Schimon sagt: Er macht sie ruhen, daß sie nicht schädigen. Es sagte R. Schimon: Wann ist Lob für Gott, wenn Schädigende nicht vorhanden sind, oder wenn Schädigende vorhanden sind und nicht schädigen? Sage: Wenn Schädigende vorhanden sind und nicht schädigen. Und so heißt es: Psalmlied für den Sabbattag (Psalm 92,1). Dem, der die Schädigenden aus der Welt weg schafft, (das ist) er macht sie ruhen, daß sie nicht schädigen. Und so heißt es: Und der Wolf weilt bei dem Lamme, und der Parder lagert bei den Zicklein und Kalb und junger Löwe und Mastvieh sind zusammen, und ein kleiner Knabe führt sie. Und Kuh und Bärin frißt wie das Rind Stroh. Und es spielt der Säugling an dem Schlupfloch der Natter, und nach der Augenleuchte des Basilisken streckt das Entwöhnte seine Hand (Jesaia 11,6-8). Es lehrt, daß ein Kind von Israel in Zukunft seine Hand strecken wird nach dem Augapfel des Basilisken und das Bittere aus seinem Munde herausnehmen wird. Und so heißt es: Das Entwöhnte streckt seine Hand. Das ist ein Wildtier, welches die Menschen umbringt. **Und ein Schwert soll durch euer Land nicht ziehen.** Es ist nicht nötig zu sagen, daß sie nicht über euch zum Kriege kommen werden, sondern daß die Vorbeiziehenden und Zurückkehrenden nicht von einer Provinz in die andere ziehen werden in der Weise, wie sie in den Tagen des Joschijahu vorübergezogen sind."

(Sifra Bechukkotaj Per. 2)(230)

"Desgleichen sagst (liest) du: 'Und sie werden sitzen, jeder unter seinem Weinstock und unter seinem Feigenbaume, und niemand schrecket, denn der Mund des Ewigen der Heerscharen hat geredet' (Micha 4,4). Und wo

---

Per. 2, a.a.O., Bd. 2, S. 648; Targ. Is. 53,1-12, in: Stenning, J.F.: Targum, S. 178.180; Targ. Pal. Dtn 34, in: Etheridge, J.W.: Targums, Section 54, S. 681; M. Echa r. 1,10, in: Wünsche, A.: Bibliotheca, Bd. 2, S. 74 f.

230 Winter, J.: Sifra, Bd. 2, S. 647 f.

hat er es geredet? 'Ich werde Frieden im Lande geben'
u.s.w. (Lev. 26,6)."

(Mech. Bo 12; 12,25)(231)

Nach seiner Rückkehr ins Land wird Israel nicht nur hinsichtlich der Völker ringsum im Frieden leben können. Das Land
selbst wird gesegnet sein,(232) wie es Israel verheißen wurde:

"Und ihr werdet in dem Lande wohnen. Und nicht Ver-
bannte werdet ihr sein. In Sicherheit. Nicht als Verstreu-
te. Und geben wird das Land seinen Ertrag, und ihr
werdet essen zur Sättigung. Daß der Mensch viel zu essen und satt sein wird. Worte des R. Jehuda ... Ein anderes Wort: Ihr werdet essen zur Sättigung. Es wird auf
seinem Tische kein Ding fehlen, das ihm nicht gebracht
würde. Und ihr werdet wohnen ... in Sicherheit. Nicht
verstreut und nicht geängstigt. Auf ihm. Und nicht Ver-
bannte."

(Sifra Behar Per. 4)(233)

"Und du sollst dein Getreide und deinen Most sammeln ...
Und nicht nach der Art, wie es heisst: 'Und wenn Israel
gesät hatte, zogen die Midianiter und Amalekiter und die
aus dem Osten herauf, und sie lagerten sich und zogen
gegen sie heran und vernichteten die Früchte des Landes' (Richt. 6,3 f.), sondern nach der Art, wie es
heisst: 'Denn die es einernten, werden es verzehren und
den Herrn preisen; und die es einsammeln, werden es
trinken in den Vorhöfen meines Heiligtums' (Jes. 62,9)."

(Sif. Deut. 11,14, § 42)(234)

----

231   Winter, J. und Wünsche, A.: Mechilta, S. 39; vgl. Targ.
      Is. 11,6, in: Stenning, J.F.: Targum, S. 40; Is. 28,6,
      a.a.O., S. 86; Targ. Is. 54,15, a.a.O., S. 184; Targ. Is.
      35,6.8-10, a.a.O., S. 114; Targ. Is. 32,16-18, a.a.O., S.
      104.106.

232   Vgl. Thoma, C.: Land Israel, S. 49; Stemberger, G.: Be-
      deutung, S. 192.

233   Winter, J.: Sifra, Bd. 2, S. 627.

234   Kittel, G.: Sifre, S. 99 f.; vgl. Mech. ki thissa (Masech
      de Schabtha) 1; 31,15, in: Winter, J. und Wünsche, A.:
      Mechilta, S. 338; M. Koh. 1,4, in: Wünsche, A.: Bibliothe-
      ca, Bd. 1, S. 9; M. Bamid. r. 7,48; § 14, a.a.O., Bd.
      4, S. 348 f.; Targ. Is. 30,23, in: Stenning, J.F.: Targum,

Zur segensreichen Rückkehr Israels in sein Land gehört der Wiederaufbau Jerusalems, der Mitte des Landes, unbedingt dazu. Auch diese Hoffnung kommt in den rabbinischen Schriften wiederholt zum Ausdruck:

"Sie kamen nahe an den Tempelberg und sahen einen Schakal aus der Stätte des Allerheiligsten herauskommen. Da fingen sie an zu weinen, aber R. Aqiba lachte. Da sagten sie zu ihm: Aqiba, immer tust du Wunderliches; du lachst während wir weinen. Er sprach zu ihnen: Und ihr, warum weint ihr? Sie sprachen zu ihm: Warum sollen wir nicht weinen wegen einer Stätte, von der es heisst: 'Und ein Fremder, der sich naht, soll getötet werden' (Nu. 1,51); und siehe, ein Schakal kommt von da heraus. Über uns bestätigt sich: 'Darüber ist unser Herz siech geworden, darüber unser Auge trübe: über den Berg Zion, der öde ist, auf dem Schakale sich tummeln' (Thren. 5,17 f.). Da sagte er zu ihnen: Auch ich, eben deshalb lachte ich. Denn so heisst es: 'Und ich nahm mir glaubhafte Zeugen, Uria, den Priester, und Sacharja, den Sohn des Jeberechja' (Jes. 8,2). Und welche Beziehung besteht zwischen Uria und Sacharja? Was sagte Sacharja? 'Noch werden Greise und Greisinnen auf den Strassen Jerusalems sitzen, jeder mit seinem Stab in der Hand wegen der Menge von Lebenstagen' (Sach. 8,4). Und was sagte Uria? 'Darum, um euretwillen wird Zion zum Feld umgepflügt werden und Jerusalem wird ein Schutthügel und der Tempelberg eine bewaldete Höhe sein' (Micha, 3,12). Da sprach zu ihm der Heilige, g.s.E.: Siehe, ich habe die beiden Zeugen. Wenn die Worte des Uria bestätigt sind, so sind auch die Worte des Sacharja bestätigt; und wenn die Worte des Uria hinfällig sind, so sind auch die Worte des Sacharja hinfällig. Ich freue mich, dass die Worte des Uria bestätigt sind, denn dann werden schliesslich auch die Worte des Sacharja bestätigt werden. Und mit diesem Ausdruck sagten sie zu ihm: Aqiba, Aqiba, du hast uns getröstet!"

(Sif. Deut. 11,16, § 43)(235)

"Es heißt: **Über deine Mauern, Jerusalem, habe ich Wächter bestellt; den ganzen Tag und die ganze Nacht schwei-**

S. 98; Targ. Is. 43,20, a.a.O., S. 146; bSabbath 30b, in: Goldschmidt, L.: Talmud, Bd. 1, S. 520.

235 Kittel, G.: a.a.O., S. 105 f.

gen sie nicht; die ihr den Herrn anruft, euch sei keine Ruhe. Was sagen sie? Raba b. R. Sila erwiderte: Du erhebst dich, dich Çijons zu erbarmen. R. Nahmann b. Jiçhaq erwiderte: Der Herr baut Jerusalem wieder auf. - Was hatten sie vorher gesagt? Raba b. R. Sila erwiderte: Denn der Herr hat Çijon erwählt, er hat es zum Wohnsitze für sich begehrt."

(b Menahoth 87a)(236)

Die Hoffnung auf den Wiederaufbau Jerusalems schließt die Hoffnung auf die erneute Gegenwart Gottes in der Mitte seines Volkes mit ein. Auch dieser schauen die Rabbinen voller Zuversicht entgegen, und zwar so sehr, daß sie sogar davon sprechen können, daß Gott selbst erlöst wird:

"R. Akiba sagt: Wenn nicht eine Schriftstelle geschrieben stände, zu sagen wäre es nicht möglich. Wenn man so sagen darf, sprachen die Israeliten vor dem Heiligen, geb. s. er!: Dich selbst hast du erlöst. Ebenso findest du, daß überall, wohin sie (die Israeliten) verbannt wurden, die Schechina mit ihnen war. Sie wurden nach Aegypten verbannt, die Schechina war mit ihnen, wie es heißt (1. Sam. 2,27): 'Ich war verbannt nach dem Hause deines Vaters, als sie in Aegypten waren'. Sie wurden nach Babel verbannt, die Schechina war mit ihnen, wie es heißt (Jes. 43,14: 'Um euertwillen ward ich nach Babel geschickt'. Sie wurden nach Elam verbannt, die Schechina war mit ihnen, wie es heißt (Jer. 49,38): 'Ich stellte meinen Thron in Elam auf'. Sie wurden nach Edom verbannt, die Schechina war mit ihnen, wie es heißt (Jes. 63,1): 'Wer ist der, welcher von Edom kommt, in hochroten Kleidern von Bozra'? Und wenn sie einst zurückkehren, wird, wenn es möglich ist zu sagen, die Schechina mit ihnen sein, wie es heißt (Deut. 30,3): 'Und zurückkehren wird der Ewige, dein Gott, mit deinen Gefangenen'. Es heißt nicht והשיב, und zurückführen wird, sondern: ושב und zurückkehren wird'."

(Mech. Bo 14; 12,41)(237)

----

236 Goldschmidt, L.: Talmud, Bd. 10, S. 669; vgl. bBerakhoth 58b, a.a.O., Bd. 1, S. 261; Targ. Is. 49,13-20, in: Stenning, J.F.: Targum, S. 166.168; M. Debar. r. 12,20, § 4, in: Wünsche, A.: Bibliotheca, Bd. 3, S. 63; M. Ruth r. 1,2, a.a.O., Bd. 3, S. 10; pBerakhoth 2,4 (4d) in: Horowitz, C.: Berakhoth, S. 62.

237 Winter, J. und Wünsche, A.: Mechilta, S. 49; vgl. bMegilla

Wie wir in anderen Zusammenhängen schon gesehen haben, wird
das Land als gesegnetes, heilvolles Land der Zukunft schließlich ebenfalls mit dem Garten Eden in Verbindung gebracht:

"**Und die Erde gibt ihren Ertrag.** Nicht in der Weise,
wie sie jetzt tut, sondern in der Weise, wie sie in den
Tagen Adam's, des Ersten, getan hat. Und woher, daß
in Zukunft die Erde besät und Früchte am selben Tage
bringen wird? Darum heißt es: Gedächtnis stiftete er seinen Wundern (Psalm 111,4). Und so heißt es: Sprossen
lasse die Erde Gesproß, Kraut (Genesis I,11). Es lehrt,
daß am selben Tage, an welchem sie besät wurde, am
selben Tage sie Früchte hervorbringt. **Und der Baum des
Feldes wird seine Frucht geben.** Nicht in der Weise, wie
er es jetzt macht, sondern in der Weise, wie er es in
den Tagen Adam's, des Ersten, gemacht hat. Und woher
daß in Zukunft gepflanzt und Früchte am selben Tage
bringen wird? Darum heißt es: Gedächtnis stiftete er seinen Wundern. Und es heißt: Fruchtbaum, Frucht bringend
nach seiner Art (Genesis daselbst). Es lehrt, daß am selben Tage, da er gepflanzt ist, er am selben Tage Früchte bringt."

(Sifra Bechukkotaj Per. 1)(238)

"**Und ich setze meine Wohnung in euere Mitte.** Dies ist
das Haus des Heiligtums. **Und meine Seele verabscheut
euch nicht.** Nachdem ich euch erlöse, werde ich euch
nicht wieder verwerfen. **Und ich wandle in euerer Mitte.**
Sie haben ein Gleichnis angeführt. Wem gleicht die Sache?
Einem König, der hinausging, um mit seinem Gärtner zu
lustwandeln. Dieser Gärtner aber verbarg sich vor ihm.
Der König sprach zu diesem Gärtner: Was hast du dich
vor mir zu verbergen? Siehe, ich bin deinesgleichen. So
wird dereinst der Heilige, gebenedeit sei er, mit den
Frommen im Garten Eden lustwandeln. Und die Frommen
sehen ihn und erbeben vor ihm. Aber der Heilige, gebenedeit sei er, sagt zu den Frommen: Was habt ihr vor
mir zu erbeben? Siehe, ich bin euresgleichen. Man könn-

29a, in: Goldschmidt, L.: Talmud, Bd. 4, S. 119 f.; Sif.
Num 35,34, § 161, in: Kuhn, K.G.: Sifre, S. 689; M. Ba-
mid. r. 5,30, § 9, in: Wünsche, A.: Bibliotheca, Bd. 4,
S. 198 f.

238 Winter, J.: Sifra, Bd. 2, S. 646; vgl. M. Schmot r. 39,32,
§ 52, in: Wünsche, A.: Bibliotheca, Bd. 3, S. 348.

te glauben, ihr werdet nicht Ehrfurcht vor mir haben. Darum heißt es: **Und ich werde euch zum Gotte sein, und ihr werdet mir zum Volke sein.** Wenn ihr aber betreffs all dieser Worte nicht vertrauen zu mir habt, **Ich bin der Ewige, euer Gott, der ich euch herausgeführt habe usw.** Ich bin der, der ich euch Wunder in Mizrajim getan habe, ich bin der, der ich euch in Zukunft alle diese Wunder tun werde."

(Sifra Bechukkotaj Per. 3)(239)

6.3 Der Segen der Völker

Wenn Israel in Frieden im gesegneten Land lebt, werden die Völker nicht nur als überwundene Feinde in Erscheinung treten. Sie sind in der heilvollen Zeit mit eingeschlossen, indem sie aktiv zum Glück Israels beitragen und ihrerseits selbst an diesem Glück teilhaben:(240)

"**Und du sollst sammeln dein Getreide, deinen Most und dein Öl.** Dass das Land Israel voll sein wird von Getreide, Most und Öl, und alle Länder ausgiessen, es mit Silber und Gold zu füllen, nach der Art wie es heisst: 'Und Joseph sammelte alles Silber,' (Gen. 47,14), und ferner heisst es: 'Und wie deine Meere ist dein Fluss' (Deut. 33,25). Das bedeutet, dass alle Länder Silber und Gold hinströmen liessen zum Lande Israel."

(Sif. Deut. 11,14, § 42)(241)

"**Ein Land, für das Jahve, dein Gott, sorgt.** Rabbi sagt: Ob er etwa dafür allein sorgt? Er sorgt doch für alle Länder, wie es heisst: 'Um regnen zu lassen auf ein Land, in dem kein Mann ist, eine Wüste, in der kein Mensch ist' (Hiob 38,26). Und was ist es für eine Belehrung, wenn es heisst: **Ein Land, für das Jahve, dein Gott sorgt?** Es ist gleichsam so: Er sorgt nur für es allein, aber als Gewinn des Sorgens, mit dem er für es sorgt, sorgt er zugleich für alle Länder. Desgleichen liest man: 'Siehe, der Hüter Israels schläft nicht, noch schlummert er' (Psalm 121,4). Hütet er etwa Israel al-

---

239 Winter, J.: a.a.O., Bd. 2, S. 649.

240 Vgl. Cohen, G.D.: Zion, S. 57.

241 Kittel, G.: Sifre, S. 99.

182

lein? Er hütet doch alle, wie es heisst: 'In dessen Hand
die Seele alles Lebendigen ist und der Geist jedes Men-
schenleibes' (Hiob 12,10). Und was ist es für eine Belehrung, wenn es heisst: 'Hüter Israels'? Es ist gleichsam
so: er behütet nur Israel, aber als Lohn des Behütens,
mit dem er sie behütet, behütet er alle mit ihnen."

(Sif. Deut. 11,12, § 40)(242)

Auch in bezug auf die Völker ist Jerusalem der Mittelpunkt:

"Wie erklärst du 'Und Damaskus ist seine Ruhestätte'?
Aus dieser Stelle folgt, dass Jerusalem bis Damaskus hin-
reichen wird, wie es heisst: 'Und Damaskus ist seine Ruhestätte'. Denn unter 'Ruhestätte' ist nichts anderes zu
verstehen als Jerusalem, wie es heisst: 'Dies ist meine
Ruhestätte in Ewigkeit' (Ps. 132,14). Da sagte er zu ihm:
Wie erklärst du: 'Und die Stadt wird gebaut auf ihrem
Hügel' (Jer. 30,18)? Jener antwortete: Dass sie doch nicht
weichen wird von ihrem eigenen Orte. Da sagte er zu
ihm: Wie erkläre ich: 'Und sie wird sich ausbreiten und
wird sich nach oben hin wenden usf., ringsumher um
das Haus; darum ist die Weite des Hauses nach oben'
(Ez. 41,7)? Dass das Land Israel sich ausbreiten wird
und nach allen Seiten emporkommen wird, wie der Feigenbaum, der unten schmal ist. Und die Tore Jerusalems
werden bis Damaskus reichen. Und ebenso heisst es: 'Deine Nase ist wie der Turm des Libanon, der da nach Damaskus hinschaut' (Cant. 7,5). Und die Exulanten werden kommen und darin sich lagern, wie es heisst: 'Und
Damaskus ist seine Ruhestätte'; und ferner heisst es:
'Und es wird geschehen am Ende der Tage, da wird der
Berg des Hauses Gottes an der Spitze der Berge feststehen und wird höher sein als die Hügel, und alle Völker
werden zu ihm strömen'; und weiter heisst es: 'Es werden viele Völker kommen und werden sprechen: Auf, lasst
uns hinaufziehen zum Hause des Gottes Jakob, dass er
uns seine Wege lehrt, und dass wir wandeln in seinen
Pfaden; denn Lehre geht von Zion aus und das Wort des
Herrn von Jerusalem' (Jes. 2,2 f.)."

(Sif. Deut. 1,1, § 1)(243)

---

242 Kittel, G.: a.a.O., S. 85; vgl. M. Schir ha-Sch. 1,5, in:
     Wünsche, A.: Bibliotheca, Bd. 2, S. 31; M. Wajik. r. 26,3,
     § 35, a.a.O., Bd. 5, S. 251; Sifra Bechukkotaj Per. 1, in:
     Winter, J.: Sifra, Bd. 2, S. 645 f.

243 Kittel, G.: Sifre, S. 6 f.; vgl. M. Schir ha-Sch. 7,5, in:

In dem zuletzt angeführten Text ist deutlich, worum es hinsichtlich der Völker im letzten geht: sie werden Anteil erhalten an der Berufung Israels. Aus verschiedenen Texten geht hervor, daß diese auf die Völker hin offen ist, und daß sie schließlich Anteil erhalten sollen an dem, worum es in der Landgabe geht:

> **"Und sie lagerten in der Wüste.** Die Thora ist gegeben worden als Gemeingut (allen Völkern gehörend), öffentlich an einem herrenlosen Orte; denn wäre dieselbe im Lande Israel gegeben worden, so hätten wa (die Israeliten) zu den Völkern sprechen können, daß sie keinen Teil daran haben. Darum ist sie als Gemeingut, öffentlich an einem herrenlosen Orte gegeben worden; und jeder, der sie annehmen will, komme und nehme sie an."
>
> (Mech. Jithro (Bachodesch) 1; 19,2)(244)

> "Desgleichen sagst (liest) du: 'Und es wird sein, jeder, der den Namen des Ewigen anruft, wird gerettet werden' u.s.w., wie der Ewige gesprochen hat' (Joel 3,5). Und wo hat er es gesprochen? 'Und alle Völker der Erde werden sehen, daß der Name des Ewigen über die genannt ist' (Deut. 28,10). Desgleichen sagst (liest) du: 'Und auch von ihnen werde ich zu Priestern, zu Leviten nehmen, sprach der Ewige' (Jes. 66,21). Und wo hat er es gesprochen? 'Das Verborgene ist des Ewigen, unseres Gottes' u.s.w. (Deut. 29,28). Auch hier sagst du: 'Und es wird sein, wenn ihr in das Land kommt u.s.w., wie er geredet hat'. Die Schrift hängt diesen Dienst (an die Zeit) von ihrem Kommen in das Land und weiter. Wo hat er es aber geredet? 'Und ich werde euch in das Land bringen' (Ex. 6,8)."
>
> (Mech. Bo 12; 12,25)(245)

Wünsche, A.: Bibliotheca, Bd. 2, S. 170 f.; und Piska 41,2, in Braude, W.G.: Pesikta, Bd. 2, S. 725 f.; ARN 35, in: Goldin, J.: Fathers, S. 147; vgl. M. Schir ha-Sch. 1,5, in: Wünsche, A.: Bibliotheca, Bd. 2, S. 31; M. Schir ha-Sch. 4,4, a.a.O., Bd. 2, S. 114 f.; Targ. Is. 56,6 f., in: Stenning, J.F.: Targum, S. 188; Stemberger, G.: Bedeutung, S. 193.

244 Winter, J. und Wünsche, A.: Mechilta, S. 193; vgl. Mech. Jithro (Bachodesch) 5; 20,2, a.a.O., S. 208.

245 Winter, J. und Wünsche, A.: a.a.O., S. 40; vgl. pBiccurim 1,4, in: Schwab, M.: Talmud, Bd. 3, S. 362; Sif. Num. 10,31, § 80; in: Kuhn, K.G.: Sifre, S. 210 f.; bPesahim

6.4 Das Land und die kommende Welt

In den oben angeführten Texten war mehr als einmal zu erkennen: die erwartete heilvolle Zukunft wird zwar im Zusammenhang
mit vergangenen Ereignissen, vor allem dem Babylonischen Exil,
zur Sprache gebracht, aber es handelt sich bei der Zukunfts-
erwartung der Rabbinen keineswegs nur um die schon geschehe-
ne Rückkehr Israels nach dem Babylonischen Exil. Vielmehr geben die Ereignisse der Vergangenheit Anlaß, auf eine noch ausstehende Zukunft zu hoffen.(246) Wie sehr diese Zukunft, die
noch erwartet wird, im Land verankert ist, soll in diesem letzten Abschnitt aufgezeigt werden. Dabei wird deutlich, daß diese
Zukunft zeitlich vielschichtig ist. In den oben angeführten Texten wurden keine Zeitangaben gemacht; die beschriebene heilvolle Zukunft ist nichts von dieser Welt Getrenntes. In den folgenden Texten wird diese Zukunft mit dem Messias in Verbindung gebracht und schließlich mit der kommenden Welt. Dabei
finden wir zum Teil dieselben Themen wieder wie im Abschnitt
6.2.

Wenn das Land von fremden Herrschern unterjocht ist, wird der
Messias kommen,(247) um das Land zu befreien und die Verbannten Israels dorthin zurückzuführen:

> "'Mein Freund antwortete und sprach zu mir.' R. Asarja
> hat gesagt: Ist nicht עייה , antworten dasselbe wie אָמירה,
> sprechen? Allein der Sinn ist: Er antwortete mir durch
> Elia und sprach zu mir durch den König Messias. Und
> was sprach er zu mir? 'Auf, komm! denn siehe, der Win-
> ter ist vergangen.' Darunter ist das frevelhafte Reich
> zu verstehen, was die Geschöpfe (Menschen) überredet
> (verführt) vergl. Deut. 13,7: 'So denn Bruder, der Sohn
> deiner Mutter dich verführt.' 'Der Regen ist vorüber,
> fortgezogen,' nämlich die Unterjochung (Knechtschaft).
> 'Die Blüthen werden sichtbar in unserem Lande,' das
> sind nach R. Eleasar die vier Werkmeister: Elia, der Kö-
> nig Messias, Melchizedek und der zum Kampfe gesalbte

87b, in: Goldschmidt, L.: Talmud, Bd. 2, S. 585 f.; M.
Bamid. r. 5,6, § 8, in: Wünsche, A.: Bibliotheca, Bd. 4,
S. 130; Targ. Is. 61,11, in: Stenning, J.F.: Targum, S.
204.

246 Vgl. Stemberger, G.: Bedeutung, S. 191; Schubert, K.: Land
Israel, S. 87.

247 Vgl. Cohen, G.D.: Zion, S. 56.

Priester. 'Die Zeit des Schneidens ist gekommen' d.i. es ist die Zeit gekommen, dass die Orla abgeschnitten werde; es ist die Zeit gekommen, dass die Frevler zerbrochen werden vergl. Jes. 14,5: 'Der Ewige zerbricht den Stab der Frevler, den Stecken der Herrscher.' Es ist die Zeit gekommen, dass das frevelhafte Reich aus der Welt entwurzelt werde; es ist die Zeit gekommen, wo das Himmelreich sich offenbart, wie es heisst Sach. 14,9: 'Und der Ewige wird König sein über die ganze Erde.' 'Und die Stimme der Turteltaube wird in unserm Land vernommen' d.i. der Messias vergl. Jes. 52,7: 'Wie lieblich auf den Bergen sind die Füsse des Botschaftbringers.' 'Der Feigenbaum reifet seine Feigen.' R. Chija bar Abba hat gesagt: Den Tagen des Messias wird eine grosse Pest vorangehen, in welcher die Frevler aufgerieben werden. 'Und des Weinstocks Blüthen verbreiten Duft' d.s. die Uebriggebliebenen, wie es heisst Jes. 4,3: 'Und die Uebriggebliebenen in Zion und die Geretteten in Jerusalem.'"

(Pes. R. Kah. 5)(248)

"Warum kommt aber der Messias und was ist seine Aufgabe? Die Zerstreuten Israels zu sammeln und den Heiden 30 Gebote zu geben s. Sach. 11,12. Nach Rab wird der Messias 30 Helden (d.i. 30 Gerechte), nach R. Jochanan aber 30 Gebote aufstellen. Man wandte hierauf dem R. Jochanan ein: Sollte er denn nicht gehört haben, dass der Prophet nur von den Völkern der Welt spricht? Nach der Meinung Rabs werden viele Israeliten (zur Zeit, wenn der Messias kommt), wenn sie es verdienen, im israelitischen Lande und nur wenige in Babylon sein."

(M. Ber. r. 49,11, § 98)(249)

Auch dann, wenn der Messias nicht erwähnt wird, betont die rabbinische Tradition, daß derjenige, der im Land lebt, auch an der zukünftigen Welt Anteil haben wird:

----

248 Wünsche, A.: Pesikta, S. 61; vgl. Targ. Pal. Ex 40, in: Etheridge, J.W.: Targums, Section 23, S. 577; Targ. Pal. Nm 11, a.a.O., Section 36, S. 374 f.; M. Echa r. 1,13, in: Wünsche, A.: Bibliotheca, Bd. 2, S. 78; M. Schir ha-Sch. 8,11, a.a.O., Bd. 2, S. 188; bSynhedrin 98 ab, in: Goldschmidt, L.: Talmud, Bd. 9, S. 71.

249 Wünsche, A.: Bibliotheca, Bd. 1, S. 485; vgl. bSynhedrin 98a, in: Goldschmidt, L.: a.a.O., Bd. 9, S. 70.

"R. Jochanan sagte: Drei gehören zu den Erben der zukünftigen Welt, und zwar: wer im Jisraelland wohnt, wer
seine Kinder zum Studium der Tora erzieht, und wer an
den Sabbathausgängen den Unterscheidungssegen über
Wein spricht."

(b Pesahim 113a)(250)

"Besser ein trockener Bissen und Ruhe damit. R. Jochanan
hat gesagt: Damit ist das Land Israel gemeint; denn
selbst wenn ein Mensch nur Brot und Salz hat, aber im
Lande Israel wohnt, so darf er sich versichert halten,
dass er ein Sohn des künftigen Lebens ist. **Als ein Haus
voll zänkischer Opfer** d.i. als ausser dem Lande zu leben, wo Gewalttätigkeiten und Beraubungen so häufig
sind. R. Jochanan hat gesagt: Wer im israelitischen Lande auch nur eine Stunde lang geht und dort stirbt, kann
sicher sein, dass er ein Sohn der künftigen Welt ist,
denn es steht geschrieben: 'Sein Land sühnt ihn.'"

(M. Mischle 17,1)(251)

Mit der Frage, ob diejenigen, die am Land keinen Anteil erhiel-
ten, auch vom Leben der zukünftigen Welt ausgeschlossen sind,
tut sich die rabbinische Tradition schwerer. Trotz des Schwures
Gottes, daß die Wüstengeneration nicht in seine Ruhe einziehen
wird, zeigen die Rabbinen auf, daß sie in der letzten Erfüllung
der Verheißung mit eingeschlossen sind:

"Das Geschlecht der Wüste hat keinen Antheil an der
künftigen Welt und es sieht nicht das künftige Leben,
wie es heisst Num. 14,35: In dieser Wüste sollen sie um-
kommen d.i. in dieser Welt und daselbst sterben d.i. in
jener Welt vergl. Ps. 95,11. Das ist die Meinung des
Rabbi Akiba. Rabbi Elieser verweist dagegen auf Ps.
50,5. Nach Rabbi Josua ist erstere Stelle so zu verstehen:
Zuweilen schwöre ich und führe den Schwur auch aus,
zuweilen aber schwöre ich und führe den Schwur nicht
aus. Nach Rabbi Josua ben Manasja sind in der zweiten
Stelle unter den Worten 'meine Frommen' diejenigen zu
verstehen, die nach meinem Willen gelebt haben, und un-

---

250   Goldschmidt, L.: Talmud, Bd. 2, S. 656; vgl. pSchabbath
      1,3, in: Wünsche, A.: Talmud, S. 93 f.; vgl. Stemberger,
      G.: Bedeutung, S. 191.

251   Wünsche, A.: Bibliotheca, Bd. 4, S. 53; vgl. bSynhedrin
      92 ab, in: Goldschmidt, L.: a.a.O., Bd. 9, S. 39 f.

ter den Worten 'meine Verbündeten' die Opfer, welche sie
mir gebracht d.h. die, welche sich für meinen Namen ge-
opfert haben. Rabbi Josua ben Karcha will auf diese Geschlechter Jes. 35,10 angewendet wissen. Nach Rabbi dagegen hat jenes wie dieses Geschlecht Antheil an der zukünftigen Welt, wie es heisst Jes. 27,13: An demselben
Tage wird in die grosse Posaune gestossen und es kommen die Verbannten im Lande Assur d.i. die zehn Stämme, und die Verstossenen im Aegypterland d.i. das Geschlecht der Wüste; diese und jene 'huldigen dem Ewigen
auf dem heiligen Berge in Jerusalem.'"

(p Sanhedrin 10,4 (Folie 38b))(252)

So sehr wird die kommende Welt in Verbindung mit dem Land
gesehen,(253) daß wiederholt eine Identifikation geschieht: das
Land wird gleichbedeutend mit der zukünftigen Welt:

"Ganz Jisrael hat einen Anteil an der zukünftigen Welt,
denn es heisst: **dein Volk besteht aus lauter Gerechten;
für immer werden sie das Land in Besitz nehmen; es ist
der Sproß meiner Pflanzung, das Werk meiner Hände zur
Verherrlichung ...**"

(M. Synhedrin 11,1)(254)

"R. Jochanan sagte: Wo ist die Auferstehung der Toten
in der Tora angedeutet? Es heißt: **ihr sollt davon die
für den Herrn bestimmte Hebe Ahron, dem Priester, übergeben;** sollte Ahron denn ewig leben!? Und ist er denn
überhaupt ins Land mitgekommen, daß man ihm die Hebe
übergeben sollte!? Vielmehr lehrt dies, daß er dereinst
leben und Jisrael ihm die Hebe übergeben wird. Hier ist
also die Auferstehung der Toten in der Tora angedeutet
... R. Simaj sagte: Wo ist die Auferstehung der Toten
in der Tora zu finden? Es heißt: **ich habe mit ihnen so-**

---

252 Wünsche, A.: Talmud, S. 273 f.; vgl. bSynhedrin 110b, in:
Goldschmidt, L.: Talmud, Bd. 9, S. 134 f.; Tos. Sanh.
13,10.11, in: Rengstorf, K.H.: Tosefta, Bd. 4/3, S. 212.f.;
Tos. Sanh. 13,12, a.a.O., Bd. 4/3, S. 214 f.; vgl. ARN
36, in: Goldin, J.: Fathers, S. 150; vgl. M. Bamid. r.
13,17, § 16, in: Wünsche, A.: Bibliotheca, Bd. 4, S. 419.

253 Vgl. Thoma, C.: Land Israel, S. 48 f.; Davies, W.D.:
Gospel, S. 64.

254 Goldschmidt, L.: Talmud, Bd. 9, S. 27.

gar ein Abkommen getroffen, daß ich ihnen das Land
Kenaan geben werde; es heißt nicht euch, sondern ihnen.
Hier ist also die Auferstehung der Toten in der Tora an-
gedeutet."

(b Synhedrin 90b)(255)

Bei aller Identifikation wird aber kein Zweifel daran gelassen,
daß die kommende Welt eine andere sein wird als die jetzige.
Das Neue der Zukunft kommt auch darin zum Ausdruck, daß die
Einsammlung Israels im Land mit dem ersten Schöpfungstag
gleichgesetzt wird:

"Ferner sagte R. Hija b. Abba im Namen R. Johanans:
Sämtliche Propheten haben geweissagt nur über die messianischen Tage; von der zukünftigen Welt aber (heißt
es:) es hat außer dir, o Gott, kein Auge geschaut."
(b Berakhoth 34b)(256)

"R. Johanan sagte: Der Tag der Exulanteneinsammlung
ist so bedeutend wie der Tag, an dem Himmel und Erde
erschaffen worden sind, denn es heißt: die Judäer und
die Jisraeliten werden sich einsammeln und sich ein Oberhaupt wählen und aus dem Lande herausziehen; denn ge-
waltig ist der Tag von Jizreel, und es heißt: es wurde
Abend und es wurde Morgen, ein Tag."
(b Pesahim 88a)(257)

Da die kommende Welt so sehr in Verbindung mit dem Land gesehen wird, ist es nicht verwunderlich, wenn das Begräbnis im
Land einen großen Platz einnimmt.(258)

Es wird an die großen Vorfahren Israels erinnert, von denen
berichtet wird, daß sie Wert darauf legten, im Land beerdigt
zu werden:

----

255 Goldschmidt, L.: a.a.O., Bd. 9, S. 28 f.; vgl. Targ. Is.
     4,3, in: Stenning, J.F.: Targum, S. 14.

256 Goldschmidt, L.: a.a.O., Bd. 1, S. 155; vgl. bSabbath
     151b, a.a.O., Bd. 1, S. 921; bBaba Bathra 122a, a.a.O.,
     Bd. 8, S. 320.

257 Goldschmidt, L.: a.a.O., Bd. 2, S. 587.

258 Vgl. Davies, W.D.: Dimension, S. 538; Cohen, G.D.: Zion,
     S. 43; Davies, W.D.: Gospel, S. 61.

"R. Levi sagte: Mose sprach vor Gott: Herr der Welt! Josephs Gebeine sollen in das Land kommen und ich soll nicht in das Land kommen? Gott antwortete ihm: Wer sich zu seinem Lande bekennt, wird auch in seinem Lande begraben, wer sich aber zu seinem Lande nicht bekennt, wird auch nicht in seinem Lande begraben. Joseph hat sich zu seinem Lande bekannt. Woher lässt sich das beweisen? Als seine Gebieterin sprach Gen. 39,14: 'Seht, da hat er uns einen hebräischen Mann gebracht,' da hat er nicht verleugnet, sondern (er bekannte) das. 40,15: 'Denn gestohlen bin ich aus dem Lande der Hebräer;' darum wurde er auch in seinem Lande begraben. Woher lässt sich das beweisen? Aus Jos. 24,32: 'Und die Gebeine Josephs, welche die Kinder Israels heraufgebracht aus Aegypten, begruben sie zu Sichem.' Du aber hast dich nicht zu deinem Lande bekannt, darum sollst du auch nicht in deinem Lande begraben werden. Wie so? Als Jethros Töchter (zu ihrem Vater) sagten Ex. 2,19: 'Ein ägyptischer Mann hat uns aus der Gewalt der Hirten gerettet,' da hörte er es und schwieg, darum soll er (du) auch nicht in seinem Lande begraben werden, 'denn du sollst nicht über diesen Jordan gehen.'"

(M. Debar. r. 3,24, § 2)(259)

"... es steht geschrieben (Genesis 46,4): **Ich ziehe mit dir hinunter nach Ägypten, und ich führe dich auch wieder herauf;** die unnötige Wiederholung dieses Wortes **wieder herausführen** bedeutet: ich werde dich heraufgehen lassen, und ich werde auch die anderen Stämme in dieses Land heraufgehen lassen. Dies beweist, daß jeder Stamm die Mühe auf sich nahm, die Gebeine seines Vorfahren nach Palästina mitzunehmen." (eigene Übersetzung)

(pSota 1,9)(260)

Auch über die Stellung der Proselyten wird in diesem Zusammenhang nachgedacht:

"**Nach der Stätte, von der der Herr gesagt hat: Ich will sie euch geben.** Aber die Proselyten haben daran keinen Anteil! Wie halte ich (dann) aber aufrecht (das Wort): 'In dem Stamme, bei welchem der Proselyt weilt, da sollt

---

259 Wünsche, A.: Bibliotheca, Bd. 3, S. 22 f.; vgl. M. Bamid. r. 5,6, § 8, a.a.O., Bd. 4, S. 129.

260 Vgl. Schwab, M.: Talmud, Bd. 7, S. 242.

ihr ihm sein Erbe geben' (Hes. 47,23)? ... Wenn der Inhalt (dieses Textwortes nun einmal) auf den Besitz nicht
bezogen werden kann, so gib diesem Inhalt eine Beziehung
auf die Grabstätte! Den Proselyten ist (also) eine Grabstätte im Lande Israel gegeben."

(Sif. Num. 10,29, § 78)(261)

Abgesehen von der nicht näher ausgeführten Hoffnung auf die
kommende Welt, werden zwei spezifische Gründe angegeben, weswegen es wünschenswert ist, im Land begraben zu sein. Zum
einen sühnt das Land für die Sünde:

"R. Anan sagte: Wer im Jisraellande begraben ist, ist
wie unter dem Altar begraben. Da heißt es: **einen Altar
aus Erde sollst du mir machen,** und dort heißt es: **und
es versöhnt seine Erde, sein Volk.**"

(b Kethuboth 111a)(262)

Währenddem sie das Land als sühnendes sehen, fragen die Rabbinen nach denen, die außerhalb des Landes sterben:

"Es steht geschrieben (Jeremia 20,6): **Du aber, Paschhur,
und alle deine Hausgenossen, ihr werdet in die Verbannung ziehen; nach Babel wirst du kommen, dort wirst du
sterben und dort begraben werden.** Dieser Vers wird von
R. Abba bar Zemina im Namen des R. Helbo und von R.
Hama bar Hanina unterschiedlich gedeutet. Nach dem einen sind der Tod außerhalb des Heiligen Landes und das
Begräbnis dort die Folge einer zweifachen Sünde, wohingegen allein der Tod außerhalb des Landes nur einen
Fehler darstellt, wenn die Leiche dann ins Land zurück-
gebracht wurde. Nach der anderen Erklärung hebt die
Beerdigung im Heiligen Land die Folge des Todes außer-

---

261   Kuhn, K.G.: Sifre, S. 208 f.

262   Goldschmidt, L.: Talmud, Bd. 5, S. 359; vgl. M. Ber. r.
      47,29, § 96, in: Wünsche, A.: Bibliotheca, Bd. 1, S. 474;
      M. Mischle 10,3, a.a.O., Bd. 4, S. 31; M. Mischle 19,1,
      a.a.O., Bd. 4, S. 53; Piska 1,6, in: Braude, W.G.: Pesik-
      ta, Bd. 1, S. 44 f.; pKilaim 9,6, in: Schwab, M.: Talmud,
      Bd. 2, S. 321; vgl. Stemberger, G.: Bedeutung, S. 191;
      Schubert, K.: Land Israel, S. 88.

halb des Landes auf." (eigene Übersetzung)
(p Kilaim 9,4)(263)

Zum zweiten ist ein Begräbnis im Land wünschenswert wegen der Auferstehung der Toten(264) und der damit verbundenen Teilhabe an der messianischen Zeit. Auch in diesem Zusammenhang sind die Rabbinen um das Schicksal derer besorgt, die außerhalb des Landes sterben und begraben werden:

"Warum wollten alle Väter im israelitischen Lande begraben sein? R. Eleasar sagte: Dem liegen geheimnisvolle Dinge zu Grunde, R. Josua ben Levi wies auf Ps. 116,9 hin, wo es heisst: 'Ich wandle vor dem Ewigen in den Ländern des Lebens.' Unsre Rabbinen haben im Namen des R. Chelbo zwei Gründe angegeben, weshalb die Väter im heiligen Lande begraben sein wollten, 1) weil die Todten dieses Landes zuerst in den Tagen des Messias zu neuem Leben auferstehen werden und 2) weil sie die Jahre des Messias geniessen (eig. essen). R. Chanina sagte: Wer im Auslande gestorben und dort begraben ist, ist zweimal gestorben s. Jerem. 20,6. Darum sprach auch Jacob den Wunsch gegen Joseph aus: 'Begrabe mich nicht in Aegypten.' Aber auf diese Weise, wandte R. Simon ein, würden doch die Frommen, welche im Auslande begraben sind, einen Verlust erleiden? Allein was thut Gott? Er macht für sie Höhlungen in der Erde und er thut sie in diese Höhlen und sie wälzen sich (wie Schläuche) fort, bis sie in das jüdische Land kommen, wo ihnen Gott den Geist des Lebens giebt und sie auferstehen. Woher lässt sich das beweisen? Aus Ezech. 37,12. Nach Resch Lakisch giebt es dafür, dass Gott, sobald sie das israelitische Land erreicht haben, in sie Leben bringt, eine vollständige Beweisstelle in Jes. 42,5."
(M. Ber. r. 47,29, § 96)(265)

----

263 Vgl. Schwab, M.: Talmud, Bd. 2, S. 319 f.; vgl. M. Mischle 17,1, in: Wünsche, A.: Bibliotheca, Bd. 4, S. 53.

264 Vgl. Thoma, C.: Land Israel, S. 49 f.; Davies, W.D.: Gospel, S. 62 f.

265 Wünsche, A.: Bibliotheca, Bd. 1, S. 474; vgl. pKilaim 9,3 (Folie 32 ab), in: Wünsche, A.: Talmud, S. 71 f.; M. Ber. r. 31,3, § 84, in: Wünsche, A.: Bibliotheca, Bd. 1, S. 359; M. Schmot r. 23,20, § 32, a.a.O., Bd. 3, S. 251; Piska 1,4 f.; in: Braude, W.G.: Pesikta, Bd. 1, S. 42 f.; Piska 1,7, a.a.O., Bd. 1, S. 48; Piska 31,10, a.a.O., Bd. 2, S. 617; Singermann, F.: Tanchuma, S. 280 f.

Von diesen Texten her wird die Mehrdimensionalität des Lebens im Land deutlich: das Land ist für das jeweils gegenwärtige Leben Israels von wesentlicher und zentraler Bedeutung. Indem es jetzt schon der eigentliche Ort Israels ist, weist es über die Gegenwart hinaus auf eine noch ausstehende Heilszukunft hin, die im Land verankert ist. Auf diese kann der im Land Lebende hoffen, und derjenige, der außerhalb des Landes ist, kann auf die Güte Gottes und dessen Einfallskraft vertrauen.

7. DAS LAND IN DER LITURGIE

Dies ist nicht der Ort für eine ausführliche Darlegung der geschichtlichen Entwicklung der jüdischen Liturgie oder der Stellung des Landes innerhalb dieser. Vielmehr soll anhand von ausgesuchten Beispielen, deren Ursprung in der von uns behandelten rabbinischen Tradition gesichert ist(266), gezeigt werden, daß die große Bedeutung des Landes in der jüdischen Tradition auch in der Liturgie ihren Ausdruck findet und von ihr her bis heute wirkt.(267)

7.1 Das Land im täglichen Gebet

An erster Stelle muß das Bekenntnis "Sch'ma Israel" (Dtn 6,4-9; 11,13-21; Nm 15,37-41) genannt werden, das im täglichen Gebet eine zentrale Stellung einnimmt. Abgesehen von der Tatsache, daß der erste Abschnitt des Sch'ma vom biblischen Kontext her eindeutig auf das Leben im Land abzielt (vgl. Dtn 6,1 und 3), führt der zweite Abschnitt mitten hinein in die Thematik des Landes. Die Tatsache, daß dieser biblische Text in der täglichen Liturgie von so zentraler Bedeutung ist, daß die Mischna und damit der ganze Talmud mit der Frage beginnt, wann der geeignete Zeitpunkt sei zum Lesen des Sch'ma, ist nicht hoch genug einzuschätzen.

Der erste und der zweite Abschnitt des Sch'ma finden im ersten und im zweiten Segensgebet vor dem Sch'ma ihre Entsprechung. Im ersten (יוצר המאורות) wird das Land bzw. Zion im Zusammenhang mit dem Schöpfergott genannt. Er, der die Lichter erschafft, gibt Grund zu hoffen, daß der Zion neu aufleuchten wird:

"Dem Schöpfer der großen Lichter, ewig währet seine Gnade! Ein neues Licht laß über Zion aufleuchten, daß wir

---

266   Für die Datierung der nachfolgenden Gebete vgl. Heinemann, Joseph: Prayer in the Talmud. Forms and Patterns. Studia Judaica, Forschungen zur Wissenschaft des Judentums, Band 9. Berlin 1977, S. 218-233.

267   Vgl. Despina, M.: La Terre d'Israel dans la liturgie juive. In: Rencontre Chrétiens et Juifs 2 (1968), S. 220-227.

uns alle bald seines Glanzes freuen."(268)

Die Landthematik im zweiten Abschnitt des Sch'ma wird im ihm entsprechenden zweiten Segensgebet vor dem Sch'ma (אהבה רבה) aufgegriffen, wenn es heißt:

"Bringe uns in Frieden heim von den vier Enden der Er- de und führe uns aufrecht in unser Land. Denn Gott, der Heil schafft, bist du ..."(269)

Das zentrale Gebet des jüdischen Gottesdienstes ist das Sch'mone Esre, das Achtzehngebet, auch Amida oder ganz einfach Tefilla, **das** Gebet genannt.(270) Drei Abschnitte, in denen jeweils das Land, Jerusalem und der Tempel thematisiert werden, sind in unserem Zusammenhang zu nennen:

"Stoße in das große Schofar zu unserer Befreiung, erhe- be das Panier, unsere Verbannten zu sammeln, und samm- le uns insgesamt von den vier Enden der Erde. Gelobt seist du, Ewiger, der du die Verstoßenen deines Volkes Israel sammelst."(271)

"Nach deiner Stadt Jeruschalaim kehre in Erbarmen zu- rück, wohne in ihr, wie du gesprochen, erbaue sie bald in unseren Tagen als ewigen Bau, und Davids Thron gründe schnell in ihr. Gelobt seist du, Ewiger, der du Jeruschalaim erbaust!"(272)

"Habe Wohlgefallen, Ewiger, unser Gott, an deinem Volke Israel und ihrem Gebete, und bringe den Dienst wieder in das Heiligtum deines Hauses, und die Feueropfer Is- raels und ihr Gebet nimm in Liebe auf mit Wohlgefallen, und zum Wohlgefallen sei beständig der Dienst deines Vol-

---

268 Bamberger, S.: Sidur Sefat Emet. Basel 1956-1964, S. 35.

269 Bamberger, S.: Sidur, S. 36.

270 Vgl. Bickermann, Elias J.: The Civic Prayer for Jerusalem. In: HThR 55,3 (1962), S. 163-185; Davies, W.D.: Dimension, S. 538 f.; Cohen, G.D.: Zion, S. 56; Despina, M.: Terre, S. 223; Davies, W.D.: Gospel, S. 65-68.

271 Bamberger, S.: a.a.O., S. 43.

272 Bamberger, S.: Sidur, S. 44.

kes Israel ... Und unsere Augen mögen schauen, wenn du nach Zion zurückkehrst in Erbarmen. Gelobt seist du, Ewiger, der seine Majestät nach Zion zurückbringt."(273)

Die Amida findet auch in den rabbinischen Schriften ihren Niederschlag:

> "R. Gamliel sagt, man bete jeden Tag das Achtzehngebet &c. Was heißt 'Auszug des Achtzehngebetes'? Rabh sagt, etwas aus jedem Segensspruche, und Semuel sagt folgendes: Mache uns verständig, o Herr, unser Gott, deine Wege zu erkennen. Beschneide unser Herz, dich zu fürchten. Vergib uns, daß wir erlöst werden. Halte uns von (unseren) Schmerzen fern. Sättige uns auf den Auen deines Landes. Unsere Zerstreuung sammle aus den vier (Weltenden). Irrende lasse nach deinem Sinne richten. Über die Frevler erhebe deine Hand. Die Gerechten mögen sich erfreuen an dem Aufbau deiner Stadt, an der Herstellung deines Tempels, an dem Erblühen des Glanzes deines Knechtes David und an der Aufrichtung einer Leuchte für den Sohn Jisajs, deines Gesalbten. Ehe wir noch rufen, antworte du. Gepriesen seist du, o Herr, der das Gebet erhört."
>
> (b Berakhoth 29a)(274)

Als drittes Beispiel aus dem täglichen Gebet muß das Tischgebet, genauer, der Segen nach dem Essen, genannt werden.(275) Wieder ist zunächst das biblische Element zu nennen: das Gebet beginnt mit Ps. 137 bzw. am Sabbat und an Feiertagen mit Ps. 126. Darin wird an die Gefangenschaft im Exil erinnert bzw. an die freudige Rückkehr, auf die Israel hofft, so daß der Segen nach dem Mahl den Betenden gleich zu Beginn auf Zion und das Land hin orientiert. Auch innerhalb des Gebetes nehmen das Land und Jerusalem einen wichtigen Platz ein:

> "Wir wollen dir danken, Ewiger, unser Gott, daß du unseren Vätern ein liebliches, gutes und geräumiges Land

---

273 Bamberger, S.: a.a.O., S. 45 f.

274 Goldschmidt, L.: Talmud, Bd. 1, S. 127; vgl. pBerakhoth 2,4 (4d) in: Horowitz, C.: Berakhoth, S. 62; pTaanith 2,9, in: Schwab, M.: Talmud, Bd. 6, S. 159; und M. Berakhoth 4,5, in: Goldschmidt, L.: Talmud, Bd. 1, S. 125.

275 Vgl. Cohen, G.D.: Zion, S. 56 f.; Davies, W.D.: Gospel, S. 68 f.

zu eigen gegeben, daß du uns, Ewiger, unser Gott, aus dem Lande Mizraim geführt ..."(276)

"Für alles, Ewiger, unser Gott, danken wir dir und loben dich, dein Name sei gelobt durch den Mund alles Lebenden immerwährend in Ewigkeit. Wie geschrieben: Du sollst essen, satt werden und den Ewigen, deinen Gott, loben für das gute Land, das er dir gegeben. Gelobt seist du, Ewiger, für das Land und die Speise."(276)

"Erbarme dich, Ewiger, unser Gott, über dein Volk Israel, über deine Stadt Jeruschalaim, über Zion, die Stätte deiner Herrlichkeit, über das Reich des Hauses Davids, deines Gesalbten, und über das große und heilige Haus, über dem dein Name genannt wird ..."(277)

"Und baue Jeruschalaim, die heilige Stadt, schnell in unseren Tagen. Gelobt seist du, Ewiger, der du in deinem Erbarmen Jeruschalaim erbaust. Amen."(278)

"Der Barmherzige, er wird über uns regieren immer und ewig ... Der Barmherzige, er zerbreche unser Joch von unserem Hals, und er führe uns aufrecht in unser Land ..."(278)

Auch das Tischgebet wird von den Rabbinen besprochen:

"Und woher entnehme ich, daß man die Benedeiung über die Speise spricht? Weil es heißt (Deut. 8,10): 'Und hast du gegessen und bist satt geworden, so sollst du benedeien den Ewigen, deinen Gott, für das Land, das gute, welches er dir gegeben hat'. 'Und du sollst benedeien', d.i. die erste Benedeiung; 'für das Land', d.i. die zweite Benedeiung; 'das gute', d.i. Jerusalem, wie es heißt (Deut. 3,25): 'Dieser gute Berg und der Libanon'; 'welches er dir gegeben hat', d.i. der ihnen alles Gute erwiesen hat."

(Mech. Bo 16; 13,3)(279)

---

276 Bamberger, S.: Sidur, S. 280.

277 Bamberger, S.: a.a.O., S. 280 f.

278 Bamberger, S.: a.a.O., S. 282.

279 Winter, J. und Wünsche, A.: Mechilta, S. 58; vgl. bBerakhoth 48b - 49a, in: Goldschmidt, L.: Talmud, Bd. 1, S.

7.2 Das Land in der Liturgie der Feste

Die Feste der jüdischen Liturgie sollen in diesem Zusammenhang nur kurz angedeutet werden, insofern sie in der frühen rabbinischen Tradition im Hinblick auf das Land erwähnt werden, und insofern konkrete Elemente in ihrem liturgischen Vollzug an das Land bzw. den Tempel erinnern. Sie sollen hier also keineswegs ausführlich behandelt werden, auch nicht im Hinblick auf ihre Verwurzelung im Land, wie das etwa für Schavuot(280) bei der Darbringung der Erstlingsgaben möglich wäre. In den Gebeten der Feste kommen keine wesentlichen neuen Aspekte zu denen hinzu, die in Abschnitt 7.1 schon dargelegt wurden, so daß wir uns auf die Elemente beschränken können, die in den hier berücksichtigten rabbinischen Texten enthalten sind.

Als erstes ist das Gebet um Regen zu nennen, das mit Sukkot zusammenhängt. Für unseren Zusammenhang ist dabei wichtig, daß das Gebet um Regen überall in der jüdischen Welt sich nach der Regenzeit im Land richtet.(281)

"Von wann an erwähne man (im Gebete) der Regenkraft? R. Eliezer sagt, vom ersten Tage des Hüttenfestes an. R. Jehosua sagt, vom letzten Tage des Hüttenfestes an. R. Jehosua sprach zu ihm: Am Hüttenfeste ist ja der Regen nichts als ein Zeichen des Fluches, wozu sollte man seiner erwähnen!? R. Eliezer erwiderte: Ich sage auch nicht, dass man darum bitte, sondern nur, dass man seiner (durch die Formel) 'Er lässt den Wind wehen und den Regen niederfallen' zur geeigneten Zeit erwähne. Jener entgegnete: Wenn dem so wäre, müsste man dessen immer erwähnen. Man bitte um Regen erst kurz vor der Regenzeit. R. Jehuda sagt, am letzten Tage des Hüttenfestes erwähne dessen der, der als Letzter vor das Betpult tritt, der erste aber nicht; am ersten Tage des Pesahfestes erwähne seiner der erste, der letzte aber nicht. Bis wann bitte man um Regen? R. Jehuda sagt, bis das Pesahfest vorüber ist; R. Meir sagt, bis der Nisan vorüber ist, denn es heisst: 'er wird euch im er-

----

409-412; M. Bamid. r. 34,2, § 23, in: Wünsche, A.: Bibliotheca, Bd. 4, S. 533 f.; M. Schir ha-Sch., 4,4 a.a.O., Bd. 2, S. 114; pBerakhoth 6,1 (10b) in: Horowitz, C.: Berakhoth, S. 166.

280 Vgl. Despina, M.: Terre, S. 221.

281 Vgl. Despina, M.: a.a.O., S. 225 f.

sten (Monat) Frühregen und Spätregen herniedersenden.'"
(M. Taanith 1,1.2)(282)

Ebenfalls aus der Feier von Sukkot, aber auch von Rosch ha-
Schana, erwähnen die Rabbinen liturgische Bräuche, die die Erinnerung an Jerusalem und den zerstörten Tempel wachhalten
und somit dem Gebet Orientierung geben.(283) Ein Beispiel ist
der Feststrauß, der aus vier Früchten des Landes Israel besteht, und der zu Sukkot von großer Bedeutung ist:

"Anfangs wurde der Feststrauss im Tempel alle sieben Tage genommen und in der Provinz nur einen Tag; nachdem
aber der Tempel zerstört wurde, ordnete R. Johanan b.
Zakkaj an, dass der Feststrauss auch in der Provinz sieben Tage genommen werde, zur Erinnerung an den Tempel ..."
(M. Ros Hasana 4,3)(284)

Der hervorragende Tag in diesem Zusammenhang ist der 9. Av.
(285) An ihm vereint die jüdische Liturgie das Gedenken an die
Zerstörung sowohl des ersten als auch des zweiten Tempels.
Durch Buße und strenges Fasten wird die Trauer um den Verlust dieser Mitte zum Ausdruck gebracht. Am 9. Av verdichtet
sich diese Trauer, die auch zu anderen Bräuchen geführt hat.
Im folgenden Text, der nicht von Liturgie im eigentlichen Sinne
spricht, wird deutlich, wie die Erinnerung an Jerusalem, und
damit die Orientierung zu dieser Mitte hin, wachgehalten wird.
(286) Gleichzeitig hebt der Text die Zentralität des Tempels
und damit Jerusalems und des Landes überhaupt sehr deutlich
hervor:

"Die Rabbanan lehrten: Als der Tempel zerstört wurde,
mehrten sich die Enthaltsamen in Jisrael, die weder
Fleisch aßen noch Wein tranken. Da gesellte sich R.
Jehosua zu ihnen und sprach: Kinder, weshalb esset ihr

----

282 Goldschmidt, L.: Talmud, Bd. 3, S. 637 und S. 646.

283 Vgl. Davies, W.D.: Gospel, S. 69.

284 Goldschmidt, L.: a.a.O., Bd. 3, S. 614; vgl. M. Ros Ha-
     sana 4,1, a.a.O., Bd. 3, S. 611.

285 Vgl. Cohen, G.D.: Zion, S. 54; Despina, M.: Terre, S. 222;
     Davies, W.D.: Dimension, S. 540; Gospel, S. 71f.

286 Vgl. Thoma, C.: Land Israel, S. 41f.; Cohen, G.D.: Zion,
     S. 52ff.; Davies, W.D.: Gospel, S. 69f.

kein Fleisch und trinket keinen Wein? Sie erwiderten ihm: Wie sollten wir Fleisch essen, das auf dem Altar dargebracht wurde, was nun aufgehört hat; wie sollten wir Wein trinken, der auf den Altar gegossen wurde, was nun aufgehört hat!? Er erwiderte ihnen: Demnach sollten wir auch kein Brot essen, weil die Speiseopfer aufgehört haben. – Man kann mit Früchten auskommen. – Wir sollten auch keine Früchte essen, weil die (Darbringung der) Erstlinge aufgehört hat. – Man kann mit anderen Früchten auskommen. – Wir sollten auch kein Wasser trinken, da die Wasserprozession aufgehört hat. Da schwiegen sie. Darauf sprach er zu ihnen: Kinder, kommt, ich will euch sagen; überhaupt nicht zu trauern ist nicht angängig, wo doch das Unglück verhängt worden ist; aber auch übermäßig trauern ist nicht angängig, denn man darf der Gemeinde nur dann eine erschwerende Bestimmung auferlegen, wenn die Mehrheit derselben sie ertragen kann, denn es heißt: 'mit dem Fluche seid ihr belegt, mich betrügt ihr, das ganze Volk.' Vielmehr sagten die Weisen, man bestreiche sein Haus mit Kalk und lasse etwas zurück. – Wieviel? R. Joseph erwiderte: Eine Elle im Geviert. R. Hisda sagte: Gegenüber der Tür. Man genieße bei der Mahlzeit alles, was zu dieser gehört, und lasse etwas zurück. – Was ist dies? R. Papa erwiderte: Die Fischspeise.
Eine Frau schmücke sich mit allen kosmetischen Mitteln und lasse etwas zurück. – Was ist dies? Rabh erwiderte: Die Stelle an den Schläfen. Denn es heißt: 'wenn ich deiner vergesse, Jerusalem, so versage meine Rechte. Es klebe meine Zunge an meinem Gaumen etc.' Was heißt: 'auf dem Haupte meiner Freude'? R. Jiçhak erwiderte: Das ist die Herdasche auf dem Haupte des Bräutigams. R. Papa fragte Abajje: Auf welche Stelle lege man sie? – Da, wo die Tephillin angelegt werden, denn es heißt: 'daß er den Trauernden Çijions zulege, ihnen Schmuck statt Asche zu verleihen.' Wer über Jerusalem trauert, dem ist es beschieden, an ihrer Freude teilzunehmen, denn es heißt: 'freut euch mit Jerusalem etc.'"

(b Baba Bathra 60b)(287)

Die Trauer um Jerusalem ist nicht zu trennen von der Hoffnung auf ihre Wiederherstellung und damit verbunden die Rückkehr Israels in das Land, das Gott den Vätern eidlich zugesichert hat, und in dem Israel die Fülle des Heils erwartet.

---

287 Goldschmidt, L.: Talmud, Bd. 8, S. 175 f.

"R. Acha b. Jiçchaq sagte im Namen des R. Chijja aus Sepphoris: Ein einzelner soll am neunten Tag des Monats Ab das Ereignis, (das dazu geführt hat, im Achtzehn-Gebet) erwähnen. Was soll er sprechen (= wie soll dieses Gebet lauten)? "Erbarme dich o Herr, unser Gott, in deiner grenzenlosen Barmherzigkeit und in deiner liebevollen Treue über uns, über dein Volk Israel, über deine Stadt Jerusalem, über Zion die Stätte deiner Herrlichkeit, über die in tiefe Trauer versetzte, zerstörte, vernichtete und verwüstete Stadt, die Fremden ausgeliefert, von Gewaltherrschern niedergemacht wurde. Es haben sie Legionen in Besitz genommen, Götzendiener haben sie entweiht, und doch hast du diese (Stadt) deinem Volke als Besitz gegeben und den Nachkommen Jeschuruns zum Erbe gegeben. Du hast sie (= die Stadt Jerusalem) durch Feuer verbrennen lassen und wirst sie auch einst durch Feuer wieder aufbauen, wie es heißt: **Und ich selbst will ihr – so spricht Gott – ringsum eine feurige Mauer errichten und sie mit meiner Herrlichkeit erfüllen**".

(p Berakhoth 4,3)(288)

---

288   Horowitz, C.: Berakhoth, S. 125f.

ZUSAMMENFASSUNG UND SCHLUSS

Mit den oben angeführten Beispielen aus der jüdischen Liturgie können wir diese Untersuchung über die Bedeutung des Landes in der frühen rabbinischen Tradition abschließen. Bei der großen Fülle sowohl des Stoffes als auch der angesprochenen Themen scheint es unmöglich, eine abschließende Zusammenfassung zu machen. Die vorliegende Studie stellt einen Versuch dar, eine Art Gerüst zu geben, mit dessen Hilfe die Hauptaspekte der Landthematik bei den Rabbinen deutlicher hervortreten können. Dieses Gerüst soll hier noch einmal kurz wiederholt werden, wobei seine Funktion als solches zu betonen ist. Es ist ein Gerüst; der ihn ausfüllende Inhalt stellt jedoch einen viel größeren Reichtum dar, wie eine sorgfältige Lektüre der einzelnen Texte erkennen läßt. In einer Arbeit wie dieser können nicht alle Elemente ausdrücklich zur Sprache kommen. Aber es ist zu hoffen, daß sie durch das Gerüst nicht unterdrückt wurden, sondern daß auch sie mit dessen Hilfe leichter erkennbar sind, und so auch die Zusammenhänge deutlich werden, die in dieser Studie nicht einmal angedeutet werden konnten. Gerade durch ihren unsystematischen Charakter birgt die rabbinische Tradition einen unausschöpflichen Reichtum in sich.

Im ersten Abschnitt dieses Kapitels war die Rede von der ganz persönlichen Beziehung zwischen dem Volk Israel und dem Land. Diese Beziehung hat ihren Ursprung in der Verheißung Gottes an die Väter und in der Gewißheit Israels, daß der Gott, der den Vätern das Land zugeschworen hat, treu ist.

Indem die Rabbinen die Gabe des Landes auf die Verheißung Gottes zurückführen, erkennen sie gleichzeitig an: dieses Land steht zu Gott in einer besonderen Beziehung. Es gehört ihm, und so kann er entscheiden, wem er es gibt und welches Gebiet es umfaßt. Wenn er es Israel gibt, dann geschieht dies ebenfalls um einer Beziehung willen. Wegen des besonderen Bezuges zwischen Gott und dem Land und zwischen Gott und dem Volk gehören auch Volk und Land zusammen.

Auch in der Auseinandersetzung hinsichtlich der Völker, die vor Israel im Land waren, kommen die Rabbinen auf den Bezug zwischen Gott und dem Land zu sprechen. Da Gott der Schöpfer der ganzen Erde ist, kann er auch über dieses bestimmte Land verfügen. Weil Gott sich entschieden hat, das Land seinem Volk Israel zu geben, kann Israel den anderen Völkern mit Sicherheit gegenübertreten im Vertrauen auf die Gabe Gottes. Das Verhalten der Völker hinsichtlich dieses Anspruches Israels hat für sie selbst Folgen: wenn sie sich Israel und damit Gott widersetzen, werden sie mit Gewalt ausgerottet; wenn sie aber Israel zuvorkommen und damit Gott selbst ehren, wird auch ihnen Segen zuteil.

Die Qualität des Landes beschäftigt ebenfalls die Rabbinen, umso mehr da diese auch etwas über Gott aussagt. Da das Land ihm gehört und von ihm gegeben wird, fällt die Güte oder mangelnde Güte des Landes auf ihn zurück. So wird wiederholt hervorgehoben, wie gesegnet das Land ist, ja sogar daß Gott den Einzug ins Land verzögert hat, um Israel ein gutes Land geben zu können. Auch hier wird betont: die besondere Qualität des Landes ist letztlich auf eine Beziehung zurückzuführen. Gott selbst sorgt für dieses Land, was sich in vielfältigem Segen auswirkt für das Volk, auf das Gott ebenfalls besonders bedacht ist.

Umso schwerwiegender ist dann die Sünde Israels, wenn es den Segen im Land nicht anerkennt. Israel soll das Land schätzen, das Gott ihm gibt, und indem es das tut, ehrt es den Geber des Landes selbst. So heben die Rabbinen einerseits die Wertschätzung des Landes hervor, und auf der anderen Seite beschäftigen sie sich mit den Kundschaftern, die das Land schlecht machten, und mit der Generation der Wüste, die Gott mißtraute und sich so von Gott abkehrte. Diese Sünde Israels tritt noch stärker hervor angesichts der anderen Völker, die den Wert des Landes erkennen.

Aber selbst wenn Israel sündigt, gibt Gott sein Ziel nicht auf: Israel soll das Land in Besitz nehmen. Es geht dabei nicht nur um Israel, sondern auch um Gott selbst. Im Land soll die besondere Beziehung Israels zu Gott konkrete Gestalt annehmen, indem Israel dort die Torah lebt. Land, Volk und Torah gehören zusammen, und in dieser Einheit verwirklicht sich die besondere Beziehung zwischen Gott und seinem Volk. Denn auf diese Weise erkennt Israel, wer Gott ist, und es erkennt ihn als seinen Gott an.

Gleichzeitig geht es um das Ansehen Gottes vor den anderen Völkern. Wenn Gott an Israel handelt und es in das Land bringt, das er für es bestimmt hat, werden auch die Völker ihn als Gott erkennen und anerkennen. Auch deswegen muß Israel ins Land einziehen, selbst wenn dies aufgrund seiner Sünde nur mit Verzögerung geschehen kann.

Im Zusammenhang mit dem Einzug ins Land tritt wieder die Verheißung an die Väter in den Vordergrund. Gott ist treu, und er wird den Nachkommen der Väter das Land geben. Er hat die Macht, die Völker zu überwinden, und deswegen kann Israel ihnen unerschrocken gegenübertreten. Dabei sprechen die Rabbinen von der Eile Gottes, sein Versprechen einzulösen.

Aber auch Israel muß handeln, um das Land in Besitz zu nehmen. Indem es dies tut, kommt wieder die besondere Beziehung zwischen Gott und Israel zum Ausdruck und dies ganz konkret dadurch, daß Israel bei der Eroberung des Landes nicht nach reiner Willkür oder bloß eigenem Gutdünken handeln darf.

Mit dem Einzug ins Land beginnt für Israel etwas Neues, was im Ausbleiben des Manna deutlich wird. Die Besitznahme vollzieht sich konkret in der Verteilung des Erbbesitzes, die "im heiligen Geist" geschieht. Die besondere Stellung der Leviten wird dabei hervorgehoben. Hier werden auch die konkreten Bestimmungen für das Leben im Land wichtig. Israel hat nach der Torah zu leben, und diese schließt die Verantwortung für das Land mit ein. In diesem Zusammenhang nimmt auch die Frage des Umgangs mit Nichtjuden, die im Land leben, einen wichtigen Platz ein, vor allem hinsichtlich des Götzendienstes. Das Land ist der Raum der Torah, und dafür hat Israel zu sorgen.

Der Bezug der Torah zum Land nimmt in den rabbinischen Schriften einen großen Platz ein. Israel soll das Land mit der Torah füllen, was bedeutet, daß Israel selbst die Torah lebt und sich dadurch von den Völkern unterscheidet, die vor ihm im Land waren. Wenn Israel dies nicht tut, wird es das Schicksal der anderen Völker teilen und das Land verlassen müssen, denn es hat nicht das erfüllt, wofür ihm das Land gegeben wurde.

Das Leben nach der Torah bedeutet vor allem, daß das Land durch Israel der Raum des Einen Gottes zu sein hat. Hier ist kein Platz für Götzendienst, was wichtige Auswirkungen hat für die Beziehungen zu den anderen Völkern und zum Ausland. Was Israel selbst betrifft, so kann es nicht erwarten, im Land zu bleiben, wenn es darin anderen Göttern dient. Vielmehr wird es "ausgespien" in den Bereich derer, die Götzendienst treiben. Aber auch dort hat Israel nach der Torah zu leben.

Ganz jedoch kann die Torah nur im Land gelebt werden. Etliche Gebote sind auf das Land beschränkt. Allerdings leben zur Zeit der Rabbinen viele Juden im Ausland, besonders in Syrien, so daß die halachischen Überlegungen hinsichtlich der Diaspora und deren Bezug zum Land in ihren Schriften einen wichtigen Platz einnehmen.

Die Treue Israels zur Torah wirkt sich auf sein Leben im Land und auf das Land selbst aus. Wenn Israel auf die Gebote Gottes hört, wird das Land gesegnet. Dieser Segen konkretisiert sich in der Gabe des Regens und in deren Folgen für das Land. Wenn Israel aber untreu wird, bleibt der Regen aus, und das ganze Land wird in Mitleidenschaft gezogen. In diesem Zusammenhang wird die Gerechtigkeit gegenüber den Wehrlosen im Land besonders hervorgehoben. Die Folge der Sünde Israels beschränkt sich nicht nur auf die Unfruchtbarkeit des Landes: Feinde werden das Land überfallen, und Israel wird schließlich in die Verbannung ziehen müssen, was mit der Ausweisung aus dem Garten Eden parallel gesetzt wird.

Bei aller Drohung jedoch wird die Aussicht auf Rückkehr ins Land nicht aus dem Auge verloren. Verbannung ist zwar die notwendige Folge der Untreue Israels, aber sie ist nicht das letzte Wort. Auch um ihretwillen gilt die Torah ebenfalls im Ausland für Israel. In einem Leben nach der Torah übt sich Israel sozusagen ein für seine Rückkehr ins Land. Gleichzeitig sühnt das Land bzw. Gott selbst sühnt für die Sünde Israels und macht so dessen Rückkehr möglich.

Auch in den rabbinischen Schriften verdichtet sich die Bedeutung des Landes in Jerusalem und dem Tempel, die als Mitte des Landes und mit ihm als Mitte der Welt gesehen werden. Dort konzentriert sich das, worum es im Land als ganzes geht. Diese Mitte gibt dem Gebet Israels seine Richtung und damit auch Einheit. Dorthin pilgert Israel, um Gott zu begegnen.

Wenn der Tempel und Jerusalem heilig sind, wenn das Land heiliger ist als alle anderen Länder, dann deswegen, weil Gott dort wohnt und sie mit seinem Namen verbunden sind. Dort offenbart sich Gott, und in seiner Mitte steht die Torah. Deswegen ist das Land auch der Ort der Heiligkeit Israels. Dort findet es Reinheit, denn das Land selbst ist, im Gegensatz zum Ausland, rein.

Durch die Sünde Israels kann das Land jedoch verunreinigt werden und das so sehr, daß die Schechina, die Gegenwart Gottes, sich vom Land entfernt. Dieser Auszug Gottes aus dem Land gibt nicht nur Israel, sondern Gott selbst Anlaß zum Trauern.

Der besonderen Qualität des Landes entspricht ein qualitativer Unterschied im Leben Israels, der es auf jeden Fall wünschenswert macht, im Land zu leben. Aufgrund der besonderen Beziehung zwischen Gott und dem Land ist das Land Israel allen anderen Ländern vorzuziehen. Sogar die anderen Völker wollen in irgendeiner Weise am Land Anteil haben. Aufgrund seiner vielen Vorzüge wird das Land schließlich mit dem Garten Eden in Verbindung gebracht.

Die Vorzüge des Landes beschränken sich nicht auf Materielles, obwohl sie solches durchaus einschließen. Dem Land und dem im Land Lebenden wird Weisheit in besonderer Weise gegeben. So sind auch die im Land getroffenen halachischen Entscheidungen die autoritativen. Folglich überrascht es auch nicht, wenn die Einwanderung ins Land gesetzlich unterstützt und die Auswanderung entmutigt wird. Auch in diesen Überlegungen geht es letztlich um die Beziehung zwischen Gott und Israel und um die Möglichkeiten, die Israel im Land bzw. im Ausland hat, um dieser Beziehung in seinem konkreten Leben gerecht zu werden.

Als Land, in dem die Verheißung Gottes an die Väter erfüllt wird, als Wohnstätte Gottes und Ort, an dem Israel bei Gott Geborgenheit findet, ist das Land der Ort der Sicherheit und der Ruhe. Als solcher hat es Wurzeln im Garten Eden und verweist es wieder auf die Torah.

Als Ort der Ruhe weist das Land auch über die Gegenwart hinaus auf eine zukünftige Heilszeit hin. Die Erfahrung des Exils läßt auf die Rückkehr hoffen zu einem Leben im Land, das weder von Feinden noch von Fremdherrschaft bedroht ist. An den Auszug aus Ägypten wird erinnert, um die Überzeugung zum Ausdruck zu bringen, daß die erhoffte Erlösung die erste bei weitem übertreffen wird. Israel wird zur Torah zurückkehren, und es wird das Land in seiner ganzen Ausdehnung in Besitz nehmen. Auch der für das Land verheißene Segen wird ganz gegeben, und Jerusalem wird wiederaufgebaut, was auch bedeutet, daß Gott wieder inmitten seines Volkes wohnen wird. Auch in diesem Zusammenhang sprechen die Rabbinen vom Garten Eden: was am Anfang der Schöpfung war, wird im Land wiederhergestellt.

Zu dieser heilvollen Zukunft gehört auch der Blick auf die fremden Völker. Nicht nur wird ihre Feindschaft überwunden sein. Sie werden selbst miteinbezogen in das, worum es im Land geht. Mit ihrem Reichtum werden sie zum Glück des Landes beitragen, sie werden Anteil haben am Segen des Landes, und sie werden wie Israel nach dem dann erweiterten Jerusalem pilgern, von wo aus die Torah in alle Welt geht, und dort werden sie den Einen Gott anbeten.

In der Zukunftshoffnung hinsichtlich des Landes ist nicht klar, an welche Zukunft gedacht ist. Die Kommentare zu biblischen

Texten, in denen von der Rückkehr nach dem babylonischen Exil die Rede ist, lassen offen, ob die Rabbinen nur Textauslegung für die Vergangenheit treiben. Viel wahrscheinlicher scheint, daß sie darin ihre Hoffnung angesichts der eigenen Situation zum Ausdruck bringen. Diese Vermutung wird bestätigt durch Texte, die vom Kommen des Messias und von der zukünftigen Welt sprechen. Auch diese Zeit, die eindeutig noch aussteht, wird in Verbindung mit dem Land gesehen. Die kommende Welt ist im Land verankert; wer im Land lebt, wird an ihr Anteil haben. Diese Verankerung der Zukunft im Gegenwärtigen führt in einigen Texten sogar zu einer Art Identifikation von Land und kommender Welt oder ewigem Leben, was das Andere und Neue dieser Zukunft jedoch keineswegs ausschließt.

Von der Verbindung zwischen Land und kommender Welt her liegt es nahe, daß das Begräbnis im Land von besonderer Bedeutung ist. Wer im Land beerdigt ist, wird zuerst auferstehen und an der messianischen Zeit teilhaben. Und inzwischen sühnt das Land für die in ihm Beerdigten. Bei diesen Überlegungen werden diejenigen, die außerhalb des Landes sterben und beerdigt werden, nicht vergessen. Auch für sie gibt es eine Lösung: Gott wird sie durch unterirdische Gänge ins Land kommen lassen, so daß auch sie nicht von der heilvollen Zukunft im Land ausgeschlossen werden.

Wir kommen zurück zu unserer Ausgangsfrage nach dem Bezug zwischen dem Tenach und der frühen rabbinischen Tradition in ihren jeweiligen Auffassungen vom Land. Ein Vergleich zwischen diesem Kapitel und dem ersten Teil dieser Arbeit läßt erkennen, daß eine enge Beziehung besteht hinsichtlich unseres Themas. Die Rabbinen greifen die Landthematik, wie sie im Tenach zu finden ist, auf und bestätigen sie auf ihre Weise. An keinem Punkt widersprechen sie der biblischen Auffassung. Vielmehr entfalten sie diese und geben ihr in mancher Hinsicht mehr Ausdrücklichkeit, so etwa in den halachischen Überlegungen hinsichtlich des Umgangs mit dem Land, mit den fremden Völkern, die in Israels Mitte leben, mit dem Ausland und mit den Juden, die in der Diaspora leben. Indem sie neue Verbindungen herstellen, wie etwa zwischen dem Land und der Torah in dessen Mitte, dem Land, dem "Joch des Himmelreiches" und dem Königsein Gottes, zwischen der Grabstätte der Väter, dem Begräbnis im Land und der Auferstehung der Toten, zwischen dem Land und dem Garten Eden und zwischen dem Land und der zukünftigen Welt entwickeln sie Gedanken weiter, die keineswegs im Widerspruch stehen zur biblischen Behandlung des Themas. Vielmehr scheinen sie eher Zusammenhänge zur Entfaltung zu bringen, die im Tenach schon keimhaft enthalten sind. Wie der Tenach sehen die Rabbinen das Land als Lebensraum einer ganzheitlichen Beziehung zwischen Gott und Volk Israel und zwischen den Einzelnen des Volkes, das im Bund mit Gott seine Einheit findet. Das Land ist der Raum, in dem allein das Beziehungsgefüge Gott – Volk – Torah – ganz gelebt werden kann. Weil diese zusammengehören – und zwar im Land – besteht eine Wechselbeziehung zwischen Land und Volk und ist Gott selbst in Mitleidenschaft gezogen durch das konkrete Ausleben dieser Beziehung. Wie im Tenach wird dies auch von den Rabbinen thematisiert und ausgefaltet. Und wie die Bibel sieht die rabbinische Tradition den Ursprung dieser Beziehung in der Verheißung an die Väter und deren Vollendung als zukünftige Gabe Gottes, die im Land geschieht.

Diese Beispiele mögen genügen, um die enge Verbindung zwischen dem Tenach und der frühen rabbinischen Tradition zu verdeutlichen.(289) In beiden liegt die Initiative bei Gott und ist die Antwort Israels erforderlich. In beiden ist die im Land gelebte Torah die konkrete Verwirklichung dieser Antwort. In beiden ist der Verlust des Landes die Folge eines Lebens, das den Sinn der Landgabe verfälscht. Und in beiden wird die Hoffnung auf eine Vollendung thematisiert, die im Land von Gott gegeben wird, und in deren Mitte Gott selbst ist in seiner bergenden Gegenwart für sein Volk. In beiden, sowohl im Tenach als auch in der rabbinischen Fortführung dieser Tradition, sind stets das ganz Materiell-Konkrete mit der spirituellen Dimension verbunden und geht das Hier-und-Jetzt in eine ganz neue, alles Bisherige übersteigende, von Gott gegebene Zukunft über.

Wie wir sahen, hat das Land auf nicht unbedeutende Weise schon zu früher Zeit Eingang gefunden in die Liturgie. Anhand des Sch'ma, der Amida und des Tischgebetes, wie auch an einigen Beispielen aus der Liturgie der Feste wurde gezeigt, welchen Platz das Land dort einnimmt. Wie zu erwarten ist, bringt die Liturgie keine neuen Elemente hinzu zu den oben dargelegten rabbinischen Auffassungen vom Land; aber sie greift diese Auffassungen in ihren zentralsten liturgischen Texten auf und gibt ihnen damit noch größeres Gewicht. Nicht nur wird die Bedeutung des Landes auf diese Weise durch die Liturgie bestätigt. Das Land bekommt dadurch einen festen und wichtigen Platz im täglichen Lebensvollzug des jüdischen Volkes und bleibt so im Bewußtsein lebendig und wirkkräftig. Wie wirkkräftig, das haben unter anderen auch die Ereignisse unseres Jahrhun-

---

289 Vgl. Cohen, G.D.: Zion, S. 40 f.

derts gezeigt. Daran wird deutlich, daß die Tradition der Rabbinen so wenig wie die Bibel eine Sache der Vergangenheit ist. Wie der Tenach, leben auch die Rabbinen mit ihrer für das Judentum maßgeblichen Bibelauslegung weiter bis in unsere Zeit. Mit ihnen ist das Land in all seiner Konkretheit und mit der in ihm enthaltenen Hoffnungskraft nach wie vor eine zentrale und das Leben prägende Dimension jüdischen Lebens.

Es bleibt zu fragen, ob und wie die christliche Tradition, wie sie sich im Neuen Testament niederschlägt, die biblische Kategorie des Landes aufgenommen und verarbeitet hat. Dieser Frage soll im dritten Teil der vorliegenden Studie nachgespürt werden.

ANHANG

Das Land in anderen frühen jüdischen Schriften

Bevor wir uns der Frage nach dem Land im Neuen Testament zuwenden, soll diese Thematik in den apokalyptischen Schriften, in den Qumran-Texten und bei Philo kurz aufgezeigt werden. Auch wenn diese Schriften nicht den eigentlichen Gegenstand dieser Arbeit darstellen, ist ein kurzer Seitenblick auf ihre Behandlung des Landes aufschlußreich.

1. Das Land in den apokalyptischen Schriften

In seinem Buch "The Gospel and the Land" widmet W.D. Davies einige Seiten auch den apokalyptischen Quellen. Über sie schreibt er: "... in these sources, the land is given, although less frequently, the kind of attention that is accorded to it in the Old Testament and in the Rabbinical sources."(290) Wie sehr dies der Fall ist, wird deutlich, wenn wir die Aspekte des Landes, die in den apokalyptischen Schriften zur Sprache kommen, mit denen in den von Davies genannten Quellen vergleichen. Einige Beispiele sollen dies aufzeigen.

Wie in der Bibel ist der Ursprung der Verbindung zum Land und der Hoffnung darauf die Verheißung Gottes an die Väter, Abraham, Isaak und Jakob. Im Jubiläenbuch werden die Vätergeschichten ausführlich erzählt, wobei die Landverheißung darin einen großen Raum einnimmt.(291) Als Beispiel soll die Verheißung an Abraham dienen, auf die aber auch jene an Isaak und Jakob folgt:

"In diesem Jahr, als Lot gefangengenommen wurde, (und es) redete der Herr zu Abram, nachdem sich Lot im vierten Jahr dieser Jahrwoche von ihm getrennt hatte, und er sagte zu ihm: Erhebe deine Augen von dem Ort, wo du bist, dort zu wohnen, in Richtung Norden und Süden und Westen und Osten! Denn alles Land, was du siehst, will ich dir und deinem Samen geben in Ewigkeit. Und

---

290 Davies, W.D.: Gospel, S. 49.

291 Vgl. Davies, W.D.: Gospel, S. 50.

ich werde deinen Samen machen wie den Sand des Meeres.
Denn ein Mensch kann nicht den Sand der Erde zählen,
und auch dein Same wird nicht gezählt werden. Erhebe
dich und geh in die Weite und Länge und sieh alles,
denn deinem Samen werde ich es geben! Und Abram ging
nach Hebron und wohnte dort."

(Jub. 13,19-21)(292)

Aufgrund des Schwures Gottes an die Väter, ihnen und ihren
Nachkommen das Land zu geben, soll es Besitz Israels sein:

"Er rief Josua zu sich, den Sohn Nuns, ... damit er das
Volk in das Land führe, das er ihren (Vätern) zur (künftigen) Verleihung gab, (nämlich) auf Grund des Bundes
und auf Grund des Schwures, den er im Zelt geleistet
hatte, (es ihnen) durch Josua zu übergeben."

(Himmelfahrt Moses 1,6.8 f.)(293)

Indem die Apokalypter die Landverheißung an die Väter hervorheben, legen sie auch Wert auf ihr Begräbnis im Land. Auch
dies wird wiederholt thematisiert, wie etwa in folgendem Text:

"Und am 16. erschien ihm der Herr. Und er sagte zu ihm:
'Jakob, Jakob!' Und er sagte: 'Siehe, ich!' Und er sagte
zu ihm: 'Siehe, ich bin wirklich der Gott deiner Väter,
der Gott Abrahams und Isaaks. Fürchte dich nicht, nach
Ägypten hinabzugehen! Denn zu einem großen Volk werde
ich dich dort machen. Ich werde mit dir hinabgehen,
und ich werde dich führen, und in diesem Land wirst
du begraben werden. Und Joseph wird seine Hand auf
deine Augen legen. Fürchte dich nicht! Geh hinab nach
Ägypten.'"

(Jub. 44,5 f.)(294)

Entsprechend wird in den "Prophetenleben" jeweils berichtet, wo

---

292 Das Buch der Jubiläen. Hrsg. von Klaus Berger: JSHRZ. Unterweisung in erzählender Form, Bd. II,3. Gütersloh 1981,
S. 399f.; vgl. Jub. 24,8-11.20, a.a.O., S. 448.449; Jub.
27,21-25, a.a.O., S. 461f.

293 Himmelfahrt Moses. Herausgegeben von Egon Brandenburger.
JSHRZ, Apokalypsen, Bd. V,2. Gütersloh 1976, S. 68.

294 Berger, K.: Jubiläen, S. 531.

die einzelnen Propheten begraben wurden.(295)

Der Einzug ins Land wird in den apokalyptischen Texten nicht besonders thematisiert; nichtsdestoweniger wird er nicht vergessen. So wird in der Himmelfahrt des Mose von der Beauftragung des Josua gesprochen, Israel ins Land zu führen und das Land zu verteilen.(296) Im übrigen gewinnt man den Eindruck, das Leben Israels im Land sei als selbstverständlich vorausgesetzt, wie etwa wenn im Aristeasbrief zu Beginn eine lange Beschreibung des Landes gegeben wird,(297) oder in folgendem Auszug aus der syrischen Apokalypse des Baruch 75,7 f.:

"Wir aber, die wir (jetzt) noch unser Dasein haben – wenn wir wissen, weswegen wir gekommen sind und uns dem unterwerfen, der uns aus Ägypten geführt hat –, wir also werden wiederum kommen und uns erinnern dessen, was vorüberging, und uns dessen erfreuen, was gewesen ist.
Verstehen wir aber nicht, warum wir gekommen sind, und anerkennen die Herrschaft dessen nicht, der aus Ägypten uns herausgeführt, so kommen wir wieder und fragen dann nach dem, was jetzt gewesen ist, und sind schmerzlich betrübt über das, was sich ereignet hat."(298)

Bei aller Selbstverständlichkeit des Landes als Lebensraum Israels fehlt jedoch nicht die Erinnerung an den Gott, der es gegeben hat, wobei diese Gabe Gottes auch geschätzt wird:(299)

"Bewahrt nun, meine Kinder, das Gesetz Gottes, und erwerbt euch die Lauterkeit und wandelt in Arglosigkeit, seid nicht neugierig interessiert an den Taten des Nächsten, sondern liebt den Herrn und den Nächsten, des Schwachen und Armen erbarmt euch. Beugt euren Rücken

---

295 Vgl. Prophetenleben 6-24, in: Riessler, P.: Altjüdisches Schrifttum außerhalb der Bibel. Freiburg 1979 (4. Aufl.), S. 872-880.

296 Vgl. Himmelfahrt des Moses 2,1 f. und 11,11-16, in: Brandenburger, E.: Himmelfahrt, S. 69.78 f.

297 Vgl. Aristeasbrief 83-120, in: Aristeasbrief. Herausgegeben von Norbert Meisner. JSHRZ, Unterweisung in erzählender Form, Bd. II,1. Gütersloh 1973, S. 56-61.

298 Die syrische Baruch-Apokalypse. Herausgegeben von A.F.J. Klijn. JSHRZ, Apokalypsen, Bd. V,2. Gütersloh 1976, S. 172.

299 Vgl. Davies, W.D.: Gospel, S. 49 f.

zum Ackerbau und tut Feldarbeiten gemäß jeder Landwirtschaft und bringt Gaben dar dem Herrn mit Danksagung. Denn durch die Erstlinge der Feldfrüchte wird dich der Herr segnen, wie er alle Heiligen von Abel bis jetzt gesegnet hat. Denn dir ist kein anderer Anteil beschieden als (nur der) der Fettigkeit des Bodens, dessen Erträge durch Mühen (eingebracht werden). Denn auch mein Vater Jakob segnete mich mit den Segnungen des Feldes und den Erstlingsfrüchten."

(Testament, Issachar 5,1-6)(300)

In einigen der oben angeführten Texte ist der Bezug zur Torah schon angeklungen.(301) Wie im Tenach und den rabbinischen Schriften wird dieser auch in den apokalyptischen Quellen hervorgehoben:

"Und alles, was geboren ist und dessen Fleisch der Scham nicht beschnitten ist bis zum achten Tag, wird nicht sein von den Kindern der Ordnung, die der Herr dem Abraham als Bund gesetzt, denn von den Kindern des Verderbens (ist es). Und das Zeichen ist nicht mehr an ihm, daß er dem Herrn gehört, denn zu seinem Verderben und zu seiner Vernichtung von der Erde (ist er), denn den Bund des Herrn, unseres Gottes, hat er gebrochen. Denn alle Engel des Angesichts und alle heiligen Engel - so ist ihr Geschaffensein vom Tage ihrer Schöpfung an. Und vor den Engeln des Angesichts und den heiligen Engeln hat er Israel geheiligt, daß sie mit ihm seien und mit seinen heiligen Engeln. Und du gebiete den Kindern Israels, und sie sollen bewahren das Zeichen dieses Bundes für ihre Geschlechter zu einer Ordnung für Ewigkeit! Und nicht werden sie ausgerottet von der Erde. Denn geboten ist die Ordnung des Bundes, daß sie sie bewahren in Ewigkeit bei allen Kindern Israels.
...
Und jetzt will ich dir mitteilen, daß die Kinder Israels in dieser Ordnung das Vertrauen enttäuschen werden und ihre Kinder nicht beschneiden werden gemäß diesem ganzen Gesetz. Denn in bezug auf das Fleisch ihrer Be-

---

300 Die Testamente der zwölf Patriarchen. Herausgegeben von Jürgen Becker. JSHRZ, Unterweisung in lehrhafter Form, Bd. III,1. Gütersloh 1974, S. 82f.; vgl. Aristeasbrief 112-116, in: Meisner, N.: Aristeasbrief, S. 60 f.

301 Vgl. Davies, W.D.: a.a.O., S. 50.99.

schneidung werden sie Auslasser sein in der Beschneidung ihrer Söhne. Und alle Söhne Beliars werden ihre Söhne ohne Beschneidung lassen, wie sie geboren wurden. Und es wird ein großer Zorn sein über die Kinder Israels vom Herrn her, weil sie seinen Bund verlassen haben und von seinem Wort abgewichen sind. Und sie haben gereizt und sie haben gelästert, weil sie nicht die Ordnung dieses Zeichens taten. Denn sie haben ihre Glieder wie die Heiden gemacht, zum Verschwinden und zum Ausgerottetwerden von der Erde."

(Jub. 15,26.28 f. 33 f.)(302)

Die apokalyptischen Schriften beschreiben wiederholt die Folgen des Abfalls von der Torah. Im Testament der Zwölf Patriarchen werden diese zusammengefaßt:

"Viel Trauer habe ich, meine Kinder, wegen der Ausschweifungen und Zaubereien, die ihr dem Königtum zum Schaden unternehmen werdet, indem ihr den Bauchrednern Gefolgschaft leistet, den Omina und Schicksalsmächten der Verirrung. Eure Töchter werdet ihr zu Tänzerinnen und öffentlichen (Frauen) machen und werdet euch vermischen mit den Greueln der Völker. Um dessentwillen wird der Herr über euch Hungersnot und Pest bringen, Tod und Schwert, das Rache übt, Belagerung von Feinden und Schmähungen der Freunde, Verderben und Entzündung der Augen, Ermordung von Kindern und Raub der Gattinnen, Entwendung der Habe, Brandschatzung des Tempels Gottes, Verwüstung des Landes, Knechtschaft eurer selbst unter den Völkern. Und sie werden von euch (einige) zu Eunuchen beschneiden für ihre Frauen. Und wenn ihr umkehrt zum Herrn mit ganzem Herzen, von Reue ergriffen und wandelnd in allen seinen Geboten, dann wird der Herr euch heimsuchen durch Erbarmen und euch zurückführen aus der Gefangenschaft der Völker."

(Testament Juda, 23,1-5)(303)

----

302 Berger, K.: Jubiläen, S. 407 ff.; vgl. 4 Esra 14,28-34, in: Das 4. Buch Esra. Herausgegeben von Josef Schreiner. JSHRZ, Apokalypsen, Bd. V,4. Gütersloh 1981, S. 403 f.; syr. Bar.-Apok. 84,2.8, in: Klijn, A.: Baruch, S. 181.

303 Becker, J.: Zwölf Patriarchen, S. 75 f.; vgl. syr. Bar.-Apok. 10,5-19, in: Klijn, A.: Baruch, S. 128 f.; Jub. 1, 7-14, in: Berger, K.: Jubiläen, S. 314 ff.; Henoch 89, 51-58, in: Riessler, P.: Schrifttum, S. 576; Psalmen Salomos 2,1-24, in: Die Psalmen Salomos. Herausgegeben von Svend

Wie wir schon in den beiden ersten Kapiteln sahen, ist auch in der apokalyptischen Literatur die Zerstörung Jerusalems und die Zerstreuung Israels nicht das letzte Wort. Auch hier wird eine Zukunft verheißen, die Heil und Wiederherstellung bedeutet, und zwar im Land mit dem wiederaufgebauten Jerusalem in seiner Mitte.

> "Von Salomo. Zur Erwartung.
> Stoßt in die Posaune auf Zion mit der Jubelposaune der Heiligen,
> verkündet in Jerusalem die Botschaft des Freudenboten,
> denn Gott hat sich Israels erbarmt und sie besucht.
> Steige hinauf auf die Höhe, Jerusalem, und sieh deine Kinder
> alle gesammelt von dem Herrn von Ost und West.
> Von Norden kommen sie in der Freude ihres Gottes,
> von den Inseln weit her versammelte sie Gott.
> Hohe Berge ebnete er für sie zum Flachland,
> die Hügel flohen vor ihrem Einzug;
> die Wälder spendeten ihnen Schatten, als sie vorüberzogen,
> alle wohlriechenden Bäume ließ Gott ihnen aufschießen,
> daß Israel dahinziehen könne, besucht von der Herrlichkeit ihres Gottes.
> Lege deine Prachtkleider an, Jerusalem,
> bereite das Gewand deiner Heiligkeit,
> denn Gott hat Israels Glück für immer und ewig ausgesprochen.
> Der Herr führe aus, was er gesagt hat, über Israel und Jerusalem!
> Der Herr richte Israel auf im Namen seiner Herrlichkeit!
> Die Barmherzigkeit des Herrn (sei) über Israel immer und ewig!
>
> (Ps. Sal. 11)(304)

Von dieser Gewißheit her kommt in den apokalyptischen Schriften immer wieder die Hoffnung zum Ausdruck, die in der Treue und dem Erbarmen Gottes ihren Grund hat, und die sich auf das Land richtet. Dafür ist das Ende des 8. Psalmes Salomos ein gutes Beispiel:

Holm-Nielsen. JSHRZ, Poetische Schriften, Bd. IV,2. Gütersloh 1977, S. 63 ff.

304 Holm-Nielsen, S.: Psalmen, S. 85 ff.; vgl. syr. Bar.-Apok. 68,1-8, in: Klijn, A.: Baruch, S. 168 f.; Jub. 1, 15-18 in: Berger, K.: Jubiläen, S. 316 f.

"Siehe denn, o Gott, du hast uns gezeigt dein Gericht
in deiner Gerechtigkeit,
unsere Augen haben deine Gerichte gesehen, o Gott.
Wir rechtfertigen deinen in Ewigkeit teuren Namen,
denn du bist der Gott der Gerechtigkeit, der Israel mit
Züchtigung richtet.
Wende, o Gott, deine Barmherzigkeit zu uns
und erbarme dich über uns;
sammle Israels Verstreuung mit Barmherzigkeit und Güte,
denn deine Treue ist mit uns.
Und wir machten unseren Nacken steif,
du aber bist unser Zuchtmeister.
Unser Gott, übersieh uns nicht,
daß die Heiden uns nicht verschlingen, als gäbe es keinen Erlöser.
Denn du bist unser Gott von Anfang an,
und auf dich richtet sich unsere Hoffnung, Herr,
und wir wollen nicht von dir weichen,
denn deine Gerichte über uns sind gütig.
Uns und unseren Kindern (gehört dein) Wohlwollen auf
ewig,
Herr, unser Retter, wir werden nicht mehr erschüttert in
Ewigkeit.
Gepriesen sei der Herr im Munde der Frommen wegen seiner Gerichte,
und gesegnet vom Herrn sei Israel in Ewigkeit."

(Ps. Sal. 8,25-34)(305)

Eine weitere schon bekannte Dimension des Landes begegnet auch
bei den Apokalyptern: was Gott für Israel hinsichtlich des Landes tut, geschieht auch um seiner selbst willen.(306) Im Jubiläenbuch etwa kommt dies wiederholt zum Ausdruck, wie zum Beispiel im folgenden Text:

"Und es sagte der Herr zu Mose: 'Ich kenne ihren Widerspruch und ihre Gedanken und ihren harten Nacken. Und
sie werden nicht hören, bis wenn sie erkennen ihre Sünde und die Sünden ihrer Väter. Und nach diesem werden
sie umkehren zu mir in aller Rechtschaffenheit und mit

---

305   Holm-Nielsen, S.: Psalmen, S. 81 f.

306   Vgl. Davies, W.D.: Gospel, S. 52.

ganzem Herzen und mit ganzer Seele. Und ich werde beschneiden die Vorhaut ihres Herzens und die Vorhaut des Herzens ihres Samens. Und ich werde ihnen schaffen einen heiligen Geist. Und ich werde sie rein machen, damit sie sich nicht von mir wenden von diesem Tag an bis in Ewigkeit. Und es werden anhängen ihre Seelen mir und allem meinem Gebot. Und sie werden meine Kinder sein. Und sie alle werden genannt werden Kinder des lebendigen Gottes. Und es werden sie kennen alle Engel und alle Geister. Und sie sollen sie kennen, daß sie meine Kinder sind und ich ihr Vater in Rechtschaffenheit und Gerechtigkeit und daß ich sie liebe. Und du, schreib dir auf für sie all diese Rede, die ich dir kundtue auf diesem Berge, die ersten und die späteren (Dinge), die kommen werden in allen Einteilungen der Tage, die im Gesetz und die im Zeugnis und in ihren Wochen und Jubiläen bis in Ewigkeit, bis wenn ich herabsteigen werde und wohnen werde mit ihnen in alle Ewigkeit der Ewigkeit!' Und er sagte zum Engel des Angesichtes: 'Schreibe auf für Mose vom Beginn der Schöpfung bis wann gebaut wird mein Heiligtum unter ihnen für die Ewigkeit der Ewigkeiten! Und der Herr wird erscheinen dem Auge eines jeden, und jeder wird erkennen, daß ich der Gott Israels bin und der Vater für alle Kinder Jakobs und der König auf dem Berge Sion in die Ewigkeit der Ewigkeit. Und es werden Sion und Jerusalem heilig sein.'"

(Jub. 1,22-28)(307)

In der Zukunftshoffnung der Apokalyptiker spielen auch die Völker eine Rolle. Die Feinde werden überwunden, und Israel wird im Frieden leben können. Die Völker werden im Friedensreich des Messias mit eingeschlossen, und sie werden nach Jerusalem kommen um Gott anzubeten.

"Nachdem die Wunderzeichen, von denen dir zuvor gesagt ist, gekommen sind, wenn die Nationen aufgewiegelt werden und wenn die Zeit meines Gesalbten naht, da wird er alle Völker rufen. Die einen läßt er leben, die andern aber wird er töten.
Und solche Dinge werden dann die Völker treffen, die noch durch ihn am Leben sind:
Ein jedes Volk, das Israel nicht kannte und das den Samen Jakobs nicht zertreten hat, wird leben.

---

307 Berger, K.: Jubiläen, S. 318 ff.; vgl. Jub. 15,1-10, a.a.
     O., S. 404 ff.

Und zwar, weil sie aus allen Völkern sich deinem Volke
unterwerfen.
Doch alle, die herrschten über euch und euch gekannt
haben - alle diese sollen dann dem Schwert verfallen."
(Syr. Bar.-Apok. 72,2-6)(308)

Mit diesen Texten ist die zukünftige Welt schon angesprochen.
In Anbetracht der alles umstürzenden und erneuernden Erwartung
der Apokalyptik, ist es umso bemerkenswerter, daß das Land
auch im Hinblick auf diese kommende Welt eine Rolle spielt.(309)
Die zukünftige Zeit ist im Land verankert.

"Vergeßt nicht Zion, gedenkt vielmehr der Trübsale Jerusalems!
Denn siehe, die Tage werden kommen, daß alles, was gewesen ist, zur Nichtigkeit dahingerafft (soll) werden.
Dann wird es sein, als ob es nie gewesen wäre.
Bereitet ihr indessen eure Herzen vor, um des Gesetzes
Früchte einzusäen, dann wird er euch in jener Zeit bewahren, in der der Mächtige die ganze Schöpfung er-
schüttern wird.
Denn Zions Bau wird kurze Zeit danach bewegt, um wiederaufgebaut zu werden.
Doch dies Gebäude wird nicht bleiben, vielmehr wird es
nach einiger Zeit entwurzelt werden und dann verlassen
sein bis auf die (vorbestimmte) Zeit.
Nachher muß es erneuert werden dann in Herrlichkeit,
vollendet aufgebaut bis in die Ewigkeit!"
(Syr. Bar.-Apok. 31,4-32,4)(310)

Das zukünftige Leben im Land wird auch in apokalyptischen
Schriften mit dem Garten Eden in Verbindung gebracht. Dabei
spielt der Gedanke eine Rolle, daß dieses Land der Zukunft bereits erschaffen ist und bei Gott bleibt, bis es auf die Erde gebracht wird. Nichtsdestoweniger darf der Zusammenhang zwischen diesem zukünftigen Land und dem "himmlischen Jerusalem"

----

308 Klijn, A.: Baruch, S. 170 f.; vgl. Ps. Sal. 17,28-31, in:
     Holm-Nielsen, S.: Psalmen, S. 103 f.; Buch d. Elias 7,1-
     9, in: Riessler, P.: Schrifttum, S. 237 f.; Henochbuch 56,
     5-8, in: Riessler, P.: a.a.O., S. 388.

309 Vgl. Davies, W.D.: Gospel, S. 51 f.

310 Klijn, A.: a.a.O., S. 143; vgl. syr. Bar.-Apok. 70, 1-71,
     2, a.a.O., S. 169 f.

und dem Land, in dem Israel bereits jetzt nach der Torah leben soll, nicht übersehen werden.

"Und als der Lärm sich legte, sprach ich zu ihnen:'Seid still! Jetzt will ich euch meinen Thron zeigen und die Herrlichkeit seiner Pracht, die im (himmlischen) Heiligtum ist.
Mein Thron ist im Überirdischen und seine Herrlichkeit und Pracht sind zur Rechten des Vaters.
Die(se) ganze Welt wird vergehen und ihre Herrlichkeit wird vernichtet und die ihr anhängen, werden mit ihr untergehen,
aber mein Thron steht im heiligen Land und seine Herrlichkeit ist in der Welt des Unveränderlichen.
Die Flüsse (dieses Landes) werden austrocknen, der Stolz ihrer Wogen stürzt in die Tiefe der Unterwelt hinab,
aber die Flüsse meines Landes, in dem mein Thron steht, werden nicht vertrocknen noch verschwinden, sondern sie werden sein für immer.
Diese Könige werden vergehen und diese Fürsten gehen dahin, ihre Herrlichkeit und ihr Ruhm werden sein wie ein Spiegel,
mein Reich aber ist in alle Ewigkeit und seine Herrlichkeit und Pracht ist bei den Wagen des Vaters ...'"

(Test. Hiobs 33,2-9)(311)

Eine eigene Dimension bringt die Apokalyptik schließlich, wenn sie den zukünftigen Frieden im Land mit der ganzen Erde ausdrücklich in Verbindung bringt:

"Und einst wird es geschehen, wenn er alles erniedrigt hat, was in der Welt besteht, und sich gesetzt auf seiner Königsherrschaft Thron in ewigem Frieden, daß Freude dann geoffenbart und Ruhe erscheinen wird. Gesundheit wird im Tau herniedersteigen, die Krankheit wird verschwinden, und Angst und Trübsal und Wehklagen gehen vorüber an den Menschen, und Freude wird umher-

---

311 Das Testament Hiobs. Herausgegeben von Berndt Schaller. JSHRZ, Unterweisung in lehrhafter Form, Bd. III,3. Gütersloh 1979, S. 352 ff.; vgl. Buch d. Elias 10,1-8, in: Riessler, P.: Schrifttum, S. 239 f.; 4 Esra 5,22-27; 7,17-35, in: Schreiner, J.: 4. Esra, S. 326 f. 343-347; syr. Bar.-Apok. 4,1-7, in: Klijn, A.: Baruch, S. 124 f.

gehen auf der ganzen Erde.

(Syr. Bar.-Apok. 73,1 f.)(312)

Mit dieser Heilsverheißung für die ganze Erde können wir den kurzen Aufriß der Landthematik in den apokalyptischen Schriften beenden. Es hat sich gezeigt, daß die Hauptgedanken, die sowohl der Tenach als auch die frühe rabbinische Tradition mit dem Land in Verbindung bringen, auch in diesen Quellen zu finden sind:(313) das Land als Verheißung an die Väter und deren Nachkommen, die Wechselbeziehung zwischen Torah – bzw. Israels Treue zur Torah – und Land, die verheerenden Folgen der Sünde Israels für ihr Leben im Land, die Heilsverheißungen in Verbindung mit dem Land, das Verhältnis zwischen den anderen Völkern und Israel in seinem Land und schließlich die zukünftige Heilszeit, die im Land verankert ist. Somit können wir mit W.D. Davies sagen: "... eschatological thinking was not alien to the main currents in Judaism".(314) Hinsichtlich des Landes, das, wie wir gesehen haben, ohne Zweifel zu den Hauptelementen des Judentums zu zählen ist, besteht kein Widerspruch zwischen biblischem, rabbinischem und apokalyptisch-eschatologischem Denken.

---

312 Klijn, A.: Baruch, S. 171; dieser Abschnitt folgt auf den auf S. 218 f. zitierten Text, Syr.Bar.-Apok. 72,2-6, in dem von der Überwindung der Feinde Israels und deren zukünftigem Verhältnis zu Israel die Rede war. Vgl. Sibyll. Orakel, Buch 3,741-760. 767-795, in: Riessler, P.: Schrifttum, S. 1036 ff.

313 Vgl. Davies, W.D.: Gospel, S. 51.

314 Davies, W.D.: a.a.O., S. 49.

2. Das Land in den Qumran-Schriften

Das Land wird in den Qumran-Texten nur selten ausdrücklich erwähnt, aber wenn dies geschieht, dann auf eine Weise, die deutlich zum Ausdruck bringt, wie wichtig das Land auch für die Qumran-Sekte ist. Biblische Vorgaben klingen dabei deutlich an.(315)

Daß das Land selbstverständlich als Wohnraum Israels vorausgesetzt wird, zeigt sich etwa in folgendem Text, der nicht eigentlich vom Land selbst handelt:

"... und den Bund der (Ge)meinschaft möge er ihm erneuern, um die Königsherrschaft seines Volkes aufzurichten auf ewi(g und die Armen in Gerechtigkeit zu richten) (und) in Red(lichkeit die Demü)tigen des Landes zurechtzuweisen und vollkommen vor ihm zu wandeln auf allen Wegen ..."

(1QSb V, 21 f.)(316)

Daß das Land der Wohnraum Israels sein soll, ist selbstverständlich. Israel hat jedoch gesündigt, und darauf folgt Strafe, die auch das Land betrifft:

"... schon längst hat Gott ihre Werke heimgesucht, und sein Zorn entbrannte gegen ihre Taten, denn es ist ein uneinsichtiges Volk. Sie sind ein Volk, an dem guter Rat verloren ist, weil es keine Einsicht unter ihnen gibt ... Und zur Zeit der Verwüstung des Landes sind Leute aufgestanden, die die Grenze verrückten und Israel in die Irre führten; und das Land wurde zur Wüste; denn sie predigten Aufruhr gegen die Gebote Gottes, die (er) durch Mose und durch die heiligen Gesalbten (gegeben hatte), und weissagten Lüge, um Israel zum Abfall von Gott zu bringen."

(CD V,15-17.20-21; VI,1)(317)

----

315 Vgl. zu diesem ganzen Abschnitt: Davies, W.D.: Gospel, S. 52 ff.

316 Lohse, Eduard: Die Texte aus Qumran. Hebräisch und Deutsch. Mit masoretischer Punktation, Übersetzung, Einführung und Anmerkungen. Darmstadt 1981, S. 59.

317 Lohse, E.: Texte, S. 77; vgl. CD II,8 f., a.a.O., S. 69; 1QpHab XII,6-10, a.a.O., S. 243.

Trotz der Sünde Israels und der darauf folgenden Strafe hält auch die Qumran-Sekte an der Hoffnung fest, die zukünftiges Heil bedeutet. Denn Gott gedenkt seines Bundes und seiner Verheißung, und so hat er einen Rest von Israel bewahrt, mit dem er außerhalb des Landes, im Gebiet von Damaskus(318) einen neuen Bund geschlossen hat:

> "Gott aber gedachte des Bundes mit den Vorfahren und erweckte aus Aaron einsichtige Männer und aus Israel Weise. Und er ließ sie hören, und sie gruben Brunnen ... Der Brunnen, das ist das Gesetz, und die ihn gegraben haben, das sind die Bekehrten Israels, die aus dem Lande Juda ausgezogen sind und im Lande von Damaskus in der Fremde weilten ...",
>
> (CD VI,2-5)(319)

wo sie "... eingetreten sind in den neuen Bund."
(CD XIX,33 f.)(320)

Die Qumran-Sekte versteht sich selbst als diesen Rest(321) und dementsprechend seine Lebensform als die konkrete Ausgestaltung dieses Bundes. Das Land nimmt dabei einen zentralen Platz ein:

> "Weil er aber des Bundes mit den Vorfahren gedachte, hat er einen Rest übriggelassen in Israel und sie nicht der Vernichtung preisgegeben. Und in der Zeit des Zornes, dreihundert-und-neunzig Jahre, nachdem er sie in die Hand Nebukadnezars, des Königs von Babel, gegeben hatte, hat er sie heimgesucht. Und er ließ aus Israel und aus Aaron eine Wurzel der Pflanzung sprießen, damit sie in Besitz nehme sein Land und fett würde durch die Güte seines Bodens. Und sie sahen ihr Unrecht ein und erkannten, daß sie schuldige Männer waren. Und sie waren wie Blinde und solche, die nach dem Weg tasten, zwanzig Jahre lang. Und Gott achtete auf ihre Werke, denn mit vollkommenem Herzen hatten sie ihn gesucht,

---

318 Vgl. Davies, W.D.: Gospel, S. 100 f., wo er Damaskus mit Qumran selbst identifiziert.

319 Lohse, E.: Texte, S. 77.

320 Lohse, E.: a.a.O., S. 105; vgl. CD XX,12, a.a.O., S. 105.

321 Vgl. Davies, W.D.: a.a.O., S. 53.100.

und erweckte ihnen den Lehrer der Gerechtigkeit, um sie
auf den Weg seines Herzens zu führen."
(CD I,4-11)(322)

Die Grundeinstellung der Sekte wird im einzelnen konkretisiert,
was etwa in der "Gemeinderegel" ausgefaltet wird. Leitlinie für
ihre Lebensgestaltung ist dabei die

"Ordnung des Landes, die seit alters besteht."
(CD XIX,2 f.)(323)

Indem sie ihr Leben so regelt, will die Sekte für das Land
"sühnen"(324) und somit die Opfer im Jerusalemer Tempel erset-
zen. Einige wenige "Vollkommene" aus ihrer Mitte vertreten dabei die Gemeinschaft als ganze:

"Im Rat der Gemeinschaft sollen zwölf Männer sein und
drei Priester, vollkommen in allem, was offenbart ist
aus dem ganzen Gesetz, um Treue zu üben, Gerechtigkeit,
Recht, barmherzige Liebe und demütigen Wandel, ein jeder mit seinem Nächsten, Treue zu bewahren im Lande
mit festem Sinn und zerbrochenem Geist, Schuld zu sühnen, indem sie Recht tun und Drangsal der Läuterung
(ertragen), um mit allen im Maß der Wahrheit und in
der Ordnung der Zeit zu wandeln. Wenn dies in Israel
geschieht, dann ist der Rat der Gemeinschaft fest gegrün-
det in der Wahrheit für die ewige Pflanzung, ein heili-
ges Haus für Israel und eine Gründung des Allerheiligsten
für Aaron, Zeugen der Wahrheit für das Gericht und Aus-
erwählte des (göttlichen) Wohlgefallens, um für das Land
zu sühnen und den Gottlosen ihre Taten zu vergelten."
(1QS VIII,1-7)(325)

Friedrich Nötscher sieht auch die kriegerischen Auseinanderset-
zungen zwischen der Sekte, den Söhnen des Lichts, und den
Frevlern, den Söhnen der Finsternis, in diesem Zusammenhang.
Nach ihm gehört die Überwindung der Frevler und deren Strafe

---

322   Lohse, E.: a.a.O., S. 67; vgl. 1QS I,1-6, a.a.O., S. 5.

323   Lohse, E.: Texte, S. 101.

324   Vgl. Davies, W.D.: Gospel, S. 53.100 f.

325   Lohse, E.: a.a.O., S. 29; vgl. 1QS IX,3 ff., a.a.O., S.
      33; 1QSa I,1-3, a.a.O., S. 47.

zur Sühne für das Land.(326) Gleichzeitig aber finden sich hier deutliche Motive der Landeroberung, zumal die Kriegsrolle stark aus Ezech. 38-48 schöpft, wie W.D. Davies bemerkt.(327) Die Nennung der "Schar von Edom und Moab und der Söhne Amons" usw.(328) erinnert an die erste Landnahme unter Josua. Wieder gilt es, die feindlichen Mächte zu überwinden, um in das von Gott verheißene Land einzuziehen. Diese Deutung wird auch durch das Wüstenmotiv noch bestärkt. Die Qumran-Sekte hat sich in der Wüste abgesondert, dort wo Israel vor dem Einzug ins Land vierzig Jahre verbrachte, um dort die Rückkehr ins Land zu bereiten. Auch hierin haben die oben erwähnten "Vollkommenen" eine besondere Verantwortung:

"... so sollen sie entsprechend diesen Festsetzungen ausgesondert werden aus der Mitte des Wohnsitzes der Männer des Frevels, um in die Wüste zu gehen, dort den Weg des 'Er' zu bereiten, wie geschrieben steht: In der Wüste bereitet den Weg des Herrn, macht eben in der Steppe eine Bahn unserem Gott ..."

(1QS VIII,13 f.)(329)

Die Anknüpfung an die erste Landnahme Israels ist ebenfalls zu erkennen, wenn in der Kriegsrolle zum Kampf ermutigt wird. Die Söhne des Lichtes brauchen sich nicht zu fürchten, denn Gott kämpft für sie:

"Und der uns verkündet hat, daß du in unserer Mitte bist, der große und furchtbare Gott, zu vertreiben alle unsere Feinde vo(r uns). Und er belehrte uns seit ehedem für unsere Geschlechter folgendermaßen: Wenn ihr zum Kampf herankommt, dann trete der Priester hin und spreche zum Volk folgendermaßen: Höre Israel, ihr rückt heute zum Kampf gegen eure Feinde heran. Fürchtet euch nicht, und nicht sei euer Herz verzagt. Und schreckt nicht (zurück und) seid (n)icht erschrocken vor ihnen;

---

326 Vgl. Nötscher, Friedrich: Zur theologischen Terminologie der Qumran-Texte. Bonner Biblische Beiträge, 10. Bonn 1956, S. 192 f.

327 Vgl. Davies, W.D.: Gospel, S. 53.

328 Vgl. 1QM I,1, in: Lohse, E.: Texte, S. 181.

329 Lohse, E.: a.a.O., S. 31; vgl. 1QM 1,2 f., a.a.O., S. 181.

denn euer Gott geht mit euch, um für euch zu streiten mit euren Feinden, um euch zu erretten."

(1QM X,1-4)(330)

Auch in den Schriften Qumrans wird nach der Auseinandersetzung mit den Söhnen der Finsternis eine heilvolle Zeit im Land denen gegeben, die zur Torah umkehren und in Treue zum Bund leben:

"Laß ab vom Zorn und laß den Grimm, ereifere dich nicht, nur um Böses zu tun. Denn die Übeltäter werden ausgerottet werden. (37,8 f.) Seine Deutung bezieht sich auf alle, die umkehren zum Gesetz, die sich nicht weigern, umzukehren von ihrer Bosheit. Denn alle, die sich sträuben, umzukehren von ihrer Sünde, werden ausgerottet werden. 'Die aber auf Jahwe harren, sie werden das Land erobern.' (37,9) Seine Deutung: Sie sind die Gemeinde seiner Auserwählten, die seinen Willen tun. 'Und noch ein wenig Zeit, und der Gottlose ist nicht mehr. Ich will seinen Platz genau betrachten, aber er ist nicht mehr.' (37,10) Seine Deutung bezieht sich auf alle Gottlosigkeit am Ende der vierzig Jahre, da sie vertilgt sind und nicht mehr gefunden wird im Lande ein Mann der Gottlosigkeit. 'Aber die Armen werden das Land ererben und sich ergötzen an der Fülle des Friedens.' (37,11) Seine Deutung bezieht sich auf die Gemeinde der Armen, die die Zeit des Fastens auf sich genommen haben, die gerettet werden aus allen Fallen Belials; danach werden sich alle ergötzen (...) des Landes und werden genießen alle Lust des Fleisches."

(4QpPs 37 II,1-11)(331)

Wenn Heil im Land herrscht, wird der Reichtum der Völker auch nach Auffassung der Qumran-Sekte zum allgemeinen Segen des Landes beitragen, und die Völker werden Israel dienen:

"Fülle dein Land mit Herrlichkeit und dein Erbteil mit Segen. Eine Menge von Vieh sei auf deinen Feldern, Silber und Gold und Edelsteine in deinen Pal(ä)sten. Zion, freue dich sehr, strahle auf im Jubel, Jerusalem, und jauchzet, alle Städte Judas. Öffne beständig (deine) To-(re), daß man zu dir bringe den Reichtum der Völker.

---

330 Lohse, E.: Texte, S. 203.

331 Lohse, E.: a.a.O., S. 273.

Und ihre Könige sollen dir dienen und dir huldigen alle
deine Bedrücker ..."

(1QM XII,12 ff.)(332)

Wenn Israel die Söhne der Finsternis überwindet und das Land
erneut in Besitz nimmt, wird das Lob Gottes angestimmt und
sein Name anerkannt:

> "... und wenn sich erhebt die große Hand Gottes wider
> Belial und wider das gesamte (Hee)r seiner Herrschaft
> bei einer ewigen Niederlage ... dann tritt der Haupt-
> priester hin und die Priester und die (Leviten), die mit
> ihm sind, und die An(führer der Männer) der Schlacht-
> ordnung, und sie preisen dort den Gott Israels, und sie
> heben an und sprechen: Gepriesen sei dein Name, Gott
> (der Göt)ter; denn Großes hast du getan (an deinem
> Volk), um wunderbar zu handeln. Und du hast uns dei-
> nen Bund seit ehedem bewahrt und die Tore der Hilfen
> uns aufgetan viele Male um deines (Bundes) wille(n .
> Und nicht sind wir gebeugt nach) deiner (Güte) gegen
> uns. Und du, Gott der (Ge)rechtigkeit, hast gehandelt
> um deines Namens (willen)"

(1QM XVIII,1.5-8)(333)

Anhand der oben angeführten Texte können wir die Meinung von
W.D. Davies bestätigen, wenn er schreibt: "The high evaluation
and significance of the land is also present in the documents
from Qumran."(334)

Auch die Qumran-Sekte ist auf das Land hin orientiert, wenn
sie das Thema auch aufgrund ihrer eigenen Situation anders behandelt als die bisher berücksichtigten Quellen.(335) Aus der
Überzeugung heraus, daß Israel gesündigt und dadurch das
Land verunreinigt hat, zieht die Gemeinde in die Wüste, um
dort den Bund zu erneuern und für das Land zu sühnen. Sie
tut dies in der Überzeugung, daß Gott die Verheißung an die
Väter nicht vergessen hat, sondern daß er sich einen "Rest" in
Israel bewahrt hat, um an ihm seine Verheißung zu erfüllen. In der Wüste wird die neue Landnahme bereitet, indem
die Gemeinde zum Bund Gottes zurückkehrt und sich auf den

----

332 Lohse, E.: a.a.O., S. 209.

333 Lohse, E.: Texte, S. 221.223.

334 Davies, W.D.: Gospel, S. 52.

335 Vgl. Davies, W.D.: a.a.O., S. 104.

Krieg gegen die Söhne der Finsternis vorbereitet. Indem sie das tut, blickt sie aus auf die heilvolle Zukunft, in der sie ins gesegnete Land zurückgekehrt sein wird.

3. Das Land in den Schriften Philos von Alexandrien

Nach der Kontinuität zwischen Tenach, rabbinischer Tradition, Apokalyptik und Qumran-Texten in ihrer Behandlung des Landes, führt uns Philo von Alexandrien in eine ganz andere Anschauungsweise. In seinen Schriften nimmt das Land keinen sehr großen Platz ein, aber wenn Philo davon spricht, tut er dies immer im selben Sinn. Obwohl er sich ein wenig auch mit den konkreten Bestimmungen hinsichtlich des Landes befaßt, so das Sabbat- und Jobeljahr und die Darbringung der Erstlingsgaben, ist das Land für ihn nicht so sehr ein konkret-materieller Ort, sondern vielmehr eine geistig-innere Kategorie. Philo identifiziert das Land mit den Tugenden, in denen der Mensch sozusagen Wurzel gefaßt hat. Im folgenden kurzen Überblick soll dies verdeutlicht werden.

An verschiedenen Stellen gibt Philo eine Art Definition des Landes. So wird das Land mit der Weisheit identifiziert und in Verbindung gebracht mit dem Wort Gottes in der Beziehung zwischen Gott und Mensch:

> "'denn an diesem Tage', sagt die Schrift, 'schloß der Herr mit Abram einen Bund, indem er sprach: Deinem Samen werde ich dieses Land geben.' (1 Mos. 15,18). Welches Land kündet er, wenn nicht das vorhergenannte, auf das er sich bezieht? (das Land), dessen Frucht ist das sichere und bestimmte Erfassen der Weisheit Gottes, derzufolge Er seinen getreuen Verwaltern unversehrt (vom Bösen) alle Güter aufbewahrt, die denen entsprechen, die den Unsterblichen zuteil werden."
>
> (Rer Div Her 313 f.)(336)

---

336 Über die Frage: Wer ist der Erbe der göttlichen Dinge? und über die Teilung in Gleiches und Gegensätzliches. Übersetzt von Joseph Cohn. In: Die Werke Philos von Alexandria. In deutscher Übersetzung. Herausgegeben von Leopold Cohn, I. Heinemann, M. Adler und W. Theiler. 5. Teil, Breslau 1929, S. 293 f.; vgl. Plantatione 73 f. Über die Pflanzung Noahs. Übersetzt von I. Heinemann. In: Werke Philos, 4. Teil. Breslau 1923, S. 167; Confusione 80 f.

Dieses Land, das mit den von Gott gesprochenen Worten identifiziert wird, ist Eigentum Gottes, wie Lev. 25,23 deutlich sagt. Deswegen kommt der Mensch nur als Fremder in dieses Land und das nur weil Gott es ihm gibt:

"Es ist also nicht nur wahr, sondern gehört auch zu den Dingen, die zu unserem Troste beitragen können, dass die Welt und alles was darin ist Werke des Schöpfers sind und seine Besitzungen. Sein Werk verschenkt der Besitzer, weil er nichts braucht; wer es aber geniesst, besitzt es nicht, weil nur einer Herr und Gebieter über alles ist, der mit vollem Recht sagen wird: 'mein ist die ganze Erde' - was soviel bedeutet wie: die ganze Schöpfung ist mein -, 'ihr aber seid Fremdlinge und Beisassen vor mir (3 Mos. 25,23). Zu einander nämlich befinden sich alle Geschöpfe in dem Verhältnis von Urbewohnern und Adligen' die alle gleiche Rechte geniessen und gleiche Lasten tragen zu Gott dagegen in dem Verhältnis von Fremdlingen und Beisassen; denn jeder von uns ist gleichsam wie in eine fremde Stadt in diese Welt gekommen, an der er vor der Geburt keinen Anteil hatte, und nach seiner Ankunft wohnt er darin nur als Beisasse, bis er die ihm zugemessene Lebenszeit beendet hat."
(Cher 119 ff.)(337)

Gott aber gibt großzügig, und was er gibt ist gut:

"Was für eine gute Tat hat aber Abram bereits vollbracht, als Gott ihm gebietet, Vaterland und Familie zu verlassen und das Land zu bewohnen, das Gott ihm geben wird (1 Mos. 12,1)? Und das muss doch ein guter, reicher und ganz seliger Staat sein; denn Gottes Gaben sind gross und wertvoll."
(Leg All III, 83)(338)

Über die Verwirrung der Sprachen. Übersetzt von Edmund Stein. In: Werke Philos, 5. Teil, S. 123.

337 Ueber die Cherubim. Übersetzt von Leopold Cohn. In: Werke Philos, 3. Teil, Breslau 1919, S. 202.

338 Allegorische Erklärung des heiligen Gesetzbuches. Übersetzt von I. Heinemann. In: Werke Philos, 3. Teil, S. 112; vgl. Somniis I, 174. Über die Träume. In: Werke Philos, 6. Teil, Breslau 1938, S. 208.

Da das Land für Philo letztlich nichts mit dem konkreten Land Israel zu tun hat, verwundert es nicht, wenn er die Haltung der in der Diaspora lebenden Juden folgendermaßen beschreibt:

"... als Mittelpunkt betrachten sie die Heilige Stadt, wo der heilige Tempel des höchsten Gottes steht. Was sie aber von ihren Vätern, Groß- und Urgroßvätern und den Voreltern noch weiter hinauf als Wohnsitz übernommen haben, das halten die einzelnen für ihr Vaterland, wenn sie dort geboren und aufgewachsen sind."
(Flacc 46)(339)

Wenn Philo das Land als den "Bereich" der Weisheit und der Tugenden versteht, dann ist für ihn Exil das Leben, das durch das Fehlen von Tugenden gekennzeichnet ist. So schreibt er von der Ausweisung Adams und Evas aus dem Garten Eden und von der Trennung Lots von Abraham:

"'Und Adam und sein Weib verbargen sich vor dem Antlitz Gottes des Herrn inmitten des Gehölzes des Gartens' (1 Mos. 3,8). Hier macht uns die Schrift mit dem Lehrsatz bekannt, dass der Schlechte heimatlos ist. Denn wenn die eigentliche Stadt der Weisen die Tugend ist, so ist derjenige, der an ihr keinen Anteil haben kann, aus der Stadt verbannt; an ihr kann aber der Schlechte keinen Anteil haben; also ist allein der Schlechte verbannt und flüchtig."
(Leg All III,1)(340)

Jedoch muß dieses Exil nicht für immer sein. In der Schrift wird die Rückkehr ins Land verheißen, die Philo seinerseits auf eine Rückkehr zu den Tugenden hin interpretiert:

"Gott der Pflanzer will aber die Rechtschaffenheit in das All streuen, dagegen die verdammenswerte Unfrömmigkeit zerstreuen und aus dem Weltstaat verbannen, damit die tugendfeindlichen Sinnesarten endlich einmal aufhören, die Stadt und den Turm der Gottlosigkeit zu bauen. Denn

---

339 Gegen Flaccus. Übersetzt von Karl-Heinz Gerschmann. In: Werke Philos, 7. Teil, Berlin 1964, S. 139.

340 Allegorische Erklärung, in: Werke Philos, 3. Teil, S. 86; vgl. Migratione 175. Über Abrahams Wanderung. Übersetzt von Rabbiner Posner. In: Werke Philos, 5. Teil, S. 199.

sind diese zerstreut, werden diejenigen, die einst vor der Gewaltherrschaft der Unvernunft geflohen sind, durch einen Erlaß die Rückkehr erlangen, da den Erlaß (Gott) ausgefertigt und bestätigt hat, wie der Gottesspruch beweist, in dem deutlich gesagt wird: 'Wenn deine Zerstreuung von Himmelsende bis Himmelsende sein wird, von dort wird er dich sammeln' (5 Mos. 30,4). So geziemt es denn Gott, den Chor der Tugenden zusammenzuhalten, den der Laster hingegen aufzulösen und zu vernichten."

(Conf Ling 196 ff.)(341)

Entsprechend diesem Verständnis von Rückkehr aus dem Exil wird der Einzug ins Land als ein Auszug aus fehlerhaftem Verhalten gesehen. Dieser Auszug enthält eine eigene Dynamik; er ist ein Weg, der schließlich zum Land, das heißt zu einem tugendhaften Leben führt. In seiner Deutung des Auszuges Abrahams zunächst aus Ur in Chaldäa und dann aus Haran beschreibt Philo diesen Weg ausführlich:

"Die Chaldäer scheinen sich mehr als andere Menschen mit Astronomie und Horoskopstellung befaßt zu haben ...
Nachdem (Mose) zur Widerlegung der Ansichten der Chaldäer gesprochen, sucht er die, die der chaldäischen Anschauung noch huldigen, davon abzubringen und zur Wahrheit zurückzurufen und beginnt seine Belehrung etwa so: ...
Steiget ... herab vom Himmel; und seid ihr herabgestiegen, so untersuchet nicht fürder Land und Meer und Flüsse und die Arten der Pflanzen und Tiere, vielmehr euch selbst und eure Natur erforschet, daß ihr nicht anderswo eure Wohnstätte lieber aufschlaget als bei euch selbst. Denn dadurch, daß ihr in eurer eigenen Behausung Umschau haltet und gut untersucht, was dort das Herrschende ist und das Untertänige, das Beseelte und Unbeseelte, das Vernunftbegabte und das Vernunftlose, das Unsterbliche und das Sterbliche, das Bessere und das Geringere, werdet ihr rasch auch eine deutliche Erkenntnis von Gott und seinen Werken empfangen. ...
Bewegt euch also fort von dieser übergeschäftigen Hingabe an die himmlischen Dinge; besiedelt, wie gesagt, euch selbst, und bewohnet, nachdem ihr das Chaldäerland, dieses Symbol der Vorstellung, verlassen habt,

---

341 Über die Verwirrung der Sprachen. Übersetzt von Edmund Stein. In: Werke Philos, 5. Teil, S. 150 f.

Charan; damit seid ihr an den Ort der Sinneswahrnehmung übergesiedelt, der das körperhafte Haus des Denkens ist. ...
Dabei verweilet noch ein wenig, dabei bleibe noch ein
Weilchen in Ruhe, suchet die Natur eines jeglichen zu
erforschen, soweit es möglich ist, und wenn ihr das Gute und Schlechte in jedem einzelnen erkannt habt, so mei-
det das eine und wählet das andere. Nachdem ihr dann
freilich sehr genau das eigene Haus in allen seinen Teilen in Augenschein genommen und geprüft habt, welche
Bewandtnis es mit jedem seiner Teile hat, dann beweget
euch fort und erstrebet den Aufbruch aus diesem (Leben),
der nicht den Tod, sondern Unsterblichkeit verheißt ...

So geht allmählich der Nus weiter und wird schließlich
zum Vater der Frömmigkeit und Heiligkeit kommen, nachdem er zuvor von der Horoskopie abgelassen hat, die
ihn zu dem Glauben verleiten wollte, die Welt selbst sei
der erste Gott, aber nicht das Werk des ersten Gottes,
und die Umläufe und Bewegungen der Gestirne seien die
Ursache für der Menschen Glück und Unglück. Dann kommt
er zur Betrachtung seines eigenen Ich, denkt über sein
eigenes Haus nach, über das, was den Körper, die Sinneswahrnehmung, die Vernunft und Rede angeht, und erkennt die Wahrheit des Dichterwortes 'daß in unseren
Häusern Gutes und Schlechtes bereitet sei'; nachdem er
so bei sich begonnen hatte, eröffnet er sich den rechten
Weg zur Erkenntnis und darf hoffen, den schwer zu fas-
senden und zu beweisenden Gott zu begreifen; denn wenn
er sich selbst genau erkannt hat, so wird er wohl auch
Gott erkennen; er bleibt dann aber nicht mehr in Charan,
dem Organ der Sinneswahrnehmung, sondern wendet sich
zu sich selbst zurück. Denn es ist unmöglich, daß jemand zur Erkenntnis des seienden Gottes gelange, so lange er noch mehr durch Wahrnehmung als durch Denken
bewegt wird."
(Migr Abr 178.184.185.187.189.194f.)(342)

Der Einzug in das Land, wie Philo es versteht, geschieht nicht
schlagartig, auf einmal. Der Mensch lebt die Tugenden nicht
von vornherein, sondern erst nach einem Wachstumsprozeß, der
ihn schließlich zum Land bringen kann. Philo vergleicht diesen

----

342 Über Abrahams Wanderung. Übersetzt von Rabbiner Posner.
     In: Werke Philos, 5. Teil, S. 199.201-204.

Prozeß mit den verschiedenen Phasen oder Lebensaltern, die ein
Mensch durchlebt:

"Weiter heißt es (1 Mos. 15,16): 'Aber im vierten Zeitalter werden sie hierher zurückkehren', nicht nur um
die Zeit anzugeben, wo sie das heilige Land besiedeln
würden, sondern um auch auf die vollständige Wiederherstellung der Seele hinzuweisen. Diese erfolgt ungefähr
im vierten Zeitalter; in welcher Weise – das lohnt sich
zu untersuchen. Ein neugeborenes Kind hat bis zum voll-
endeten siebenten Jahre – also im Kindesalter – eine rei-
ne, weichem Wachs ähnliche Seele, der noch nicht die
Eindrücke des Guten und Bösen aufgeprägt wurden, ...
Das ist sozusagen das erste Zeitalter der Seele. Das zweite ist dasjenige, das nach dem Kindesalter mit dem Bösen zusammenzuleben beginnt, das die Seele teils aus
sich selbst zu erzeugen pflegt, teils von anderen bereit-
willig annimmt. ...
Dieses krankhafte Zeit- oder Lebensalter muß von einem
dritten, wie von einer heilkundigen Philosophie, in ärzt-
liche Behandlung genommen und mit kräftigen und heil-
samen Worten besänftigt werden, durch die es eine Ent-
leerung der maßlosen Sündenfülle und eine Anfüllung der
hungrigen Leerheit an guten sittlichen Grundsätzen und
der schrecklichen Öde erhalten wird. Nach dieser Behandlung erwachsen der Seele im vierten Zeitalter Kraft und
Stärke durch sichere Aufnahme der Einsicht und uner-
schütterlich festes Beharren in allen Tugenden. Das
meint das Bibelwort: 'Im vierten Zeitalter werden sie
hierher zurückkehren'. "
                              (Rer Div Her 293ff. 297f.)(343)

Entsprechend gibt das Land nicht sofort seine Frucht, die Tugend. Diese muß vielmehr mit Ausdauer und persönlichem Ein-
satz vom Menschen gesucht werden. Das Wort Gottes zeigt ihm
dabei den Weg. So finden wir auch bei Philo, wenn auch auf
ganz andere Weise, die Verbindung zwischen Torah und Land:

"Sara übergibt (ihre Sklavin dem Abraham) nicht sofort
nach seiner Ankunft im Lande Kanaan, sondern erst
nach einem zehnjährigen Aufenthalt. Man muß sorgfältig
danach forschen, was das bedeutet. ...
(Es) muß noch in Erinnerung gebracht werden, daß Ägypten das Symbol der Affekte und das Land Kanaan das

---

343 Erbe. In: Werke Philos, 5. Teil, S. 289 ff.

der Laster ist. Daher läßt Abraham mit Recht sein Volk von Ägypten aufbrechen und führt es ins Land Kanaan...

Dieses sind nun die naturgegebenen Heimatländer: im Kindesalter die Leidenschaft, Ägypten, im Alter der Reife das Laster, Kanaan. Die Heilige Schrift aber, die die Heimatländer unseres sterblichen Geschlechtes wahrlich gut kennt, rät, was zu tun und förderlich ist, indem sie ... deren Sitten und Gebräuche und Lebensweise zu hassen befiehlt ...

Also gibt es ein wahres Leben nur für den, der in den Bestimmungen und Befehlen Gottes wandelt. Daraus folgt, daß die Gebräuche der Gottlosen den Tod bedeuten. Welches sind nun die Gebräuche der Gottlosen? Doch die des Affektes und der Übel, aus denen die Masse der Frevler und Übeltäter entsteht. Zehn Jahre nach der Wanderung nach Kanaan also sollen wir die Hagar zu uns nehmen, da wir, obwohl von Geburt an mit Verstand begabt, zunächst an der naturgegebenen schändlichen Torheit und Unbildung Anteil nehmen. Erst lange Zeit später, und zwar nach einer Dekade von Jahren – der vollkommenen Zahl – erwacht in uns das Verlangen nach einer gesetzmäßigen Bildung, die uns fördern kann."

(Congr 81.83.85.87 f.)(344)

Die biblische Umschreibung der Grenzen des Landes versteht Philo dann ebenfalls im Sinne dieses Prozesses, der bei den körperlichen Leidenschaften beginnt und zur unvergänglichen Weisheit fortschreitet:

"Zum Schluß heißt es daselbst: 'Von dem Fluß Ägyptens bis zu dem großen Fluß Euphrat', womit uns kundgetan wird, daß die Vollkommenen von dem Körper, den Sinnen und den organischen Teilen, ohne die man nicht leben kann, die Anfänge (die elementaren Kenntnisse) haben, denn sie sind in dem mit dem Körper verknüpften Leben zur Ausbildung nötig; daß aber ihre Endziele zur Weisheit Gottes gehen, dem wahrhaft großen Strome, der mit Freude und Wonne und anderen Gütern angefüllt ist. Nicht mit den Worten: 'von dem Strome Euphrat bis zum Fluß Ägyptens' gibt die Schrift die Lage des Landes an, denn

---

344 Über das Zusammenleben um der Allgemeinbildung willen. In: Werke Philos, 6. Teil, Breslau 1938, S. 25 ff.; vgl. Plantatione 52. Pflanzung. In: Werke Philos, 4. Teil, S. 163.

sie läßt nicht die Tugend zu den körperlichen Affekten
hinabsteigen; sondern umgekehrt: 'von Ägypten bis zum
großen Euphrat', denn von den sterblichen Dingen aus
geht die Veredlung zu den unvergänglichen."

(Rer Div Her 315 f.)(345)

Bei einem solchen Verständnis des Landes ist derjenige Bürger
des Landes, der die Tugenden lebt. Da das jüdische Volk, wie
wir sahen, durch das Wort Gottes den Weg zur Weisheit gewie-
sen bekommt, sind die Juden zunächst diejenigen, die in diesem
Land ihr Erbrecht haben. Jedoch kann jeder durch die Erlangung der Tugenden ebenfalls Bürger des Landes werden:

"Das Fremdsein schliesst aber die Gemeinschaft aus, es
sei denn, dass jemand auch dieses durch hervorragende
Tugend in vertraute Verwandtschaft umwandelt; denn die
(wahre) Staatsgemeinschaft beruht überhaupt nur auf Tugenden und auf Gesetzen, die das Sittliche als einziges
Gut lehren."

(Spec Leg II,73)(346)

Auch für Philo ist das Land der Bereich besonderen Segens,
aber dieser Segen ist, wie das Land selbst, nichts Materielles,
sondern er ist im Innern des Menschen, der die Tugend erlangt
hat: für ihn bedeutet dieses Land dann Ruhe und Sicherheit.

"Am geeignetsten ist wohl der Zeitpunkt, wenn Gott dich
einführte in die schwankende Vernunft, das Land der Kanaaniter, nicht auf eine beliebige Weise, sondern auf
die, die er selbst gelobte: nicht damit du haltlos hierin
und dorthin getrieben wirst, in Schwanken, Wandel und
Sturm gerätst, sondern damit du dem Schwanken ein Ende machest, bei heiterem Himmel und Windstille lebest,
wie an eine Anlegestelle, einen Ankerplatz oder in einen
schiffebergenden Hafen in die Tugend einlaufest und einen festen Standpunkt gewinnest."

(Sacr AC 90)(347)

----

345   Erbe. In: Werke Philos, 5. Teil, S. 294.

346   Ueber die Einzelgesetze. Übersetzt von I. Heinemann. In:
      Werke Philos, 2. Teil, Breslau 1910, S. 129.

347   Ueber die Opfer Abels und Kains. Übersetzt von H. Leise-
      gang. In: Werke Philos, 3. Teil, S. 250; vgl. Migratione
      31 ff. Wanderung. In: Werke Philos, 5. Teil, S. 161 ff.

Wenn Philo auch in seiner Schrift an einen Nichtjuden, "In Flaccum", sagen konnte, daß die Juden in der Diaspora Jerusalem als ihre Hauptstadt betrachten,(348) so wird im jetzigen Zusammenhang deutlich, daß für Philo Jerusalem letztlich nicht die irdische Stadt ist:

> "Die Stadt Gottes aber wird von den Hebräern Jerusalem genannt, ein Name, der übersetzt 'Gesicht des Friedens' heißt. Daher suche die Stadt des Seienden nicht in den Landstrichen der Erde – denn sie ist nicht von Holz oder Stein gebaut –, sondern in der kampflosen und klarsichtigen Seele, die sich das beschauliche und friedfertige Leben zum Ziele gesetzt hat. Denn welche ehrwürdigere und heiligere Wohnung könnte man für Gott in dieser Welt finden als einen schaulustigen Geist, der alles zu sehen sich beeilt und nicht einmal im Traume nach Aufstand und Aufruhr trachtet? ...
> Wisse denn, mein Lieber, daß Gott allein der untrüglichste und wahre Friede ist, die ganze gewordene und vergängliche Substanz aber ein fortgesetzter Krieg. Ist doch Gott etwas, das freien Willen hat, die Substanz aber eine Notwendigkeit. Wer es nun vermöchte, den Krieg, die Notwendigkeit, das Werden und Vergehen zu verlassen, zu dem Unerschaffenen, zum Unvergänglichen, zu dem, was freien Willen hat, zum Frieden überzugehen, von dem möchte man mit Recht sagen, daß er ein Aufenthalt und eine Stadt Gottes sei."
>
> (Som II, 250 f. 253)(349)

So kann Philo sagen, daß die ganze Welt der Tempel Gottes ist:

> "Als das höchste und wahrhafte Heiligtum der Gottheit ist das ganze Weltall zu betrachten."
>
> (Spec Lec I,66)(350)

In den oben zitierten Texten klingt an, was Philo in folgendem Abschnitt ausdrücklich sagt: Ursprung und Ziel des Landes, wie überhaupt von allem, ist Gott:

----

348 Vgl. Flacc. 46, Fußnote 339, S. 230).

349 Über die Träume. In: Werke Philos, 6. Teil, S. 269.

350 Einzelgesetze. In: Werke Philos, 2. Teil, S. 29.

"Die Hufe faßt 100 Ellen in der Länge und ebensoviel in
der Breite, besteht also, da diese Zahlen sich entsprechend der Art des Quadrats multiplizieren, aus 10.000
Quadratellen. Und diese Maßzahl ist unter den durch Ver-
mehrung der Eins entstandenen die größte und vollkom-
menste; daher ist der Anfang der Zahlenreihe die Eins,
das Ende aber unter den durch die erste Zusammenset-
zung entstandenen Zahlen die Zehntausend. ...
Manche verwerteten nun diesen Tatbestand symbolisch als
Ausgangspunkt für die Lehre, daß Gott Anfang und Grenze aller Dinge sei, die grundlegende Lehre der Frömmigkeit."

(Plant 75 ff.)(351)

Nachdem in den oben angeführten Texten das Land bei Philo
nicht als irdisch-materielles Land gemeint ist, kommt seine sehr
konkrete Auseinandersetzung mit den Bestimmungen hinsichtlich
dieses Landes etwas überraschend. Philo spricht ausführlich
und an mehreren Stellen vom Sabbatjahr und von der Darbringung der Erstlingsgaben, und er behandelt diese Gebote nicht
allegorisierend; desgleichen hinsichtlich des Jobeljahres und
des Verkaufs von Land. Allerdings unterscheidet er sich von
den bisher behandelten Traditionen darin, daß er eine eher
geistliche Interpretation dieser Handlungen gibt. Aber es bleibt
deutlich, daß Philo hier von konkreten Wirklichkeiten spricht.
So scheint seine Behandlung der Gebote hinsichtlich des Landes
darauf hinzudeuten, daß Philos eher spiritualisierende Behandlung des Landes doch im konkreten Land, wie wir es bisher
sahen, verankert ist. Wieder in einer Schrift an einen Heiden
spricht Philo sogar von der Heiligkeit des Landes der Juden:

"... sie wußten, daß diese (die Juden) die Verletzung ihrer religiösen Bräuche nicht hinnehmen würden. Und genau
so geschah es auch. Kaum hatten die Juden das bemerkt,
strömten sie zusammen, empört, daß man die Weihe des
Heiligen Landes schänden wolle, und zerstörten den Altar."

(Leg Gaj 201 f.)(352)

"Die gesetzlichen Bestimmungen über das siebente Jahr
(2 Mos. 23,10.11. 3 Mos. 25,3 ff.), in welchem man das

---

351 Über die Pflanzung Noahs. Übersetzt von I. Heinemann.
     In: Werke Philos, 4. Teil, Breslau 1923, S. 167 f.

352 Gesandtschaft an Caligula. Übersetzt von Friedrich Wilhelm
     Kohnke. In: Werke Philos, 7. Teil, S. 227.

Land ganz brach liegen lassen soll und die Armen nach
Belieben die Äcker der Reichen betreten dürfen, um die
als Geschenk der Natur von selbst wachsende Frucht zu
ernten, - zeigen die nicht Güte und Menschenfreundlichkeit? Sechs Jahre hindurch, sagt er, sollen die Besitzer
den Genuss haben von den Äckern, die sie erworben und
bearbeitet haben, in **einem** Jahre aber, im siebenten, die
Besitz- und Vermögenslosen, ohne dass irgendwelche Feld-
arbeit verrichtet wird. Denn es wäre ja eine Ungerechtigkeit, wenn die einen das Feld bebauten und andere
die Früchte davon bekämen. Vielmehr sollten die Äcker
gewissermassen herrenlos gelassen werden, da keine Feld-
arbeit darauf verwendet wurde, und die Gaben zweck-
mässig und vollständig von Gott allein kommen und den
Bedürftigen zuteil werden. Vollends aber die Verordnun-
gen über das fünfzigste Jahr (3 Mos. 25,8 ff.), übertreffen sie nicht alles an Menschenfreundlichkeit?"
(Virt 97 ff.)(353)

Bei aller irdischen Materialität, mit der Philo das Land in diesem Zusammenhang stehen läßt, dient ihm die Verankerung im
Konkreten dazu, schließlich auf seine eigene Sichtweise zurück-
zukommen. Die praktischen Bestimmungen hinsichtlich des Landes sind letzlich Allegorien, die das Innere des Menschen meinen, der nach Tugend, nach Weisheit strebt:

"Deshalb hat auch Moses ein besonderes Fest für die Gar-
be eingesetzt, nur nicht für jede, sondern für die aus
dem heiligen Land. 'Wenn ihr', heißt es nämlich, 'in
das Land kommt, das ich euch gebe, und erntet seine
Ernte, sollt ihr Garben als Erstlingsopfer eurer Ernte
zu dem Priester bringen' (3 Mos. 23,10). Das heißt aber:
Wenn du kommst, mein Geist, in das Land der Tugend,
das zu schenken allein Gott zukommt, in das weidereiche,
mit gutem Ackerboden, das fruchttragende, und du dann
die entsprechenden Güter gesät und sie, durch den Voll-
endenden vermehrt, geerntet hast, so sollst du sie nicht
eher nach Hause bringen, das heißt: dir selbst nicht
die Ursache des Ertrages beilegen und zuschreiben, als
bis du sie als Erstlinge dargebracht hast dem Urheber
des Reichtums und dem, der dich dazu veranlaßt hat,

---

353 Ueber die Tugenden. Übersetzt von Leopold Cohn. In: Wer-
     ke Philos, 2. Teil, S. 343; vgl. Specialibus II,97. Einzel-
     gesetze. In: Werke Philos, 2. Teil, S. 134; Specialibus II,
     162 f., a.a.O., S. 152; Specialibus II,168 ff., a.a.O., S.
     154 f.

die den Reichtum einbringenden Werke zu verrichten."
(Som II,75 f.)(354)

"Die heilige Schrift aber möchte, daß auch wir, die wir
noch nicht zur Vollendung gelangt sind und uns auf der
Mittelstufe der sogenannten angemessenen Handlungen be-
wegen, uns um die Landwirtschaft bemühen; sie sagt nämlich: 'Wenn ihr in das Land gekommen seid, das der
Herr euer Gott euch gibt, und ihr jederlei Fruchtbaum
pflanzet, so müßt ihr seine Unreinheit reinigen; seine
Frucht bleibe drei Jahre ungereinigt, ungenießbar; im
vierten Jahre aber sei die ganze Frucht desselben heilig,
gepriesen dem Herrn; im fünften Jahre mögt ihr dann die
Frucht essen; Zusatz für euch seien seine Erzeugnisse.
Ich bin der Herr euer Gott' (3 Mos. 19,23 ff.). Also ist
die Pflanzung von Obstbäumen vor der Übersiedlung in
das von Gott gegebene Land unmöglich, da es heißt:
'wenn ihr in das Land eingezogen seid, mögt ihr jeden
Fruchtbaum pflanzen'; wir können also, so lange wir
außerhalb weilen, solche Bäume nicht pflanzen; und das
ist gewiß richtig; so lange nämlich der Geist den Weg
der Weisheit noch nicht betreten hat, vielmehr weit ab-
gewendet umherschweift, bekümmert er sich um die Pflanzungen des groben Stoffes, die entweder unfruchtbar und
ertraglos bleiben, oder, wenn überhaupt Früchte, dann
keine genießbaren hervorbringen. Wenn er aber den Weg
der Einsicht beschreitet, auf ihre Lehren eingeht und
mit ihnen zusammengeht, so beginnt er damit den edlen,
zum Hervorbringen edler Früchte geeigneten (Stoff) an
Stelle jenes groben zu bebauen, die Leidenschaftslosig-
keit an Stelle der Leidenschaften, an Stelle der Unwissen-
heit das Wissen, an Stelle des Bösen das Gute."
(Plant 94-98)(355)

Ein weiteres Element der biblischen und rabbinischen Landverheißung wird von Philo aufgegriffen, nämlich die Gleichsetzung
des Landes mit dem Garten Eden:

"Moses ... bedauert die aus dem Tugendgarten Vertriebe-
nen und fleht zu Gottes unbeschränkter Macht und seinen

----

354 Träume. In: Werke Philos, 6. Teil, S. 238.

355 Pflanzung. In: Werke Philos, 4. Teil, S. 170 f.; vgl.
Praemiis 153-160. Ueber Belohnungen und Strafen. Übersetzt von Leopold Cohn. In: Werke Philos, 2. Teil, S.421ff.

sanften und milden Kräften, daß an der Stelle, von welcher der erdhafte Adam verbannt wurde, die Sehenden eingepflanzt werden; denn er sagt: 'Führe und pflanze sie ein in den Berg Deines Erbes, in Deine bereite Wohnung, die Du geschaffen, o Herr, in das heilige Gebilde, das Deine Hände bereitet haben; der Herr ist König in Ewigkeit für und für' (2 Mos. 15,17 f.)."

(Plant 46 f.)(356)

Das Stichwort "Sehen" ist in diesem Zusammenhang wichtig. Die Verheißung Gottes an Abraham, ihm das Land zu zeigen, und die Tatsache, daß Mose zwar nicht in das Land hineinkommt aber es sieht, sind für Philo Hinweise auf die eigentliche Bedeutung der Landverheißung und damit auf die Hoffnung, die den Menschen auf dem Weg in dieses Land bleiben läßt:

"Mit Vorbedacht hat er aber in seinem Versprechen nicht die Gegenwart, sondern die Zukunft gewählt; er sagt nicht: 'welches ich dir zeige', sondern 'welches ich dir zeigen **werde**' (1 Mos. 12,1), und zwar als Beweis für den treuen Glauben, mit dem diese Seele (Abrahams) zu Gott hielt, da sie sich nicht wegen der Erfüllung dankbar zeigte, sondern in der Erwartung der Zukunft; denn die Seele, die sich von einer guten Hoffnung abhängig macht, welche noch über ihr schwebt, – die auch das für unzweifelhaft gegenwärtig betrachtet, was noch nicht da ist, nur wegen der Verläßlichkeit des Verheißenden, hat den Glauben, das vollkommene Gut, als Kampfpreis erlangt. ... dem Moses sagt Gott, nachdem er ihm das ganze Land (Kanaan) genau gezeigt hatte, 'ich habe es deinen Augen gezeigt, doch hinkommen sollst du nicht' (5 Mos. 34,4). ... wie ist es möglich, etwas zu besitzen, was ein göttliches Los erlangt hat? Zu sehen freilich ist es nicht unmöglich, allerdings auch das nicht allen; dieses Glück hat nur das reinste und scharfblickendste Geschlecht, dem der Vater des Alls seine eigenen Worte zeigt, indem er es mit dem größten aller Geschenke begnadet. Denn welches Leben könnte herrlicher sein als das betrachtende, oder welches entspricht besser unserer Vernunftanlage? Deshalb sagt auch die Schrift – obwohl die Stimme aller **sterblichen** Lebewesen durch das Gehör erkannt wird –, daß die Worte Gottes wie ein Licht **gesehen** wurden."

(Migr Abr 43 f. 46 f.)(357)

---

356 Pflanzung. a.a.O., S. 162.

357 Wanderung. In: Werke Philos, 5. Teil, S. 164 f.

Damit können wir diesen kurzen Überblick über das Land bei Philo von Alexandrien beenden. Wie wir sahen, greift Philo wesentliche Elemente der Tradition auf. So finden wir, daß auch bei ihm die Landthematik auf die Verheißung Gottes an Abraham zurückgeht; das Land gehört Gott, und er gibt es. Der Weg ins Land und das Leben im Land sind verbunden mit einer Lebensform, die von Gottes Wort bestimmt wird. Philo hält die konkreten Bestimmungen hinsichtlich des Landes aufrecht, und das Vergehen gegen sie hat die Verwüstung und den Verlust des Landes zur Folge. Auch bei Philo ist Jerusalem Mittelpunkt des Landes; und das Leben Israels steht in Beziehung zu den anderen Völkern. Schließlich steht auch für Philo die Zukunftshoffnung in Verbindung mit dem Land.

Aber wenn man die oben genannten Aspekte so wie sie sind stehenließe, wäre das eine Verfälschung Philos. Bei allem Aufgreifen dieser traditionellen Elemente, gibt Philo ihnen jeweils eine eigene Deutung. Für ihn ist das Land letztlich in seiner eigentlichen Bedeutung nicht ein konkretes geographisches Gebiet. Vielmehr verlagert sich bei ihm das Land in das Innere des Menschen und wird zum Lebensraum im Sinne des inneren Verankertseins in den Tugenden, in der Weisheit – und damit in der Gottesbeziehung. Damit verliert das Land bei Philo zum großen Teil seinen Gemeinschaftscharakter. Der Bezug zu anderen Menschen ist zwar dadurch gegeben, daß die Tugenden, die das Leben im Land ausmachen, den Umgang mit anderen wesentlich mit einschließen. Aber das Land als solches ist nirgends bei Philo ein gemeinsamer Lebensraum, in dem etwa auch gemeinsam auf das Wort Gottes gehört und danach gelebt wird.

Es wäre meines Erachtens verfehlt zu sagen, daß Philo die Landtraditionen verfälscht, indem er ihnen seine eigene Deutung gibt. Philo greift vielmehr eine grundlegende Dimension auf und läßt andere ebenso wichtige dadurch weg. Das Konkrete und das Gemeinschaftliche läßt Philo mehr oder weniger beiseite und hebt dafür das Ethische und die Gottesbeziehung besonders stark hervor. An ihm wird somit exemplarisch deutlich, was in dieser Arbeit nicht ausgearbeitet werden kann, aber was in der jüdischen Tradition eine wesentliche Ergänzung zur Landthematik darstellt, nämlich die Bedeutung der Diaspora.(358) Dieser

---

358 Vgl. Levinson, Nathan P.: Hoffnung im Exil. In: Tradition und Erneuerung 33 (1972), S. 1-8; Mosis, Rudolf: Exil-Diaspora-Rückkehr. Zum theologischen Gespräch zwischen Juden und Christen. Düsseldorf 1978; Petuchowski, Jakob J.: Diaspora Judaism – an Abnormality? The Testimony of History. In: Jdm 9 (1960), S. 17-28.

in der Diaspora lebende und von seiner hellenistischen Umwelt entscheidend geprägte Jude ist verwurzelt im Bezug seines Volkes zum Land. Gleichzeitig erkennt er aber, daß das konkrete geographische Land nicht alles ist. Auch die Diaspora ist eine jüdische Wirklichkeit, und als solche hat sie ihren Platz. Die Diaspora hat ihre Bedeutung, aber dadurch muß der wesentliche Bezug zum Land nicht aufgegeben werden. Auch in der Diaspora kann etwas vom Land in verwandelter Form gegenwärtig und Lebensraum der Juden sein.

III.

DAS LAND
IM NEUEN TESTAMENT

"Und er legte ihnen dar, ausgehend von
Mose und allen Propheten, was in der gesam-
ten Schrift über ihn geschrieben steht."
(Lk 24,27)

"Die erste Dimension dieses (christlich-jüdi-
schen) Dialoges, nämlich die Begegnung zwischen dem Gottesvolk des von Gott nie gekün-
digten (vgl. Röm 11,29) Alten Bundes und
dem des Neuen Bundes, ist zugleich ein Dialog innerhalb unserer Kirche, gleichsam zwischen dem ersten und zweiten Teil ihrer Bibel. Hierzu sagen die Richtlinien für die
Durchführung der Konzilserklärung 'Nostra
aetate':
'Man muß bemüht sein, besser zu verstehen,
was im Alten Testament von eigenem und
bleibendem Wert ist ..., da dies durch die
spätere Interpretation im Licht des Neuen
Testaments, die ihm seinen vollen Sinn gibt,
nicht entwertet wird, so daß sich vielmehr
eine gegenseitige Beleuchtung und Ausdeu-
tung ergibt.'"
(Papst Johannes Paul.II.

Ansprache an die Vertre-
ter der Juden im Dom-
museum in Mainz am 17.
November 1980)

Nachdem im ersten Teil dieser Arbeit der "rote Faden Land"
aufgezeigt wurde, wie er durch die Jahrhunderte hindurch im
Tenach und der späteren griechischen Weisheitsliteratur zu finden ist, war der zweite Teil der Frage gewidmet, wie die frühe
rabbinische Tradition das Thema des Landes Israel aufgegriffen
und verarbeitet hat. Dabei konnten wir feststellen, daß die rabbinische Tradition in keiner Weise der biblischen widerspricht.

Vielmehr werden die verschiedenen theologischen Dimensionen des Landes von ihr aufgegriffen und entfaltet. Neue Verbindungen werden hergestellt, und nur Angedeutetes wird in Worte gefaßt. Für die Rabbinen wie für die Schrift ist das Land der Raum, in dem die Beziehung Gott-Volk Israel zu ihrer vollen Geltung kommen kann. Entsprechend ist es auch der Raum, in dem das zukünftige Heil zur Wirklichkeit wird für Israel und schließlich für alle Völker.

In diesem dritten Teil soll nun gefragt werden, ob und wie das Land als theologische Kategorie auch im Neuen Testament zur Sprache kommt. Dabei kann es nicht genügen, nur der Vokabel "Land" nachzugehen. Zum einen kommt diese zwar häufig im Neuen Testament vor, aber nur selten in Verbindung mit dem Namen Israel oder als theologische Größe. Zum anderen haben wir in den beiden ersten Teilen dieser Arbeit gesehen, wie vielschichtig die Traditionen sind, die mit dem Land Israel zu tun haben. So wird es nötig sein, ähnlich wie die Rabbinen und die Kirchenväter nicht nur mit bestimmten Vokabeln, sondern auch mit Assoziationen zu arbeiten – sozusagen zwischen den Zeilen zu hören. Es soll gefragt werden, ob uns im Neuen Testament nicht nur Worte, sondern auch Themen begegnen, die in den Schriften der Bibel und der frühen rabbinischen Tradition mit dem Land zu tun haben. Dabei soll es, wie bereits gesagt wurde, nicht darum gehen, ob und inwieweit Formulierungen der Bibel oder der Tannaim(1) im Neuen Testament Aufnahme gefunden haben. Vielmehr ist zu fragen, inwieweit theologische Perspektiven, die in der Bibel und in der rabbinischen Literatur im Zusammenhang mit dem Land gegeben sind, auch im Neuen Testament vorhanden sind. So soll zunächst gefragt werden, ob biblische und/oder rabbinische Landtraditionen aufgenommen werden, wenn das Neue Testament ausdrücklich vom Land (bzw. Erde) ($\gamma\tilde{\eta}$) spricht. In einem zweiten Schritt werden die mit Land zusammenhängenden Begriffe $\dot{\alpha}\gamma\rho\dot{o}\varsigma$ und $\chi\dot{\omega}\rho\alpha$ untersucht. Im 3. und 4. Abschnitt dieses Kapitels wird nach dem konkreten Raum der Sendung Jesu und seiner Jünger gefragt, wie auch nach der Richtung dieser Sendung und der Mitte, von der sie ausgeht. In den letzten drei Abschnitten schließlich werden Themenkreise behandelt, die sowohl im Tenach als auch in der frühen rabbi-

---

1 Tannaim werden die Rabbinen genannt, die die unmittelbaren Nachfolger der Pharisäer waren. In ihre Zeit fällt die Redigierung der Mischnah wie auch der frühesten Midraschim, wie etwa die Mechilta, Sifra und Sifre Numeri und Deuteronomium.

nischen Tradition aufs engste mit dem Land verbunden sind:
das Bleiben (im Land) und die Bedingungen diesbezüglich, die
verheißene Ruhe und das Erbe. Dabei wird in allen sieben Abschnitten immer wieder die Frage zu beantworten sein, wie
biblische und rabbinische Landtraditionen verarbeitet und welche Veränderungen aufgrund des Christusereignisses vorgenom-
men werden.

Wegen des großen Umfangs dieser Arbeit wird es nicht möglich
sein, alle neutestamentlichen Texte, die möglicherweise oder gar
mit Sicherheit mit Landtraditionen zu tun haben, zu behandeln.
So wird die Thematik Jerusalems und des Tempels fast gänzlich
ausgeschlossen, wie dies schon in den beiden ersten Teilen der
Arbeit geschehen ist. Nichtsdestoweniger darf nicht vergessen
werden, daß diese beiden Themenkreise wesentlich in die Landthematik hineingehören. Aber auch andere Zusammenhänge können nur gestreift oder gar nicht erwähnt werden. Diese Untersuchung stellt in keiner Weise den Anspruch auf Vollständigkeit.
Sie versteht sich vielmehr als Weiterführung eines schon begon-
nenen Gesprächs einerseits und als Anstoß zur Fortsetzung und
Vertiefung des Dialogs andererseits.

Wenn bei der Fragestellung dieses dritten Teils so ausdrücklich
auch die rabbinische Interpretation miteinbezogen wird, die zum
Teil später als das Neue Testament ihren schriftlichen Nieder-
schlag fand, so geschieht dies nicht nur, weil die mündlichen
Traditionen mindestens zum Teil auch zur Zeit Jesu schon "in
der Luft" lagen. Dies geschieht auch im Sinne des zu Beginn
zitierten Wortes von Papst Johannes Paul II.: wenn die beiden
Teile der Bibel miteinander im Dialog stehen und einander gegenseitig beleuchten und ausdeuten, dann gehört der jüdische
Gesprächspartner für den Christen mit dazu. Die rabbinische
Tradition steht im Dialog mit derselben Schrift wie das Neue
Testament und beleuchtet und deutet sie aus. So kann auch sie
ein Partner sein in dem Gespräch, das nicht nur zu einem vertieften Verständnis der gemeinsamen Wurzel führen kann, sondern auch zu tieferem Erkennen dessen, von dem nach christlicher Auffassung die gesamte Schrift geschrieben hat.

1. γῆ IM NEUEN TESTAMENT

Der Ausdruck γῆ kommt im Neuen Testament sehr häufig vor.(2)
Meistens scheint der Begriff für unsere Fragestellung uninteressant: er bedeutet die Erde insgesamt, eine bestimmte geographische Gegend oder den Erdboden, in den etwas gepflanzt
wird. Gelegentlich jedoch scheint in dem Ausdruck mehr mitzu-
schwingen. Diesen Texten soll der erste Abschnitt dieses neutestamentlichen Teiles nun gewidmet sein.

1.1 Mt 2,19 ff.

Im Neuen Testament wird nur einmal ausdrücklich vom "Land
Israel" gesprochen, dann allerdings mit besonderer Betonung
durch Wiederholung. Mt 2,19 ff. heißt es: "Als Herodes gestorben war, erschien dem Josef in Ägypten ein Engel des Herrn im
Traum und sagte: Steh auf, nimm das Kind und seine Mutter,
und zieh in das Land Israel; denn die Leute, die dem Kind
nach dem Leben getrachtet haben, sind tot. Da stand er auf
und zog mit dem Kind und dessen Mutter in das Land Israel."
Um die ganze Tragweite dieser Sätze zu verstehen, dürfen wir
nicht nur diese Verse betrachten, die an den Exodus Israels
aus Ägypten erinnern, indem sie von denen sprechen, die "nach
dem Leben trachten" und nun tot sind.(3) Wir müssen auch die
Verse 13-18 berücksichtigen, denn sie erzählen, weswegen Jesus
nicht schon - oder noch - im Land ist und ermöglichen so erst
seinen Einzug ins Land.

In Mt 2,13-15 wird von der Flucht nach Ägypten erzählt, die
mit dem Zitat von Hos 11,1 begründet wird. Die Verse 16-18
sprechen dann vom Kindermord, wiederum mit einem Zitat, dieses Mal von Jer 31,15. Diese beiden Zitate gilt es nun, etwas
gründlicher zu untersuchen.(4)

----

2   In der Englishman's Greek Concordance of the New Testament
    werden für das Neue Testament insgesamt 238 Stellen ange-
    geben, wo das Wort γῆ vorkommt. Vgl. Wigram, George: The
    Englishman's Greek Concordance of the New Testament. Lon-
    don 1976, S. 115 ff.

3   Vgl. Brown, Raymond E.: The Birth of the Messiah. A com-
    mentary on the infancy narratives in Matthew and Luke.
    London 1977, S. 107.

4   Zur Frage nach der Historizität des Kindermordes zu Bethle-

Im Kommentar der Anchor Bible zum Matthäus-Evangelium heißt es zu Mt 2,15: "Jesus relives the spiritual experience of Israel in leaving the bondage of Egypt for freedom."(5) Und Raymond E. Brown schreibt: "Originally the Hosea passage referred to the Exodus of Israel from Egypt, but Matthew sees that the filial relationship of God's people is now summed up in Jesus who relives in his own life the history of that people."(6) Franz Zinniken sieht den Grund für die Verwendung dieses Hoseazitates noch ausdrücklicher darin, daß dort von "meinem Sohn" die Rede ist.(7) So haben wir zwei wichtige Aussagen: Jesus ist "Sohn" Gottes, und als solcher erlebt er noch einmal die Geschichte Israels. Ohne diese beiden Aussagen zu entkräften, können wir von der Aussageabsicht des Matthäus noch mehr erkennen, wenn wir sehen, in welchem Kontext der in Mt 2,15 zitierte Satz beim Propheten Hosea steht.

Hos 10 ist eine Strafandrohung für das Nordreich, in der die Sünden Israels und deren Folgen vor Augen geführt werden. Eine der Folgen wird die Gefangennahme des Volkes und die Vernichtung ihres Königs sein, was in Hos 11,5 noch spezifiziert wird: Das Volk "muß wieder zurück nach Ägypten, Assur wird sein König sein." Auch in Hos 12 ist die Rede von Sünde und Strafe. Und dazwischen liegt das 11. Kapitel, das mit dem von Mätthaus zitierten Satz beginnt, und das fortfährt mit Bildern, die die Liebe und Zärtlichkeit Gottes beschreiben wie auch seinen Schmerz über die Sünde Israels und deren Bestrafung und letztlich Gottes "Unfähigkeit", Israel zu vernichten. Der Satzteil, den Matthäus zitiert, steht im Kontext der Erinnerung an Israels Ursprung in der Liebe Gottes. Diese Liebe ist größer als die Untreue Israels, und sie überdauert die Rückkehr des Volkes nach Ägypten. Denn noch einmal wird Gott seinen Sohn Israel aus Ägypten rufen: am Ende des Kapitels, in Hos 11,11, heißt es: "Wie Vögel kommen sie zitternd herbei aus Ägypten, wie Tauben aus dem Land Assur. Ich lasse sie heimkehren in ihre Häuser – Spruch des Herrn." So erinnert der von Matthäus

---

hem vgl. France, Richard T.: Herod and the Children of Bethlehem. In: NT 21 (1979), S. 98-120.

5 Albright, W.F. and Mann, C.S.: Matthew. Introduction, Translation and Notes. Anc B 26 New York (1971), S. LXIII.

6 Brown, Raymond E.: Birth, S. 215.

7 Vgl. Zinniken, Franz: Probleme der sogenannten Kindheitsgeschichte bei Matthäus. Freiburg – Schweiz 1972, S. 83.

zitierte Satz nicht nur an die Geschichte Israels, sondern gleichzeitig auch an die Hoffnung auf das von Gott verheißene Heil im Land Israel.

Auch das Zitat in Mt 2,18, das uns an Jer 31,15 verweist, ist sozusagen doppelbödig. Im Bild der weinenden Rahel klagt das Volk um die ins Exil Verbannten. Dieses Mal geht es um die Bewohner des Südreiches, aber wieder ist auch Ägypten mit im Spiel. Bei allem Grund zur Trauer geht jedoch die Klage Rahels über diesen einen von Matthäus zitierten Vers nicht hinaus, denn gleich in V. 16 f. wird sie ihr verwehrt: "So spricht der Herr: Verwehre deiner Stimme die Klage und deinen Augen die Tränen! ... Sie werden zurückkehren aus dem Feindesland. Es gibt eine Hoffnung für deine Nachkommen – Spruch des Herrn: Die Söhne werden zurückkehren in ihre Heimat." Darauf folgen Sätze, die sehr an Hos 11 erinnern. Im Gesamtzusammenhang gehört Jer 31,15 zum sogenannten Trostbuch des Jeremia. Dieser Vers steht also im Kontext der Heilsverheißung, die viel weiter geht als nur die eben zitierten Verse. Dazu gehört auch die Verheißung des erneuerten Bundes in Jer 31,31-34, der im wiedergegebenen Land zu leben sein wird.(8)

Auf diesem Hintergrund betont Matthäus, daß Josef mit dem Kind und seiner Mutter in das Land Israel zog. Wenn wir davon ausgehen, daß Matthäus nicht nur die von ihm in V. 15 und V. 18 zitierten Sätze kannte, sondern auch den Kontext, in dem sie jeweils stehen, im Sinn hatte, dann gewinnt der Einzug Jesu ins Land Israel an Dichte und Aussagekraft.

Gehen wir zurück zum Anfang des Evangeliums nach Matthäus. Gleich zu Beginn (Mt 1,1-17) entwirft Matthäus den Stammbaum Jesu. Darin zeigt er Jesus nicht als den von Gott aus Ägypten gerufenen Sohn, sondern als Sohn seines Volkes Israel. Indem er Jesus als Sohn Davids, des Sohnes Abrahams aufzeigt, deutet er die ganze Geschichte Israels an und verwurzelt Jesus darin. Gleichzeitig verkündet er Jesus als den Christus, das heißt den Messias. Als solcher erlebt Jesus nicht noch einmal sozusagen als Außenstehender die Geschichte Israels, sondern er lebt von dieser Wurzel her. Diese Geschichte ist seine eigene, und als Messias führt er sie zu Neuem. Auf diesem Hintergrund sind die beiden oben behandelten Zitate und damit auch der Einzug Jesu ins Land zu verstehen.

---

8 Vgl. Albright, W.F. and Mann, C.S.: Matthew, S. LXIII.

Jesus wird als der Messias verkündet, durch den Hos 11,1 – und die damit verbundene Heilsverheißung – sich erfüllt, wie es in Mt 2,15 heißt. Wie wir in den beiden ersten Teilen dieser Arbeit gesehen haben, ist die messianische Zeit nicht ohne Rückkehr ins Land zu denken – und zwar die Rückkehr zu einer neuen Segensfülle darin (vgl. I,7, S. 65.67 f. 70 f.; II.6.2, S. 173 f. 176 ff). Als Sohn Israels geht auch Jesus ins Exil; und auch er wird aus Ägypten herausgerufen, um in das Land Israel hineinzuziehen. Indem Matthäus diesen Einziehenden als den Messias verkündet, sagt er gleichzeitig, daß die Erfüllung der Heilsverheißungen in Hos 11 und Jer 30 f. nun angebrochen ist. So kann Johannes dann auch in Mt 3,2 das Volk zur Umkehr rufen, "denn das Himmelreich ist nahe."

Auch die Wahl der beiden Zitate in Mt 2,15 und 18 ist interessant. Hosea spricht zu den zehn Stämmen des Nordreiches Israel, Jeremia zu den Verbannten des Südreiches Juda. Indem Matthäus diese zwei Texte so dicht nebeneinander stellt, schließt er ganz Israel in dem ein, was in Jesus anbricht. Auch dies entspricht alter rabbinischer Tradition, die für die messianische Zeit nicht nur die Rückkehr der babylonischen Exilanten erwartet, sondern auch die zehn verlorenen Stämme des Nordreiches (vgl. II.6.2, S. 173 f.).

Im Zusammenhang mit dem Einzug Jesu ins Land ist im Kommentar der Anchor Bible ein weiterer Hinweis zu lesen: "... the evangelist **may** have had in mind a parallel between Jesus and Joshua – in any event, the identity of name will certainly not have escaped him."[9] Er fährt fort, indem er auf Mt 11,10 verweist, wo Jesus Johannes den Täufer mit einem Zitat von Ex 23,20 kennzeichnet, in dem vom Engel (bzw. Boten) die Rede ist, der mit Mose bzw. Israel auf dem Weg ins Land gehen wird.[10] Somit wäre Johannes der Bote, der Jesus den Weg ins verheißene Land bahnt. In diesem Zusammenhang ist eine weitere rabbinische Tradition von Interesse, die die Vervollständigung der Landnahme in die zukünftige Heilszeit hineinlegt (vgl. II.6.2, S. 176). Wenn Jesus sozusagen der "neue Josua" ist, dann wird diese Hoffnung von Matthäus aufgegriffen. Es scheint tatsächlich so, daß das Evangelium von einer Ausdehnung des Landes spricht, aber das wird weiter unten noch zu besprechen sein. Ob als "neuer Josua" oder als "Sohn Davids, des Sohnes Abrahams", knüpft jedenfalls der Einzug Jesu ins Land an die

----

9 Albright, W.F. and Mann, C.S.: a.a.O., S. 49.

10 Albright, W.F. and Mann, C.S.: a.a.O., S. 50.

frühere Landnahme Israels und die damit verbundene Hoffnung an: Abraham, an den die Landverheißung zuallererst erging, und David, unter dem das Land seine größten Ausmaße erhielt, sind die Väter Jesu. Indem er ausdrücklich als ihr Nachkomme aufgezeigt wird, schwingt auch diese Erinnerung mit, wenn er selbst in das Land Israel zieht. Auch die Frage der Sterndeuter in 2,2 und das Zitat in 2,6, die ihn beide sehr ausdrücklich als Nachkomme Davids hinstellen, stehen in engem Zusammenhang mit dem Land, das David erobert und geeinigt hatte.

So können wir nicht der Deutung Josef Schmids zustimmen, wenn er schreibt: "'Das Land Israel' ist wohl der geläufige jüdische Name für Palästina mit religiösem Klang, wird aber hier nur deshalb gewählt sein, weil Joseph nicht mehr Judäa, sondern Galiläa aufsuchte."(11) Dazu wäre es nicht nötig gewesen, den Ausdruck so zu betonen, indem er gleich zweimal steht. Vielmehr weisen die oben dargelegten Überlegungen darauf hin, daß Matthäus mit dem Ausdruck "das Land Israel" und den damit verbundenen mehrfachen Hinweisen in Kap. 2 etwas über die Messianität Jesu sagen wollte. Daß mit diesem Einzug Jesu ins Land nur der erste Schritt von Matthäus getan ist in einer Interpretation des Landes von Jesus Christus her, wird im folgenden noch zu zeigen sein. Am Ursprung steht der Einzug des Messias in das seit Abraham verheißene und zum Teil schon gegebene Land. Nur indem Matthäus zeigt, daß Jesus an der ganz konkreten und materiellen Verheißung des Landes an Israel teilhat, kann er von Erfüllung sprechen und dabei schließlich die Grenzen dieses Landes sprengen, wie noch zu sehen sein wird.

1.2 Mt 4,12-17

Der nächste für uns wichtige Text ist Mt 4,16, der vom Land Sebulon und vom Land Naftali spricht, und der Jes 8,23 und 9,1 aufgreift. Bei Jesaja geht es darum, daß das von den Assyrern eroberte Gebiet wieder zu Ehren kommen wird: das Gebiet, in dem die Heiden sich niedergelassen haben, und das ganz innerhalb der engeren Grenzen des Landes Israel liegt, soll vom Joch des Unterdrückers befreit werden. Es geht dem Propheten also um eine innerjüdische Angelegenheit, die zumindest zwei von den zehn verschleppten Stämmen des Nordreichs betrifft. Dem Volk Israel wird seine Wiederherstellung verhei-

---

11 Schmid, Josef: Das Evangelium nach Matthäus. RNT 1. Regensburg 1965, S. 51.

ßen, wobei es in Gerechtigkeit und Frieden wird leben können und die davidische Herrschaft wieder aufgestellt wird.

Von daher ist zu fragen, ob eine Aussage, wie etwa die der Fußnote in der Einheitsübersetzung zu Mt 4,16, nicht an der wahren Aussageabsicht dieses Textes vorbeigeht, wenn es dort heißt, daß Matthäus "im Auftreten Jesu in Galiläa ... einen Hinweis (sieht) darauf, daß das Wirken Jesu auch den Heiden gilt",(12) dies umso mehr da es in V. 16 – wie in der LXX Jes 8,23 und 9,1 – λαός heißt. Es wird also der Begriff verwendet, der dem Volk Israel reserviert ist.(13) Vielmehr scheint Matthäus auch hier zu sagen, daß die prophetischen Verheißungen mit Jesus zur Erfüllung kommen – und zwar Verheißungen für das Volk Israel, die unmittelbar dessen Wohnen im Land betreffen. Das verheißene Licht ist in Jesus erschienen. Dies wird bestätigt dadurch, daß das Matthäusevangelium, wie wir sahen, sehr betont, daß Jesus und seine Jünger bis zur Auferstehung im Land bleiben sollen. Für die in der Dunkelheit wohnenden zehn Stämme des Nordreiches ist das Licht gekommen.

Damit ist auch die Einsammlung Israels angesprochen. Die rabbinische Tradition enthält die Hoffnung auf die Heimholung auch der zehn verlorenen Stämme in der messianischen Zeit (vgl. III. 1.1, S. 249; II.6.2, S. 173 f.), und damit ist gesagt, daß die, welche "im Schattenreich des Todes wohnen", zu neuem Leben gebracht werden. Wenn Matthäus diese Verheißung auf Jesus hin aufnimmt, dann ist Jesus der einsammelnde und belebende Messias, der in das nun nahe Himmelreich bringt.

Walter Grundmann kommt von diesem Text her zu dem Schluß, daß "durch Jesus Galiläa zum Land eschatologischer Verheissung und Erfüllung"(14) wird, und zwar im Gegensatz zu Jerusalem und dem Zion. Dieser Schluß scheint nicht gerechtfertigt, da es nicht um ein Entweder-Oder geht. Vielmehr geht es in Jesus Christus um ein Ereignis, das für das ganze Land – und nach der Auferstehung für alle Völker – von Bedeutung ist. Auch W.D. Davies kommt zu diesem Ergebnis, wenn er schreibt: "There

----

12 Die Bibel. Einheitsübersetzung der Heiligen Schrift. Altes und Neues Testament. Aschaffenburg 1980. Das Neue Testament, S. 6.

13 Vgl. dazu etwa Schweizer, Eduard: Matthäus und seine Gemeinde. SBS 71. Stuttgart 1974, S. 34.

14 Grundmann, W.: Matthäus, S. 106.

is no doubt that Jerusalem is for Matthew the city of the great king, the setting of the eschatological drama."(15) Und gleichzeitig ist "in Matthew the awareness that the geographic dimensions of Jewish expectation, both Galilean and Judaean, have been shattered ..."(15) Wenn das Wirken Jesu laut Matthäus in Galiläa beginnt, und zwar mit der Aufnahme der jesajanischen Verheißung, dann ist darin nicht eine Verschiebung des Mittelpunktes des Landes zu sehen, sondern vielmehr eine verstärkte Aussage über die Messianität Jesu: diejenigen, die in den vom Mittelpunkt entferntesten Gebieten wohnen, werden durch Jesus eingesammelt und ins Licht geholt. Indem dies geschieht, sind dann auch die in diesem Gebiet lebenden Heiden mitbetroffen.

1.3 Mt 5,5

Ein weiterer Text, in dem γῆ für uns von Interesse ist, steht in der Bergpredigt, wobei diese Stelle aus einem zweifachen Grund für uns wichtig ist: Mt 5,5 ist der einzige neutestamentliche Text, an dem erben ausdrücklich mit Land in Verbindung gebracht wird.(16) Dort heißt es: "Selig, die keine Gewalt anwenden; denn sie werden das Land erben" (κληρονομήσουσιν τὴν γῆν). Robert A. Guelich verweist auf den Zusammenhang zwischen den Seligpreisungen des Matthäusevangeliums und Jes 61,1-3,(17) und gleichzeitig zitiert Mt 5,5 aus Ps 37,11. Bei näherem Hinsehen ist klar, daß nicht nur Ps 37, sondern auch Jes 61 vom Land Israel spricht, wobei letzterer wieder ein Text der Verheißung ist: schon in Jes 61,4 ist vom Wiederaufbau des Landes die Rede, und die folgenden Verse sprechen von einem neuen Verhältnis der Völker zu Land und Volk Israel. Und schon in Jes 60,21 heißt es, daß Israel "nur aus Gerechten" besteht, und

---

15 Davies, W.D.: The Gospel and the Land. Early Christianity and Jewish Territorial Doctrine. Berkeley, Los Angeles 1974, S. 242.

16 Wir werden uns weiter unten noch mit dem neutestamentlichen Erbe beschäftigen. Hier soll es genügen, an die enge Verknüpfung von Erbe und Land zu erinnern, die in den beiden ersten Teilen dieser Arbeit deutlich wurde (vgl. I.5, S. 53 ff.; II.1.1, S. 92; II.1.2, S. 92 f.; II.3.2, S. 120 ff.

17 Vgl. Guelich, Robert A.: The Matthean Beatitudes: "Entrance - Requirements" or Eschatological Blessings? In: JBL 95 (1967), S. 432 f.

daß diese "für immer das Land besitzen (werden), als aufblühende Pflanzung des Herrn, als das Werk seiner Hände ..."
Entsprechend ist Jes 61,1-3 in diesem Kontext eine Verheißung,
die im Land Israel realisiert wird. Wenn Matthäus in den Seligpreisungen nicht nur Ps 37,11, sondern auch Jes 61,1-3 aufgegriffen hat, dann sehen wir wieder einmal das, was schon an
anderen Beispielen deutlich wurde: wenn Matthäus Jesus als Erfüllung im Sinne der Vollendung der Schrift verkündet, tut er
das, indem er Verheißungen aufgreift, die auch mit dem Land
Israel zu tun haben. In den Seligpreisungen scheint Matthäus
nicht von Jesus zu sprechen, sondern von den Menschen, denen
die Verheißung gelten soll, und dies, indem Jesus selbst lehrt.
Und doch ist die Lehre Jesu gleichzeitig Verkündigung, die nicht
nur von Verheißung spricht, sondern von Erfüllung: in V. 3
und V. 10 ist das Verb nicht wie in den dazwischenliegenden
Versen im Futur, sondern im Präsens: das Himmelreich gehört
(ist: ἐστιν) ihnen schon jetzt. Guelich sieht in diesen zwei Versen eine "inclusio", die die Verse 4-9 umgreift.(17) Von daher
haben die noch ausstehenden Verheißungen dieser sechs Seligpreisungen, also auch Mt 5,5 mit dem schon nahegekommenen gegenwärtigen Himmelreich etwas zu tun, so daß wir in bezug auf
Mt 5,5 sagen können: die Zusage des Landbesitzes gehört mit
zur vollen Gegenwart des Himmelreiches. Wenn Matthäus biblische
Texte aufgreift, die so ausdrücklich vom Land Israel sprechen
wie Ps 37 und Jes 61, dann genügt es nicht, ganz allgemein
von der Erde zu sprechen, wie dies sowohl W. Grundmann(18)
als auch W. Zimmerli(19) tun. So wichtig das von ihnen hervor-
gehobene Konkret-Irdische ganz allgemein ist, so wichtig ist
es, daß es hier zuallererst um die Verheißung hinsichtlich des
konkreten und begrenzten Landes Israel geht. Auf diesem Hintergrund sind die Seligpreisungen und in unserem Zusammenhang
speziell Mt 5,5 messianische Verkündigung, die die Hoffnung
Israels anspricht und Heil zusagt.

Indem in Mt 5,5 die Zusage des Landbesitzes im Kontext des
als gegenwärtig verkündeten Himmelreiches gegeben wird, sind
aber auch Traditionen angesprochen, die das Eingegrenzte des
Landes Israel sprengen: im Reich Gottes gelangt Israel in sei-

---

18 Grundmann, Walter: Matthäus, S. 126.

19 Zimmerli, W.: Die Seligpreisungen der Bergpredigt und das
    Alte Testament. In: Bammel, E., Barrett, C.K. und Davies,
    W.D.: Donum Gentilicium. New Testament Studies in Honour
    of David Daube. Oxford 1978, S. 25.

nem Land zum Ziel, um dessentwillen das Land den Vätern verheißen und vom Volk in Besitz genommen wird, nämlich zur un-
widerruflichen Beziehung mit Gott, die im Bund und im Leben
nach der Torah grundgelegt ist (vgl. I.7, S. 65 f. 69; II.6.1,
S. 172; II.6.2, S. 180). In diese Fülle sind aber, wie wir
schon sahen, alle Völker miteinbezogen, und Jerusalem wird bis
Damaskus reichen (vgl. I.7, S. 69 f., II.6.3, S. 182 ff). Von
daher verlangt die Verkündigung des schon präsenten Himmelreiches in Mt 5,3.10, daß der Hörer von Mt 5,5 nicht beim
Land Israel stehenbleibt, sondern sich in die Weite der universalen Dimensionen der Verheißung führen läßt – eine Universalität, die aber für Matthäus nicht ohne das Land Israel und den
damit verbundenen Verheißungen zu verstehen ist.

1.4 Mt 6,9-13

Die Erwähnung der Erde (bzw. des Landes? – γῆ) in der mat-
thäischen Fassung des Vater Unsers läßt fragen, ob auch hier
biblische und rabbinische Landtraditionen aufgenommen wurden.
Die Frage, ob das Gebet wie Matthäus es uns überliefert, oder
ob die lukanische Fassung ursprünglicher ist, braucht uns bei
unserer Fragestellung nicht näher zu beschäftigen.(20) Da bei
Lukas γῆ im Gebet Jesu überhaupt nicht vorkommt, werden wir
uns ausschließlich an Mt 6,9-13 halten. Viel wichtiger in unserem Zusammenhang ist die These Carmignacs, die er auf Orige-
nes im 3. Jahrhundert zurückführt, wonach die Worte ὡς ἐν
οὐρανῷ καὶ ἐπὶ γῆς sich nicht nur auf die 3. Bitte, "dein Wille
geschehe", beziehen, sondern alle drei Bitten dieses ersten Ge-

---

20 Vgl. dazu die große Untersuchung von Jean Carmignac:
Recherches sur le "Notre Père". Paris 1969, S. 23-28, in
der er zu dem Schluß kommt, daß Matthäus den älteren Text
aufnimmt und Lukas diesen später gekürzt hat. Vgl. hierzu
aber auch Siegfried Schulz: Q. Die Spruchquelle der Evangelisten. Zürich 1972, S. 85 ff. 91. Schulz ist der Meinung,
Matthäus und Lukas hätten beide das Gebet, wie es in Q
vorlag, stark überarbeitet, wobei er zu dem Schluß kommt,
daß Matthäus das Gebet zwar verlängert habe, aber vom
Wortlaut her die ursprünglichere Fassung übernommen habe.
Athanasius Polag hingegen sieht in der lukanischen Fassung des Vater Unsers die treue Wiedergabe von Q, und er
glaubt, die Matthäus-Fassung zeige die Einwirkung anderer
Traditionen. Vgl. Polag, A.: Die Christologie der Logienquelle. WMANT 45. Neukirchen-Vluyn 1977, S. 2 f.

betsteiles einschließen.(21) Die strukturellen wie inhaltlichen Gründe, die Carmignac anführt, sind überzeugend, so daß im folgenden diese These grundgelegt wird. Wie zu zeigen sein wird, hat sie eine bestärkende Wirkung hinsichtlich der Annahme, daß in Mt 6,9-13 Landtraditionen eingearbeitet sind.

Verschiedene Autoren haben aufgezeigt, welche verwandtschaftlichen Ähnlichkeiten zwischen dem Vater Unser und manchen sehr alten jüdischen Gebeten bestehen, so vor allem das Achtzehngebet, Awinu Malkenu und das Kaddisch-Gebet.(22) In diesen sind Themen angesprochen, die auch im Vater Unser vorhanden sind, wie etwa die Heiligung des Namens Gottes, das Königtum Gottes und das Tun seines Willens. Und im Achtzehngebet wie im Awinu Malkenu werden die Einsammlung Israels im Land und der Wiederaufbau Jerusalems ausdrücklich thematisiert. Aber die verwandtschaftliche Beziehung muß nicht zur Folge haben, daß das Land deswegen auch im Vater Unser aufgenommen wurde.

Viel aufschlußreicher ist für die hiesige Fragestellung ein Text, auf den unter anderen auch Carmignac verweist, nämlich Ezech 36,16-38, vor allem die Verse 23-31. Carmignac sieht darin eine Entsprechung zwischen Ezech 36,23-31 und allen Bitten des Vater Unsers,(23) wobei auffällt, welch wesentliche Stellung das Land in diesem prophetischen Text einnimmt. Ausgangsposition ist das Exil, wobei die Sünde Israels deutlich als Grund für das Exil wie auch als Entheiligung des Namens Gottes unter den Völkern gesehen wird. Demgegenüber steht die Verheißung Gottes, daß er seinen Namen wieder heiligen wird. Um seines Namens willen wird er Israel von allen Ländern wieder einsammeln und ins Land zurückbringen. Er wird dem Volk ein neues Herz und einen neuen Geist geben, sie werden von aller Unreinheit ihres Abfalls gereinigt, und sie werden nach den Gesetzen und Geboten Gottes leben. "Dann werdet ihr in dem Land woh-

---

21 Vgl. Carmignac, J.: Recherches, S. 112-117.

22 Vgl. etwa Barta, Johann: Das Achtzehngebet – Eine Betrachtung (S. 77-89); Graubard, Baruch: Das 'Kaddisch'-Gebet (S. 102-119); und Lauer, Simon: Awinu Malkenu (Unser Vater, unser König!) (S. 120-127); alle drei in: Brocke, Michael, Petuchowski, Jakob J. und Strolz, Walter: Das Vaterunser. Gemeinsames im Beten von Juden und Christen. Freiburg 1974.

23 Vgl. Carmignac, J.: Recherches, S. 351 f.

nen, das ich euren Vätern gab. Ihr werdet mein Volk sein, und ich werde euer Gott sein." (V. 28) In dem Land wird keine Hungersnot mehr sein, und Israel wird umkehren und von seiner Sünde ablassen. Der Text endet, indem in V. 38 wieder anklingt, daß all dies "um meines (Gottes) heiligen Namens willen" geschieht (vgl. V. 22), denn "dann wird man erkennen, daß ich der Herr bin."

Die Nähe dieser Verheißung zum Vater Unser ist deutlich. Wie Carmignac gezeigt hat, finden alle Bitten darin eine Entsprechung. Für unsere Fragestellung sind vor allem die drei ersten Bitten interessant, da sie (vermutlich) "wie im Himmel, so auf der Erde (bzw. im Land)" geschehen sollen. Aber wie anhand von Ezech 36 zu sehen ist, kann auch in der Bitte um Brot, um Vergebung und um Erlösung vom Bösen der Bezug zum Land enthalten sein.

Wie schon in den beiden ersten Teilen dieser Arbeit aufgezeigt wurde, sind die Heiligung des Namens Gottes, sein Reich und das Verwirklichen seines Willens - oder in anderen Worten, das Leben nach der von Gott gegebenen Torah und die Verwirklichung der Verheißungen durch ihn - eng mit dem Leben im Land verbunden und auf das Land bezogen. Auffallend ist, daß weder der Text Ezech 36,16-38 noch viele Landtraditionen der Rabbinen ausdrücklich vom Reich Gottes sprechen.(24) Aber dieser neutestamentlich so wesentliche Begriff - oder zumindest das, was in diesem Begriff angesprochen wird - ist wohl dennoch nicht auszuschließen, wenn die Bundesbeziehung zwischen Gott und Israel und der Gehorsam des Volkes in Ezech 36 so ausdrücklich thematisiert werden. Und wie wir im rabbinischen Kapitel sahen, wird das Leben im Land als ein Aufsichnehmen des "Joches des Himmelreiches" verstanden (vgl. II.4.1, S. 128). So scheint es berechtigt zu sein, wenn wir die drei ersten Bitten des Vater Unsers auf dem Hintergrund von Landtraditionen verstehen. Die Tatsache, daß bei Matthäus diese Bitten ausdrücklich auf die γῆ bezogen werden, bestärkt uns in dieser Annahme. Wenn in diesem Evangelium außerdem noch betont wird, daß Jesus und seine Jünger vor dem Tod und der Auferstehung

---

24 Carmignac macht auf eine Tradition aufmerksam, die in Mt 6,10 nicht Reich, sondern Geist liest. Die Gründe, die er gegen diese Lesart vorbringt, sind überzeugend, so daß uns diese Abweichung nicht näher beschäftigen muß. Vgl. Carmignac, J.: Recherches, S. 90.

Jesu im Land Israel bleiben,(25) und wenn Jesus hier seinen jüdischen Jüngern lehrt, wie sie beten sollen, dann scheint es berechtigt, den Begriff γῆ in Mt 6,10 zunächst als auf das Land Israel bezogen zu verstehen. Dort soll der Name Gottes geheiligt werden; dort soll die Königsherrschaft Gottes verwirklicht werden; dort soll die Torah gelebt werden.(26)

Diese Bedeutung muß dennoch nicht die Erde als ganze ausschließen. In Ezech 36 ist deutlich, daß die Heiligung des Namens Gottes nicht nur mit Israel, sondern mit allen Völkern zu tun hat.

"Die Völker ... werden erkennen, daß ich der Herr bin, wenn ich mich an euch vor ihren Augen als heilig erweise." (Ezech 36,23)(27) Wir werden noch sehen, welche Bedeutung Tod und Auferstehung Jesu für die Öffnung des begrenzten Raumes des Landes Israel zur ganzen Erde hin haben (vgl. Mt 28,18 f., III.3.2). Schon jetzt scheint es jedoch möglich zu sagen, daß eine nachösterliche Überlieferung des Vater Unsers (und ein nachösterliches Beten dieser Worte) das Sprengen dieser Grenzen auf die ganze Erde hin mithören läßt. Aber dies wäre sozusagen eine zweite Deutungsebene. Zunächst ist das Land Israel mit den damit verbundenen Verheißungen und Anforderungen zu hören.

Eine letzte Frage drängt sich bei der Deutung des Vater Unsers auf dem Hintergrund von Ezech 36,16-38 auf. Dieses Gebet wird im Matthäusevangelium überliefert, das sonst so sehr von der Absicht geprägt ist, die Erfüllung der Schrift durch Jesus zu zeigen. Im Gebet, das Jesus selbst seine Jünger lehrt und das zutiefst in den Verheißungen des Tenach und vor allem des Pro-

---

25 Vgl. weiter unten im 3. Abschnitt dieses Kapitels.

26 Carmignac macht darauf aufmerksam, daß der Wille Gottes, der geschehen soll, sich nicht nur auf das Tun des Menschen im Gehorsam gegen Gott bezieht; eine zweite Seite gehört dazu, nämlich das, was von Gott her zu tun ist, die Vollendung seiner Heilsverheißungen, die Erlösung. Vgl. Carmignac, J.: Recherches, S. 106. Wie wir gesehen haben, ist das Land in der biblischen und rabbinischen Tradition auch hierfür der erste Ort, wo diese Erlösung verwirklicht werden und von wo aus sie allen Völkern zuteil werden soll.

27 Vgl. Carmignac, J.: a.a.O., S. 82 f.

pheten Ezechiel verwurzelt ist, wird nichts von Erfüllung gesagt. Vielmehr ist das Gebet ein Ausdruck dafür, daß durch
Jesus doch nicht alles erfüllt ist. Die Jünger müssen weiterhin
darum bitten, daß die Verheißungen Gottes im Land und auf
der Erde realisiert werden. Bei aller Verkündigung des Messias
Jesus bleibt die Spannung bestehen: der Messias ist gekommen,
die Schrift ist erfüllt, und die Grenzen des Landes sind gesprengt zur ganzen Erde hin. Aber gleichzeitig bleibt die Notwendigkeit, um die Erfüllung der Schrift zu beten, und damit
bleibt auch die Hoffnung bestehen, die in diesem ganz bestimmten und konkreten, begrenzten Land ihre Wurzeln hat.

1.5   Mk 4,30 ff. (vgl. Mt 13,31 f.)

In verschiedenen Gleichnissen sprechen die Evangelien vom Wort
Gottes als Same, der in die Erde bzw. in ein Feld gesät wird
(vgl. etwa Mk 4,1-9.26-29 par.; Mt 13,24-30). Man kann fragen,
inwieweit dieses Bild eine Landtradition aufnimmt: das Land –
auch im Feld aufgegriffen – als Ort, wo das Wort Gottes Frucht
bringen soll. Aber solche Bilder sollten in ihrer Schlichtheit
stehenbleiben: sie kommen von der Natur und verwenden ganz
alltägliche Realitäten, um eine Aussage zu machen. Da scheint
es übertrieben, noch einen unterschweligen Bezug zu theologischen Landtraditionen sehen zu wollen. Ein Gleichnis sei jedoch
genannt, das vielleicht eine Ausnahme dazu bietet, nämlich das
Gleichnis vom Senfkorn in Mk 4,30 ff., das nicht nur bei Markus zu finden ist, sondern bei allen drei Synoptikern. Allerdings spricht Lukas weder vom Land noch von einem Acker, sondern von einem Garten. Markus hingegen sagt, daß das Senfkorn in die Erde (γῆ) gesät wird. Im folgenden werden wir uns
an den markinischen Text halten. Nicht nur kommt dem Evangelium nach Markus vermutlich die Priorität zu; hinzu kommt,
daß Markus den Ausdruck γῆ verwendet und nicht ἀγρός, wie
Matthäus, was die These dieser Arbeit bestärkt.(28)

Dieses Gleichnis könnte im Gegensatz zu den oben genannten
Texten eine Ausnahme sein, schon allein weil die Synoptiker

----

28   Rudolf Laufen schreibt dazu: "Da es in Israel nicht üblich
     war, Senf im Garten anzupflanzen, muß man annehmen, daß
     die Urfassung allgemein vom Erdboden, von der γῆ, sprach."
     Vgl. Laufen, Rudolf: ΒΑΣΙΛΕΙΑ und ΕΚΚΛΗΣΙΑ. Eine traditions-
     und redaktionsgeschichtliche Untersuchung des Gleichnisses
     vom Senfkorn. In: Festschrift für Heinrich Zimmermann: Be-
     gegnung mit dem Wort. Bonn 1980, S. 112.

hier den Tenach aufgreifen, was nicht der Fall ist bei den anderen Gleichnissen. Die Einheitsübersetzung der Bibel verweist auf Dan 4,8 f. 18(29), aber dieses Bild scheint hier nicht aufgenommen zu sein. Im Buch Daniel wird zwar von einem Baum gesprochen, der sehr groß wird. Aber bei näherem Hinsehen ist das die einzige Ähnlichkeit zu den Evangelien. Es ist keine Rede vom winzigen Samen, und wenn auch die in ihm nistenden Vögel erwähnt werden, so wird mehr Wert auf die Früchte gelegt, die ihnen zur Nahrung dienen. Schließlich – und am wichtigsten – geht es im Buch Daniel um ein Bild für Nebukadnezzar, der in unserem Gleichnis völlig fehl am Platze wäre. Eher ist in Mk 4,30 ff. par. eine Anspielung auf Ezech 17,23 zu erkennen.(30) Dort ist im ganzen Kapitel vom Volk Israel die Rede, das ins Exil geführt wird. Es wird verheißen, daß ein kleiner, zarter Zweig wieder im Land, "auf Israels Bergland", eingepflanzt wird. Aus diesem kleinen Zweig wird ein großer Baum, in dem alle Vögel Platz finden können. Bei Ezechiel geht es also um die Rückkehr des Volkes ins Land und um das Wachstum dieses "Baumes" bis "alle Bäume auf den Feldern erkennen, daß ich der Herr bin." (Ezech 17,24) Damit sind die anderen Völker gemeint, die durch Israel den Einen Gott erkennen werden.

Im neutestamentlichen Gleichnis finden wir den Gedanken des Wachsens aus kleinsten Anfängen wieder, wie auch den Bezug auf andere: "die Vögel des Himmels" werden kommen und im Schatten des Baumes nisten können. Dann liegt es aber auch nahe, die Erde, in die hinein das Senfkorn gepflanzt wird, ebenfalls mit Ezechiel in Verbindung zu bringen und zumindest nicht auszuschließen, daß wir hier einen Hinweis auf das Land Israel haben.

Dies wird dadurch bestärkt, daß das Land in der biblischen und rabbinischen Tradition wiederholt als Ausgangspunkt für das Reich Gottes gesehen wird. Was dort beginnt, soll für alle Völker gelten, und umgekehrt werden die Völker durch Israel den Einen Gott erkennen und nach Jerusalem strömen, um ihm

---

29 Die Bibel. Einheitsübersetzung, a.a.O., NT, S. 19.

30 Vgl. Crossan, John Dominic: The Seed Parables of Jesus. In: JBL 92 (1973), S. 255, wo der Autor allerdings auch die Anspielung auf Ezech 17,23 bestreitet; und Laufen, R.: a.a.O., S. 112 ff. Dieser differenziert überhaupt nicht zwischen Ezech 17,23; 31,6 und Dan 4,12.21 und sieht in Mk 4,30 ff. eine Anspielung auf alle diese Texte.

zu dienen und ihn anzubeten (vgl. I.7, S. 69 f.; II.6.3, S. 182 ff.). Entsprechend kann Rudolf Laufen sagen: "Das Bild vom großen Baum, in dem die Vögel des Himmels ihre Nester haben, stellt nach apokalyptischer und rabbinischer Auffassung das eschatologische Reich dar, dem die heidnischen Völker zuströmen."(31) Im Gegensatz zu Laufen versteht Rudolf Pesch dieses Bild eher im Hinblick auf "die Sammlung Israels im Schatten der Gottesherrschaft,"(32) was der Anspielung auf das Land Israel keineswegs widersprechen würde. Ob in Mk 4,32 zunächst nur Israel oder schon alle Völker gemeint sind, auf jeden Fall gilt, daß für Markus wie für Matthäus in Jesus das Reich Gottes nahegekommen ist (vgl. Mk 1,15; Mt 4,17). Jesus hat im Land Israel gewirkt und ist darin gestorben und auferstanden. Nach seiner Auferstehung werden die Jünger dann in die ganze Welt gesandt (vgl. Mk 16,15; Mt 28,19), so daß alle Völker im Baum, der von kleinsten Anfängen wächst und dessen Wurzeln im Land sind, Platz finden können.

Bei aller Einfachheit des Gleichnisses vom Senfkorn, scheint es nicht unmöglich, daß Landtraditionen miteingeflochten sind – und sei es als selbstverständlicher Hintergrund, auf dem das nun nahe Himmelreich verkündet wird.

---

31 Laufen, R.: Senfkorn, S. 119.

32 Pesch, R.: Markusevangelium, S. 263.

2. ἀγρός UND χώρα IM NEUEN TESTAMENT

Neben γῆ haben im Neuen Testament zwei weitere griechische Begriffe mit Land zu tun, nämlich ἀγρός und χώρα Ihre Verwendung soll nun näher untersucht werden, um zu sehen inwieweit, wenn überhaupt, mit ihnen auch theologische Landtraditionen zum Ausdruck kommen. Dabei fällt auf, daß diese Begriffe im Neuen Testament beide nur in den vier Evangelien und in der Apostelgeschichte verwendet werden, wobei ἀγρός in letzterer nur einmal steht, Apg 4,37; χώρα finden wir außerdem noch einmal im Jakobusbrief, Jak 5,4. ἀγρός bedeutet vor allem Acker, Feld; χώρα ist eher ein geographischer Begriff, der häufig als Gegend übersetzt und als Ortsangabe verwendet wird. Dabei steht χώρα wiederholt für die umliegende Gegend außerhalb der Stadt. Beide Worte, ἀγρός und χώρα, sind in unserem Zusammenhang nur sehr begrenzt interessant, und zum Teil stehen beide Begriffe innerhalb desselben Kontextes. Die wenigen Stellen, die für uns aufschlußreich sein könnten, sollen nun näher untersucht werden.

2.1 Mk 5,1-20 (vgl. Mt 8,28-34; Lk 8,26-39)

Die Erzählung von der Heilung des Besessenen von Gerasa ist in unserem Zusammenhang nicht von großem Interesse, sollte aber doch wenigstens kurz erwähnt werden. Die Frage, ob es zwei Besessene waren (so Matthäus) oder nur einer (Markus und Lukas), braucht uns nicht näher zu beschäftigen, wie auch die Schreibweise des Gebietes (Gerasa oder Gadara).(33) Wichtiger jedoch ist, ob es sich um ein Gebiet in der Gegend um den See Genesareth handelt oder um ein Gebiet im Inland der Dekapolis. Da alle drei Evangelien vom Sturz der Schweineherde in den See berichten, scheint es eindeutig, daß wir es mit einem Ereignis in der Nähe vom See zu tun haben. Und es geht um ein Gebiet östlich des Jordans – also um ein Gebiet, in dem eine stärkere

----

33 Für eine eingehende Untersuchung dieser Perikope vgl. Annen, Franz: Heil für die Heiden. Zur Bedeutung und Geschichte der Tradition vom besessenen Gerasener (Mk 5,1-20 parr.). FTS 20, Frankfurt 1976. Nach Annen diente die markinische Fassung sowohl Matthäus als auch Lukas als Vorlage, so daß er davon ausgeht, es habe nur eine Quelle gegeben. Seine Untersuchung bezieht sich dann auf die von ihm ausgearbeitete markinische Vorlage.

heidnische Präsenz gegeben war. Franz Annen hat betont, daß die Stadt Gerasa in der Gegend des Sees Genesareth zur Zeit Jesu "eine recht blühende und bekannte hellenistische Stadt (und) zum größten Teil von Heiden bewohnt" war.(34) Das Heidnische dieser Gegend ist schon daran zu erkennen, daß es eine Schweineherde gibt. Juden würden keine Schweine züchten, da sie zu den unreinen Tieren zählen (vgl. Lev 11).(35)

So haben wir es hier mit Unreinheit zu tun und mit der Vollmacht Jesu, Unreinheit zu beseitigen: ein Mensch (oder zwei) ist von Dämonen besessen, also "unrein". Die "Legion" wird in die schon unreine Schweineherde getrieben, die sich ins Wasser stürzt und ertrinkt. Rudolf Pesch schreibt dazu: "Die Erzählung zeigt eindrucksvoll, wie das heidnische Land der Gerasener vom dämonischen Unwesen gereinigt wird ... Die unreinen Tiere charakterisieren das unreine Land, in dem die Dämonenlegion herrscht, die niemand bändigen kann."(36) Franz Annen hat den Zusammenhang zwischen Unreinheit und Götzendienst ausgearbeitet (vgl. I.4, S. 45 f.; II.4.2, S. 131 f.; II.4.5, S. 145. 148 f.) und sieht in diesem Kontext eine Verbindung zwischen dem Namen des (bzw. der) Dämonen, Legion, und der römischen - und somit heidnischen - Besatzungsmacht.(37)

Gehört dieses Gebiet noch zum Land Israel oder nicht? Es liegt östlich des Jordans, ist also jenseits der engsten Grenze des Landes. Aber zur Zeit Jesu war es auf jeden Fall Teil von Palästina, und schon vorher gehörte es zum Gebiet des Stammes Manasse und zum Reich Davids. So scheint es in der Heilung des Besessenen auch um die Reinigung des Landes zu gehen, und zwar nicht nur im Sinne eines heidnischen Gebietes. Vielmehr wird das Land durch Jesus von der Verunreinigung durch die Heiden und damit durch Götzendienst gereinigt - nicht indem die von Dämonen Besessenen fortgejagt werden, sondern indem sie gereinigt werden. Ob der Besessene selbst Heide oder Jude ist, wird nicht gesagt. Aber er lebt im unreinen Gebiet der Heiden und ist selbst verunreinigt. Durch die Begegnung mit Jesus wird er rein und also fähig, menschlich zu leben und

---

34 Annen, F.: a.a.O., S. 197.

35 Vgl. Pesch, Rudolf: Das Markusevangelium. I. Teil. Einleitung und Kommentar zu Kap. 1,1-8.26. HThK 2,1, Freiburg 1976, S. 293.

36 Pesch, R.: Markusevangelium, S. 290.

37 Vgl. Annen, F.: Heil, etwa S. 144.156.160.174.179.180.

Gott zu begegnen. So kann das Land selbst auch seine eigentliche Bestimmung erfüllen, nämlich Raum des Lebens mit Gott und dem Volk zu sein.(38) (Vgl. I.4, S. 43-46; II.2.3, S. 110f.)

2.2 Lk 15,11-32

Im Gleichnis vom "verlorenen Sohn" wird erzählt, daß der jüngere der zwei Söhne sein Erbteil in einem "fernen Land" verpraßt. Nachdem er in sich gegangen ist, kehrt er zu seinem Vater zurück, also zugleich auch in sein Land, und da kann der Vater sagen, daß er, der tot war, wieder lebt. Die Frage ist berechtigt, ob es hier nicht um ein Bild des barmherzigen Vaters geht und das Land eher unwichtig ist. Die Reise in ein fernes Land könnte nichts weiter als die Distanz darstellen, die der Sohn zwischen sich und den Vater bringt. Aber einige Hinweise lassen doch vermuten, daß das Land mehr zu bedeuten hat.

Zunächst ist die Tatsache, daß die Entfernung vom Vater mit der Entfernung vom Land verquickt ist, bedeutsam. Wenn das Land Israel der Ort der Gegenwart Gottes und der Begegnung mit ihm ist (vgl. II.5.2, S. 156-159), dann kommt das Wegziehen in ein anderes Land einem Versuch gleich, sich von Gott zu entfernen. Die rabbinische Tradition hat dies deutlich zum Ausdruck gebracht im Zusammenhang mit dem Propheten Jona, der sich auf den Weg nach Tarschisch machte, um vor dem ihn beauftragenden Gott zu fliehen (vgl. II.5.2, S. 158).

Ein weiterer Hinweis ist die Schweineherde. Wie wir schon im Zusammenhang mit dem Besessenen von Gerasa sahen, stehen die Schweine für Unreinheit. Und im fernen Land hütet der Sohn ausgerechnet Schweine! Wir haben im zweiten Teil dieser Arbeit gesehen, daß das Land der Heiden als unrein galt – ja, daß das Leben dort sogar mit Götzendienst vergleichbar ist (vgl. II.4.2, S. 132 ff.; II.5.3, S. 159.161 f.). Indem der Sohn sich von seinem Land entfernt, verläßt er den Vater. Damit begibt er sich in unreines Gebiet und wird selbst unrein. Dort draußen ist er gleichsam tot. Nur nachdem er zurückkehrt zum Vater – und damit gleichzeitig in sein Land – lebt er wieder,

----

38 Annen kommt zu einem entsprechenden, wenn auch nicht identischen Ergebnis, wenn er die Bedeutung dieser Perikope darin sieht, daß Jesus auch den Heiden das Heil bringt. Vgl. a.a.O., S. 185 f. u.a.m.

womit an die Tradition der Auferstehung im Land zumindest erinnert wird (vgl. II.6.4, S. 189 f. 192).

Ohne die Thematik zu sehr zu betonen, scheint in diesem Gleichnis also doch wenigstens eine Erinnerung an Landtraditionen zu bestehen. Die Abkehr vom Vater ist in räumlichen Kategorien dargestellt und hat Konsequenzen, die die Reinheit und damit die kultischen Vorschriften für den Dienst am Einen Gott betreffen. Entsprechend ist die Rückkehr zum Vater mit der Rückkehr an den ursprünglichen Ort verbunden, wo der Sohn erfahren darf, daß er nicht Knecht, sondern weiterhin Sohn ist, und wo er zu neuem Leben kommt.

2.3   Mk 10,28-31; Mt 19,27-30;(39) Apg 4,32-37

Ein letzter Themenkomplex, nämlich das Verlassen bzw. der Verkauf von Land, könnte in unserem Zusammenhang interessant sein. In Mk 10,28 ff. und Mt 19,27 ff. wird von der Frage des Petrus berichtet, der Jesus auf das aufmerksam macht, was die Jünger um der Nachfolge Jesu willen verlassen haben, und fragt, welchen Lohn sie dafür erhalten werden. Die Stelle hat in Lk 18,28 ff. eine weitere Parallele, aber da werden in der Aufzählung Jesu die Äcker nicht genannt. Bei Matthäus und Markus sind Äcker ein Teil dessen, was verlassen wurde, um Jesus nachzufolgen. Markus schließlich nennt sie wiederum ausdrücklich, wenn Jesus sagt, was seine Jünger zurückerhalten werden; er bleibt nicht wie Matthäus bei dem allgemein gehaltenen "Hundertfachen" stehen. Daher wollen wir uns in diesem Abschnitt vor allem an das Evangelium nach Markus halten.

Die Äcker, die die Jünger verlassen haben, sind nicht identisch mit dem Land als solchem. Aber sie sind der Anteil des Einzelnen am Land, und so ist es berechtigt, darin einen Hinweis auf das Land zu sehen. Wer seine Äcker verlassen hat, hat mehr als seinen materiellen Besitz verlassen; er hat sozusagen einen Teil seiner Verwurzelung im Land der Verheißung aufge-

---

39   Bei allen drei Synoptikern bilden die hier untersuchten Verse den letzten Abschnitt einer größeren Perikope (die Begegnung des reichen Mannes mit Jesus und die anschließenden Überlegungen zum Thema Reichtum und Reich Gottes). Da dieser Text später noch einmal im Zusammenhang mit Erbe zu behandeln sein wird, scheint es berechtigt, hier nur die Verse zu besprechen, die das hier zu beachtende Stichwort enthalten.

geben, sein Anteil am "Erbe", und damit alles, was mit dem Le-
ben im Land impliziert ist. Angesichts dieses Verzichtes sagt
Jesus, daß die Jünger das, was sie verlassen haben – auch die
Äcker – in dieser Zeit wieder erhalten werden und das ewige
Leben dazu.(40)

Markus sagt nirgends, was er mit den verheißenen Äckern meint.
Es sind sicher nicht dieselben wie diejenigen, die um der Nachfolge willen verlassen wurden, wie auch die verheißene Verwandtschaft in der Aufzählung kaum dieselbe ist wie die ver-
lassene. Aber wie aus der Verheißung Jesu deutlich wird, daß
der Jünger in der Nachfolge in eine Gemeinschaft eingebunden
sein wird, so können wir die Verheißung der Äcker als Zusage
verstehen, daß der Jünger auch nicht des Landes und dessen,
was es bedeutet, verlustig wird. Wir werden unten im Zusammenhang mit Erbe noch auf den vorhergehenden Abschnitt Mk 10,17-
27 par. zu sprechen kommen (vgl. III.7.1.1, S. 310 ff.), der
in engem Zusammenhang mit diesem Text steht, und der vielleicht noch etwas mehr Licht auf die Frage werfen kann.

Die Zusage Jesu gilt für "jetzt in dieser Zeit" und für die Zukunft "in der kommenden Welt". Gerade dies läßt sehr an die
biblischen und rabbinischen Landtraditionen denken, in denen
"die kommende Welt" mit "dieser Welt" und dem gegenwärtigen
konkreten Leben im Land verbunden ist (vgl. I.7, S. 62 f. 70.f.;
II.6, S. 171-193). So ist für Markus die Verheißung der kommenden Welt nicht losgelöst von der Verheißung für hier und jetzt
– wenngleich die Gegenwart auch Verfolgungen beinhaltet. Und
durch die ausdrückliche Erwähnung der Äcker ist diese Verheißung sehr konkret.

Wie schon erwähnt wurde, sagt Markus nicht genau, was er mit
seiner Verheißung meint. Dafür finden wir das Thema in der
Apostelgeschichte ganz kurz angesprochen. Apg 4,32-37 beschreibt
Lukas das Leben der Urgemeinde in Jerusalem – und es sei nochmals an die zentrale Bedeutung Jerusalems für das Land insgesamt erinnert. Indem von der Gütergemeinschaft die Rede ist,
wird ausdrücklich gesagt, daß die Grundstücke verkauft wurden
und der Erlös zusammengelegt und so verteilt wurde, daß alle
das hatten, was sie benötigten. Es ist Lukas, der dies schreibt,
aber vielleicht wirft seine Aussage auch ein wenig Licht auf
den Text des Markusevangeliums. In jedem Fall macht er eine
eigene Aussage, die für sich spricht.

---

40 Vgl. Lohfink, G.: Gemeinde, S. 52 ff.

Auch wenn Lukas in diesem Text eher ein Ideal beschreibt als konkrete Wirklichkeit, wird etwas deutlich, was es heißt, Christ zu sein - Jünger in der Nachfolge Jesu. Land wird verkauft, man könnte auch sagen verlassen, um mit dem Erlös Gemeinschaft zu schaffen. Indem der Einzelne nicht mehr vom jeweils Eigenen eingegrenzt ist, wird das Volk Gottes auferbaut, so daß sie "ein Herz und eine Seele" sein können. Von diesem kleinen Abschnitt her scheint es möglich zu sagen, daß das Leben in der Gemeinde der Gläubigen das Land sozusagen ersetzt. Von nun an ist der Besitz eines Ackers nicht so wichtig wie das Verwurzeltsein in der Gemeinde. Umgekehrt ist es dann die Distanzierung von der Gemeinde, die den Tod bringt, wie dies an Hananias und Saphira direkt im Anschluß an unseren Text geschildert wird. In der Gemeinde aber wird die Auferstehung Jesu bezeugt und reiche Gnade ruht auf allen (vgl. Apg 4,33). So können die Gläubigen in der Hoffnung leben, die auch für das Leben im Land von grundlegender Bedeutung ist, nämlich die Hoffnung auf die Auferstehung der Toten und das Leben in der kommenden Welt (vgl. II.6.4, S. 186 f. 189-193). Die partikuläre Bedeutung des Landes Israel wird also mit der weltweiten Aussendung der an Jesus Glaubenden (vgl. III.3.2, S. 269-274) ausgeweitet. Das Partikuläre findet sich für sie nun im Konkreten der jeweiligen Gemeinde bzw. Ortskirche, die aber ihrerseits in der Universalität aller Völker ihren Raum hat.

3. DIE SENDUNG ZU ISRAEL UND BIS AN DIE ENDEN DER ERDE

3.1 Mt 4,8 ff.

Zwischen dem Einzug des Kindes Jesus ins Land Israel und dem Beginn des öffentlichen Wirkens Jesu steht ein Text, in dem die Spannung zwischen der Partikularität des Landes Israel und der Universalität "aller Reiche der Welt" (πάσας τὰς βασιλείας τοῦ κόσμου) deutlich wird. In der dritten Versuchung im Matthäusevangelium, Mt 4,8 ff. (bei Lukas ist es die zweite, Lk 4,5-8), wird Jesus vom Teufel auf einen hohen Berg geführt, von wo aus ihm alle Reiche der Welt gezeigt und angeboten werden. In seinem Kommentar zum Matthäusevangelium verweist Jean Radermakers auf Dtn 34,1-4.(41) Dort wird von Mose berichtet, dem Gott vom Gipfel des Pisga aus das ganze Land (אֶרֶץ) zeigt, das er den Vätern mit einem Schwur versprochen hat, ihren Nachkommen zu geben. Mose selbst darf nicht in dieses Land einziehen (wobei wir schon gesehen haben, daß Moses Sehen des Landes in der rabbinischen Tradition in gewisser Weise als eine Besitznahme gedeutet wird) (vgl. II.5.2, S. 157 f.). Vielmehr stirbt Mose, nachdem er das Land gesehen hat, und es ist Josua (dessen Name in der LXX 'Ιησοῦς ist), der das Volk ins Land führt.

Auf diesem Hintergrund gewinnt die dritte Versuchung Jesu an Dichte. Wie Mose wird Jesus auf einen Berg geführt, von wo aus er nicht das Land Israel, sondern "alle Reiche der Welt" sieht.(42) Jetzt ist es aber nicht Gott, der ihm dieses weltweite Panorama vor Augen führt, sondern der Teufel. Und als Bedingung der Machtübernahme über diese Reiche soll Jesus nicht vor Gott niederfallen und ihn anbeten, sondern an die Stelle Gottes rückt nun der Teufel. Damit ist aber, wie wir bereits in den beiden vorangegangenen Teilen dieser Arbeit gesehen haben, der Sinn der Landgabe verneint (vgl. I.1, S. 30 f.; II. 2.3, S. 110 f.; II.4.2, S. 131 f.): das Land Israel ist der besondere Raum Gottes, und im Land gilt es, sich vor Gott nieder-

---

41 Vgl. Radermakers, Jean: Au fil de l'évangile selon saint Matthieu. 2. Lecture continue. Bruxelles 1974 (2. Aufl.), S. 67.

42 Dieter Zeller macht darauf aufmerksam, daß ein Midrasch zu Dtn 3,27; 34,1 ff. sagt, auch Mose habe vom Pisga aus die ganze Welt sehen können. Vgl. Zeller, Dieter: Die Versuchungen Jesu in der Logienquelle. In: TThZ 89 (1980), S. 69, Anmerkung 34.

zuwerfen und ihm zu dienen, wie Jesus in seiner Antwort sagt.(43) Eine Macht über alle Reiche der Welt, die von einem Widerspruch zum eigentlichen Sinn des Landes abhängt, kann und will Jesus nicht ausüben.

Somit zeigt Matthäus in seiner Schilderung der dritten Versuchung Jesu zwei Gegensatzpaare auf. Vom hohen Berg aus sieht Jesus nicht das Land, das Gott Israel verheißen hat, sondern den ganzen Kosmos. Und der machtvolle "Einzug" Jesu in diese Welt wird nicht in Beziehung zur Verehrung des Einen Gottes gesehen, sondern sie wird vielmehr von der Teufelsanbetung abhängig gemacht. In dieses "Land" kann aber Jesus wie Mose nicht einziehen. In dieser Weise ist die Sendung Jesu nicht auf Universalität hin ausgerichtet.

In der Antwort Jesu an den Teufel steckt in Mt 4,10 ein weiteres Element, das in der Frage nach der Partikularität bzw. der Universalität Jesu im Hinblick auf das Land einen weiterführenden Hinweis gibt. Nur an zwei Stellen im Matthäusevangelium steht ὕπαγε, σατανᾶ, in Mt 4,10 und 16,23, beide Male von Jesus gesprochen. In Mt 16,23 richtet sich dieses Wort an Petrus, der voller Entsetzen die Ankündigung Jesu von seinem bevorstehenden Leiden und Tod abwehrt. Damit führt das zweite ὕπαγε ... σατανᾶ mitten hinein in die Kreuzes-Problematik, die später zum Schlüsselereignis wird in der Universalisierung der Sendung Jesu, wie wir weiter unten noch sehen werden (vgl. III.3.2, S. 269-274). Wenn im Evangelium nach Matthäus nur an zwei Stellen der Ausdruck ὕπαγε, σατανᾶ vorkommt, und zwar beide Male von Jesus gesprochen, so scheint es berechtigt anzunehmen, daß diese beiden Stellen miteinander in Verbindung stehen. Damit ist dann mit der dritten Versuchung Jesu gesagt, daß Jesus zwar die Macht erhalten wird über "alle Reiche der Welt", aber diese Macht wird ihm nicht in der Weise des Teufels verliehen, sondern durch sein Leiden und seinen Kreuzestod hindurch. Als Kind galt es, ins Land Israel einzuziehen; als Auferstandener wird es gelten, in der ganzen Welt "alle Macht" zu empfangen (vgl. Mt 28,18 ff.), wie wir noch ausführlicher sehen werden.

Somit ist dann auch der Übergang zu Mt 4,12-17 eine konsequente Fortführung dieses Evangeliums nach den Versuchungen. Jetzt, nachdem er 40 Tage in der Wüste verbracht hat (Israel war dort 40 Jahre, bevor es ins Land zog!), gilt es für Jesus, ins Land Israel einzuziehen und dort zu wirken. Die Basis der Uni-

---

43 Vgl. Dtn 5,6-10 und 6,1-19.

versalität Jesu ist die Partikularität dieses Landes, und so beginnt er sein Wirken in Galiläa, dort, wohin er als Kind gekommen war und wo er vor seinem öffentlichen Auftreten gelebt hat.

3.2 Mt 10,5 ff. und Mt 28,18 ff.

Zwei Texte im Evangelium nach Matthäus scheinen sich gegenseitig zu widersprechen. Mt 10,5 ff. heißt es: "Diese Zwölf sandte Jesus aus und gebot ihnen: Geht nicht zu den Heiden, und betretet keine Stadt der Samariter, sondern geht zu den verlorenen Schafen des Hauses Israel. Geht und verkündet: Das Himmelreich ist nahe." Dieser ausschließenden Sendung der Zwölf gegenüber steht der Auftrag des Auferstandenen an die Elf am Ende des Evangeliums, wo Jesus Mt 28,18 ff. sagt: "Mir ist alle Macht gegeben im Himmel und auf der Erde. Darum geht zu allen Völkern, und macht alle Menschen zu meinen Jüngern; tauft sie auf den Namen des Vaters und des Sohnes und des Heiligen Geistes, und lehrt sie alles zu befolgen, was ich euch geboten habe. Seid gewiß: Ich bin bei euch alle Tage bis zum Ende der Welt."

Etliche Autoren haben versucht, diesen Widerspruch zu erklären. Drei verschiedene Lösungen seien hier exemplarisch zitiert. Eduard Schweizer schreibt dazu in seinem Kommentar zum Matthäus-Evangelium: "Die Weisung, samaritanisches wie heidnisches Gebiet zu meiden, widerspricht nicht nur Apg. 8,5.26, sondern auch Mt 28,18-20 ... Wenn Matthäus dieses Wort aufnimmt, ist ihm daran gelegen, daß es nicht Gott ist, der Israel aufgibt, sondern daß Heidenmission erst möglich wird, nachdem Israel zu Jesus nein gesagt hat ..."(44) Demgegenüber vertritt Schuyler Brown die Meinung, es handle sich um zwei verschiedene Meinungen, die traditionelle und die des Matthäus: "... it seems more plausible to me that the tension between this saying and Mt 28:19 is not of the evangelist's own making. If this tension can be explained satisfactorily neither by the juxtaposition of two unreconciled traditions about the mission nor by the evangelist's theological intention, then there remains only one possible explanation: one view of the mission is traditional, while the other expresses the evangelist's own standpoint ... it is evident that in the missionary mandate on the mountain we hear the evangelist's own voice. The contrasting view of the mission, i.e. Mt 10:5 b-6, must therefore be

---

44 Schweizer, Eduard: Das Evangelium nach Matthäus. NTD 2, Göttingen 1973 (13. Aufl.), S. 153.

taken to be traditional."(45) Schließlich sei John P. Meier zitiert, der den scheinbaren Widerspruch nicht historisch, sondern theologisch erklärt: "The same Jesus who, during his earthly ministry, forbids the Twelve a mission among the Gentiles and Samaritans is also the Jesus who, as the exalted Son of Man, commands the Eleven to make disciples of **panta ta ethnē**. Here there is no sloppy, eclectic, or schizophrenic juxtaposition of contradictory material. Rather, Mt quite consciously orders an 'economy' of salvation: to the Jews first, and then to the Gentiles. The public ministry of the earthly Jesus stands under geographical and national limitations: the gospel is to be preached only to Israel, and only in the promised land. After the death and resurrection, however, this 'economical' limitation falls at Jesus' all-powerful command (Mt. 28:16-20). The very same persons (the Twelve/Eleven) who were previously forbidden to evangelize the Gentiles and Samaritans are now solemnly commissioned (by the same person who issued that prohibition) to extend their activities to all the nations."(46) Etwas später sagt Meier noch ausdrücklicher, wie er den Wandel versteht: "... Mt sees the death-resurrection as an eschatological event in which the Kingdom breaks into this aeon in a new, fuller way. Mt has 'apocalypticized' the basic kerygma of Jesus' death and resurrection. This explains why the limitations of territory, nation, and Mosaic Law should be observed during the public ministry of Jesus, while all these restrictions fall away after the death-resurrection, after the enthronement of the Son of Man (which is not coterminous with complete ending of the old aeon). These restrictions belonged to the old economy, the old aeon, and have been transcended for the believing disciple."(47)

Wie Meier richtig beobachtet, geht es in den beiden Texten auch um die Frage, ob die Jünger im Land Israel bleiben sollen, oder ob sie es auch verlassen können. Wenn ein Wandel in der Antwort auf diese Frage stattfindet, dann hängt dieser sicher mit Tod und Auferstehung Jesu zusammen. Jedoch kann die Miteinbeziehung der biblischen und rabbinischen Landtradi-

---

45 Brown, Schuyler: The Two-Fold Representation of the Mission in Matthew's Gospel. In: StTh 31 (1977), S. 25.

46 Meier, John P.: Law and History in Matthew's Gospel. A Redactional Study of Mt 5:17-48. An Bib 71. Rome 1976, S. 27.

47 Meier, John P.: a.a.O., S. 38.

tionen viel Licht auf die Frage nach der theologischen Aussageabsicht des Matthäus werfen.

Wir wir gesehen haben, ist Jesus ins Land Israel eingezogen
(vgl. III.1.1, S. 246-250), wie es seit Abraham dem Volk Israel
geheißen wird. Der Exodus aus Ägypten hat das Wohnen im
Land zum Ziel, und an diesem Weg nimmt Jesus teil. Auch die
Zwölf, die Jesus in Mt 10,5 f. sendet, sind Juden, deren selbstverständlicher Lebensraum das Land Israel ist. So ist mit der
Frage nach den Menschen, zu denen sie gesandt sind (und diese Frage ist nicht zu vergessen, auch wenn sie den Rahmen dieser Arbeit sprengt), auch die Frage nach dem Wohin der Sendung verbunden. Es fällt auf, daß Mt 10,5 f. nicht davon
spricht, wie die Zwölf sich verhalten sollen, wenn Heiden oder
Samariter zu ihnen kommen. Und schon in Kap. 8 wird erzählt,
wie Jesus ohne Schwierigkeit den Diener des nicht-jüdischen
Hauptmannes heilt. In 10,5 f. scheint es vielmehr um die Initiative der Jünger zu gehen: es wird ihnen verboten, zu den Heiden und Samaritern zu gehen, und zwar indem räumliche Kategorien verwendet werden: sie sollen nicht auf der Straße der
Heiden noch in die Städte der Samariter gehen. In anderen Worten, ihr Raum ist das Land der Juden, und darin sollen sie
bleiben (vgl. II.4.2, S. 132 f.; II.5.3, S. 159; II.5.4, S. 162;
II.5.5, S. 168). David Flusser macht folgende Bemerkung bezüglich einer für unsere Fragestellung interessanten jüdisch-
christlichen Quelle: "It seems that the Jewish Christian author
was led by excellent historical instinct, when he supposed that
the historical Jesus never commanded his disciples to go to the
Gentiles."(48) Obwohl diese Bemerkung sich auf die Stelle bezieht, die Mt 28,19 entspricht, ist sie auch für Mt 10,5 f. interessant. Flusser begründet seine Bemerkung nicht, aber sie
erinnert an die rabbinische Auffassung, die uns im zweiten Teil
dieser Arbeit begegnete: derjenige, der im Land Israel lebt,
soll es möglichst nicht wieder verlassen (vgl. II.5.5, S. 169f.).

Hinzu kommt ein weiterer Aspekt. Die Zwölf sollen die Nähe des
Himmelreiches verkünden, indem sie durch ihr Tun Heil bewirken (V. 7 f.), wie Jesus selbst es tut (vgl. Mt 11,2 ff.) ganz
im Sinne der Verheißungen etwa des Propheten Jesaja. Wie wir
sowohl in den biblischen als auch in den rabbinischen Landtraditionen sahen, soll das Land der erste Ort sein, an dem die
Zeit des Messias und das damit verbundene Heil realisiert wird.

---

48 Flusser, David: The Conclusion of Matthew in a New Jewish
    Christian Source. In: ASTI 5 (1967), S. 115.

Dort soll das zukünftige Heil beginnen, an dem dann auch die anderen Völker teilhaben werden. So ist das Gebot Jesu an die Zwölf, im Land zu bleiben und zu denen vom Haus Israel zu gehen, ganz im Sinne dieser Hoffnung. Im Land soll verkündet werden, daß das Reich des Himmels nahe ist; dort sollen Menschen den Anbruch des Heils erfahren. Die Einbeziehung der anderen Völker ist dann ein weiterer Schritt, der nach Tod und Auferstehung Jesu in dem nun auf neue Weise gegebenen Auftrag Mt 28,18-20 getan wird.

Bevor wir jedoch zu Mt 28,18-20 kommen, sind noch zwei weitere Texte zu behandeln, die auf dem Weg dorthin stehen. Da ist zunächst der Einzug Jesu in Jerusalem, Mt 21,1-11, der von allen Evangelisten geschildert wird. Wir wollen ihn jetzt nur in der Fassung des Matthäus betrachten, wieder indem wir uns zunächst das Zitat aus Sach 9,9 von Mt 21,5 näher ansehen. Wieder steht dies im Kontext einer Heilsverheißung, und zwar dieses Mal an die Stadt Jerusalem, die – wie wir gesehen haben – die Mitte des Landes ist (vgl. I.7, S. 64 f.; II.5.1, S. 154 ff.). So ist die Verheißung an Jerusalem gleichzeitig eine Verheißung, die an das ganze Land ergeht. Der König, der Jerusalem verkündet wird, ist nicht näher benannt, aber er bringt Heil nicht nur für Jerusalem und damit für das ganze Land der Juden, sondern für alle Völker. Und die Grenzen seines Herrschaftsbereiches sind "die Enden der Erde": "seine Herrschaft reicht von Meer zu Meer und vom Eufrat bis an die Enden der Erde." (V. 10)

Wenn Jesus Mt 21,1-11 in Jerusalem einzieht, so können wir dies zunächst als eine Fortführung des Einzugs verstehen, der in Mt 2,19 ff. begonnen hat. Bisher war er (so Matthäus) nicht in Jerusalem, so daß er erst jetzt in die Stadt kommt, in der der Tempel – und damit die besondere Gegenwart Gottes – ist. Entsprechend schließt sich gleich an unseren Text Mt 21,12-17 der Besuch Jesu im Tempel an. Er kommt also in die Mitte des Landes, von der her das ganze Land Israel erst seinen eigentlichen Sinn erhält. Und indem er dort einzieht, wird er mit dem in Sach 9,9 f. verheißenen König identifiziert. Damit wird hier schon angedeutet, was Mt 28,18-20 dann ausgesprochen wird: Jesus hat auch für die Völker der ganzen Erde Bedeutung. Aber er hat sie nicht, indem er sich vom Land lossagt, sondern indem er in die Mitte des Landes nach Jerusalem und schließlich in den Tempel kommt. Der zweite Text, den es näher zu betrachten gilt, ist Mt 27,51-54, in dem deutlich wird, daß Jerusalem der Ort ist, an dem in Tod und Auferstehung Jesu die Verheißungen erfüllt werden und die Sendung, die Mt 28,18-20 aufgetragen ist, möglich wird. Unmittelbar nachdem Jesus stirbt, heißt es: "Da riß der Vorhang im Tempel von oben bis unten entzwei. Die Erde bebte, und die Felsen spalteten sich. Die Gräber öffneten sich, und die Leiber vieler Heiligen, die entschlafen waren, wurden auferweckt. Nach der Auferstehung Jesu verließen sie ihre Gräber, kamen in die Heilige Stadt und erschienen vielen. Als der Hauptmann und die Männer, die mit ihm zusammen Jesus bewachten, das Erdbeben bemerkten und sahen, was geschah, erschraken sie sehr und sagten: Wahrhaftig, das war Gottes Sohn!"

Uns interessieren vor allem die Verse 52 f., aber auch V. 51 und V. 54 sind zu beachten. In V. 51 wird etwas ausgesagt über das Verhältnis Jesu zum Tempel, und damit zur Gegenwart Gottes, die die Mitte und die Heiligkeit des Landes ausmacht (vgl. II.5.2, S. 156 f.). Dieses Verhältnis erfährt durch den Tod und die Auferstehung Jesu eine Wandlung, von der aber noch ausführlicher die Rede sein wird. In V. 54 stimmt der nicht-jüdische Hauptmann mit seinen Männern in das Bekenntnis ein, das Mt 16,16 von Petrus ausgesprochen wurde.(49) So ist das neue Verhältnis der nicht-jüdischen Völker zu Jesus angedeutet, das Mt 28,19 im Auftrag des Auferstandenen an die Elf bestätigt wird.

Uns interessieren aber vor allem die Verse 52 f., da sie in direkter Beziehung zur rabbinischen Tradition hinsichtlich des Landes stehen. Die Frage, weswegen die Toten beim Tod Jesu auferweckt werden, sich aber erst nach seiner Auferstehung sehen lassen, braucht uns hier nicht zu beschäftigen. Meier betont auch in diesem Zusammenhang, daß Tod und Auferstehung Jesu als ein einziges Ereignis zu sehen sind.(50) Interessant für uns ist jedoch die Verbindung zwischen Auferstehung der Toten und Land, die, wie wir sahen, in der rabbinischen Tradition besteht: Diejenigen, die im Land beerdigt sind, werden als erste auferstehen, wenn der Messias kommt, und sie werden so die messianische Zeit (die, wie wir sahen, der kommenden Welt vorausgehen soll) genießen (vgl. II.6.4, S. 192). Wenn Matthäus als einziger Evangelist beim Tod Jesu von der Auferweckung der Heiligen spricht, dann können wir auf dem Hintergrund dieser jüdischen Tradition die Bestätigung dafür sehen, daß Jesus der erhoffte Messias ist, als den Matthäus ihn schon in seinem ersten Kapitel im Stammbaum verkündet hat. Daß diese Auferweckung erst geschieht, als Jesus selbst stirbt und auf-

---

49   Vgl. auch Mt 14,33 und Meier, John P.: Law, S. 34.

50   Vgl. Meier, John P.: a.a.O., S. 33.

ersteht, deutet darauf hin, wie sehr Tod und Auferstehung Jesu das Schlüsselereignis ist, durch das die messianische Zeit anbricht und die biblischen Verheißungen in der Person Jesu ihre Erfüllung finden.

Nachdem wir diese beiden Texte, Mt 21,1-11 und 27,51-54 näher untersucht haben, können wir uns nun Mt 28,18-20 zuwenden, wobei es uns vor allem um V 19a geht. Nun ist der Messias bestätigt und damit die messianische Zeit angebrochen. Dem verheißenen König ist die Macht gegeben, und er tritt seine Herrschaft an, die bis an die Enden der Erde reichen soll. Die Jünger können nun das Land Israel verlassen, ohne zu fürchten, daß sie sich von der heiligenden Gegenwart Gottes entfernen, denn in Jesus, der alle Tage bei ihnen ist, geht diese Gegenwart mit ihnen, und die Grenzen des Landes werden ausgedehnt, um alle Völker miteinzuschließen. Nachdem das Schlüsselereignis von Tod und Auferstehung in Jerusalem, der Mitte des Landes, geschehen ist, werden die Elf nun von Galiläa aus gesandt, wo Jesus zuerst ins Land Israel eingezogen ist, und das an das Gebiet der Samariter und der Heiden grenzt. Von hier aus soll nun die messianische Landnahme aufgenommen werden, um schließlich "von Meer zu Meer und vom Eufrat bis an die Enden der Erde" zu reichen und den Völkern den Frieden zu bringen.

4. JERUSALEM, DIE MITTE DES LANDES

4.1 "Angefangen in Jerusalem ..."

Grundsätzlich wurden Jerusalem und der Tempel als eigene Fragestellung aus dieser Untersuchung ausgeklammert. Jedoch gibt das Evangelium nach Lukas Anlaß zu fragen, ob hier das Thema Land zugunsten Jerusalems und des Tempels ganz ausgeklammert wird, oder ob es nur von einem anderen Aspekt her angegangen wird. Das Land Israel ist für Lukas zumindest auf den ersten Blick kein Thema, die Stadt Jerusalem und darin der Tempel dafür umso mehr. Darin erinnert er an Philo von Alexandrien (vgl. Anhang 3: Philo, S. 230; 235 f.), was ein weiterer Hinweis darauf sein könnte, daß Lukas entweder Heidenchrist oder hellenistischer Judenchrist war, aber wohl nicht ein im Land Israel lebender Jude. Da jedoch, wie wir sahen, Jerusalem und in dieser Stadt der Tempel in der biblischen und rabbinischen Tradition nicht vom Land zu trennen sind, sondern eher dessen sinngebende Mitte darstellen (vgl. I.7, S. 64 f.; II.5.1, S. 154 ff.), gilt es nun zu fragen, ob dies auch bei Lukas so ist.

Das Lukasevangelium beginnt und endet im Tempel. Lk 1,5-22 erzählt von der Verheißung der Geburt des Johannes. Diese ergeht an Zacharias, während er als Priester im Tempel dient. Im letzten Vers dieses Evangeliums wird von den Jüngern berichtet, daß sie im Tempel sind und Gott preisen in Erwartung der "Kraft aus der Höhe", die sie empfangen werden (vgl. Lk 24,49-53). Zwischen diesen beiden Berichten zeigt Lukas Jesus noch gelegentlich im Tempel: bei der Begegnung mit Simeon und Hanna (2,22-39), als Zwölfjähriger (2,41-50) und schließlich als Lehrer des Volkes (19,47 f. und 21,37 f.). In seinem Kommentar zu Lk 2,41-52 schreibt Raymond E. Brown: "On the first level of Lucan composition of 1:5-2:40, there was a magnificent inclusion between the beginning and ending of the infancy narrative, with an elderly, upright man and woman and a Temple scene in both. When he added the present narrative, Luke preserved at least part of the inclusion, namely, the Temple scene in Jerusalem. This miniature inclusion packaging the preministry career of Jesus in 1:5-2:52 anticipates the major inclusion which packages the whole Gospel, stretching from a beginning in the Jerusalem Temple to an ending in the Jerusalem Temple (24:53)." (51)

---

51 Brown, R.E.: Birth, S. 485.

Durch diese Inklusion(en) wird deutlich, wie wichtig der Tempel für Lukas in seiner Darstellung Jesu ist – wobei noch zu sehen sein wird, welche Rolle der Tempel in der Apostelgeschichte einnimmt in Fortführung der Theologie des Evangeliums.

Dies ist nicht der Ort, um eine ausführliche Exegese der einzelnen Texte zu erarbeiten, in denen Jesus im Tempel ist. Vielmehr sollen diese Abschnitte hier auf die Frage hin untersucht werden, ob sie etwas über eine Theologie des Lukas hinsichtlich des Landes Israel sagen.

In Lk 2,22-38 hören wir von Simeon und Hanna, die auf die "Rettung Israels" bzw. die "Erlösung Jerusalems" warten. Sie kommen dabei zum Tempel und geben dort Zeugnis für das Kind Jesus. Indem Lukas von ihrer Erwartung spricht, zeigt er, daß der Tempel für ganz Israel von Bedeutung ist. Wenn auch nicht vom Land als solchem die Rede ist, so ist es doch miteingeschlossen in die Erwartung der Errettung und daher auch in das Kommen des Retters in den Tempel.

Daß der Tempel nicht isoliert zu sehen ist, sondern mit ganz Israel zu tun hat, wird auch im Text Lk 2,41-50 deutlich. Die Eltern Jesu gehen mit dem Zwölfjährigen zum Paschafest von Galiläa hinauf nach Jerusalem, "wie es dem Festbrauch entsprach." Ferner zeigt Lukas, daß sie keineswegs allein hinaufziehen: vielmehr ist von einer Pilgergruppe die Rede. Allerdings wird nicht vom Land als solchem geredet. Im Gegenteil, die Wallfahrtsfeste waren und sind nicht nur für die im Land lebenden Juden von Bedeutung (vgl. etwa Apg 2,5-12). Michael Bachmann faßt in seiner Studie über Jerusalem und den Tempel die Verbundenheit aller Juden mit dem Tempel folgendermaßen zusammen: "... nicht nur die Juden des 'Landes', sondern auch die der Diaspora wissen sich, wie Lukas zu verstehen gibt, dieser Stätte (dem Tempel), dem einen Zentrum jüdischen Gottesdienstes, in mannigfacher Weise verpflichtet ..."(52) Damit wird der Tempel in diesem Abschnitt nicht so sehr als Mitte des Landes Israel aufgezeigt, sondern vielmehr als Mitte des Volkes Israel, das dort seine Einheit findet.

So ist in den ersten Abschnitten, in denen Jesus im Tempel zu finden ist, das Land Israel zwar nicht ausgeschlossen, aber

---

52 Bachmann, Michael: Jerusalem und der Tempel. Die geographisch-theologischen Elemente in der lukanischen Sicht des jüdischen Kultzentrums. BWANT 109. Stuttgart 1960, S. 379.

von einer ausdrücklichen Theologie des Landes ist keine Rede. Vielmehr zielen diese Texte auf christologische Aussagen: "The one who is called 'holy' (1:35) has come to the holy place of Israel, and he begins to embody much of what was associated with the Temple. It was predicted that in the last days the Gentiles would come streaming to the mountain of the house of the Lord to be taught His ways (Isa 2:2-3; Micah 4:1). Now in that house Jesus is proclaimed as a salvation made ready in the sight of all the peoples: 'A light to be a revelation to the Gentiles' (Luke 2:31-32). It was the proudest boast of the Temple theologians that the glory of God dwelt in the sanctuary (I Kgs 8:10-11; Ezek 44:4); and now as Simeon stands before that sanctuary, he proclaims Jesus to be a glory for God's people Israel."(53) So bestätigt sich zunächst der Eindruck, daß Lukas nicht am Land interessiert ist, sondern am Tempel. Er schließt das Land dabei nicht aus, und er läßt erkennen, daß er um die Verbundenheit des ganzen Volkes und damit auch des Landes mit Jerusalem und dem Tempel weiß. Aber in der Kindheitsgeschichte geht es Lukas darum zu sagen, wer Jesus ist. Er tut dies, indem er Jesus den Tempel als "Ort" gibt, wo er als "Licht für die Heiden" und "Herrlichkeit für Israel" verkündet wird, und wo er selbst in Lk 2,49 seine besondere Beziehung zum Vater zum Ausdruck bringt. Damit faßt Lukas das zusammen, was bisher mit dem Tempel gelebt und erhofft wurde: als Ort der besonderen Gegenwart Gottes kann Israel im Tempel die Beziehung zu diesem Gott vertiefen und intensivieren. Zur Erkenntnis dieses Gottes sollen in Zukunft alle Völker kommen, um ihn in Jerusalem anzubeten. Lukas deutet an, daß in Jesus etwas Neues anbricht, das bei aller Neuheit aufs engste mit dem Tempel und dessen Bedeutung verbunden ist.

Zwischen den Kindheitsgeschichten und dem Ende seines Lebens betritt Jesus laut Lukas nicht mehr den Tempel. In der dritten Versuchung bei Lukas, bei der Jesus sich "oben auf dem Tempel" befindet (Lk 4,9-12), sind zwar Jerusalem und der Tempel wichtig als Höhepunkt der Versuchungen, aber auch hier geht es nicht um das Land, sondern um die Frage nach der Gottessohnschaft Jesu und wie er diese zu leben hat. Wir können diesen Abschnitt daher von unserer Untersuchung ausklammern. So kommt Jesus erst im 19. Kapitel wieder nach Jerusalem und in den Tempel, nachdem Lukas seit 9,51 den Weg Jesu und der Jünger nach Jerusalem hinauf behandelt hat.

----

53 Brown, R.E.: Birth, S. 453.

Das erste, was Jesus im Tempel tut, ist ihn zu reinigen (Lk 19,45 f.). Lukas verweist dabei auf Is 56,7, wobei er den Hinweis auf alle Völker wegläßt. Wenn wir den Kontext dieses Verses betrachten, dann wird sichtbar, wie sehr das Reinigen des Tempels durch Jesus eine zeichenhafte Heilstat ist: Jesaja spricht davon, daß der Tempel für alle, die den Bund Gottes halten, zugänglich werden soll, und daß sie bei Gott Gefallen finden werden. Entsprechend seiner Heilstat wird nun der Tempel zum Ort, wo Jesus lehrt (19,47 f.), was nochmal in 21,37 f. wiederholt wird.

In diesem Zusammenhang werden nun die Kapitel 9,51-19,27 wichtig. Es fällt auf, daß in diesen Kapiteln, in denen Jesus auf dem Weg nach Jerusalem ist, er nicht sehr oft heilt, sondern vor allem lehrt. Im Tempel, der für das "ganze Volk" Mittelpunkt ist, setzt Jesus seine Lehre fort, und dort hört ihn das "ganze Volk" (19,48 und 21,38). Diese Lehrtätigkeit Jesu wird beim Verhör vor Pilatus noch einmal aufgegriffen, indem es Lk 23,5 heißt, daß Jesus das Volk aufwiegelt und seine Lehre verbreitet "im ganzen jüdischen Land von Galiläa bis hierher". An dieser Stelle wird klar zum Ausdruck gebracht, daß das, was Jesus im Tempel getan hat, eine Einheit bildet mit dem, was er vorher im ganzen Land getan hat.(54) Die rabbinische Tradition fordert dazu auf, das Land mit der Torah zu füllen (vgl. II.4. 1, S. 126 f.); Jesus wandert durch das Land und verkündet seine Lehre.

Entsprechend kann man dann aber auch sagen, daß das Königsein Jesu, das er in 23,3 bestätigt, für das ganze Land gilt und nicht nur für Jerusalem. Jesus ist als Sohn Davids "König der Juden", wie Gabriel es schon in Lk 1,32 f. angekündigt hat, und wie es in 19,38 angeklungen ist. Mit dem verheißenen Sohn Davids verbinden sich aber, wie wir sahen, Verheißungen, die das Land Israel betreffen (vgl. II.6.4, S. 185 f.; II.6.2, S. 177 f. 181 f.). Selbst wenn Lukas diese Verheißungen nicht thematisiert, ist das "ganze Land" mitgemeint, wenn Jesus seinen Weg von Galiläa bis Jerusalem lehrend gegangen ist. So wie Lukas die Lehre Jesu in 4,16-21 als Erfüllung heilvoller Verheißungen zusammengefaßt hat, kann man darin mithören, daß die Lehre, mit der Jesus das Land gefüllt hat, gleichzeitig auch Heil für dieses Land bedeutet hat (vgl. etwa die Heilun-

---

54 Vgl. Lohmeyer, Ernst: Galiläa und Jerusalem bei Lukas. In: Braumann, Georg: Das Lukas-Evangelium. Die Redaktions- und Kompositionsgeschichtliche Forschung. Darmstadt 1974, S. 11 f.

gen, die auf dem Weg nach Jerusalem geschehen). Somit ist
Jesus als König gleichzeitig der vom Herrn Gesalbte, der Messias, der die Heilsverheißungen für das ganze Land verwirklicht.(55)

Aber für Lukas ist Jerusalem und der Tempel nicht der End-
punkt, sondern der Anfangspunkt von etwas Neuem. Jesus zieht
mit seinen Jüngern von Galiläa durch Samarien hinauf nach Jerusalem, den Ort seines "Exodus" (9,31)(56) – ein Wort, das
sonst im Neuen Testament nur in Heb. 11,22 und 2 Petr 1,15 vorkommt. Jesus zieht durch das "ganze jüdische Land", bevor
sich sein Exodus in Jerusalem erfüllt. Nachdem dies aber geschehen ist, kann er seine Jünger zu Zeugen machen, die, "angefangen in Jerusalem, allen Völkern Umkehr und Vergebung der
Sünden verkünden sollen" (Lk 24,46 ff.). In der Kindheitsgeschichte kommt Jesus nach Jerusalem und in den Tempel, um
dann nach Galiläa zurückzukehren. Nun kommt er dorthin, damit sein Exodus sich erfüllt und die Jünger zu Zeugen werden
"in Jerusalem und in ganz Judäa und Samarien und bis an die
Grenzen der Erde" (Apg 1,8). Wie wir schon im ersten Teil dieser Arbeit gesehen haben, hat Exodus aufs engste mit Land zu
tun (vgl. I.3, S. 38-43): Israel wird von Gott aus Ägypten her-
ausgeholt, um am Sinai in seinen Bund einzutreten und um im
Land nach der Torah zu leben. Im Land vollzieht Jesus nun einen neuen Exodus, durch den alle Völker "bis an die Grenzen
der Erde" in den Bund mit Gott hineingeholt werden sollen.

Allerdings muß den Jüngern dafür zuerst die "Kraft aus der
Höhe" gegeben werden, und auch dies geschieht in der Stadt
Jerusalem, so daß sie "immer im Tempel" sind in Erwartung die-
ser Verheißung (Lk 24,49-53). Das Ende des Evangeliums führt
zurück zum Anfang, nicht nur durch die Präsenz im Tempel. In
Lk 1,5-2,40 fällt auf, welch große Bedeutung dem Heiligen Geist

---

55 Vgl. Robinson, W.C. Jr.: Der Theologische Interpretationszusammenhang des lukanischen Reiseberichts. In: Braumann,
   G.: a.a.O., S. 132. Robinson sieht den Sinn des lukanischen
   Reiseberichts "im Dienst der lukanischen Vorstellung zuver-
   lässig-autorisierter Zeugenschaft", was dann aber laut Apg
   1,21 f. bis zur Taufe Jesu zurückgehen müßte. Ohne den
   Aspekt der Zeugenschaft auszuschließen, geht es jedoch auch
   und zuerst um den, der bezeugt wird, nämlich um Jesus
   und um das, womit er auf der "Reise" das Land füllt.

56 Vgl. Navone, John: Themes of St. Luke, Rome 1970, S. 66.

zukommt. Durch ihn verkündet Zacharias die Gnade Gottes, und durch ihn erkennt Simeon die Bedeutung des Kindes, das er im Tempel sieht. Auch die Jünger können nur durch den Heiligen Geist zu Zeugen Jesu werden, und diesen empfangen sie in Jerusalem. Bis zum Pfingsttag sind sie an die Stadt gebunden. Wie wir im rabbinischen Teil schon gesehen haben, offenbart sich Gott in besonderer Weise im Land Israel und entsprechend im Tempel (vgl. II.5.1, S. 154 ff.; II.5.2, S. 156-159). So wird der Heilige Geist auch in Jerusalem gegeben. Der Auftrag der Jünger, "bis an die Grenzen der Erde" Zeugen zu sein, beginnt erst, wenn sie den Heiligen Geist empfangen haben. Mit der Gabe des Geistes ist nach Ezech 36,26 ff. (bzw. 36,16-38) die Erneuerung nach dem Exil verbunden, die in Jer 31,31-34 als "neuer Bund" umschrieben wird und die bei beiden Propheten aufs engste mit der Rückkehr ins Land gekoppelt ist.(57) Hier bringt Lukas diese Erneuerung mit Jesus in Verbindung und mit der Universalisierung des Bundes, der in Jesus erneuert wird.

Mit der Gabe des Geistes gibt Lukas auch den Übergang vom Evangelium zur Apostelgeschichte an und das heißt von der Zeit Jesu zur Zeit der Kirche, in der nun "ausgehend von Jerusalem" alle Völker in das Volk des erneuerten Bundes gerufen sind. Der Aufbau der Apostelgeschichte ist bekannt und braucht uns nicht näher zu beschäftigen: angefangen mit Jerusalem verkünden die Jünger Jesus Christus in Judäa, Samarien und schließlich unter den Völkern.

Die einzige Stelle, an der sich die Apostelgeschichte explizit mit dem Thema Land auseinandersetzt, ist die Rede des Stephanus, Apg 7,2-53. Dort wird ausdrücklich der Bezug zur Verheißung Gottes an Abraham aufgezeigt, aber Stephanus kommt zu dem Schluß, daß Gott dem Abraham im Land "kein Erbteil gegeben (hat), auch nicht einen Fußbreit" (V. 5), sondern daß er es ihm für seine Nachkommen verheißen hat (V. 6). Die Rede des Stephanus endet schließlich mit einem massiven Angriff auf den Tempel, das von Menschenhand gemachte Haus, in dem Gott nicht wohnt (Vv. 44-50). So kann John Kilgallen schreiben: "What Stephen has done ... in the Abraham section is to show that worship was the prime goal and reason for the greatest act of God's care, the Exodus. More: the worship of Him in this place was the basic reason and purpose in giving Israel

----

57 Vgl. Beutler, Johannes: Habt keine Angst. Die erste johanneische Abschiedsrede (Joh 14). SBS 116. Stuttgart 1984, S. 64-68.

its land. Finally, worship of God in the Temple was the final reason why Abraham (and through him the Israelite nation) was ever called at all."(58)

Die Rede des Stephanus, die vermutlich von ihrem Ursprung her nicht lukanisch ist,(59) steht in ihrem Angriff auf den Tempel im Widerspruch zur sonstigen Haltung des Lukas,(60) der, wie R.E. Brown sagt, den Wunsch hat, "to make it clear that if opposition arose between the Temple/priesthood and the following of Jesus, it was not because there was an inherent contradiction between Christianity and the cult of Israel. Rather there was continuity, as illustrated both in Jesus' origins and in the origins of the Church."(61) Wenn Lukas nun trotzdem die Unerlaubtheit und die Sinnlosigkeit des Tempels zu Worte kommen läßt, indem er die Stephanusrede aufnimmt, dann könnte dies auf dem Hintergrund des "Exodus" Jesu zu verstehen sein – jenes Exodus, der nun erfüllt ist und von dem her Jesus eine neue Bedeutung hat. Von nun an ist der Heilige Geist auf die christliche Gemeinde ausgegossen. Nun ist nicht mehr das Land der spezielle Ort seiner Offenbarung und darin der Tempel die Mitte, sondern Jesus selbst: "... when the author of Acts sets himself the task of narrating the movements of Christianity to the far ends of the world, he must insist above all on the centrality of Christ."(62) Selbst wenn Jerusalem in der Apostelgeschichte von bleibender und zentraler Bedeutung bleibt,(63) sind

----

58   Kilgallen, John: The Stephen Speech. A Literary and Redactional Study of Acts 7,2-53. An Bib 67. Rome 1976, S. 94.

59   Vgl. Kilgallen, J.: Stephen, S. 3 f. und Schneider, Gerhard: Die Apostelgeschichte. I. Teil. HThK 5,1. Freiburg 1980, S. 432 ff. und 447-52.

60   Zur positiven Bewertung des Tempels durch Lukas vgl. Weinert, Francis D.: The Meaning of the Temple in Luke-Acts. In: Biblical Theology Bulletin 11 (1981), S. 85-89; vgl. hierzu auch Abschnitt 7.2.1 dieser Arbeit.

61   Brown, R.E.: Birth, S. 268.

62   Kilgallen, J.: Stephen, S. 116.

63   Vgl. Davies, W.D.: The Gospel and the Land, a.a.O., S. 278. Davies schreibt dazu: "The continued assertions of the authentication of the Pauline mission by those in Jerusalem, where Acts opens, and of Paul's anxiety to retain the good will of the Jerusalem Church show that the centrality that

nun die Grenzen der Gegenwart und Offenbarung Gottes gesprengt und ausgeweitet. Das Zeugnis für Jesus und mit ihm die Offenbarung Gottes und die Gabe des Heiligen Geistes soll nun "bis an die Grenzen der Erde" gebracht werden. Wieder, dieses Mal in der theologischen Sprache des Lukas, wird das Partikulare geöffnet auf die Universalität der ganzen Erde hin, die von nun an der Ort der Gegenwart Gottes ist.

4.2 Die Zerstörung Jerusalems und des Tempels

Wie wir schon in den beiden ersten Kapiteln dieser Arbeit sahen, sind Zerstörung und Exil Themen, die eng mit dem Land in Verbindung stehen (vgl. I.6, S. 69 ff.; II.4.5, S. 146-150). Durch das Babylonische Exil hat Israel die Erfahrung gemacht, daß der Tempel, die Stadt Jerusalem und das Land insgesamt ihnen nicht zum bleibenden Besitz gegeben ist unabhängig von ihrem Bundesverhältnis zu Gott, sondern daß Israel durch seine Untreue das Land der Verheißung verlieren kann. Dieses Thema findet sich auch in den Evangelien wieder, wenn Jesus die Zerstörung Jerusalems und des Tempels vorhersagt und als Grund dafür angibt, daß Jerusalem "die Zeit der Gnade nicht erkannt" hat (Lk 19,44). David L. Tiede schreibt über Lk 19,41-44: "As a **post** **eventum** interpretation of the destruction of Jerusalem, the retributive force of the oracle marks it as the most explicit 'explanation' of that calamity in the New Testament."(64) Ich werde mich daher in dieser Untersuchung an die lukanische Fassung dieser Vorhersage in Lk 19,41-44; 21,5 f. und 20-24 halten. In diesen Texten, vor allem in Lk 21,20-24, wird deutlich, daß es sich auch hier nicht nur um die Stadt Jerusalem handelt, sondern um das Land insgesamt. So scheint es trotz der grundsätzlichen Entscheidung, Jerusalem als solches in dieser Arbeit nicht zu behandeln, doch angebracht, diese Texte etwas näher zu betrachten. Dabei geben die Überlegungen Tiedes die Basis, auf die im folgenden hinsichtlich des Landes aufgebaut wird. Daher sollen die Ausführungen Tiedes hier kurz zusammengefaßt werden.

----

city has for Luke in Acts is not so much geographical and historical. Jerusalem was important as the seat of the primary witnesses to the salvation wrought by Christ." Dabei ist zu betonen, daß die ersten christlichen Zeugen in Jerusalem sind, weil diese Stadt schon vor Jesus und für ihn selbst von zentraler Bedeutung war!

64 Tiede, David L.: Prophecy and History in Luke-Acts. Philadelphia 1980, S. 80.

Tiede macht zunächst darauf aufmerksam, daß die Drohworte Jesu im Tenach verwurzelt sind: "... these caustic, ominous words against Jerusalem derive from **within** the Jewish scriptural heritage. They are not uttered de novo against Israel."(65) Sie werden begründet mit den Worten ἀνθ᾽ ὧν, die Tiede nicht nur mit einem schwachen "weil" übersetzen möchte, sondern im Sinne eines Urteils: dieses für jenes. Er verweist dabei auf Jeremia, bei dem dieser Ausdruck in der Septuaginta neunmal verwendet wird. Von diesen Neunmal sprechen acht von dem schlimmen Schicksal, das über Jerusalem und den Tempel kommen wird, und über das Exil fern vom Land, alles infolge der Sünde Israels.(66) Tiede betont dabei den klagenden Charakter von Lk 19,41-44 und kommt zu dem Schluß: "Love for Israel, conflicting with wrath, caracterizes this oracle of judgment"(67) - ein Schluß, der wiederum an Propheten wie Jeremia und Hosea erinnert.

In einem zweiten Teil untersucht Tiede die biblischen Zitate näher, die Lukas verwendet, vor allem Dtn 32 und Joel 3. Er macht dabei darauf aufmerksam, daß die "Rache" Gottes - wie wir schon im ersten Teil dieser Arbeit sahen - nicht sein letztes Wort ist. Vielmehr folgt auf diese Rache die Verheißung einer Wiederherstellung und Erneuerung.(68) Diese Erneuerung steht dann auch in Bezug zu den Völkern, für die Israel ein Licht sein wird. So deutet Lukas einerseits an, daß die Katastrophe, die über Jerusalem kommen wird, nur so lange dauert, "bis die Zeiten der Heiden sich erfüllen." Und andererseits kann er in Apg 1,6-8 die Frage nach der Wiederherstellung des Reiches für Israel mit der Sendung der Jünger als seine Zeugen "in Jerusalem ... und bis an die Grenzen der Erde" in Verbindung bringen. So kann Tiede zu dem Schluß kommen: "In the end, therefore, even the dire fate of Jerusalem still awaits further fulfillment in Luke's expectation. The punishment for not 'knowing the time of your visitation' by the prophet-messiah is severe. These are the times of the Gentiles and the days of divine vengeance. But the day of the Son of man, the fulfillment of the times of the Gentiles, and the restoration of the kingdom to Israel will not fail."(69)

----

65 Tiede, D.L.: a.a.O., S. 81.

66 Vgl. Tiede, D.L.: Prophecy, S. 82.

67 Tiede, D.L.: a.a.O., S. 86.

68 Vgl. Tiede, D.L.: a.a.O., S. 87-96.

69 Tiede, D.L.: a.a.O., S. 96.

Im Hinblick auf die spezifische Fragestellung dieser Arbeit ist zu den Überlegungen Tiedes nicht viel hinzuzufügen. In den hier zu behandelnden Texten spricht Lukas nur in 21,23 und 24 ausdrücklich vom Land Israel: "eine große Not wird über das Land hereinbrechen"; und über das Volk sagt er: "als Gefangene wird man sie in alle Länder verschleppen". An der Katastrophe über Jerusalem und den Tempel wird auch das Land teilhaben – was nicht anders zu erwarten ist, da Jerusalem und der Tempel nicht loszulösen sind vom Land insgesamt. Aber wie schon Tiede gezeigt hat, sind gerade auch die Androhungen der Not im Land und des Exils in der Botschaft der Propheten – und der späteren jüdischen Auslegung – verwurzelt. So haben wir gesehen, wie stark die Verheißung ist etwa bei Jeremia, daß die ins Exil Verbannten schließlich von Gott in das Land der Verheißung zurückgeführt werden. Für einen Leser des Lukasevangeliums, dem die Schrift, auf die Lukas so oft verweist, bekannt ist, kann die drohende Katastrophe nicht das letzte Wort sein. Sie ist und bleibt groß, aber sie ist nicht das Ende – auch in bezug auf das Land. Wenn Lukas gleich zu Beginn der Apostelgeschichte die Jünger nach der Wiederherstellung des Reiches fragen läßt, so ist dies eine Bestätigung auch hinsichtlich des Landes, ohne das im Bewußtsein Israels kein Reich möglich ist. Jesus beantwortet die Frage nach der Zeit nicht, aber gerade indem er den Jüngern sagt, daß es ihnen nicht zusteht, diese zu erkennen, bleibt die Erwartung einer Wiederherstellung bestehen. Diese wird noch verstärkt, wenn Lukas nur wenige Verse später den Propheten Joel so ausführlich zitiert: die dort verheißene Ausgießung des Geistes steht in einem Kontext, in dem von der Leidenschaft Gottes für sein Land (Joel 2,18) und von der Wende des Geschickes für Juda und Jerusalem und damit für das Volk Israel (Joel 4,1 f.) die Rede ist, wie auch von der Sammlung der Völker. Selbst wenn Lukas das Land nicht ausdrücklich thematisiert, schwingt es mit in dem, was er sagt. Indem der Geist über die Jünger Jesu ausgegossen wird, ist das, was bei Joel verheißen wurde, erfüllt. Darin ist implizit auch das Land miteingeschlossen, wenn auch nicht gesagt wird, wie es mitgemeint ist oder sein wird.

Lukas hat keine eigene Theologie des Landes – es sei denn, daß er deutlich zeigt, daß die Grenzen des Landes nun (theologisch) geöffnet sind: der Geist Gottes wird auch außerhalb des Landes gegeben. Aber er schließt die biblische Landverheißung nicht aus, und vom Schriftverständnis des Lukas her heißt dies, daß sie noch besteht. Hinzu kommt, daß die Art, wie Lukas von Jerusalem spricht, diese Stadt eindeutig in den Kontext des Landes stellt. So wie Lukas die Zerstörung Jerusalems als Urteil Gottes versteht, das als Folge des Nichterkennens Israels kommt, so wird die Umkehr die Erfüllung aller Verheißungen mit sich bringen: "... the 'promise' which accompanies the giving of repentance to Israel is not only the gift of the Holy Spirit, forgiveness of sins, and the deliverance from this crooked generation for all whom the Lord calls (Acts 2:39; Joel 3:5), who in turn have called on the name of the Lord (Acts 2:21; Joel 3:5). The promise that accompanies repentance also envisions the beginning of the unfolding of the 'times of refreshing' and the restoration of all that God foretold through the prophets (Acts 3:19-21)."[70] Wenn Jerusalem nicht ohne das Land zu sehen ist, dann ist auch dieses in der Erfüllung der Verheißungen miteingeschlossen und ausgehend von Jerusalem die ganze Erde.

---

70   Tiede, D.L.: Prophecy, S. 90.

5. DAS GLEICHNIS VOM WEINSTOCK UND DAS LAND
(Joh 15,1-17)(71)

Im bisherigen Verlauf dieser Arbeit war auffallend, daß die johanneischen Schriften scheinbar nichts enthalten, das direkt an biblische oder rabbinische Landtraditionen erinnert, sondern daß sie stattdessen Jerusalem und den Tempel hervorheben. Jedoch könnte Joh 15,1-17 mit seinem Bild vom Weinstock eine Ausnahme hierzu sein.(72)

In seinem Buch "Der Wahre Weinstock"(73) hat Rainer Borig untersucht, inwieweit die einzelnen Elemente im Weinstockbild in Joh 15 ihren Ursprung im Tenach (plus das Buch Jesus Sirach) haben. Er kommt zu dem Ergebnis, "daß alle genannten Einzelvorstellungen des joh. Weinstockbildes sich im AT nachweisen

---

71 Daß dieses Gleichnis als neuer Abschnitt nach Joh 14,31 ansetzt, hebt etwa Johannes Beutler in seinem schon zitierten Buch hervor (vgl. Beutler, J.: Angst, S. 10). Auch der Übergang zu Neuem in V. 18 ist mit der Rede vom Haß der Welt ein deutlicher Themenwechsel. Die Vv. 1-17 können als Einheit gesehen werden, da sie auch nach V. 6, wo nicht mehr das Bild vom Weinstock auftaucht, vom Bleiben und Fruchtbringen sprechen. (Vgl. Schnackenburg, Rudolf: Das Johannesevangelium. III. Teil: Kommentar zu Kap. 13-21. HThK 4. Freiburg 1975, S. 103 f.)

72 Dabei ist zu beachten, daß Joh 15 vermutlich ein späterer redaktionell bearbeiteter Einschub ist (vgl. Schnackenburg, R.: a.a.O., S. 102 f. und S. 239). Könnte dies mit ein Grund sein, weswegen in diesem Text als einzigem im Evangelium nach Johannes Landtraditionen zu vermuten sind? Dabei sei noch einmal daran erinnert, daß es in dieser Arbeit nicht möglich ist, eingehender nach der Stadt Jerusalem und dem Tempel und deren Bedeutung zu fragen. Da diese, wie wir sahen, nie vom Land getrennt zu sehen sind, ist anzunehmen, daß bei einer ähnlichen Untersuchung wie dieser, die aber Jerusalem und den Tempel als Ausgangspunkt hätte, mehr Landtraditionen zu entdecken wären, als bei der Fragestellung dieser Arbeit zum Vorschein kommen.

73 Borig, Rainer: Der Wahre Weinstock. Untersuchungen zu Joh 15,1-10. StANT 16. München 1967.

lassen."(74) Es ist hier nicht möglich und auch nicht nötig, die einzelnen Elemente der Untersuchung Borigs zu wiederholen. Vielmehr soll hier gewissermaßen an die Ergebnisse Borigs angeknüpft werden, um zu fragen, ob und inwieweit das johanneische Bild vom Weinstock zu Landtraditionen in Beziehung steht. Die Frage ist umso berechtigter, da R. Borig zwar auf die biblische Verbindung zwischen Weinstock und Land Israel hinweist, (75) diese aber in seinem Zusammenhang nicht weiter thematisiert.

Zunächst scheint Joh 15 mit Landtraditionen nichts zu tun zu haben. Wie wir auch im Zusammenhang mit den Winzern in den synoptischen Evangelien sehen (vgl. III.7.1, S. 309 f.), ist der Weinstock in der biblischen Tradition ein Bild für das Volk Israel, nicht für das Land. Aber bei näherem Hinsehen scheint es nicht möglich, im biblischen Kontext das Weinstockbild unter Ausklammerung des Landes zu betrachten. Der Weinstock muß verwurzelt sein, um wachsen zu können, und wie W.D. Davies sagt, "In the Old Testament the vine is the symbol of what attaches a man to the land, of God's hopes for the land."(76) Wenn in den biblischen Texten der Weinstock als Bild für das Volk Israel verwendet wird, dann geht es immer wieder um das Eingepflanztsein Israels im Land bzw. um die Gefahr, ausgerissen zu werden. In Ps 80 kommt dies sehr deutlich zum Ausdruck, wenn es in V. 9 f. heißt: "Du hobst in Ägypten einen Weinstock aus, du hast Völker vertrieben, ihn aber eingepflanzt. Du schufst ihm weiten Raum; er hat Wurzeln geschlagen und das ganze Land erfüllt." In Jer 12,7-13 stehen Volk und Land Israel in so engem Bezug zueinander, daß nicht deutlich ist, welches von beiden gemeint ist, wenn in V. 10 gesagt wird, daß der Weinberg Gottes verwüstet worden ist. Und wenn der Prophet Amos vom zukünftigen Heil spricht, läßt er Gott im Bild des Einpflanzens sprechen: "Und ich pflanze sie ein in ihrem Land, und nie mehr werden sie ausgerissen aus ihrem Land, das ich ihnen gegeben habe ..." (Am 9,15). In Joh 15 wird nichts gesagt über eine Verwurzelung des Weinstocks im Land oder sonstwo; aber wenn der Verfasser dieses biblische Bild aufgreift, ist anzunehmen, daß die Verwurzelung im Land als selbstverständlicher Hintergrund mitschwingt und dies umso

----

74   Borig, R.: a.a.O., S. 94.

75   Vgl. Borig, R.: Weinstock, etwa S. 84, 91 ff., 95 f., u.a.m.

76   Davies, W.D.: Gospel, S. 332.

mehr, wenn der Abschnitt weitergeht, um vom Fruchtbringen zu sprechen.

Aber genau an diesem Punkt führt Joh 15 eine unerwartete Wendung ein. Wie Borig zeigt, wird im johanneischen Bild zwischen dem Weinstock und den Reben getrennt: die Reben können Frucht bringen oder nicht, können gereinigt oder abgeschnitten werden; der Weinstock selbst aber steht außer Frage. Borig sieht eine Entsprechung zwischen dem Abschneiden der Rebzweige in Joh 15 und dem Ausreißen des ganzen Weinstocks bei den Propheten, und er kommt zu dem Schluß, daß die Trennung zwischen Weinstock und Zweigen beim Abschneiden der Reben in Joh 15 "sachliche Gründe" hat: "... dort kann der Weinstock als Ganzes nicht davon betroffen werden, da dieser 'der Sohn' selbst ist." (77) Indem Joh 15 im Bild des Weinstocks eine christologische Aussage macht, die Jesus als die eschatologische Erfüllung der Verheißung vom fruchtbringenden Weinstock Israel in Jes 27,2-6 verkündet,(78) findet gleichzeitig eine Wende statt hinsichtlich des Landes. In Jes 27 ist der Hintergrund der Verheißung das Wohnen im Land, die befestigte Stadt (Jes 26,1). Nun aber werden die Jünger Jesu aufgefordert, in Jesus, dem wahren Weinstock, zu bleiben.

Es wäre eine zu große Vereinfachung anzunehmen, daß Jesus in Joh 15 das Land "ersetzt". Auf der sichtbarsten Ebene hat das Bild vom Weinstock nicht mit dem Land, sondern mit dem Volk Israel zu tun, wobei nicht von "Ersatz", sondern vielmehr von Fülle, Erfüllung zu sprechen ist. Gleichzeitig wäre es aber auch zu einfach, das Bild vom Weinstock nur in seinem Bezug zum Volk Israel zu verstehen. R.E. Brown sieht darin von Sir 24,17-21 her ebenfalls eine Verbindung zur Weisheit als lebensspendenden Baum oder Weinstock, und er schreibt: "In conclusion, it is clear that John's **mashal** of the vine and the branches has a unique orientation, consonant with Johannine christology. This orientation is not found in the OT or in Jewish thought, but many of the images and ideas that have blended together under this orientation are found there. Granting the originality of John's thought, we suggest that the OT and Judaism supplied the raw material from which this **mashal** was composed ..."(79)

----

77 Borig, R.: Weinstock, S. 90.

78 Vgl. Borig, R.: a.a.O., S. 97.

79 Brown, Raymond E.: The Gospel according to John (XIII-XXI). AncB 29,2. Garden City, New York 1970, S. 672.

Ein weiteres Element in diesem "Rohstoff" scheint in Landtraditionen seinen Ursprung zu haben.

Die Jünger Jesu werden aufgefordert, in ihm, dem wahren Weinstock, zu bleiben, denn nur indem sie in ihm bleiben, können sie Frucht bringen. Wer hingegen nicht in ihm bleibt, bringt nicht nur keine Frucht, sondern wird weggeworfen und verdorrt, wird ins Feuer geworfen. Dieser Vorgang weist zurück auf Aussagen der Propheten, die das Exil Israels ankündigen. Auch Israel wird aus dem Land ausgerissen und ins Feuer geworfen (etwa Jer 5,10.14; Ez 15,1-8).

Im zweiten Teil der Weinstockrede, Vv. 9-17, bleibt vom Bild nur noch das der Frucht. Im ersten Teil wurde gesagt, daß die Möglichkeit des Fruchtbringens nur dann gegeben ist, wenn die Rebe am Weinstock bleibt bzw. wenn die Jünger in Jesus bleiben. Im zweiten Teil wird dies nun "übersetzt" zum Bleiben in seiner Liebe. Dieses Bleiben aber ist gebunden an das Halten seiner Gebote (ἐντολάς).(80) Damit wird auch hier auf einer anderen Ebene als der des Bildes an die Landtradition angeknüpft, in der Land und Torah aufeinander bezogen sind. Nur wenn Israel nach der Torah lebt, wird es im Land bleiben; sonst wird es von dort ausgerissen, und das Land wird unfruchtbar, wie wir bereits ausführlich und wiederholt gesehen haben (vgl. I. 4, S. 43-49, II.4.1-4.5, S. 126-150). Christologisch ist wichtig, daß es hier nun um das Gebot Jesu geht.(81) Wie Israel aufgefordert wird, im Land so zu leben, wie Gott an ihm gehandelt hat, so ist das Gebot Jesu für die Jünger, daß sie einander lieben, wie er sie geliebt hat. Das Heilshandeln Gottes an Israel kommt in Jesus zur Fülle, so daß nun das Leben der Jünger diesem Jesus zu entsprechen hat. Indem sie ihm entsprechen, bleiben sie in ihm und können sie Frucht bringen.(82) Dabei ist die Verschiebung eine doppelte: die Jünger sollen Jesus entsprechend leben, und indem sie das tun - und damit seine Gebote halten - bleiben sie in ihm. In Joh 15 ist nicht mehr das Land der Ort, auf den es ankommt, sondern es gilt, in Jesus, in seiner Liebe zu bleiben. An diesem "Ort" ist dann auch die Begegnung mit dem Vater möglich, dessen Gebote Jesus gehalten hat und in dessen Liebe er bleibt. Indem das Bleiben in Jesus zum Ort der Gottesbegegnung wird, sind in dieser Rede nicht nur

---

80 Zum Zusammenhang zwischen dem Bleiben in der Liebe und dem Halten der Gebote vgl. Beutler, J.: Angst, S. 55-62.

81 Vgl. Borig, R.: Weinstock, S. 251.

82 Vgl. Borig, R.: Weinstock, S. 237-242.

Landtraditionen zu erkennen, sondern auch der Tempel ist hier eingebunden, was für das Johannesevangelium nichts Neues ist.(83) Aber insofern es gleichzeitig um das Halten der Gebote geht, scheint es nicht möglich, nur vom Tempel zu sprechen, der nun in Jesus seine Entsprechung hat. Die Gebote beziehen implizit das Land als ganzes mit ein – das Land, in dem täglich gelebt wird und dessen Mitte der Tempel ist.

Das Halten der Gebote ist in Joh 15 nun also nicht mehr auf das Bleiben im Land bezogen, sondern auf das Bleiben in Jesus. Dieses Bleiben in Jesus ist aber nicht als etwas Individualistisches oder Spiritualistisches zu verstehen. Vielmehr schließt Joh 15,1-17 von seinem ganzen Aufbau her unbedingt die Gemeinschaft der Jünger mit ein.(84) R. Borig hat gezeigt, daß die Christologie der Weinstockrede gleichzeitig eine Ekklesiologie darstellt und schreibt dazu: "Der Sohn ist die ntl. 'Erfüllung' des atl. Gottesvolkes freilich als der, der als der wahre Weinstock bereits seine Jünger in der Immanenz mit ihm einschließt. In genau diesem Sinne ist der Weinstock Bild für die Kirche. Kirche umfaßt den Sohn und die Jünger, die durch Glaube, Taufe und Eucharistie (die Bedingungen für die Immanenz) zugleich untereinander eins und in dem Sohn sind."(85) Wenn in Joh 15 Elemente von Landtraditionen zu erkennen sind, dann gehört diese Dimension dazu und bestärkt uns in dieser Annahme: im Land leben kann für Israel nie etwas Individualistisches sein. Vielmehr gehört zum Land notwendig ein Volk, nicht nur ein Einzelner. Und in diesem Land Torah leben, bedeutet eine gewisse Art des Umgangs mit den Volksgenossen (vgl. I.4, S. 48 f.; II.4.3, S. 137; II.4.5, S. 145-148). Wenn daher das Bleiben in der Liebe Jesu notwendigerweise auch das Bleiben in der Liebe zueinander miteinschließt, dann ist damit etwas Weiteres gesagt über die Wendung, die die Landtradition im Evangelium nach Johannes erfährt: der "Ort" christlichen Lebens ist nunmehr der Weinstock Jesus und gleichzeitig die Gemeinschaft derer, die in ihm sind. Das eine ist ohne das andere nicht gegeben. Wer in Jesus ist, begegnet den Brüdern und Schwestern. Der Ort, an dem die Gebote Jesu zu halten sind, ist der Raum der Jüngergemeinschaft, und die Lebensgestaltung diesen Geboten gemäß betrifft den Umgang untereinander, die Begegnung miteinander. Das "Land" derjenigen, die an Jesus

---

83 Vgl. etwa Joh 2,13-22.

84 Vgl. Schnackenburg, R.: Johannesevangelium, III. Teil, S. 240.

85 Borig, R.: Weinstock, S. 251.

glauben, ist ihre Gemeinschaft mit ihm und miteinander. Indem sie die Gebote Jesu halten, bringen die Jünger Frucht und bekommt dieses "Land" sein Gesicht. Gleichzeitig ist hier noch einmal die Rolle Jesu als der neue Tempel angesprochen: durch die Gegenwart Gottes im Tempel bekommt, wie wir bereits mehrfach gesehen haben, das Land den Mittelpunkt, durch den es zu dem wird, was es zu sein hat (vgl. I.7, S. 64 f.; II.5.1, S. 154 ff.; II.5.2, S. 156 f.). In Joh 15 ist der ekklesiologische Aspekt unaufhörlich mit dem christologischen verbunden. Die Jüngergemeinschaft besteht aufgrund der Gemeinschaft mit Jesus, so wie die Reben miteinander verbunden sind als Zweige am selben Weinstock. Aufgrund der Gegenwart Jesu und ihrer Verbundenheit mit ihm, ist es auch den Jüngern möglich, Frucht zu bringen. So geschieht noch einmal eine Verschiebung innerhalb von Joh 15: indem die Jüngergemeinschaft zum "Ort" christlichen Lebens wird – wie das Land als Ort jüdischen Lebens zu verstehen ist –, wird Jesus zum Tempel, und das heißt zum in sich konzentrierenden und sinngebenden Mittelpunkt dieses "Landes".

Wie schon angedeutet wurde, hat R. Borig gezeigt, daß die Frucht der Jünger nichts anderes ist, als das Halten des Gebotes Jesu, ihre Liebe untereinander.(82) Aus Joh 15,8 geht hervor, daß diese Fruchtbarkeit der Jünger gleichzeitig den Vater verherrlicht. Damit ist eine letzte Dimension angesprochen, die ebenfalls an Landtraditionen verweist. Wie wir in den beiden ersten Teilen dieser Arbeit bereits sahen, ist Israel ins Land gerufen nicht nur um seiner selbst willen, sondern auch um Gottes willen (vgl. I.1, S. 30 f.; I.4, S. 44 ff.; II.2.3, S. 110 ff.). Durch das Leben des Volkes im Land Israel soll erkennbar werden, wer Gott ist. In Jes 60,21 ist von der Verherrlichung Gottes die Rede, indem Israel mit einer Pflanzung im Land verglichen wird: "Dein Volk besteht nur aus Gerechten; sie werden für immer das Land besitzen als aufblühende Pflanzung des Herrn, als das Werk seiner Hände, durch das er seine Herrlichkeit zeigt."(86)

Hier nun, in Joh 15, ist das Fruchtbarwerden der Jünger ebenfalls zur Verherrlichung Gottes. Gleichzeitig ist der Raum der Liebe Jesu der Ort, an dem die Beziehung zu Gott, die von Anfang an im Land mitgemeint war, noch intensiver wird, zur Freundschaft gebracht wird: alles, was Jesus vom Vater gehört hat, hat er den Seinen mitgeteilt, und alles, worum diese im

----

86 Vgl. Borig, R.: a.a.O., S. 92 f.

Namen Jesu bitten werden, wird ihnen der Vater geben (vgl.
V. 15b und V. 16b). Somit findet auch diese Dimension der
Landverheißung im Weinstock Jesus ihre Entsprechung. Diejenigen, die in der Liebe Jesu bleiben, stehen in der Kommunika-
tion mit dem Vater: sie hören, was der Vater sagt, und sie empfangen, worum sie ihn bitten. Und indem sie durch das Hören
auf Jesus Frucht bringen, verherrlichen sie den Vater.

Somit sind auch im Evangelium nach Johannes in Joh 15 Elemente der Landtraditionen wiederzufinden. Der Verfasser dieses
Evangeliums greift zurück auf die Verwurzelung Israels im
Land und auf seine Hoffnung in bezug auf dieses Land, um zu
christologischen und ekklesiologischen Aussagen zu kommen. Wie
R. Borig sagt, ist für den Verfasser des vierten Evangeliums
die Person Jesu Christi "der eigentliche Angelpunkt der joh.
Theologie",(87) und es erscheint "die Immanenz mit dem Sohn
als der Wesensgrund und die tiefste Aussage allen Heils, das
dem Menschen geschenkt wird."(87) Um die Verkündigung dieses
Jesus und des in ihm geschenkten Heils geht es dem Verfasser
– auch in Joh 15,1-17. Aber er kann dies nur verkünden, indem
er die Traditionen und die Hoffnung der Juden, von denen das
Heil kommt (vgl. Joh 4,22), aufgreift. Dazu gehören diejenigen,
die das Abraham verheißene Land betreffen. In Joh 15,1-17 sind
sie präsent, und sie werden verarbeitet, um auch von ihrer Perspektive her zu sagen, wer Jesus ist, und was die Jüngergemeinschaft mit ihm und miteinander darstellt.

---

87 Borig, R.: Weinstock, S. 203.

6. UNTERWEGS ZUR RUHE

6.1 Hebr 3,7-4,11; 11,8-10.13-16

Wie wir in den beiden ersten Teilen dieser Arbeit sahen, ist
die "Ruhe", die Israel verheißen ist, in der biblischen und
rabbinischen Tradition eng mit dem Land verbunden (vgl. I.5,
S. 54 f.; I.7, S. 67; II.6.1, S. 171 f.). Auch im Neuen Testament finden wir einen Midrasch, der diese Verbindung aufgreift. Hebr 3,7-4,11 spricht von der Ruhe, κατάπαυσις, in die
das Volk Gottes gelangen soll. Verschiedene Autoren haben den
traditionsgeschichtlichen Hintergrund dieses Begriffs aufgezeigt,
wie etwa Ernst Käsemann,[88] Otfried Hofius[89] und Harold W.
Attridge.[90] So sehr diese drei Autoren die Aussage des Briefes an die Hebräer in seiner Deutung der Ruhe verschieden verstehen - gerade auch Hofius in der Auseinandersetzung mit Käsemann -, so sehr sind sie sich darin einig, daß sie den ursprünglichen Ort der in diesem Brief thematisierten κατάπαυσις
im Land Kanaan sehen, auf das hin Israel nach dem Auszug
aus Ägypten unterwegs war. In dieser Arbeit soll die Frage,
ob der Brief an die Hebräer gnostischen Einfluß aufweist, nicht
näher behandelt werden. Hofius hat für den Begriff der κατάπαυσις
ausführlich nachgewiesen, wie sehr der Tenach und das frühe
Judentum den Hintergrund bilden. Ausgehend davon soll nun untersucht werden, ob auch andere Elemente dieses Midraschs auf
die Landtraditionen hinweisen und welche spezifisch christlichen
Deutungen zu erkennen sind.

Hebr 3,7-4,11 bietet einen christlichen Midrasch, eine Auslegung
zu Ps 95,7-11. Dabei verweist der Autor auf Num 14, wo vom
Murren der Israeliten und ihrer Weigerung, ins Land zu gehen, berichtet wird. Die Folge ihres Unglaubens war dort der
Schwur Gottes, daß nicht sie selbst, sondern ihre Kinder in das
verheißene Land einziehen würden. Der Autor des Briefes an die

----

88 Vgl. Käsemann, Ernst: Das wandernde Gottesvolk. Eine Un-
    tersuchung zum Hebräerbrief. FRLANT 55. Göttingen 1961 (4.
    Aufl.), S. 17.

89 Vgl. Hofius, Otfried: Katapausis. Die Vorstellung vom end-
    zeitlichen Ruheort im Hebräerbrief. WUNT 11. Tübingen 1970,
    S. 40 f. zum Beispiel.

90 Vgl. Attridge, Harold W.: "Let Us Strive to Enter that Rest".
    The Logic of Hebrews 4:1-11. In: HThR 73 (1980), S. 282,
    284 ff.

Hebräer greift nun sowohl die Verheißung Gottes als auch den Ungehorsam der Väter auf und entwickelt daraus eine Paränese. (91) Dabei fällt eine Verschiebung gegenüber dem ihm vorliegenden Text von Num 14 besonders auf. In Num 14 schwört Gott, daß diese Generation nicht in das Land ziehen wird, weil sie auf den Bericht der Kundschafter hin an die Macht Gottes nicht geglaubt haben, mit der Gott sie in das Land führen wollte. Die Folge ihrer Weigerung, ins Land zu ziehen, sind die 40 Jahre in der Wüste, während derer diese Generation stirbt. Schon im Ps 95 geschieht eine Verschiebung, die zur Folge hat, daß der chronologische Ablauf nicht klar ist, und der Autor des Briefes an die Hebräer übernimmt diese und fügt seine eigene Änderung hinzu. Durch diese Verschiebung wird nun der Schwur Gottes am Ende der vierzig Jahre getan, statt daß er die Wüstenzeit erst zur Folge hat. Dadurch ist in Hebr 3,10 die Möglichkeit gegeben, nicht nur den einmaligen Ungehorsam Israels angesichts des Berichtes der Kundschafter und der bevorstehenden Landnahme als Grund für Gottes Schwur zu verstehen. Vielmehr ist eine grundsätzliche Haltung angesprochen, die nicht zu vereinbaren ist mit der Gabe der Ruhe im Land, und die schließlich zur Folge haben muß, daß Gott diese Gabe auf einen späteren Zeitpunkt verschiebt. Damit ist aber die Verbindung zwischen Torah im weitesten Sinn und Land angesprochen: Israel soll ins Land kommen, um dort als Volk Gottes zu leben und die Ruhe zu erhalten, nach der es sich sehnt. Dieser Zusammenhang wird noch verstärkt in Hebr 3,12 ff. wenn die Gemeinde zur täglichen gegenseitigen Ermahnung und zur Ausdauer aufgefordert wird. Es geht nicht nur um eine einmalige Verweigerung, sondern um eine grundsätzliche Haltung des Herzens, das davor bewahrt werden muß, "böse" und "ungläubig" und von der Sünde "verhärtet" zu werden, wenn die Gläubigen die verheißene Ruhe erlangen wollen.

Die Verbindung zur Torah ist noch deutlicher zu erkennen, wenn die Verse unmittelbar vor und nach dem paränetischen Abschnitt 3,7-4,11 miteinbezogen werden. Hebr 3,1-6 vergleicht Jesus mit Mose, durch den Gott in der Vergangenheit im Wort der Torah gesprochen hat. Noch größer als Mose ist Jesus, durch den Gott zuletzt gesprochen hat. Wie damals Israel zum Hören aufgefordert wurde, so gilt es jetzt, auf das durch Jesus ge-

---

91 Vgl. Attridge, Harold W.: a.a.O., S. 280, wo er schreibt: "... from 3:7-4,11 (,) is essentially a complex bit of paraenesis which develops the implications of the conditional clause in 3:6b."

sprochene Wort zu hören – und das heißt, ihm zu gehorchen,(92) um an der nach wie vor gegebenen Verheißung teilzuhaben. Hebr 4,12 f., das scheinbar ohne Zusammenhang mit der vorhergehenden Paränese von der Macht des Wortes spricht, schließt den Kreis und macht noch einmal deutlich, daß es darauf ankommt, auf das Wort zu hören, das gleichzeitig ein Wort der Verheißung und des Gerichtes ist. Vom Hören oder Nichthören auf dieses Wort hängt ab, ob die Angesprochenen in die Ruhe gelangen oder nicht. Damit steht Hebr 3,7-4,11 eindeutig in der Reihe der Landtradition, die die Besitznahme des Landes – und damit der Ruhe – untrennbar vom Leben nach der Torah und damit vom Hören auf Gott und der Beziehung zu ihm sieht (vgl. I.5, S. 51 f.; II.3.1, S. 113 f.; II.3.2, S. 117; II.4.1, S. 126 ff.).

Aber welches Land der Ruhe ist in Hebr 3,7-4,11 gemeint? Der Text gibt zunächst nur eine Antwort negativer Art: Josua hat das Volk nicht in das Land der Ruhe geführt bzw. zur Ruhe gebracht. Es ist als selbstverständlich anzunehmen, daß der Autor des Briefes an die Hebräer sehr wohl von der Landnahme unter Josua wußte, wobei auch da schon von Ruhe die Rede ist. Dieser Aussage widerspricht er: die Ruhe, die er meint, wurde Israel durch Josua nicht gegeben. Indem er widerspricht, sagt er aber nichts Unbekanntes. Vielmehr bekennt er sich damit zur späteren biblischen Tradition, die die Ruhe als noch ausstehende Verheißung und Teil des zukünftigen Heils versteht. Mit ihr weist er hin auf etwas, das noch kommen wird, ohne näher darauf einzugehen, worin dieses Kommende bestehen wird.

Allerdings könnte Hebr 4,9 f. ein Hinweis auf das zukünftige Land der Ruhe sein. Wenn der Autor die Sabbatruhe Gottes, von der schon in V. 4 die Rede war, hier wieder aufgreift, können verschiedene Auffassungen anklingen. O. Hofius hat dargelegt, wie in der apokalyptischen Literatur die sechs Tage der Schöpfung und der Sabbat als Hinweise auf "diese Welt" und "die kommende Welt" verstanden werden, und wie die Sabbatfeier als ein Fest der Freude und des Gotteslobes gesehen wird.(93) Auch unabhängig von der apokalyptischen Anschauungsweise ist im Buche Genesis – und in Anlehnung daran im Brief an die Hebräer – eine Anspielung auf die Vollendung der Schöpfung: "Am siebten Tag vollendete Gott das Werk, das er geschaffen hatte,

---

92 Vgl. Buchanan, George W.: To the Hebrews. Translation, Comment and Conclusions. AncB 36. Garden City, New York 1972, S. 61.

93 Vgl. Hofius, O.: Katapausis, S. 111-115.

und er ruhte am siebten Tag, nachdem er sein ganzes Werk vollbracht hatte. Und Gott segnete den siebten Tag und erklärte ihn für heilig; denn an ihm ruhte Gott, nachdem er das ganze Werk der Schöpfung vollendet hatte." (Gen 2,2 f.) In Hebr 4,4 f. und 9 ff. ist eine Spannung zu spüren zwischen dem Ruhen Gottes, das schon besteht, und der noch ausstehenden Ruhe der Glaubenden, die noch auf dem Weg dorthin sind, und die sich um diese Ruhe bemühen müssen. In den beiden Schöpfungsberichten wird dem Menschen die Erde gegeben, und er wird zum Partner Gottes am Werk der Schöpfung. Gott hat sein Werk vollendet und kann ruhen, der Mensch aber hat noch zu arbeiten, bis auch sein Werk vollendet ist. Der Autor des Hebräerbriefes greift dies auf und versichert seiner Gemeinde, daß die Verheißung dieser Vollendung – die Ruhe, die Gott schon gehört – ihnen gegeben wird, und dann werden auch sie von ihren Werken ausruhen. Aber noch ist diese Ruhe nicht gegeben, und es gilt im Bemühen, dorthin zu gelangen, auszuharren.

Abgesehen von der Sabbatruhe, σαββατισμὸς, die wie ein anderer Name für die verheißene Ruhe, κατάπαυσις, wirkt, wird Hebr 3,7-4,11 nichts gesagt von der Ruhe, die erwartet wird. Sie wird nicht ausdrücklich mit dem verheißenen Land in Verbindung gebracht, aber dieses wird auch nicht geleugnet oder abgetan. Dies ist umso wichtiger, da einige Elemente, wie wir gesehen haben, auf Landtraditionen hinweisen. Die Tatsache, daß Josua das Volk nicht zur Ruhe geführt hat, muß nicht als Abkehr vom Land gesehen werden, da in der biblischen und rabbinischen Tradition trotz der Besitznahme immer auch das noch Ausstehende in bezug auf das Land gesehen wird (vgl. I.5, S. 55, II.3.3, S. 122 ff.; II.4.1, S. 130 f.). Andererseits wird die verheißene Ruhe, wie im ersten und zweiten Teil dieser Arbeit gezeigt wurde, durchaus in Verbindung mit dem konkreten Land erwartet (vgl. I.7, S. 67; II.6.1, S. 171 f.). Dort wird es möglich sein, den Bund mit Gott in seiner ganzen Fülle und ungestört zu leben. Ob eine solche Verbindung mit dem Land im Brief an die Hebräer besteht, läßt sich allerdings von Hebr 3,7-4,11 her weder leugnen noch aufzeigen. Hebr 11,8-16 wird zu dieser Frage etwas mehr Aufschluß geben können (s. III.6.1, S. 298-303).

Ein Letztes ist an Hebr 3,7-4,11 auffallend: für sich genommen sagt dieser paränetische Abschnitt sehr wenig spezifisch Christliches. Nur in 3,14 heißt es: "... an Christus haben wir nur Anteil, wenn wir bis zum Ende an der Zuversicht festhalten, die wir am Anfang hatten." Nachdem in 3,1-6 gesagt wurde, daß Jesus größer sei als Mose, wird im folgenden betont, daß diejenigen, die an ihn glauben, trotzdem nicht am Ziel sind.

Man könnte sogar fragen, ob die Erwähnung Josuas, dessen Name im Griechischen genau derselbe ist wie der Jesu ('Ιησοῦς), ein bewußtes Wortspiel ist: Josua hat Israel nicht zur Ruhe geführt, und auch Jesus hat die Gemeinde derer, die sein Wort hören, noch nicht zur Ruhe gebracht. Auch sie sind noch auf dem Weg dorthin, und genau wie die Generation derer, die aus Ägypten auszogen, wegen ihres Ungehorsams in der Wüste starb, können auch die Christen von der verheißenen Ruhe ausgeschlossen werden. Auch ihnen gilt das "Heute" der Stimme Gottes, die zu hören sie täglich aufgefordert sind, und auch sie müssen sich in acht nehmen, daß sie vom lebendigen Gott nicht abfallen. Die Ruhe selbst, die sie am Ende erreichen sollen, ist aber nichts anderes als die den Vätern verheißene. Im Gegenteil, die damals gegebene Verheißung gilt nun auch ihnen.

Und doch scheint es falsch zu sagen, daß überhaupt kein Unterschied besteht zwischen der Zeit vor Christus und danach. Hebr 4,14 spricht ganz unvermittelt von Christus, dem Hohenpriester, "der die Himmel durchschritten hat", und der für die Glaubenden nun zur Ursache der Zuversicht geworden ist. Hofius sieht einen klaren Zusammenhang zwischen diesem Gedanken und der paränetischen Rede von der κατάπαυσις. Er sieht den Ort der Ruhe letztlich im himmlischen Allerheiligsten, so daß er sagen kann: "Die Anschauung von einem himmlischen Heiligtum, in dessen Allerheiligstem Gott 'ruht', und der Gedanke, daß Gottes Volk das hohepriesterliche Vorrecht hat, in diese 'Ruhestätte' eingehen zu dürfen, verbinden unsere Perikope zutiefst mit ihrem Kontext wie insbesondere auch mit den Ausführungen über den Hohenpriester Christus, der als 'Vorläufer' der Seinen bereits die Himmel durchschritten und das himmlische Allerheiligste betreten hat."(94) Vom Brief an die Hebräer insgesamt ist zu sagen, daß das Hohepriestertum Christi und der Eintritt ins Allerheiligste von hervorragender Bedeutung sind, so daß dies letztlich auch der Ort der "Ruhe" sein kann. Wie wir bereits gesehen haben, ist in der Tradition der Tempel als Ort der Gegenwart Gottes die Mitte des Landes und der Ort, der dem Land seinen letzten Sinn gibt (vgl. I.7, S. 64 f.; II.5.1, S. 154 ff.). Von daher steht dieses Ergebnis keineswegs im Widerspruch zu den vorherigen Ausführungen. Allerdings soll in dieser Arbeit nicht näher auf diese Thematik eingegangen werden, da eine intensivere Beschäftigung mit dem Tempel den Rahmen dieser Arbeit sprengen würde. Ob die verheißene Ruhe letztlich im himmlischen Allerheiligsten zu lokalisieren ist oder nicht, beantwor-

----

94 Hofius, O.: Katapausis, S. 54.

tet nicht die schon gestellte Frage, ob diese Ruhe völlig am gegenwärtigen Land und Tempel vorbei zu denken ist, oder ob nach Auffassung des Briefes an die Hebräer eine Verbindung besteht zwischen dem konkreten Land der Verheißung – bzw. dessen Mittelpunkt, dem Tempel – und dem Ziel, das noch aussteht. Mit dieser Frage im Sinn soll nun Hebr 11,8-16 näher untersucht werden.

Im 11. Kapitel des Briefes an die Hebräer wird Abraham als einer der Zeugen des Glaubens angeführt. Dabei wird Glaube in V. 1 verstanden als "Feststehen in dem, was man erhofft, Überzeugtsein von Dingen, die man nicht sieht." Auffallend an dieser Definition ist, daß das griechische Wort ὑπόστασις, das hier als "Feststehen" übersetzt ist, nach Wigram sowohl Vertrauen (confidence) als auch Substanz (substance) bedeuten kann.(95) So wird dem Glauben eine sehr konkrete Dimension verliehen: der Glaube erhofft etwas, worin er gleichzeitig feststehen kann, das Substanz hat. In den folgenden Überlegungen ist diese Spannung zwischen etwas ganz Konkretem, in dem man "feststehen" kann, und etwas noch Ausstehendem nicht unerheblich.

Die Verse 8-10 und 13-16 von Hebr 11, die allein uns hier beschäftigen sollen, sprechen vom Glauben Abrahams, der diesen dazu veranlaßte, von seiner ursprünglichen Heimat wegzuziehen in das Land der Verheißung. Von diesem Land heißt es, daß Abraham zwar dort lebte, daß er aber die Verheißung nicht erlangte, sondern auf die von Gott selbst erbaute Stadt wartete und in dieser Erwartung gestorben ist. Zu einigen Einzelfragen, die sich zu diesen Versen stellen, sei etwa auf James Moffatt(96) und George W. Buchanan(97) hingewiesen, die nach den Vorstellungen von der von Gott bereiteten Stadt fragen, und auf L.M. Muntingh, der den Hintergrund der "festen Grundmauern" dieser Stadt untersucht.(98) Unsere Fragestellung gilt nicht so sehr

----

95 Vgl. Wigram, George V.: The Englishman's Greek Concordance of the New Testament. London 1976 (9. Aufl.), S. 1015.

96 Moffatt, James: A Critical and Exegetical Commentary on the Epistle to the Hebrews. ICC 10,2. Edinburgh 1924, S. 170.

97 Buchanan, George W.: Hebrews, S. 188 f.

98 Muntingh, L.M.: "The city which has foundations": Hebrews 11:8-10 in the light of the Mari Texts. In: Eybers, I.H. u.a.: De Fructu Oris Sui. Essays in Honour of Adrianus van Selms. Leiden 1971, S. 108-120.

der von Abraham erwarteten Stadt, sondern der Bedeutung des Landes, in das Abraham in Erwartung der Verheißung hineinzog.

Auf den ersten Blick scheint Hebr 11,8-10.13-16 nur Negatives über dieses Land zu sagen. Abraham hält sich dort als Fremder auf. Wie später Isaak und Jakob lebt er in Zelten, wodurch das Nicht-Endgültige seines Aufenthaltes noch unterstrichen wird, und die Patriarchen sterben, ohne das Verheißene zu erlangen. Aber neben diesem Negativen sagen diese Verse sehr viel Positives.

In V. 8 wird der Grund gesagt, weswegen Abraham von seiner ursprünglichen Heimat weggezogen ist: dies geschah aufgrund des Glaubens. So wird der konkrete Schritt des Fortziehens Abrahams als positives Beispiel hingestellt, und gleichzeitig wird die Verheißung eines Landes, "das er zum Erbe erhalten sollte", aufgegriffen und bestätigt.

In V. 9 heißt es, daß Abraham - ebenfalls aufgrund des Glaubens - sich "im Land der Verheißung" als Fremder aufhielt, weil er die von Gott erbaute Stadt erwartete. Zu diesem Vers ist Verschiedenes zu sagen, wobei zunächst auf den Hintergrund im Tenach hinzuweisen ist. In Gen 23,4 bezeichnet Abraham sich selbst als "Fremder und Halbbürger" unter den Hetitern (vgl. II.1.1, S. 90f.). Bisher hat er kein Land zum Eigentum erworben, aber nun, anläßlich von Saras Tod, will er ein Grab kaufen. Wir sahen im ersten Teil dieser Arbeit, welche Bedeutung diesem Erwerb einer Grabstätte zukommt: so bekommt Abraham - und mit ihm Isaak und Jakob - Anteil am Land, das Gott ihm zugeschworen hatte (vgl. I.2, S. 34 ff.). Gleichzeitig bleibt die Spannung zum noch Ausstehenden: die eigentliche Landnahme steht noch bevor.

Auf diesem Hintergrund können wir nun fragen, ob in V. 9 nur das Fremdsein Abrahams von Bedeutung ist, oder ob nicht auch sein Aufenthalt gerade in diesem Land wichtig ist. Die Tatsache, daß der Autor des Briefes an die Hebräer schon in V. 8 das Wegziehen Abrahams aus seiner ursprünglichen Heimat als Glaubensakt hervorhebt, deutet darauf hin, daß es nicht gleichgültig ist, wo Abraham sich in Erwartung der kommenden Stadt aufhält. Dies wird durch die Verse 13-16 noch deutlicher gesagt. Im Wegziehen wird sichtbar, daß Abraham - und seine Nachkommen mit ihm - "eine Heimat suchen". Diese Heimat ist ihnen im "Land der Verheißung" zwar nicht gegeben, denn dort bekennen sie, "daß sie Fremde und Gäste" sind. Aber gleichzeitig kehren sie nicht zurück in die Heimat, die sie verlassen haben, was naheliegen würde, wenn sie überall auf Erden in gleicher Weise erkennen und bekennen könnten, daß sie die eigentliche Heimat noch nicht erreicht haben. Vielmehr leben sie im "Land der Verheißung" und schauen und begrüßen dort "von fern" das Verheißene, das sie nicht erlangt haben, nach dem sie "nun" aber streben. Es gibt also scheinbar einen Unterschied zwischen dem Land der ursprünglichen Heimat und dem Land, in das Abraham, dem Ruf Gottes folgend, hineinzieht. Selbst wenn er dort die Verheißung nicht erlangt, wird es "Land der Verheißung" genannt. Dort kann er die noch ausstehende Heimat "von fern" sehen und schon in Beziehung zu ihr leben: er strebt nach ihr und kann sie begrüßen. So war der Wegzug Abrahams aus Haran nicht nur ein negativer Schritt, der besagte, daß dies nicht die Heimat sei; sondern er war gleichzeitig ein positiver Schritt auf die von Gott verheißene Heimat zu.

In dieser Auslegung von Hebr 11,8-10.13-16 erinnern einige Elemente an biblische bzw. rabbinische Landtraditionen. Auf die Spannung zwischen Anteilhabe am Land und noch ausstehender Landnahme wurde im Zusammenhang mit V. 9 f. schon hingewiesen. Indem in V. 13 gesagt wird, daß die Patriarchen die Verheißung "von fern" gesehen und begrüßt haben, wird an Mose erinnert, dem Gott vom Nebo aus das ganze Land zeigt (vgl. Dtn 34,1-4).(99) Er darf selbst nicht hineinziehen, aber wir haben gesehen, wie die Rabbinen mit dieser Tatsache gerungen haben (vgl. II.2.2, S. 105 ff.; II.5.2, S. 157 f.), und ein Traditionsstrang kommt zu dem Schluß, daß Mose am Land Anteil bekommt allein dadurch, daß er es gesehen hat (vgl. Sif Deut. 3,27, § 29, in Kittel, G.: Sifre, S. 47).

Auch der Wechsel vom Land zur Stadt, die von Gott bereitet ist, wurde schon in den beiden ersten Teilen dieser Arbeit besprochen: Jerusalem, die Stadt, in der der Tempel steht, und damit die Stadt in der Gott wohnt, ist die Mitte und der Inbegriff des Landes (vgl. III.6.1, S. 297). Diese Stadt wird in der Zukunft so groß sein, daß sie bis Damaskus reicht, was soviel sagt wie, daß das Land in Jerusalem miteingeschlossen sein wird (vgl. II.6.3, S. 183). In dieser Stadt werden alle Völker Platz finden. Daß auch der Autor des Hebräerbriefes an Jerusalem denkt, wird spätestens Hebr 12,22 deutlich, wo die "Stadt des lebendigen Gottes" mit Namen genannt wird. Demnach ist die Stadt, auf die Abraham wartet, nicht etwas das außerhalb des Landes und getrennt von ihm ist, sondern sie ist das, worauf es im Land selbst letztlich ankommt, und durch sie wird

---

99 Vgl. Buchanan, G.W.: Hebrews, S. 191.

es überhaupt zum "Land der Verheißung" - auch dann, wenn die Verheißung noch nicht erlangt ist.

Aufgrund der obigen Überlegungen können wir sagen, daß das Land auf dem Weg hin zur Verheißung - und damit zur "Ruhe" von Hebr 3,7-4,11 - von großer Bedeutung ist, ja, daß das Leben im Land der Verheißung für Abraham und seine Nachkommen mit dem Bekenntnis zur Verheißung und deren Erlangung etwas zu tun hat. Land der Verheißung und erlangte Verheißung in der von Gott bereiteten Stadt sind nicht zwei völlig voneinander getrennte Realitäten, sondern sind aufeinander bezogen: die "himmlische Heimat" wurde von Abraham schon im Land der Verheißung "geschaut und begrüßt". Dabei ist das "Himmlische" dieser Heimat nicht als getrennt und weit entfernt zu verstehen, sondern als etwas, das mit Gott zu tun hat, von ihm bereitet ist.(100) Auch wenn die volle Erlangung dieser Heimat etwas Zukünftiges ist, ragt sie in die Gegenwart im Land der Verheißung hinein.

In Hebr 11,8-10.13-16 spricht der Autor des Briefes an die Hebräer von Abraham, Isaak und Jakob. Zusammen mit anderen sind sie Zeugen des Glaubens und sollen sie die Christen zur Ausdauer auf ihrem Weg zum Ziel ermutigen. In 12,22 wird aber deutlich, daß die Situation der Christen genau dieselbe ist wie die der Patriarchen. Denn sie sind jetzt "hingetreten zur Stadt des lebendigen Gottes, dem himmlischen Jerusalem ..." Wie wir schon im Zusammenhang mit Hebr 3,7-4,11 sahen, ist die Wirklichkeit durch den Hohenpriester Jesus Christus eine neue, veränderte. Er hat sich schon "zur Rechten von Gottes Thron gesetzt" (12,2), so daß die Glaubenden nun nicht nur die von Gott geplante und gebaute Stadt erwarten, sondern schon zu ihr hinzugetreten sind. Und doch werden sie zur Ausdauer aufgerufen und, wie wir in 3,7-4,11 sahen, vor der Gefahr des Abfalls und damit des Verfehlens der verheißenen Ruhe gewarnt. Ähnlich wie Abraham, der die Verheißung geschaut aber nicht erlangt hat, stehen die Christen in der Spannung des schon Gegebenen, aber noch nicht Erreichten. Wie C.K. Barrett schreibt: "The teaching of Hebrews about the Sabbath rest reveals clearly the characteristic pattern of N.T. eschatology: the 'rest' is, and is to be; and men must strive to enter it. The teaching about the heavenly city is analogous ..."(101) Indem sie noch

----

100 Vgl. Buchanan, G.W.: a.a.O., S. 192.

101 Barrett, C.K.: The Eschatology of the Epistle to the Hebrews. In: Davies, W.D. und Daube, D.: The Background

nicht in die himmlische Stadt gelangt sind, sollen die Glaubenden wie Abraham nun ausziehen: "Laßt uns nun zu ihm vor das
Lager hinausziehen und seine Schmach auf uns nehmen. Denn
wir haben hier keine Stadt, die bestehen bleibt, sondern wir
suchen die künftige." (Hebr 13,13 f.) Der Autor sagt nicht,
wohin die Christen ziehen sollen, sondern nur, daß sie "zu
ihm", der "außerhalb des Tores gelitten" hat (V. 12), ziehen
und an seinem Leiden teilnehmen sollen. Wie die Patriarchen erlangen sie die Verheißung nicht dort, wo sie schon sind, sondern auch sie müssen ausziehen. Ihnen wird aber nicht, wie
Abraham, das "Land der Verheißung" als (vorläufiges) Ziel angegeben, sondern Christus, der Hohepriester, ist schon in die
himmlische Stadt gelangt. Sie sollen nun zu ihm, der sein Blut
vergossen hat, hinausziehen, um mit ihm in die künftige Stadt
und in das Heiligtum einzutreten (vgl. Hebr 10,19). Der Autor
des Hebräerbriefes erwartet, daß dieser endgültige Eintritt sehr
bald geschehen wird, denn er ermahnt nochmals zur Ausdauer
und gegenseitigen Ermunterung, "um so mehr, als ihr seht, daß
der Tag naht" (10,25). So braucht die christliche Gemeinde nicht
mehr das Land der Verheißung, von wo aus sie die himmlische
Heimat schon von fern schauen und begrüßen kann, denn sie
wird demnächst in die Heimat hineingelangen und so die Verheißung selbst erlangen. Und bis zu ihrem eigenen Eintritt in
die Heimat kann sie zu Jesus Christus schauen, der schon dorthin gelangt ist.

Die obigen Überlegungen haben gezeigt, welche Bedeutung das
Land für den Autor des Briefes an die Hebräer hat und wie er
verschiedene Landtraditionen verarbeitet. Dabei wurde deutlich,
daß sein Verständnis von Land nicht zu trennen ist von seiner
eschatologischen Auffassung. Als "Land der Verheißung" ist es
sozusagen eine Station auf dem Weg zur Erlangung der Verheißung in ihrer Fülle. Von diesem Land aus ist die von Gott
selbst bereitete Stadt schon "von fern" zu sehen, und im Leben
im Land streben die Patriarchen nach dieser Stadt. Gleichzeitig
ist die Erlangung der Verheißung, die als die "Ruhe" der voll-
endeten Schöpfung gesehen wird, an ein Leben gebunden, das
auf die Stimme Gottes hört – in anderen Worten, der Eintritt in
die Ruhe, in die himmlische Stadt, ist an ein Leben nach der
Torah, die Mose und schließlich Jesus offenbarte, gebunden. So
ist es aber auch notwendig, die Christen an die Gefahr zu erinnern, die mit dem Abfall vom lebendigen Gott gegeben ist:

---

of the New Testament and its Eschatology. Cambridge 1956.
S. 373; vgl. auch S. 382.

wie die Generation der Wüste können auch sie von der Verheißung ausgeschlossen werden. Auch sie sind noch unterwegs und haben die Verheißung noch nicht erlangt. Aber ein Unterschied besteht zur Wüstengeneration: Jesus Christus, der Hohepriester, hat sein Blut vergossen und ist schon in die himmlische Stadt und ins Heiligtum hineingelangt. So gilt es nur noch hinauszuziehen zu ihm, der außerhalb der Stadt gelitten hat, um sehr bald auf dem Weg, den er eröffnet hat (vgl. Hebr 10,70), in die himmlische Stadt einzutreten und die verheißene Ruhe zu erlangen.

6.2 Mt 11,28 ff.

Auf ganz andere Weise als im Brief an die Hebräer kommt in Mt 11,28-30 die Ruhe zur Sprache,(102) wobei hier statt κατάπαυσις das Wort ἀνάπαυσις bzw. ἀναπαύειν verwendet wird. Ausdrücklich deutet in diesen drei Versen nichts auf das Land hin; aber Jesus verspricht Ruhe denen, die zu ihm kommen. Bei näherer Betrachtung lassen sich neben der Ruhe selbst einige Elemente erkennen, die durchaus auf Landtraditionen hinweisen.

Etliche Exegeten, wie etwa Johannes Baptista Bauer(103), Walter Grundmann(104) und Francis W. Beare(105), haben auf die Verbindung zwischen Mt 11,28-30 und Sir 51,23-27 hingewiesen. Auch Jesus Sirach spricht nicht ausdrücklich vom Land. Vielmehr lädt er dazu ein, auf seine Lehre zu hören, um so die Weisheit zu erwerben, wobei die Weisheit nichts anderes ist als Torah. Wer diese Weisheit erwirbt, und das heißt, wer sich unter ihr Joch beugt, der wird wie Jesus Sirach selbst Ruhe finden. Worin genau diese Ruhe besteht, sagt Jesus Sirach nicht. Aber verschiedene Elemente lassen annehmen, daß er diese Ruhe nicht ohne das Leben im Land sieht. Nicht nur wird ihm die biblische Hoff-

---

102 Zur Frage nach der literarischen Einheit von Mt 11,25-30 vgl. Betz, Hans Dieter: The Logion of the Easy Yoke and of Rest (Matt 11,28-30). In: JBL 86 (1967), S. 10-20.

103 Vgl. Bauer, J.B.: Das milde Joch und die Ruhe, Matth. 11,28-30. In: ThZ 17 (1961), S. 99.

104 Vgl. Grundmann, W.: Das Evangelium nach Matthäus. ThHK 1. Berlin 1975 (4. Aufl.), S. 317.

105 Vgl. Beare, F.W.: The Gospel according to Matthew. A Commentary. Oxford 1981, S. 267.

nung auf Ruhe bekannt gewesen sein. In den Kapiteln vor Sir 51 erinnert sich der Verfasser an die Geschichte Israels, wobei hier nur Sir 47,23 ff. und 48,15 genannt seien. Dort kommt die schon bekannte Verbindung von Leben im Land und Leben nach der Torah bzw. von Sünde und Exil zum Ausdruck. In Sir 49,13 erinnert er schließlich an Nehemia, der die Trümmer wiederaufbaute und Sicherheit im Land wiederherstellte. Dieses neue Leben im Land unter Nehemia steht in engem Zusammenhang mit der Neuverkündigung und der Erläuterung der Torah. So ist in Sir 51,23-27 der Bezug zum Land, in dem Jesus Sirach selbst lebt, zumindest nicht ausgeschlossen.

Jesus Sirach hat Ruhe gefunden durch die Weisheit der Torah, deren Joch er auf sich nahm. Nun lädt Jesus in Mt 11,28 f. ein, zu ihm zu kommen und von ihm zu lernen. Denen, die seiner Einladung folgen und sein Joch auf sich nehmen, wird er Ruhe geben. Damit sagt der Verfasser dieses Evangeliums zunächst, daß Jesus der Lehrer der Weisheit und damit der Torah, der Offenbarung Gottes ist. Damit lehrt er den Weg – oder wie es im Evangelium nach Johannes heißt (14,6), ist er selbst der Weg, der zur Ruhe führt. Wir sind erinnert an Mt 5,17 f., wo Jesus sagt, daß er gekommen ist, das Gesetz zu erfüllen, nicht um es abzuschaffen. Als derjenige, der das Gesetz zu seiner Fülle bringt, kann er auch die verheißene Ruhe, die mit der Fülle der Torah zusammenhängt, geben.

Ein weiterer Hinweis in Mt 11,29 deutet darauf hin, daß der Verfasser die Traditionen, die die Ruhe mit dem Land Israel in Verbindung sehen, durchaus in Erinnerung hat. Dort zitiert er Jer 6,16, wo der Prophet im Namen Gottes das Volk dazu aufruft, nach "den Pfaden der Vorzeit" und dem "Weg zum Guten" zu fragen, um Ruhe zu finden. Dieser Aufruf steht inmitten von Androhungen, die das Volk auf seine Sünde und die daraus erfolgende Verwüstung Jerusalems aufmerksam machen. Für Jeremia ist die Ruhe, die Israel finden soll, mit dem Leben im Land verbunden. Wenn Israel zum Weg zum Guten zurückkehrt, kann es im Land bleiben und Ruhe finden, und Gott selbst wird dort bei ihm wohnen (Jer 7,5 ff.).

Robert H. Gundry sieht in Mt 11,28 einen Hinweis auf Jer 31,25 (106), und auch die Pattloch Ausgabe der Einheitsübersetzung

---

106   Vgl. Gundry, R.H.: Matthew. A Commentary on His Literary
      and Theological Art. Grand Rapids, Michigan 1982, S. 219.

der Bibel verweist darauf.(107) Dieser Text bestätigt die Annahme, daß Landtraditionen bei Mt 11,28 ff. aufgenommen sind. In Jer 31,23-28 wird die Rückkehr des Volkes in das Land Israel verheißen. Dort wird Gott selbst den Ermatteten laben und den Verschmachtenden sättigen. Die Fortsetzung dieses Textes spricht schließlich in 31,31-34 vom erneuten Bund, wodurch auch die vorangehenden Verheißungen in einen endzeitlichen Kontext gestellt werden: im Land, in das Israel zurückkehren wird, wird das Volk Sicherheit und Ruhe finden.

Wenn Matthäus in 11,28 an diesen Text erinnert, dann ist die Einladung Jesu an alle, die sich plagen und schwere Lasten zu tragen haben, messianisch zu verstehen: Er wird die Ruhe geben, die Gott durch Jeremia verheißen hat. Dann kann man allerdings auch fragen, ob Jesus mit den Geplagten tatsächlich die Menschen meint, die unter dem "Joch" der pharisäischen Gesetze leiden!(108) Nicht nur ist dies eine sehr negativ-einseitige Sicht der Pharisäer und ihres Torahverständnisses. Es ist außerdem auffallend, daß Jesus die Beladenen nicht dazu auffordert, sich vom schweren Joch, unter dem sie jetzt stehen, zu befreien, und es gegen sein leichtes Joch auszutauschen. Im Gegenteil, in Mt 5,17 f. sagt Jesus ausdrücklich, daß er nicht gekommen sei, um "das Gesetz oder die Propheten" abzuschaffen, sondern um sie zur Fülle zu bringen (πληρῶσαι). Hier sind vielmehr auf dem Hintergrund von Jer 31,25 alle Menschen angesprochen, die sich nach Erlösung von ihren Leiden und damit nach der von Gott verheißenen Ruhe sehnen. Mit Jeremia gesprochen: es sind jene, die auf die endgültige Ankunft im Land warten, wo Gott sie laben wird, und wo der Bund mit ihm zur Fülle kommen wird. Somit erinnert das Ende des 11. Kapitels bei Matthäus an seinen Anfang, wo Johannes der Täufer fragt (V. 2 f.), ob Jesus derjenige ist, der kommen soll, oder nicht. Die Antwort, die Jesus gibt (V. 4 ff.), ist messianisch und durchaus auch im Sinne der verheißenen Ruhe zu verstehen.(109)

----

107 Vgl. Die Bibel. Einheitsübersetzung der Heiligen Schrift Altes und Neues Testament. Aschaffenburg 1980, NT S. 16.

108 Vgl. Grundmann, W.: Matthäus, S. 317 und Betz, H.D.: Logion, S. 22 ff., die hier als nur zwei Beispiele zu nennen sind.

109 Wie messianisch bzw. eschatologisch sie ist, bringt auch H.D. Betz zum Ausdruck, wenn er Mt 11,28 ff. mit Mt 28, 18 ff. in Verbindung bringt und schreibt: "The ἀνάπαυσις ... corresponds to the presence of the Risen Lord with his disciples (28,20)." Betz, H.D.: Logion, S. 24.

Jesus gibt zumindest ansatzweise schon jetzt die ersehnte Ruhe, die gleichzeitig zukünftig ist. Wer zu ihm kommt und sein Joch auf sich nimmt, wird zu dieser Ruhe gelangen.(110)

Auch der Begriff des Joches läßt an Landtraditionen denken (vgl. II.4.1, S. 128). Walter Grundmann erinnert daran, daß in der rabbinischen Überlieferung vom "Joch der Torah" gesprochen wird: "Auch das Rabbinat spricht metaphorisch vom Joch; mit der Rezitierung des Schma Jisrael nimmt man das Joch des Himmelreiches auf sich; vom Joch des Gesetzes, vom Joch Gottes im Unterschied z.B. zum Joch der irdischen Verhaltensweise wird gesprochen; 'wer das Joch der Torah auf sich nimmt, dem nehmen sie das Joch der Regierung und das Joch der irdischen Verhaltensweise ab' (Aboth 3,5)."(111) Nun geht es um das Joch Jesu. Wenn Mt 5,17 f. von der Erfüllung von Gesetz und Propheten durch Jesus spricht,(112) so ist auf dem Hintergrund der Tradition vom Joch der Torah in Mt 11,28 ff. dieses Joch Jesu sicher im Sinne der Erfüllung zu verstehen. Wenn er als Messias Ruhe gibt, so tut er dies auch im Sinne der "erfüllten" Torah. Sein Joch auf sich nehmen wird entsprechend konkrete Gestalt anzunehmen haben, sozusagen als "messianische Praxis". (113)

Wie wir bereits im zweiten Teil dieser Arbeit gesehen haben, soll das Volk Israel "das ganze Land Israel mit der Thora" füllen (M. Ber. r. 25,1, § 61) (vgl. II.4.1, S. 126). Aber nicht nur das. In Sifra Behar Par. 5 haben wir gelesen: "Jeder Sohn Israels, der im Lande wohnt, nimmt das Joch des Himmelreiches auf sich ..." (vgl. II.4.1, S. 128). Somit werden das Joch der Torah, Leben im Land und Reich Gottes, wo auch die verheißene Ruhe gegeben wird (vgl. II.6.1, S. 171 f.), von den Rabbinen in Verbindung gebracht. Von dem oben Gesagten scheint es berechtigt anzunehmen, daß Mt 11,28 ff. auf dem Hintergrund

---

110 Vgl. Lohfink, Gerhard: Wie hat Jesus Gemeinde gewollt? Zur gesellschaftlichen Dimension des christlichen Glaubens. Freiburg 1982, S. 22 ff.

111 Grundmann, W.: Matthäus, S. 317.

112 Vgl. dazu Barth, Gerhard: Das Gesetzesverständnis des Evangelisten Matthäus. In: Bornkamm, Günther, Barth, Gerhard und Held, Heinz Joachim: Überlieferung und Auslegung im Matthäusevangelium. Neukirchen 1961 (2. Aufl.), S. 60-66. 138 f.

113 Vgl. Motte, A.R.: La Structure du logion de Matthieu XI, 28-30. In: RB 88 (1981), S. 231.

dieser Überlieferungen geschrieben ist. Allerdings ist gerade auf diesem Hintergrund eine wichtige Verschiebung zu erkennen.

Jesus lädt ein, zu ihm zu kommen und sein Joch auf sich zu nehmen, was zur Folge haben wird, daß er Ruhe gibt. Wenn wir die Verse 28-30 im Zusammenhang mit den Versen 25-27 sehen, so ist zwar nicht vom "Reich" Gottes die Rede, aber es geht um das Erkennen des Vaters und des Sohnes. In der biblischen Tradition drückt das "Erkennen" eines anderen und schließlich Gottes selbst eine sehr intensive Beziehung aus. Wenn es in Mt 11,26 f. um das Erkennen Gottes geht, sind wir erinnert an die Verheißung, die auch in Jer 31 von zentraler Bedeutung ist: "Ich werde ihr Gott sein, und sie werden mein Volk sein" (Jer 31,33). Für Jeremia ist diese Verheißung verbunden mit der Verheißung der Rückkehr ins Land Israel und der endzeitlichen Ruhe. Bei Matthäus hingegen ist, wie wir sahen, das Land nicht ausdrücklich angesprochen.

So sehr die Landtraditionen im Hintergrund von Mt 11,28 ff. zu erkennen sind, so sehr ist ernstzunehmen, wenn Matthäus das Land selbst nicht erwähnt. Wer zu Jesus kommt und sein Joch auf sich nimmt, wird Ruhe finden. Von den Versen 25-27 her hat diese Ruhe mit dem Erkennen des Vaters und des Sohnes zu tun. Aber wo diese Ruhe gegeben wird, sagt Matthäus nicht. Von der Stellung dieser Verse im Gesamtevangelium her könnte es sein, daß Matthäus die Präsenz im Land Israel als selbstverständlich voraussetzt. Von der Zeit der Verfassung dieses Evangeliums her, ganz zu schweigen von der umstrittenen Frage, wer die Adressaten des Matthäus waren, ist jedoch eine solche Selbstverständlichkeit kaum anzunehmen. Vielmehr scheint Matthäus den Ort der verheißenen Ruhe "bei Jesus" zu sehen. Nicht wer im Land Israel lebt, wird sie finden, sondern wer zu Jesus kommt. Er offenbart den Vater, und er gibt Ruhe.

Wenn man die Frage nach dem "Ort" dieses "bei-Jesus-Seins" weiterführt, so stößt man schließlich nicht nur auf die Person Jesu, sondern mit ihm auf die Gemeinschaft derer, die zu ihm gekommen sind.(114) Diese Gemeinschaft und die Art, wie sie leben – man könnte auch sagen, die konkrete Ausgestaltung des Joches Jesu – ist gerade bei Matthäus von hervorragender Bedeutung. So scheint es, daß für Matthäus nicht mehr das Land Israel der Ort ist, an dem die mit dem Land verbundenen Verheißungen gegeben werden, sondern dieser Raum wird ausgeweitet

---

114 Vgl. Lohfink, G.: Gemeinde, S. 38.40.

zur weltweiten Gemeinschaft derer, die auf die Lehre Jesu hören. Die Kirche und darin die jeweils ganz konkrete einzelne Gemeinschaft derer, die zu Jesus gekommen sind, ist der Ort, an dem die Lehre Jesu für die konkrete Lebensgestaltung bestimmend ist. So ist sie auch der Ort, an dem der Vater und der Sohn erkannt und die Ruhe geschenkt werden können. Daß dieser Ort gleichzeitig immer wieder gefährdeter Weg ist auf dieses Ziel hin, macht Matthäus verschiedentlich deutlich, wie etwa im 18. Kapitel, um nur ein Beispiel zu nennen. Aber bei aller Gefährdung bleibt Jesus als derjenige, der die Torah zur Fülle bringt, der den Vater offenbart, und der Ruhe schenken wird.

---

114 Vgl. Lohfink, G.: Gemeinde, S. 38.40.

7. DAS ERBE IM NEUEN TESTAMENT

In den beiden ersten Teilen dieser Arbeit wurde deutlich, daß
Erbe ein Begriff ist, der in der biblischen und rabbinischen
Tradition eng mit dem Land Israel zusammenhängt (vgl. I.5,
S. 53 f.; I.7, S. 66 f.; II.1.1, S. 90 ff.; II.3.2, S. 120 ff.).
Von daher liegt es nahe, die neutestamentliche Verwendung dieses Begriffes zu untersuchen, wobei der ursprüngliche Zusammenhang von Erbe und Land generell akzeptiert wird.(115) So wird
unsere Aufmerksamkeit hier nicht so sehr der Herkunft des Erb-
gedankens gelten, als vielmehr der Frage, ob im neutestamentlichen Gebrauch von Erbe jede Verbindung mit dem Land aufgehoben ist, oder ob eine solche noch zu erkennen ist. Wir werden dabei folgenden griechischen Worten nachgehen:
κληρονομέω, κληρονομία, κληρονόμος, κληρόομαι, κλῆρος, κατακληρονομέω
und συγκληρονόμος.

7.1 Das Erbe in den synoptischen Evangelien

Es sei hier nochmals an Mt 5,5 erinnert (vgl. III.1.3, S. 252
ff.). Wie wir sahen, ist dieser Text der einzige, der im Neuen
Testament die Begriffe Land und Erbe zusammenbringt. Er wurde bereits im ersten Abschnitt dieses Kapitels besprochen, soll
hier aber ausdrücklich noch einmal erwähnt werden. Auf dem
Hintergrund von Mt 5,5 ist es nun umso interessanter zu sehen,
wie sonst in den synoptischen Evangelien von Erbe gesprochen
wird. Dabei werden uns nicht alle Texte in unserem Zusammenhang interessieren. So ist in Lk 12,13 zwar von einem Erbe die
Rede, aber dieser Text hat mit unserer Thematik nichts zu tun.
Interessanter ist das Gleichnis von den Winzern in Mt 21,33-46
mit den Parallelen in Mk 12,2-21 und Lk 20,9-19, das hier aber
auch nicht behandelt werden soll. Das Gleichnis spricht nicht
vom Land Israel, sondern vielmehr vom Volk und von denen,
die für das Volk Verantwortung tragen. In der biblischen Tradition ist der Weinberg ein Bild für das Volk, nicht für das
Land. Und in diesem Gleichnis geht es nicht um eine Veränderung des Weinbergs, sondern um die Art, wie die "Pächter" des
Weinbergs ihre Verantwortung wahrnehmen bzw. nicht wahrnehmen und das im Zusammenspiel mit dem Sohn, der hier der Er-

---

115 Vgl. dazu etwa: Hammer, Paul L.: The Understanding of
Inheritance in the New Testament. Diss. Heidelberg 1958.

be ist. Von daher ist die Aussageabsicht dieses Gleichnisses eine andere als die Thematik, die uns in dieser Arbeit beschäftigt. Andere Perikopen sind jedoch sehr interessant.

7.1.1 Mk 10,17-31 (vgl. Mt 19,16-30; Lk 18,18-30); Lk 10,25-28

Als erstes soll uns die Begegnung Jesu mit dem reichen Mann beschäftigen, Mt 19,16-30; Mk 10,17-31; Lk 18,18-30. Die jeweils letzten Verse dieser drei Abschnitte haben uns schon im Zusammenhang mit den Begriffen ἀγρός und χώρα beschäftigt (vgl. III. 2.3, S. 264 ff.); umso interessanter ist es, wenn wir jetzt von einem ganz anderen Ansatz her noch einmal auf diese Texte zurückkommen.

In diesem Abschnitt geht es um die Frage, wie es möglich ist, "das ewige Leben zu gewinnen" (erben: κληρονομήσω bzw. κληρονομήσει). Auffallend ist das Zusammenspiel bei allein drei Synoptikern zwischen "ewigem Leben" (ζωὴν αἰώνιον: Mt 19,16.29; Mk 10,17.30; Lk 18,18.30) und "Himmelreich" bzw. "Reich Gottes" (βασιλείαν τῶν οὐρανῶν : Mt 19,23; βασιλείαν τοῦ θεοῦ : (Mt 19,24?; Mk 10,23-24.25; Lk 18,24.25.29). Bei näherem Hinsehen scheint es nicht möglich zu sagen, daß diese miteinander identisch sind.(116) Vielmehr geht es um zwei verschiedene Ebenen sozusagen. Der Mann fragt Jesus, was er tun muß, um das ewige Leben zu gewinnen. Als Antwort verweist ihn Jesus auf die Gebote (ἐντολάς), womit die Antwort Jesu ganz im Judentum verwurzelt ist. Wer die Gebote hält, erbt das ewige Leben.(117) Vom Leben im Land wird nicht ausdrücklich gesprochen, aber wir haben in den ersten beiden Teilen dieser Arbeit gesehen, wie die Gebote – die Torah insgesamt – und Leben im Land aufeinander bezogen sind (vgl. I.4, S. 43-49, II.4.1, S. 126-131; II. 4.3, S. 134-138), so daß wir diese Landdimension hier durchaus als selbstverständlich annehmen dürfen – umso mehr, da das Gespräch im Land stattfindet. Hinzu kommt die Tradition, die das Leben im Land und das Leben in der kommenden Welt, also das ewige Leben, miteinander in Verbindung bringt (vgl. II.6.4, S. 185-193). So scheint das Land hier zwar nicht thematisiert, aber doch als selbstverständlicher Hintergrund präsent zu sein.

----

116 Dies entgegen Grundmann, W.: Das Evangelium nach Markus. ThHK 2. Berlin 1977 (7. Aufl.), S. 281.

117 Vgl. dazu Egger, Wilhelm: Nachfolge als Weg zum Leben. Chancen neuerer exegetischer Methoden dargelegt an Mk 10,17-31. Österreichische Biblische Studien 1. Klosterneuburg 1979, S. 90-94.

Diese Annahme findet Unterstützung durch einen weiteren Text, in dem vom Erben ewigen Lebens die Rede ist, nämlich Lk 10,25-28. Auch dort wird Jesus gefragt, was zu tun ist, um das ewige Leben zu erben (ζωὴν αἰώνιον κληρονομήσω). Hier läßt Jesus den Gesetzeslehrer selbst antworten, und dieser zitiert Dtn 6,5 und Lev 19,18.(118) Wie wir im ersten Teil dieser Arbeit bereits sahen, geht es in diesen beiden Texten um Gebote für das Leben im Land (vgl. I.4, S. 44 f.). Der Jesus befragende Gesetzeslehrer gehört zu denen, die im Schema und im Gebot der Nächstenliebe die Zusammenfassung der Torah sehen, und diese Antwort bestätigt Jesus: "Handle danach, und du wirst leben." (Lk 10,28). So sehen wir ihn auch in diesem Text ganz in Torah und Land verwurzelt.(119)

Aber in der Begegnung mit dem reichen Mann in Mt 19,16-30 und den Parallelen bleibt Jesus nicht bei der Frage nach dem ewigen Leben stehen. Er geht einen Schritt weiter und spricht vom Himmelreich bzw. vom Reich Gottes. Bei allen drei Synoptikern ist erst dann vom Reich Gottes die Rede, nachdem Jesus den Mann eingeladen hat, seinen Besitz zu verkaufen und an die Armen zu verteilen, um so Jesus nachzufolgen. Johannes J. Degenhardt macht darauf aufmerksam, daß es bei dieser Aufforderung darum geht, Grundbesitz im gelobten Land zu verkaufen.(120) Um das ewige Leben zu gewinnen, genügt ein Leben nach den Geboten. Aber um in das Reich Gottes hineinzugehen, muß noch ein Schritt getan werden: dorthin führt nur der Weg in der Nachfolge Jesu.

----

118 Für eine ausführliche Untersuchung des Schemas und seiner Bedeutung im Evangelium nach Lukas vgl. Miyoshi, Michi: Das jüdische Gebet Sema und die Abfolge der Traditionsstücke in Lk 10-13. In: Annual of the Japanese Biblical Institute 7 (1981), S. 70-123. Miyoshi stellt darin die Hypothese auf, es handle sich in diesen Kapiteln um eine jüdisch-christliche Gemeinderegel, der die jüdische Auslegung des Schemas zugrundeliegt.

119 Egger kann sagen, daß "Nachfolge im At... nichts anderes (ist) als eine Entfaltung des ersten Gebotes" (womit er Dtn 6,4 f. meint). Vgl. Egger, W.: Nachfolge, S. 87.94 f.

120 Vgl. Degenhardt, Johannes J.: Was muss ich tun, um das ewige Leben zu gewinnen? Zu Mk 10,17-22. In: Biblische Randbemerkungen. Schülerfestschrift für Rudolf Schnackenburg zum 60. Geburtstag. Augsburg 1974 (2. Aufl.), S. 163.

Damit bekommen die letzten Verse, die wir schon unter dem Stichwort ἀγρός betrachtet haben (vgl. III.2.3, S. 264 ff.), eine zusätzliche Dichte: in der Nachfolge Jesu, die ins Reich Gottes hineingehen läßt, bekommt das Erbe im Land einen anderen Stellenwert.(121) Denn in der Nachfolge Jesu ist nicht nur das ewige Leben in der kommenden Welt zu erwarten, sondern schon jetzt wird das Reich Gottes zur nahen Wirklichkeit. Das Reich Gottes aber sprengt, wie wir sahen, das Eingrenzende des Landes, indem es das, was durch das Leben im Land angezielt wird, zur Vollendung bringt – an sein Ziel bringt. Der Mann könnte in der Nachfolge Jesu "vollkommen" werden – das griechische Wort τέλειος hat dabei mit Ziel zu tun: man wird vollkommen, indem man ans Ziel kommt. An seinem Ziel aber, im Reich Gottes, werden die Grenzen des Landes gesprengt, was zeichenhaft deutlich wird, wenn der junge Mann eingeladen wird, seinen Besitz zu verkaufen (vgl. III.2.3, S. 264 f. zu Apg 4, 32-37) und wenn die Jünger, wie wir bereits gesehen haben, in den darauffolgenden Versen sagen, daß sie unter anderem ihre Äcker verlassen haben. So können die Jünger nach der Auferstehung dessen, mit dem das Reich Gottes nahegekommen ist, zu allen Völkern gesandt werden, und Jerusalem wird zum Mittelpunkt, von dem aus bis an die Grenzen der Erde die Frohbotschaft zu verkünden ist.

7.1.2 Mt 25,31-46(122)

Ein letzter Text in den synoptischen Evangelien könnte für unsere Fragestellung interessant sein. Mt 25,31-46 ist vom Erben

---

121 Angesichts der Bedeutung des Landes insgesamt, wie auch des persönlichen Anteils daran ist m.E. die Bemerkung Klaus Bergers, daß "die Schwierigkeit, in das Reich Gottes einzugehen, auf diesen Faktor (den Besitz) begrenzt und zu einer moralischen Frage" wird, zu "moralisierend" und einengend. Letztlich geht es auch hier um die Frage, wer Jesus ist – ob er derjenige ist, der tatsächlich die Grenzen des Landes sprengt auf das Reich Gottes hin. Vgl. Berger, Klaus: Die Gesetzesauslegung Jesu. Ihr historischer Hintergrund im Judentum und im Alten Testament. Teil I. WMANT. Neukirchen-Vluyn 1972, S. 409 f.

122 Für eine ausführliche Untersuchung dieser Perikope vgl. Friedrich, Johannes: Gott im Bruder? Eine methodenkritische Untersuchung von Redaktion, Überlieferung und Traditionen in Mt 25,31-46. CThM Reihe A. Bibelwissenschaft 7. Stuttgart 1977.

des Reiches die Rede, "das seit der Erschaffung der Welt für euch bestimmt ist" (V. 34 κληρονομήσατε τὴν ἡτοιμασμένην ὑμῖν βασιλείαν ἀπὸ καταβολῆς κόσμου). Der Kontext ist das endzeitliche Gericht, bei dem der Menschensohn auf dem Thron seiner Herrlichkeit sitzen und alle Völker richten wird. Man könnte fragen, ob dieser Abschnitt irgendetwas mit den Landtraditionen zu tun hat abgesehen davon, daß das Verb κληρονομέω verwendet wird. Die Frage stellt sich umso mehr, da von einem Reich gesprochen wird, das seit der Erschaffung der Welt bereitet ist. Wie W. Grundmann sagt, ist das Erbe "hier nicht mehr wie im Alten Testament die innergeschichtliche Größe des Landes, sondern das apokalyptisch verstandene Reich, das ausdrücklich als von Anbeginn der Erschaffung der Welt bestehend und für die Erwählten bereitet bezeichnet wird."(123) Jedoch sahen wir bereits im Anhang zum zweiten Teil dieser Arbeit, daß auch in der apokalyptischen Literatur ein Zusammenhang besteht zwischen dem, was schon bei Gott bereitet ist – so das himmlische Jerusalem – und dem, was im konkreten irdischen Land von Israel gelebt wird (vgl. Anhang 1: Apokalyptische Schriften, S. 219 f.). So muß die Präexistenz des Reiches nicht ausschließen, daß eine Verbindung zum Land besteht.

Eine Verbindung zu Landtraditionen scheint jedenfalls mit dem vorhanden zu sein, was als Vorbedingung genannt wird, um das Reich in Besitz zu nehmen, nämlich die Art des Umgangs mit den Mitmenschen. Wie wir in den beiden vorangegangenen Kapiteln wiederholt gesehen haben, ist die Bedingung für Israels Bleiben im Land, das sein Erbe ist, das Leben nach der Torah (vgl. I.6, S. 57 f. 60 f.; II.4.5, S. 143-150). Ein wesentlicher Bestandteil dieser Torah ist die Aufforderung an Israel, sich dessen zu erinnern, wie Gott an ihm gehandelt hat, als es Sklave in Ägypten war. So wie dieser sich erbarmende Gott für Israel gewesen ist, soll Israel an denen handeln, die in seiner Mitte benachteiligt sind (vgl. I.4, S. 46.48 f.; II.4.3, S. 136f.; II.4.5, S. 145 f.).(124) Mt 25,31-46 geht der Menschensohn-König-Richter noch einen wesentlichen Schritt weiter(125): der Umgang

---

123 Grundmann, W.: Matthäus, S. 526.

124 Vgl. hierzu auch Wilckens, Ulrich: Gottes geringste Brüder – zu Mt 25,31-46. In: Festschrift für Werner Georg Kümmel zum 70. Geburtstag: Jesus und Paulus. Göttingen 1975, S. 377 ff.

125 Zur Frage, inwieweit dieser mit Gott identifiziert wird, vgl. Friedrich, J.: Bruder, S. 260 ff. 268; und Wilckens, U.: a.a.O., S. 380 ff.

mit den Mitmenschen geschieht nicht nur im Gedenken an ihn (oder indem man ihn vergißt); vielmehr ist das Handeln am Mitmenschen gleichzeitig Handeln an ihm selbst, die Begegnung mit den Mitmenschen ist gleichzeitig Begegnung mit dem Menschensohn-König.(126) Diese Begegnung wird in seinem Gericht dann zum Kriterium für das Erben oder Nicht-Erben des Reiches.

Auf der einen Seite wird die Dimension der Gemeinschaft bzw. der Solidarität, die hinsichtlich des Landes von großer Bedeutung ist, in dieser Auffassung radikalisiert: die Mitmenschlichkeit wird in Mt 25,31-46 als einzige Bedingung aufgezeigt, wodurch auch hervorgehoben wird, daß das Erben zwar den Einzelnen betrifft, aber nichts Individualistisches ist. Andererseits geschieht aber auch eine Verschiebung der Akzente: der Abschnitt schweigt hinsichtlich des Landes, obwohl er Landtraditionen zu enthalten scheint. So könnten wir daraus verstehen, daß es jetzt nicht mehr so wichtig ist, wie man im Land als solchem lebt, sondern wie man dem Mitmenschen begegnet, und sei er noch so gering. Denn nicht die Herkunft oder der Rang des Menschen ist das wichtige, sondern die Tatsache, daß er der Hilfe bedarf und daß der Menschensohn-König sich gerade mit diesem "Geringen" identifiziert.(127) Statt des Landes ist nun sozusagen der Mitmensch "Ort" des Lebens, das in das zu ererbende Reich einmündet. Und wie das Land für Israel der

----

126 Friedrich sieht diese Identifikation des Menschensohnes mit den Ärmsten als eine der unableitbaren und analogielosen Aussagen der Perikope und damit als echtes Wort Jesu. Vgl. Friedrich, J.: a.a.O., S. 285 f. Allerdings läßt sich fragen, ob die von Friedrich zitierten rabbinischen Texte wirklich als "Analogie", die von Matthäus weitergeführt wurde, abzulehnen sind.

127 Friedrich hält es nicht für ausgeschlossen, daß mit diesen Geringen, den ἐλάχιστοι, die Jünger selbst, die als Wanderprediger von der Hilfe anderer abhängig waren, gemeint sind. Allerdings sieht er diese Möglichkeit als Einengung des ursprünglich weiten Sinnes. Vgl. Friedrich, J.: Bruder. S. 278.302 ff. So verlockend diese Deutung einerseits wäre, da sie die Verschiebung des Landes hin zur Gemeinde der "Brüder" (und Schwestern) Jesu untermauern würde, so sehr sind doch die Überlegungen von Ulrich Wilckens gerade in ihrer Universalität überzeugender. Demnach wären die "Brüder" alle notleidende Menschen. Vgl. Wilckens, U.: Brüder, S. 382.

Ort der Gottesbegegnung ist, so wird nun der Mitmensch zum Ort der Begegnung mit dem Menschensohn-König. So können wir sagen, daß dieser Abschnitt Mt 25,31-46 Landtraditionen aufnimmt und gleichzeitig wichtige Verschiebungen vornimmt, die die Aufmerksamkeit vom Land selbst weg und auf den Mitmenschen hin lenken.

7.2 Das Erbe in der Apostelgeschichte

Im Lukasevangelium haben wir zwei Texte betrachtet, die von erben sprechen (vgl. III.7.1, S. 310 ff). Wir haben gesehen, daß Lukas wie Matthäus und Markus vor allem die Landtradition aufgreift, die die Verbindung zwischen Leben im Land nach der Torah und ewigem Leben betont. Und auch Lukas zeigt die Verschiebung auf, die im Kommen Jesu ihre Ursache hat: nun ist das Reich Gottes gegenwärtig, und in der Nachfolge Jesu ist es möglich, dort hineinzugehen. Um dieses Reiches Gottes willen – und damit um der Nachfolge Jesu willen – ist es nun möglich, anderes, das bisher wesentlich war, zu verlassen (wobei Lukas die Äcker nicht erwähnt). Auf diesem Hintergrund wird es nun interessant sein zu sehen, ob Lukas in Lk 18,18-30 und 10,25-28 nur Traditionen aufgreift, die ihm schon vorlagen, oder ob er selbst in der Apostelgeschichte das Thema des Erbes fortführt und ihm eine eigene Bedeutung gibt.

Die Apostelgeschichte spricht an vier Stellen, die für uns interessant sein könnten, von erben: Apg 7,5; 13,19; 20,32 und 26,18. Die ersten beiden Texte sind Reden, die vom Erben Abrahams bzw. Israels in seiner Geschichte sprechen; die anderen zwei hingegen sprechen zur Gegenwart der christlichen Gemeinde.

7.2.1 Apg 7,5

In der Rede des Stephanus (vgl. III.4.1, S. 280 ff.), Apg 7,2-53 steht Apg 7,5 im ersten Abschnitt, der von Abraham spricht. Hier wird eine negative Aussage gemacht: Abraham hat das Land nicht geerbt, nicht einmal einen Fußbreit; aber Gott hat ihm und seinen Nachkommen das Land verheißen. Auf dem Hintergrund dessen, was wir schon sahen, fallen verschiedene Dinge in dieser Negativaussage auch im Kontext der restlichen Stephanusrede auf. Zum einen wird nirgends gesagt, daß Abraham eine Beerdigungsstätte, die Höhle von Machpela, gekauft hat. Da dieser Kauf als Anfang der Besitznahme des Landes in der Tradition von großer Bedeutung ist (vgl. I.2, S. 35 f.), gilt es umso mehr, auf dieses Fehlen zu hören. Dann erinnert Apg 7,5 an die Landverheißung an Abraham und seine Nachkommen, die aber nirgends in der folgenden Rede als erfüllt gezeigt wird. In V. 45 wird lediglich davon gesprochen, daß "unsere Väter" unter Josua ins Land (bzw. in den Besitz) der Heidenvölker hineingingen. Und schließlich greift Apg 7,5 einen Gedanken in Dtn 2,5 auf, wo es um die Landnahme Israels geht. Dort wird Mose gesagt, daß Israel vom Gebirge Seir, das dem Esau zum Besitz bestimmt ist, kein Fußbreit gegeben wird. In anderen Worten, Lukas greift in Apg 7,5 eine Schriftstelle auf, in der es um Land geht, das Israel nicht zum Erbe gegeben wird. Wenn wir dies mit Apg 7,45 zusammen lesen, scheint Lukas deutlich sagen zu wollen, daß die Verheißung des Erbes für Israel im Laufe seiner Geschichte noch in keiner Weise erfüllt worden ist, eine Deutung, die durch die Stephanusrede insgesamt nur verstärkt wird. So müssen wir fragen, warum Lukas zu so einem negativen Ergebnis kommt.

Es ist hier nicht der Ort für eine Gesamtexegese der Stephanusrede in Apg 7. Aber auch ohne eine solche Untersuchung in Einzelheiten ist klar, daß es in der Rede um das Zeugnis des Stephanus für "Jesus, den Nazoräer" geht. Laut Apg 6,13 f. wird Stephanus festgenommen und schließlich gesteinigt, weil er "gegen diesen heiligen Ort (den Tempel) und das Gesetz" geredet und gesagt hat, daß Jesus "diesen Ort zerstören und die Bräuche ändern" würde. Es geht also um das Verhältnis Jesu zum Tempel - und damit dürfen wir sicher auch sagen zum Land insgesamt - und damit um Jesus selbst, von dem es in Apg 7,56 heißt, daß Stephanus ihn als Menschensohn zur Rechten Gottes stehen sieht.

Wenn Lukas in der Stephanusrede hinsichtlich des Landes eher negative Aussagen macht, dann ist der Grund darin zu sehen, daß er die Dynamik der Geschichte Israels auf Jesus hin deutlich machen will. Es scheint ihm nicht darum zu gehen, das Land und die Geschichte Israels überhaupt abzuwerten, sondern er will sagen, daß all das noch nicht die Erfüllung war. Diese ist erst mit der "Ankunft des Gerechten" (V. 52) gegeben, mit Jesus, dem Nazoräer. Von dieser Ankunft her wird deutlich, daß alles Vorangegangene Schritte waren auf dem Weg zu Jesus hin - Etappen sozusagen, bei denen es um der Erfüllung willen gilt, nicht stehen zu bleiben. Im Lichte der Ankunft Jesu nimmt Lukas in der Rede des Stephanus dann zum Teil auch negative Positionen auf, wenn er glaubt, daß man die Dynamik aufhalten und bei einer Etappe stehenbleiben wolle, statt zur Erfüllung weiterzugehen. Ganz konkret geht es in dieser Rede, wie gesagt, um den Ort, an dem Gott zu verehren ist (vgl. V. 7), um den Tempel, wie wir in 6,13 f. schon sahen. Tempel und

Land aber sind nicht unabhängig voneinander zu denken. So wird die Verbindung zwischen verschiedenen Teilen der Stephanusrede deutlich: weder das Land noch der Tempel sind die Erfüllung der Verheißung und damit auch nicht der endgültige Ort, an dem Gott zu verehren ist. Was dieser Ort ist, sagt Stephanus nicht ausdrücklich, aber seine Vision des geöffneten Himmels mit Jesus zur Rechten der Herrlichkeit Gottes geht über die Grenzen des Tempels hinaus und verkündet den gekreuzigten und auferstandenen Menschensohn Jesus.

7.2.2 Apg 13,19

Atmosphärisch ganz anders ist die Rede des Paulus in Apg 13, 16-41, wobei Vers 19 sogar einen gewissen Widerspruch zu Apg 7 bildet: dort heißt es Dtn 7,1 aufnehmend, Gott habe im Land Kanaan sieben Völker vernichtet und "ihr Land ihnen (Israel) zum Besitz (Erbe) gegeben" (vgl. II.6.2, S. 176) (κατακληρονό-μησεν τὴν γῆν αὐτῶν). Auch diese Rede enthält einen Aufriß der Geschichte Israels, wobei dieser viel kürzer ist als in Apg 7. Umso mehr sagt Paulus über Jesus. Dabei ist die zentrale Aussage der Rede in V. 32 f. enthalten: "Gott hat die Verheißung, die an die Väter ergangen ist, an uns, ihren Kindern, erfüllt, indem er Jesus auferweckt hat, wie es schon im zweiten Psalm heißt: Mein Sohn bist du, heute habe ich dich gezeugt." Dieser Verkündigung entsprechend sind in der Rede zwei Schwerpunkte zu erkennen: David und Jesus, wobei von David in seinem Bezug zu Jesus gesprochen wird, und zwar hinsichtlich der Auferstehung. Diese Verkündigung und die beiden Schwerpunkte werfen dann auch neues Licht auf V. 19; zur Verheißung, die an die Väter ergangen ist, gehört seit Anfang an das Land. Wie wir sahen, sieht die biblische Tradition das Land als Ort des zukünftigen Heils, und die rabbinische Tradition hat dieses Heil unter anderem als Auferstehung der im Land begrabenen Toten expliziert (vgl. I.7, S. 62-71; II.6, S. 171-193, besonders S. 192). Wenn Lukas also in der Rede des Paulus die Erfüllung der Verheißung in der Auferweckung Jesu verkündet, dann ist es nicht verwunderlich, wenn er in V. 19 den Besitz des Landes voraussetzt. Nicht nur ist es das Land Davids, der gleich danach so hervorgehoben wird; es ist auch das Land, an das in der Erwartung der jüdischen Hörer, zu denen Paulus hier spricht, die Erfüllung der Verheißung so eng gebunden ist.

Wie oben schon bemerkt wurde, ist die Atmosphäre dieser Rede ganz anders als die von Apg 7. Rein äußerlich sind die Umstände der beiden Reden völlig verschieden. Dies hat dann auch innere Folgen: wo Stephanus von der weitergehenden Dynamik des Handelns Gottes spricht und von der Notwendigkeit, mit dieser Dynamik zu Neuem Schritt zu halten, liegt in der Rede des Paulus in Apg 13 die Betonung auf der Kontinuität des Handelns Gottes. In der Auferweckung Jesu wirkt Gott zwar Neues, aber dieses Neue ist eine Weiterführung dessen, was Gott in der Erwählung der Väter, im Exodus und in der Gabe des Landes schon gewirkt hat. In dieser Rede geht es Paulus darum, seinen jüdischen Hörern das Neue in Jesus zu verkünden und ihnen den Schritt zum Glauben an ihn zu ermöglichen. Da kann er nicht nur, sondern er muß die Geschichte Gottes mit Israel in ihrer ganzen Positivität mitverkünden, um deutlich zu machen, was Gott nun in Jesus gewirkt hat.

So gehört zur Verkündigung der Auferstehung sowohl in der rabbinischen Tradition als auch für Lukas die Rede von Exodus und Land. Daß die Erfüllung der Verheißung in der Auferweckung Jesu ihrerseits nun einen neuen "Exodus" zur Folge hat, wird in Apg 13,46 f. angesprochen (vgl. III.4.1, S. 279): nun ist die Zeit gekommen da das, was in Volk und Land Israel begonnen wurde, für alle Völker geöffnet ist: das Heil soll jetzt auch den Heiden verkündet werden "bis an das Ende der Erde."

7.2.3 Apg 20,32; 26,18

Der nächste Text der Apostelgeschichte, in dem vom Erbe die Rede ist, führt uns mitten hinein in die Verkündigung des Paulus an die Heiden: in Milet verabschiedet sich Paulus von den Ältesten der Gemeinde von Ephesus.(128) Er erinnert sie an sein Wirken unter ihnen und fährt in Apg 20,32 fort: "Und jetzt vertraue ich euch Gott und dem Wort seiner Gnade an, das die Kraft hat, aufzubauen und das Erbe in der Gemeinschaft der Geheiligten zu verleihen." (καὶ δοῦναι τὴν κληρονομίαν ἐν τοῖς ἡγιασμένοις (πᾶσιν)). Hier wird das Erbe zwar räumlich ausgedrückt, wie es in der biblischen und rabbinischen Tradition immer wieder geschieht, aber der Raum des Erbes ist nicht ein Land, eine Stadt, ein Acker, sondern eine Gemeinschaft, die Gemeinschaft der Geheiligten.

----

128 Zur Frage, inwiefern Apg 20,17-38 die Gattungsmerkmale einer Abschiedsrede aufweist, vgl. Michel, Hans-Joachim: Die Abschiedsrede des Paulus an die Kirche Apg 20,17-38. Motivgeschichte und theologische Bedeutung. StANT 35, München 1973.

Paulus sagt nicht ausdrücklich, wer diese Geheiligten sind, aber vom Kontext her können wir vielleicht einiges sagen, und dies umso mehr, wenn wir den vierten Text, in dem vom Erbe die Rede ist, nämlich Apg 26,1-23, mit zu Rate ziehen. Dort spricht Paulus von seinem Damaskus-Erlebnis und berichtet Agrippa und Festus von dem, was Jesus ihm gesagt hat: "Ich will dich vor dem Volk und den Heiden retten (ἐκ τοῦ λαοῦ καὶ ἐκ τῶν ἐθνῶν), zu denen ich dich sende, um ihnen die Augen zu öffnen. Denn sie sollen sich von der Finsternis zum Licht und von der Macht des Satans zu Gott bekehren und sollen durch den Glauben an mich die Vergebung der Sünden empfangen und mit den Geheiligten am Erbe teilhaben." (καὶ κλῆρον ἐν τοῖς ἡγιασμένοις) (Apg 26,17 f.). Paulus ist also zu Juden und Heiden gesandt, um jetzt ihnen die Teilhabe an einem Erbe zu ermöglichen, das manchen "Geheiligten" schon gegeben ist. Daß diese Geheiligten Engel sind, scheint in keiner Weise wahrscheinlich(129): das letzte Mal, das in der Apostelgeschichte von Engeln gesprochen wurde, war Apg 12 bzw. Apg 23,8.9,(130) und in beiden Texten geht es um völlig andere Fragen. Außerdem ist im Hinblick auf Apg 26,18 nicht ersichtlich, weswegen im Zusammenhang mit Sündenvergebung von Engeln die Rede sein sollte. Viel eher scheint eine Möglichkeit zu sein, daß Paulus bzw. Lukas von denen spricht, die schon an Jesus Christus glauben. In Apg 20,21 sagt Paulus, er habe "Juden und Griechen beschworen, sich zu Gott zu bekehren und an Jesus Christus, unseren Herrn, zu glauben." Aber vielleicht meint Paulus das Volk Israel, das Jahrhunderte vor Jesus gelebt hat, und dem Gott ein Erbteil im Land gegeben hat, wie Paulus bzw. Lukas in Apg 13,19 schon bestätigt hat. Diese Möglichkeit, die eher anzunehmen ist, wird noch verstärkt durch Apg 26,6, wo Paulus sagt, daß er "wegen der Hoffnung auf die Verheißung, die von Gott an unsere Väter ergangen ist", vor Gericht steht. Wenn in Jesus Christus die Erfüllung der Verheißung gegeben ist, dann ist anzunehmen, daß auch in der Theologie des Lukas das Zwölfstämmevolk, das in der Vergangenheit auf diese Erfüllung hoffte und Gott unablässig diente (vgl. Apg 26,7), daran

---

129 Dies entgegen etwa Schlier, Heinrich: Der Brief an die Epheser. Düsseldorf 1968 (6. Aufl.), S. 84; oder Barth, Markus: Ephesians. Introduction, Translation and Commentary on Chapters 1-3. AncB 34,1. Garden City, New York 1974, S. 151; in diesem Zusammenhang kommentieren allerdings beide Eph 1.

130 Wigram, George: The Englishman's Greek Concordance of the New Testament, London 1976, S. 5.

teilhat. Diese könnten dann die Geheiligten sein, von denen
Apg 20,32 und 26,18 sprechen. Gerhard Lohfink versteht den Begriff im Zusammenhang mit der ekklēsia als terminus technicus,
der seit Dan 7 "das Gottesvolk der Endzeit" bezeichnet.(131)
Dann können wir es so verstehen, daß nun Heiden wie Juden gerufen sind, an dem Erbe teilzuhaben, das in Israel im Erbe
des Landes schon grundgelegt wurde.

Gleichzeitig aber verkündet Paulus ganz Neues, wenn er das Erbe in der Gemeinschaft der Geheiligten mit dem Glauben an Jesus Christus verknüpft – Neues nicht nur weil nun auch die Heiden berufen sind. In Apg 20,25 sagt Paulus, er habe "das
Reich" verkündet, und in Apg 26,8.23 spricht er ausdrücklich
von der Auferweckung der Toten durch Gott bzw. ganz präzise
davon, daß Jesus "als erster von den Toten auferstanden" ist.
Dieser Gestorbene und Auferstandene soll "dem Volk und den Heiden" verkündet werden, und es ist sicher legitim, diese Verkündigung mit der des Reiches in Apg 20,25 zu verbinden. Damit
nimmt Lukas in der Apostelgeschichte die Tradition wieder auf,
die wir schon in den synoptischen Evangelien gesehen haben
(vgl. III.7.1.1, S. 310 ff.): wer Jesus Christus verkündet, kündet gleichzeitig vom Reich Gottes, wobei es ausdrücklich nun
um den Auferstandenen geht.

Auf diesem Hintergrund wird nun deutlich, weswegen Lukas bei
aller Anknüpfung an die Glaubenstradition Israels zwar räumlich, aber nicht mehr vom Raum des Landes spricht, sondern
von der Gemeinschaft der Geheiligten. Die Grenzen des konkreten Landes sind ausgeweitet auf alle Völker hin, aber das Kon-
kret-Partikuläre dieses Raumes geht nicht verloren; vielmehr ist
dieses Partikuläre jetzt gegeben im Konkreten der Gemeinschaft
derer, die sich "bekehren und an Jesus Christus ... glauben"
(Apg 20,21). Wir sind zurückgeführt zum Anfang der Apostelgeschichte, den wir im Zusammenhang mit ἀγρός behandelt haben.
In Apg 4,32-37 sahen wir, daß die Äcker verkauft werden können um der Gemeinschaft willen (vgl. III.2.3, S. 265 f.). Nun
wird dies bestätigt und ergänzt: in der Auferstehung Jesu ist
das Reich Gottes nun gegenwärtig. Somit sind nicht mehr die
Grenzen des Landes maßgebend; jetzt kommt es vielmehr auf die
Gemeinschaft derer an, die "bis an das Ende der Erde" (Apg
13,47) sich zu Gott bekehren und an Jesus Christus glauben.
(132) Die Gemeinschaft des im Land lebenden Volkes Israel wird

----

131 Lohfink, G.: Gemeinde, S. 91.

132 Michel definiert κληρονομία, wie es hier und im Neuen Te-

320

geöffnet, um alle Völker, die auf der ganzen Erde leben, miteinzuschließen. In dieser Öffnung wird der Anspruch nicht weniger konkret, als er im Land für Israel ist. Die Konkretheit
bleibt, aber sie verlagert sich weg vom begrenzten Land zur
jeweils konkreten Gemeinschaft derer, die auf der ganzen Erde
die Verkündigung des gegenwärtigen Reiches Gottes annehmen
und sich durch das Wort der Gnade aufbauen lassen (Apg 20,
32).

7.3 Das Erbe in den Briefen des Paulus

Die paulinischen Briefe sind die älteste Schicht des Neuen Testaments, wie es uns überliefert ist. Diese Tatsache könnte zunächst vermuten lassen, daß Paulus Landtraditionen besonders
intensiv verarbeiten würde. Gleichzeitig ist er aber ein aus der
Diaspora stammender Jude, und wie wir schon bei Philo von
Alexandrien sahen, kann das ein Faktor sein, der eventuell in
mancher Hinsicht zu einer anderen Haltung dem Land gegenüber
führt (vgl. Anhang 3: Philo, S. 228-242). Und schließlich kommt
bei Paulus ein weiterer Faktor hinzu, der wohl der wichtigste
ist: Paulus ist durch und durch der Apostel der Heiden, und
auch wenn er mit Juden zu tun hat, vergißt er nicht das Neue,
das in Jesus Christus gegeben ist, und das gerade in bezug
auf die Heiden zu solch schwerwiegenden Konsequenzen führt.
Der grundlegende Auftrag des Paulus, den Heiden die Frohe Botschaft zu verkünden, ist auch dann deutlich zu erkennen, wenn
es um das Erbe geht.

An dieser Stelle ist ein Wort zu sagen über die Themenkreise
bei Paulus. Wir werden uns auf die Texte beschränken, in denen vom Erbe die Rede ist. Wichtig jedoch sind auch die Texte,
die vom In-Christus-Sein der Christen sprechen, wie auch die
Rolle Jerusalems und des Tempels bei Paulus. Beide Themen werden in dieser Arbeit nicht näher betrachtet, da sie schon verschiedentlich besprochen wurden, vor allem in der unveröffent-
lichten Arbeit von Michelangelo Priotto(133) über das Land bei

----

stament insgesamt verwendet wird, als "das Reich Gottes,
das die Gläubigen als Miterben Christi erhalten." Vgl.
Michel, H.-J.: Abschiedsrede, S. 89. Die Verbindung zur
Gemeinschaft der Geheiligten, die hier so deutlich ist,
zeigt, wie wenig das Reich Gottes ein individualistisches
Erbe ist.

133 Priotto, Michelangelo: Il significato della Terra promessa
nelle vita e nel pensiero di Paolo. Jerusalem 1975.

Paulus und im schon zitierten Buch von W.D. Davies, "The Gospel and the Land".(134) Hinzu kommt für die Thematik Jerusalem und der Tempel der Einwand, der schon öfter erwähnt wurde: so sehr es unmöglich ist, Land und Jerusalem bzw. Tempel voneinander zu trennen, weil sie untrennbar aufeinander bezogen sind, so setzen sie doch jeweils ihre verschiedenen Akzente. Wie es im Rahmen des zweiten Teils dieser Arbeit nicht möglich war, die rabbinischen Quellen auf ihre Aussagen zu Jerusalem und dem Tempel hin zu untersuchen, so müssen wir auch bei Paulus – wie im übrigen Neuen Testament – diese Fragestellung beiseite lassen. Sie wäre eine eigene Arbeit wert und würde gerade auch deswegen die Grenzen dieser Untersuchung sprengen. Wir werden uns also auf die Frage nach dem Erbe bei Paulus beschränken, wobei er sich in seinen Briefen an die Galater, an die Römer und im Ersten Brief an die Korinther zu diesem Thema äußert.

7.3.1 1 Kor 15,35-50

Der wohl älteste Brief des Paulus, der von erben redet, ist 1 Korinther. In 1 Kor 6,9 f. sagt Paulus, wer das Reich Gottes aufgrund seines Verhaltens nicht erben wird. Dieser Text ist noch aufschlußreicher, wenn wir ihn im Zusammenhang mit den Briefen an die Galater und an die Römer näher betrachten. So wenden wir uns gleich dem zweiten für uns interessanten Abschnitt von 1 Kor zu, nämlich 15,35-50. In V. 50 heißt es: "Fleisch und Blut können das Reich Gottes nicht erben (σὰρξ καὶ αἷμα βασιλείαν θεοῦ κληρονομῆσαι οὐ δύναται); das Vergängliche erbt nicht das Unvergängliche." Der Vers steht im Zusammenhang mit der Frage nach der Auferstehung, wobei Paulus mit dem Bild der Saat erklärt, daß das Irdische verwandelt werden muß, um nicht mehr irdisch, sondern himmlisch zu sein. Nicht nur die Thematik des Erbes erinnert an die Landtradition, sondern auch die Frage nach der Auferstehung.

In den rabbinischen Quellen, die wir gesehen haben, wird die Auferstehung der Toten im Zusammenhang mit dem Land thematisiert (vgl. II.6.4, S. 192), aber es wird nicht gefragt, wie dieses neue Leben wohl sein wird, oder in welchem Bezug es zum Leben hier und jetzt vor der Auferstehung stehen wird. Wie sollte man sich auch auf sinnvolle Weise über solche Fragen Gedanken machen, wenn jede praktische Erfahrung fehlt!

---

134 Vgl. Davies, W.D.: Gospel, S. 164-220.

Paulus schreibt aber aus einer anderen Situation heraus: zu Beginn dieses Kapitels hat er das urchristliche Bekenntnis zum Auferweckten, der gestorben ist und begraben wurde, wiederholt und daran erinnert, daß der Auferweckte vielen Jüngern erschienen ist und zuletzt auch ihm, Paulus. Von dieser Erfahrung her wird die ganze Situation verändert; nicht nur weiß sich Paulus zu den Heiden gesandt, wie wir noch sehen werden (vgl. III.7.3.3, S. 328 f.), sondern er weiß auch um die Verwandlung die notwendig ist, um vom Irdischen zum Himmlischen hinüberzugehen, vom Verweslichen zum Unverweslichen.

Damit kann Paulus dann aber auch zumindest zwischen den Zeilen eine Aussage über das Land machen, das in der jüdischen Tradition so eng mit der Auferstehung verquickt ist. Das, was der Mensch in der Auferstehung erben soll, muß ihm entsprechen, und so spricht Paulus vom Unvergänglichen, das zu erben ist. Auch das Land erfährt somit eine Veränderung: nun ist nicht mehr das konkret-irdische Land als Erbe in Aussicht gestellt, sondern das Reich Gottes. Paulus sagt nichts ausdrücklich über das Land, und so fehlt hier auch jeder Hinweis darauf, daß er hier zu Nichtjuden spricht und also auch zu Menschen, die zum Land Israel nie eine Beziehung hatten. Aber so wie es die Verkündigung des Auferstandenen ist, die Paulus sich den Heiden zuwenden läßt, so können wir annehmen, daß auch die Verwandlung des Erbes vom irdischen Land zum Reich Gottes aufgrund der Auferweckung Jesu geschieht. Dabei steht auch diese Verwandlung nicht im Widerspruch zur rabbinischen Tradition, die nicht nur die messianische Zeit, sondern auch die kommende Welt als im Land verwurzelt sieht (vgl. II.6.4, S. 185-189). Wenn Paulus das Bild der Saat verwendet, um die Verwandlung des Leibes begreiflich zu machen, dann läßt sich dies vielleicht auch auf das Erbe übertragen: was im Land Israel als Saat begonnen hat, wird in der Frucht zum Reich Gottes, an dem alle Völker Anteil erhalten.

7.3.2 Gal 3,6-18; 3,26-4,7; 4,21-31; Röm 4,1-25; 8,12-17

Die Öffnung zu den Heiden hin ist auch am Ursprung der Überlegungen in den Briefen an die Galater und an die Römer hinsichtlich des Erbes.(135) Die Texte, die uns hier beschäftigen

----

135 Zur Bedeutung des Todes Jesu für die Universalisierung des Bundes vgl. Hughes, John J.: Hebrews IX,15 ff. and Galatians III,15 ff. A Study in Covenant Practice and Procedure. In: NT 21 (1979), S. 27-96.

werden, sind Gal 3,6-18; 3,26-4,7; 4,21-31; und Röm 4,1-25; 8, 12-17. Dabei fällt auf, wie sehr diese Texte in ihrer grundlegenden Thematik einander begegnen. ·

Beiden Briefen gemeinsam in den Abschnitten Gal 3,6-18; 3,26-4,7 und Röm 4,1-25 ist die Problematik von Gesetz und Verheißung und deren Verhältnis zum Erbe. In Gal 3,18 wird es in dem Satz zusammengefaßt: "Würde sich das Erbe nämlich aus dem Gesetz herleiten, dann eben nicht mehr aus der Verheißung." (εἰ γὰρ ἐκ νόμου ἡ κληρονομία, οὐκέτι ἐξ ἐπαγγελίας). Und in beiden Briefen begründet Paulus seine Argumentation, indem er auf Abraham zurückgreift, dem die Verheißung gegeben wurde, bevor er die Beschneidung angenommen hatte, und dem der Glaube als Gerechtigkeit angerechnet wurde. Es geht Paulus dabei um die Frage, ob es als Christ notwendig ist, nach dem Gesetz zu leben oder nicht. Seine Antwort ist eine klare Absage an das Gesetz (obwohl dazu noch einiges zu sagen sein wird - vgl. III.7.3.3, S. 327), wobei diese Aussage in ihrer positiven Aussage grundsätzlich ganz im Einklang ist mit der rabbinischen Erwartung für die Zeit nach dem Kommen des Messias, wenn die Torah des Mose auf neue Weise ausgelegt wird, und als Folge manche Gebote nicht mehr gelten werden. (136) Somit spricht Paulus mit seiner Absage ein Bekenntnis zu Jesus dem Christus aus, und gleichzeitig ist diese Absage keine Entwertung des Gesetzes für die Zeit vor dem Kommen Jesu bzw. für diejenigen, die Jesus nicht als Messias erkannt haben.

Mit dem Bekenntnis zu Jesus dem Christus schlägt Paulus die Brücke von Abraham zur christlichen Verkündigung unter den Heiden. Er betont dabei die Verheißung an Abraham, er werde der Vater vieler Völker sein, und er hebt gleichzeitig hervor, daß Jesus der eine Nachkomme Abrahams ist. Durch ihren Glauben an Jesus Christus, durch ihr In-Christus-Sein, werden die Heiden nun zu Kindern Abrahams und damit zu Erben der Verheißung.(137) Damit hat Paulus Landtraditionen angesprochen,

----

136 Vgl. Barth, G.: Gesetzesverständnis, S. 144-147; und Scholem, Gershom: Über einige Grundbegriffe des Judentums. Frankfurt 1970, S. 145-151.

137 Ulrich Wilckens verweist in seinem Kommentar zu Röm 4,13 darauf, daß schon im Buch Genesis die Verheißung von Samen und von Land "einen universalen, alle Völker mit umfassenden Horizont" hat. Diese universale Dimension wird dann in Röm 4,16 ff. entwickelt. Vgl. Wilckens, U.: Der Brief an die Römer. 1. Teilband: Röm 1-5. EKK 6/1. Zürich 1978, S. 269.

auch wenn diese nicht ausdrücklich zur Sprache kommen. Er gründet seine ganze Argumentation auf der Verheißung an Abraham, die ohne Leistung seinerseits an ihn ergeht. Wie wir bereits in den ersten beiden Teilen dieser Arbeit sahen, ist dies auch die Grundlage der biblischen und rabbinischen Traditionen hinsichtlich des Landes (vgl. I.1, S. 26-30; II.1.1, S. 90 f.). Auch dort ist nicht das Leben nach der Torah der Grund der Verheißung, sondern vielmehr deren Konsequenz – und es wird noch zu untersuchen sein, ob und inwiefern Ähnliches auch bei Paulus zu finden ist.(138)

Nicht nur der Boden der Verheißung an Abraham verweist auf Landtraditionen. Auch die wiederholte Rede vom Erbe, dessen Empfänger nun auch die Heiden sind, führt dorthin. Die Verheißung, in der nun die Heiden mitinbegriffen sind, hat einen Inhalt, nämlich das Erbe. Für diesen Inhalt zitiert Paulus nicht mehr die Verheißung an Abraham, wodurch auf andere Weise wieder das deutlich wird, was wir in 1 Kor 15,35-50 schon sahen (vgl. III.7.3.1, S. 322 f.): auch hier ist das Erbe für Paulus nicht mehr einfach das Land, das Abraham verheißen wurde, sondern diese Verheißung unterliegt einer Verwandlung.

Im Brief an die Römer wird das Erbe zumindest andeutungsweise wie in 1 Kor 15,35-50 mit der Auferstehung in Verbindung gebracht: der Gott, der Abraham zum Vater vieler Völker bestimmt hat, ist auch der Gott, von dem Abraham geglaubt (und erfahren) hat, daß er "die Toten lebendig macht und das, was nicht ist, ins Dasein ruft" (Röm 4,17). Und einige Verse später (Röm 4,24 f.) spricht Paulus ausdrücklich von der Auferweckung Jesu, an die die Christen glauben. Röm 8,17 führt diese Verbindung noch einen Schritt weiter: Erbe Gottes und Miterbe Christi sein bringt ein Mit-Leiden mit Christus mit sich, "um mit ihm auch verherrlicht zu werden."

Franz Mußner verweist in seinem Kommentar zum Galaterbrief auf Gal 3,14 und meint, das Erbe sei der Empfang des Geistes. (139) Es ist tatsächlich auffallend, wie oft im Zusammenhang mit den hier behandelten Texten vom Geist die Rede ist (Gal 3, 14; 4,6; und das ganze 8. Kapitel im Brief an die Römer). Dennoch scheint es nicht der Geist zu sein, der das Erbe selbst

----

138   Dies entgegen Wilckens, U.: a.a.O., S. 270, der den Glauben selbst als Teil des Gesetzes im jüdischen Verständnis sieht.

139   Mußner, Franz: Der Galaterbrief. Freiburg 1974 (2. Aufl.), S. 241.

ist. Vielmehr ist der Geist derjenige, der die Menschen zu Kindern Gottes macht und damit zu Erben.(140) Weiter oben schon war die Rede von der Gabe des Geistes im Zusammenhang mit der Erneuerung und Universalisierung des Bundes (vgl. III.4.1, S. 279 f.). Hier wird nun ein anderer Aspekt der Gabe des Geistes deutlich, der ebenfalls in Ezech 36,16-38 enthalten ist: es ist der Geist Gottes, der Israel - und im Brief an die Galater und an die Römer alle Völker - dazu befähigt, im Land den Bund zu leben. Entsprechend ist er dann bei Paulus derjenige, der die Kinder Gottes - die Erben - befähigt, zum verheißenen Erbe zu gelangen, nämlich "an Wesen und Gestalt (des) Sohnes (Jesus Christus) teilzuhaben, damit dieser der Erstgeborene von vielen Brüdern sei." (Röm 8,29). Damit ist aber gleichzeitig gesagt, daß er der Geist der eschatologischen Neuschöpfung ist. (141) Insofern ist er dann auch die Erstlingsgabe (vgl. Röm 8,23) des verheißenen Erbes (wobei der Bezug der Erstlingsgaben zum Land nicht zu übersehen ist; vgl. etwa Ex 22,28 f.; 23,19; Dtn 26,2-10; und II.4.1, S. 129 f.; II.4.3, S. 136).

In all den bisher behandelten paulinischen Texten ist die Auferstehung Jesu von zentraler Bedeutung. Die Erfahrung, daß Jesus lebt, hat Paulus bei Damaskus "umgeworfen" und ihn, den von Gotteseifer verzehrten Juden, zum Bekenntnis zu Jesus dem Christus geführt. Von daher ist es nicht verwunderlich, wenn er alles im Lichte des Auferstandenen deutet. Daß die Landtraditionen von dieser Interpretation mitbetroffen sind, ist umso weniger verwunderlich, da das Land schon in alten Traditionen so eng mit dem zukünftigen Heil und der Auferstehung der Toten in Verbindung gebracht wurde. So kann Paulus die Verheißung an Abraham aufgreifen und nun statt vom Erbe des Landes gerade aufgrund dieser Traditionen vom Erbe des Reiches Gottes sprechen. Die Verwandlung, die in der Auferstehung Jesu an ihm schon geschehen ist, betrifft auch das Erbe, und diejenigen, die Miterben Christi sind, werden verwandelt wie er, um das Erbe in Empfang zu nehmen.

----

140 Vgl. Duprez, Antoine: Note sur le rôle de l'Esprit-Saint dans la filiation du chrétien. A propos de Gal. 4,6. In RSR 52 (1964), S. 421-431.

141 Vgl. Koch, Robert: L'aspect eschatologique de l'Esprit du Seigneur d'après Saint Paul. In: Studiorum Paulinorum Congressus Internationalis Catholicus 1961. An Bib 17-18, Bd. 1, Rom 1963, S. 135-140.

7.3.3 Gal 5,13-26; 1 Kor 6,9 f.

Bei aller Verwandlung von Land zu Reich Gottes wird aber der Boden des Konkreten nicht verlassen. Auf der einen Seite hat Paulus betont, daß die Verheißung Gottes nicht aufgrund von Leistung gegeben wurde, und damit erteilt er eine Absage an die grundlegende Rolle des Gesetzes (das allerdings auch im Judentum nicht der Grund, sondern die Folge der Initiative Gottes ist!(142) Auf der anderen Seite jedoch spielt auch für Paulus das Gesetz eine Rolle. Wie wir sahen, ist es der Geist, der die Erben befähigt, zum Erbe zu gelangen. In Gal 5,13-26 erläutert Paulus, was es bedeutet, aus diesem Geist zu leben. Schon in V. 14 zitiert er das Gebot der Nächstenliebe, indem er sagt, daß das ganze Gesetz in diesem einen Wort zusammengefaßt ist. Und nachdem er in V. 22 f. die Frucht des Geistes aufgezeigt hat, sagt er: "dem allem widerspricht das Gesetz nicht." Dieses Leben aus dem Geist ist so wichtig, daß Paulus von denen, die nicht so leben, sondern noch die Werke des Fleisches tun, sagt: "Wer so etwas tut, wird das Reich Gottes nicht erben" (Gal 5, 21), wobei er darauf hinweist, daß er dasselbe schon früher gesagt hat, nämlich in 1 Kor 6,9 f., der ersten Stelle, die wir zu Beginn dieser Überlegungen erwähnt haben.(143)

Bei aller Betonung auf die Verheißung Gottes, die vor jeder Leistung gegeben ist, legt Paulus doch auch Wert auf das Tun des Menschen, nicht weil der Mensch etwas zu verdienen hat, sondern weil er dem, was ihm gegeben ist, entsprechen muß. Auch wenn dieses Tun für Paulus nun nicht mehr dem jüdischen Gesetz in seinem vollen Umfang entspricht, wie etwa Beschneidung, Nahrungsgebote usw., steht er hiermit doch auf jüdischem Boden. Wenn Gott sich ein Volk schafft und zur Begegnung mit ihm beruft, dann soll es diesem Gott gemäß leben. Wenn es das nicht tut, kann es nicht im Land bleiben, es nicht auf Dauer erben, wie wir in den beiden ersten Kapiteln dieser Arbeit gesehen haben (vgl. I.6, S. 60 f.; II.4.5, S. 146-150). Jetzt bei Paulus wird es das Reich Gottes nicht erben können, wenn es nicht aus dem Geist lebt, der es zu Miterben Christi macht.

----

142 Vgl. Sanders, E.P.: On the Question of Fulfilling the Law in Paul and Rabbinic Judaism. In: Daube, David: Donum Gentilicium. Oxford 1978, S. 123.

143 Vgl. Lohfink, G.: Gemeinde, S. 116-124, wo der Verfasser anhand des Stichwortes allēlōn den positiven Forderungen für das Leben in der Gemeinde Jesu nachgeht.

Wie wir sahen, übernimmt Paulus nicht das ganze Gesetz, wie es im Judentum zu praktizieren ist, und dies ist für ihn ein Christusbekenntnis. Aber er bleibt verwurzelt im jüdischen Boden der Torah. Wie viele seiner Zeitgenossen fragt Paulus nach der Zusammenfassung des Gesetzes.(144) Das Ergebnis findet in Gal 5,14 einen Niederschlag.(145) Indem Paulus das Gesetz im Gebot der Nächstenliebe zusammengefaßt sieht, und indem er in Gal 5,22 als erste Frucht des Geistes die Liebe nennt, sagt er gleichzeitig etwas aus, das in bezug auf das Land von Bedeutung ist. Seit der Auferstehung Jesu sind nun auch die Heiden in die Verheißung Gottes an Abraham miteingeschlossen – Heiden, die nie zu einem Leben nach der Torah im Land Israel berufen waren. Seit der Auferstehung ist nun auch das Erbe des Landes verwandelt, aufgebrochen zu seiner endgültigen Frucht als Reich Gottes, in das die Erben als Miterben Christi gelangen werden. Der Weg dorthin, das Leben aus dem Geist, ist aber ebenso konkret wie das Leben nach der Torah im Land für Israel ist. Das Gesetz ist zusammengefaßt im Gebot zu lieben, und Paulus spricht in seinen Briefen immer wieder in ganz konkreten Zusammenhängen von dieser Liebe. Damit ist das Land nicht nur auf das endgültige Ziel, das Reich Gottes, hin verwandelt. Es bleibt auch der konkrete Ort der alltäglichen Praxis, und dieser Ort ist die konkrete Gemeinde der Brüder und Schwestern im Glauben (wobei wie für Israel auch die Lebensform der "Außenwelt" gegenüber mit dazugehört).(146) In 1 Kor 6,1-11, das wir schon zitiert haben, ist von einem konkreten Beispiel die Rede: wie sollen Christen mit einem Rechtsstreit umgehen? Auf dieses Beispiel brauchen wir in unserem Zusammenhang nicht näher einzugehen. Indem es für andere steht, zeigt es durch V. 9 f., wie sehr der Alltag der Gemeinde hier und jetzt mit dem Erben des Reiches Gottes zusammenhängt.

Die paulinischen Briefe, wo sie von erben sprechen, haben gezeigt, daß die Auferstehung Jesu für Paulus von grundlegender und verwandelnder Bedeutung ist. Durch sie sind nun auch die Heiden von der Verheißung Gottes an Abraham betroffen. Durch

---

144 Zur Bedeutung des "einen" im rabbinischen Judentum, sei es eine Mizvah oder eine Übertretung, vgl. Sanders, E.P.: a.a.O., S. 103-126.

145 Auch in den synoptischen Evangelien ist diese Fragestellung zu erkennen, wenn Jesus nach dem ersten oder großen Gebot gefragt wird: vgl. Mt 22,34-40; Mk 12,28-34; Lk 10, 25-28.

146 Vgl. Röm 12,17-21; und Lohfink, G.: Gemeinde, S. 124-134.

sie wird aber auch das verheißene Erbe des Landes aufgebrochen, und wie die Saat zur Frucht kommt, ist nun das Ziel der
Verheißung das endgültige Erbe, das Reich Gottes. Vom Geist
zu Kindern Gottes und Miterben Christi gemacht, sollen alle die
glauben an Wesen und Gestalt des Auferstandenen teilhaben, um
mit ihm das Erbe des Reiches Gottes zu erhalten. Auf dem Weg
zu diesem Ziel gilt es, aus dem Geist zu leben und die Frucht
des Geistes zu bringen, die in der konkreten Liebe zunächst
innerhalb der christlichen Gemeinde Gestalt annimmt. Bei aller
Verwandlung, die die Landtraditionen bei Paulus gerade aufgrund seiner Begegnung mit dem Auferstandenen erfahren, konnten wir feststellen, daß Paulus auch fest im jüdischen Boden
verwurzelt bleibt, und daß für ihn die Verwandlung sozusagen
vom Inneren dieser Glaubenstradition her geschieht.

7.4 Das Erbe in den Briefen an die Epheser und an die Ko-
losser

In den beiden Briefen an die Epheser und Kolosser ist verschiedentlich vom Erbe die Rede: Eph 1,11.14.18; 3,6; 5,5; und Kol
1,12 und 3,24. Ohne hier auf die Frage nach dem Verfasser einzugehen, fällt auf, daß hier viele Gedanken wiederkehren, denen wir schon in den Briefen des Paulus begegnet sind.

Zum einen ist das Thema der Heiden, die nun "Miterben" sind
und "an derselben Verheißung in Christus Jesus teilhaben" (Eph
3,6), ein zentrales, um nicht zu sagen das zentrale Thema des
Briefes an die Epheser. Damit stellt der Verfasser das, was
"durch das Evangelium" nun an den Heiden geschieht, in den
Kontext dessen, was Gott seit Anfang an mit Israel getan hat
(vgl. Eph 1,3-14). Indem er in 3,6 von Verheißung und Erbe
spricht, wird diese Verbindung sehr ausdrücklich, und gerade
bei diesen Begriffen schwingen Landtraditionen mit.

Worin die Erbschaft, zu der nun auch die Heiden berufen sind,
besteht, wird im Hymnus Eph 1,1-14 und in den darauffolgenden Versen zur Sprache gebracht. Ganz hymnisch wird sie zunächst umschrieben: als Söhne Gottes zu ihm zu gelangen, zum
Lob seiner Herrlichkeit (Vv. 5.12.14). In 1,18 ff. faßt der Verfasser das Erbe zusammen, wenn er auf die Auferweckung Jesu
zurückkommt und sagt, daß dieselbe "Kraft und Stärke", die
Gott an Christus erwiesen hat, auch an den Gläubigen wirksam
ist. Der Ansatz ist dabei ganz und gar ekklesiologisch(147): der

----

147 Vgl. dazu Hammer, Paul L.: A Comparison of Kleronomia
in Paul and Ephesians. In: JBL 79 (1960), S. 267-272.

auferweckte Christus ist das Haupt, die Kirche ist sein Leib,
der von ihm erfüllt wird (Eph 1,22). Dabei ist auffallend, wie
sehr der Hymnus betont, daß all dies um Gottes willen geschieht: zum Lob seiner Herrlichkeit. Auch damit sind Landtraditionen angesprochen, wie wir bereits gesehen haben (vgl. I.1,
S. 30; I.7, S. 67-70; II.2.3, S. 110 ff.; II.6.3, S. 183 f.).

Im Brief an die Kolosser wird in 1,12 das Los (κλῆρος) erwähnt,
an dem die Gläubigen Anteil haben. Eduard Schweizer schreibt
über diesen Begriff: "Die Aussage vom 'Los', das einem Menschen zufällt, gründet in der alttestamentlichen Geschichte von
der durch Gott gnadenhaft vollzogenen Zuteilung des Landes in
Kanaan, ist aber schon längst eschatologisiert auf den 'Erbteil'
übertragen worden, der den Glaubenden einst zugeteilt werden
soll ..."(148) Diese Eschatologisierung ist auch hier deutlich:
die Gläubigen sind, wie die "Heiligen, die im Licht sind", von
Gott "aus der Macht der Finsternis entrissen und aufgenommen
in das Reich seines geliebten Sohnes" (V. 13). Im darauffolgenden Hymnus wird wieder, wie im Brief an die Epheser, vom Auferstandenen gesprochen, der das Haupt des Leibes ist, nämlich
der Kirche, und als solcher der Erstgeborene von den Toten (V.
18).

Damit sind wir im Zusammenhang mit dem Erbe, das nun auch
den Heiden gilt, wieder zur Auferstehung zurückgekehrt. Die
Tatsache, daß im Brief an die Kolosser nicht vom Reich Gottes,
sondern vom Reich des Sohnes gesprochen wird, ist auffallend
und macht noch deutlicher, worum es nun beim Erbe oder Los
geht. Der Raum des Landes ist nun verwandelt zum "Raum" des
auferstandenen Christus. Das Erbe ist nun nicht mehr ein Anteil am konkreten Land, sondern ein Anteil an seinem Leib und
damit an der konkreten Gemeinschaft derer, die seinen Leib bilden und Mit-Hoffende sind auf die Vollendung in der Auferstehung.

Daß es um Hoffnung geht und noch nicht um Vollendung, ist in
Eph 1,13 f. deutlich: der Geist ist gegeben als erster Anteil
am Erbe. Damit begegnen wir einer weiteren Thematik, die schon
bei Paulus besprochen wurde (vgl. III.7.3.2, S. 325 f.; III.7.
3.3, S. 327 f.). Hier ist die Betonung nicht darauf, daß der
Geist zu Kindern Gottes macht, sondern vielmehr daß dieser Geist
das Angeld des Erbes ist, das noch aussteht, und damit der An-

---

148 Schweizer, E.: Der Brief an die Kolosser. EKK 12, Zürich
     1976, S. 47.

fang des neuen Lebens der Auferstehung. So wird auch für den Verfasser dieses Briefes der Geist auf konkrete Weise wirksam, wie dies etwa in Eph 4,25-32 und 5,15-20 zum Ausdruck kommt.

Auch im Brief an die Epheser (und im Brief an die Kolosser mit einem Satz in 3,24 angedeutet) ruft das Erbesein zu praktischen Konsequenzen im alltäglichen Leben auf. In Eph 5,5 begegnet wieder die Aussage, der wir schon in den Briefen an die Korinther und an die Galater begegnet sind: "Kein unzüchtiger, schamloser oder habgieriger Mensch – das heißt kein Götzendiener – erhält ein Erbteil im Reich Christi und Gottes."(149) Neben den konkreten Anforderungen, die schon besprochen wurden, fällt auf, daß diejenigen, die sich nicht so verhalten, mit Götzendienern gleichgesetzt werden, was wiederum an Landtraditionen erinnert. Wie wir in den ersten beiden Teilen dieser Arbeit sahen, ist das Land der Ort der Begegnung mit Gott, der Raum, in dem Israel das Volk Gottes ist und er Israels Gott. Wenn Israel nicht nach der Torah lebt, verliert es das Land – und Leben außerhalb des Landes wird mit Götzendienst gleichgestellt (vgl. II.4.1, S. 128; II.4.2, S. 131 f.). Im Brief an die Ephe-

----

149 Andreas Lindemann betont, daß das Verbum hier im Präsens steht, so daß das Reich Christi vom Verfasser des Epheserbriefes als schon gegenwärtig gesehen wird. Von daher kann Lindemann zu dem Schluß kommen: "Zugespitzt könnte man sagen, daß der Verfasser des Epheserbriefes unter βασιλεία τοῦ χριστοῦ das gleiche versteht wie unter dem σῶμα χριστοῦ, nämlich die gegenwärtige Kirche" – eine Deutung, die in etwas anderer Form und mit dem zusätzlichen Aspekt der noch zu erwartenden Fülle schon an anderer Stelle begegnet ist. Allerdings ist gegen Lindemann auch hier zu fragen, ob das eschatologische Erbe schon gegenwärtig ist, wenn vorher vom Angeld gesprochen wurde, und wenn es notwendig ist, zum Gehorsam zu ermahnen. So schreibt Rudolf Schnackenburg in seinem Kommentar zu Eph 1,14: "Der Geist ist uns als 'Angeld' geschenkt, das Gottes volle 'Auszahlung' unseres Erbes, den Reichtum seiner Herrlichkeit (vgl. 1,18), erwarten läßt ... der Geist (ist uns) aus der freien Güte Gottes geschenkt, in reichem Maß, aber noch nicht in der Fülle, die diese Gabe Gottes in sich birgt." Vgl. Lindemann, Andreas: Die Aufhebung der Zeit. Geschichtsverständnis und Eschatologie im Epheserbrief. StNT 12, Gütersloh 1975, S. 200 f.; vgl. auch das. S. 103 f.; und Schnackenburg, Rudolf: Der Brief an die Epheser. EKK 10. Zürich 1982, S. 64 f. und S. 74.

ser werden jene, die Gott nicht nachahmen (vgl. Eph 5,1), mit Götzendienern gleichgesetzt, und sie erhalten kein "Erbteil im Reich Christi und Gottes."

Eine Frage ist offengeblieben, nämlich wer die "Heiligen" sind, die sowohl in Eph 1,18 als auch in Kol 1,12 erwähnt werden. Mit ihnen erhalten im Epheserbrief die Heiden und im Kolosserbrief ganz einfach die Adressaten "ihren" Anteil am Erbe. Joachim Gnilka, Markus Barth und Heinrich Schlier deuten diese "Heiligen" als Engel,(150) aber ihre Schlußfolgerung von verschiedenen Qumran-Texten her ist nicht überzeugend, wie schon im Zusammenhang mit der Apostelgeschichte gesagt wurde (vgl. III.7.2.3, S. 318 ff.). Liest man die von diesen Autoren angegebenen Stellen in den Qumran-Texten, so ist dort weder eindeutig festzustellen, daß die dort erwähnten Heiligen Engel sind, noch daß die "Himmelssöhne" in Parallelismus zu den Heiligen stehen, und selbst wenn dies der Fall sein sollte, müssen auch sie nicht Engel sein. Für die Heiligen geht aus einigen Texten vielmehr hervor, daß es sich hier um Mitglieder der Qumran-Gemeinde handelt, die schon geheiligt sind – auf jeden Fall ist von heiligen Menschen die Rede. So heißt es etwa in 1 QS IX,7 f., einer Stelle, die M. Barth in der Fußnote angibt(151): "Nur die Söhne Aarons sollen in bezug auf Rechtsprechung und Besitz herrschen, nach ihrer Weisung soll das Los fallen für jede Anordnung der Männer der Gemeinschaft und den Besitz der Männer der Heiligkeit (אַנְשֵׁי הַקֹּדֶשׁ), die in Vollkommenheit wandeln."(152)

Um welche heiligen Menschen es sich in den beiden Briefen an die Epheser und Kolosser handelt, läßt sich ein wenig vom Text selbst her folgern. Kol 1,12 spricht zwar nur von jenen, die schon "im Licht" sind, und in V. 13 sagt der Verfasser, Gott habe "uns der Macht der Finsternis entrissen ..." Daraus läßt sich nicht viel entnehmen, aber es scheint sich um solche zu handeln, die schon vorher aus der Macht der Finsternis entrissen wurden. Da die Gemeinde in Kolossä nicht die erste christliche Gemeinde war, ist es durchaus möglich, daß mit den Heili-

---

150 Vgl. Gnilka, Joachim: Der Epheserbrief. HThK 10, Fasz. 2, Freiburg 1971, S. 91; Barth, Markus: Ephesians. S. 151; und Schlier, Heinrich: Epheser, S. 84.

151 Vgl. Barth, M.: Ephesians, S. 151.

152 Lohse, Eduard: Die Texte aus Qumran. Hebräisch und Deutsch. Darmstadt 1981, S. 32 f.

gen einfach andere im Glauben schon ältere Gläubige gemeint sind.

Der Hymnus im Epheserbrief ist aufschlußreicher. Er spricht von "uns", den Juden, die Gott "vor der Erschaffung der Welt" erwählt hat, "damit wir heilig und untadelig leben vor Gott". Damit werden die nun zum Glauben an Jesus Christus berufenen Heiden wieder auf die Geschichte Israels mit Gott verwiesen, und es scheint durchaus im Sinne des Epheserbriefes, wenn wir annehmen, daß hier die Heiligen die schon "im voraus" (vgl. V. 5) erwählten und als Erben vorherbestimmten und eingesetzten (vgl. V. 11) Juden sind.(153) Wenn der Verfasser des Briefes an die Epheser sein Schreiben an die Heiligen, die ἁγίοις, richtet, dann werden sie, die Heiden, zugleich in die Geschichte Israels hineingeholt und darin nun verwurzelt. Der Brief an die Kolosser ist ebenfalls an die ἁγίοις adressiert, und es ist zumindest nicht auszuschließen, daß auch hier derselbe Hintergrund besteht. Schließlich ist für Eph 1,18 gerade vom Inhalt des Erbes her, wie wir ihn gesehen haben, in keiner Weise ersichtlich, wie dieses Erbe für Engel von Bedeutung sein kann, geht es doch um die Macht Gottes, die sich in der Auferweckung Jesu erwiesen hat, und die nun an seinem Leib, der Kirche, wirksam ist.(154)

Die Frage nach der Identität der in Eph 1,18 und Kol 1,12 angesprochenen Heiligen ist für unsere Fragestellung insofern von Bedeutung, da sie hinsichtlich des Erbes entweder völlig wegführt von den Landtraditionen oder noch einmal zurückführt zum Volk Israel und damit zum überlieferten Verständnis des Erbes. Bei aller Verwandlung, die im Verständnis des Erbes bei Paulus und den Verfassern der Briefe an die Epheser und Kolos-

---

153 Vgl. Schlier, Heinrich: Die Kirche nach dem Briefe an die Epheser. In: Schlier, H.: Die Zeit der Kirche. Exegetische Aufsätze und Vorträge, Bd. 1, Freiburg 1962 (3. Aufl.), S. 164; aber auch S. 177, wo Schlier die Frage nach den Heiligen offen läßt.

154 Auch Eduard Schweizer lehnt die Deutung ab, die unter den Heiligen Engel versteht. Für ihn ist diese unwahrscheinlich "weil die 'Heiligen' in 1,2.4.22.26. ...; 3,12 immer die Gemeindemitglieder beschreiben, vor allem aber weil dies auch für die Parallelformulierung Apg 26,18 zutrifft. Also ist hier an den Raum der Kirche gedacht ..." (vgl. Abschnitt 7.2.3 dieses Kapitels). Schweizer, E.: Kolosser, S. 47 f.

ser vollzogen wird, scheint die Verwurzelung in der alten Land-
tradition doch vorhanden zu sein. Da die Identifizierung der
Heiligen als Engel nicht überzeugen konnte, ist auch hier kein
Argument gegen die Annahme dieser Verwurzelung zu sehen.

7.5 Das Erbe in Tit 3,1-7

Die in 1 Kor, Gal und Röm angesprochenen Themen finden sich
im Brief an Titus 3,1-7 wieder, wenn auch mit etwas anderem
Akzent.(155) Dort ist von der Taufe die Rede, aber die grundlegenden Aussagen treffen sich zum Großteil mit denen des Paulus, die wir beleuchtet haben. Im Brief an Titus wird zwar
nicht ausdrücklich von der Auferstehung gesprochen, aber Jesus
Christus wird "unser Retter" genannt (σωτῆρος ἡμῶν), und das
"ewige Leben" (ζωῆς αἰωνίου) soll geerbt werden. Die Bezeichnung "Reich Gottes" fehlt, aber die Rolle des Heiligen Geistes
bei der "Erneuerung" (ἀνακαινώσεως) bzw. der "Wiedergeburt"
(παλιγγενεσίας) wird erwähnt.(156) Ebenso enthält der Abschnitt
einen Hinweis auf das Geschenkhafte der "Rettung" durch Gott:
nicht aufgrund von Werken, sondern aufgrund seines Erbarmens
hat Gott uns gerettet. Indem hervorgehoben wird, daß die Rettung nicht aufgrund von menschlicher Leistung geschehen ist,
fällt allerdings besonders auf, daß hier nicht von Verheißung
die Rede ist. Dieses Fehlen läßt die Frage aufkommen, ob mit
der Rettung, von der hier gesprochen wird, einzig das Kommen
Jesu gemeint ist. Allerdings sieht der Verfasser dieses Briefes
Jesus nicht isoliert, denn nur wenige Verse vorher, in 2,14, zitiert er die Schrift. Insgesamt jedoch ist das einzige, was in
diesem Text an Landtraditionen erinnert, die Erwähnung vom
Erbe. In diesem Zusammenhang ist dann auch der paränetische
Teil in den Versen 1 f. interessant, wobei dort auffällt, daß
es um das Verhalten der Getauften "den Herrschern und Macht-
habern" (V. 1) und "allen Menschen" (V. 2) gegenüber geht,
und nicht nur innerhalb der Gemeinde (aber auch bei Paulus
sollte die Betonung auf das Leben miteinander nicht ausschließlich verstanden werden; jedoch ist es in der Gemeinde, daß
sichtbar wird, was Gott gewirkt hat (vgl. III.7.3,3, S. 328)).

----

155 Die Frage nach dem Verfasser dieses Briefes braucht uns
    bei unserer Fragestellung nicht näher zu beschäftigen.

156 Zum Zusammenhang von Taufe, Wiedergeburt, Wirken des
    Geistes und Erbesein der Gläubigen vgl. Hasler, Victor:
    Die Briefe an Timotheus und Titus (Pastoralbriefe). ZBK
    12. Zürich 1978, S. 96 f.

Auf dem Hintergrund dessen, was wir in den paulinischen Briefen gesehen haben, ist es möglich, daß auch Tit 3,1-7 von
Landtraditionen geprägt ist. Allerdings treten diese, wenn sie
überhaupt noch bewußt präsent sind, sehr in den Hintergrund.

7.6 Das Erbe im Brief an die Hebräer

Der Brief an die Hebräer spricht wiederholt von erben, aber
mit einem ganz anderen Ansatz als derjenige, den wir bisher
gesehen haben.

7.6.1 Hebr 1,1-14(157)

Zum ersten Mal begegnet uns das Wort κληρονόμος schon in Hebr
1,2, wo gleich der unterschiedliche Ansatz dieses Briefes deutlich wird: der Sohn, durch den Gott jetzt spricht, ist von Gott
zum Erben des Alls eingesetzt (ὃν ἔθηκεν κληρονόμον πάντων).
Dieser Sohn hat (so in V. 4) auch einen Namen geerbt (κεκληρονό-
μηκεν ὄνομα), der den Namen der Engel überragt. In diesen
zwei Versen wird schon zum Ausdruck gebracht, worum es dem
Verfasser in diesem ersten Kapitel – und immer wieder im Hebräerbrief – geht. Sein Interesse ist christologisch, und er
zeigt wer Jesus ist, indem er auf die jüdische Erfahrung, vor
allem die liturgische, zurückgreift, um mit eigenen Midraschim
die Person Jesu zu verkünden. Diese Arbeit ist nicht der Ort,
um ausführlich auf die christologische Konzeption des Briefes
einzugehen,(158) aber die Grundlage hinsichtlich des Erbes soll
doch kurz erwähnt werden, wobei einiges schon im Zusammenhang
mit der verheißenen Ruhe erwähnt wurde (vgl. III.6.1, S. 293-
303).

Der Sohn, der als solcher die Engel überragt, ist von Gott als
Erbe des Alls eingesetzt, was in den Vv. 5-13 in einem Psalmen-

----

157 Hinsichtlich der Abgrenzung dieser Texteinheit mit den Vv.
     1-4 als Einleitung und den Vv. 5-14 als ersten Abschnitt
     vgl. Vanhoye, Albert: Situation du Christ. Hébreux 1-2.
     Paris 1969, S. 51 f. und S. 121 ff.

158 Für eine ausführliche Untersuchung dieser Frage vgl. Van-
     hoye, A.: a.a.O. Er kommt zu dem Ergebnis, daß im Brief
     an die Hebräer in den beiden ersten Kapiteln Jesus gleich-
     zeitig als Sohn in der Herrlichkeit Gottes und als Mensch
     in vollster Solidarität mit den Menschen gezeigt wird.
     Vgl. S. 390 f.

midrasch erläutert wird. Es geht dabei um die Sohnschaft und die Herrschaft dieses Sohnes mehr als um die Erbschaft, aber das eine hängt mit dem anderen zusammen. Als Schöpfung ist das All von Anbeginn Eigentum Gottes, und wie wir schon gesehen haben, wird das Land wie auch das Volk Israel in der biblischen und rabbinischen Tradition als besonderes Eigentum Gottes verstanden und damit auch als sein persönliches Erbe (vgl. I.1, S. 28 f.; I.5, S. 50-53; II.1.2, S. 92 f.). Wenn der Sohn als solcher von Gott bezeugt und den Menschen verkündet wird, dann liegt es nahe, daß er auch zum Erben Gottes eingesetzt wird und die Herrschaft antreten kann. Im Brief an die Hebräer ist in diesem ersten Kapitel nur vom Erben des Alls die Rede, und das Land Israel wird nicht angesprochen. Es ist anzunehmen, daß der Verfasser, der ganz die jüdische Erfahrung und Gedankenwelt aufgreift und darauf aufbaut, auch das Land im Hintergrund hört, wenn er den Sohn als Erben bezeichnet. Auch Albert Vanhoye sieht dies, wenn er in seiner Studie zu Hebr 1-2 in der Bezeichnung Jesu als Erben des Alls einen Hinweis darauf erkennt, daß Gott seine Verheißung an Abraham in Jesus zur Erfüllung bringt: indem Gott den Erben (Jesus) gibt, kann er nun auch das Erbe selbst geben.(159) Wieder geht es hier um die christologische Fragestellung und damit auch um die Universalität der Herrschaft des Sohnes, so daß die Landtradition als solche in diesem Kapitel nur implizit thematisiert wird. Aber implizit stellt diese Universalität selbst eine Anknüpfung an Landtraditionen dar: Otto Michel bemerkt in seinem Kommentar, daß wir "es wohl nicht mit einem juristisch-antiken Begriff κληρονόμος πάντων = der 'Allerbe' zu tun (haben), sondern mit einer eschatologischen Wendung ..."(160) Wie wir schon wiederholt gesehen haben (vgl. I.7, S. 69 f.; II.6.3, S. 182 ff.; III.7.4, S. 329-334), beinhaltet die Hoffnung auf das zukünftige Heil im Land die Herrschaft Gottes über alle Völker, nicht nur über Israel, was zumindest angedeutet wird, etwa in Hebr 1,5 wenn Ps 2 aufgegriffen wird.(161)

In Hebr 1,14 begegnet uns der Erbschaftsgedanke zum dritten Mal in diesem Kapitel. Hier werden jene erwähnt, "die das Heil erben sollen" (κληρονομεῖν σωτηρίαν). Aber es geht noch immer um die christologische Fragestellung, so daß an dieser Stelle

----

159   Vgl. Vanhoye, A.: a.a.O., S. 62 ff.

160   Michel, Otto: Der Brief an die Hebräer. KEK 13. Göttingen 1966 (12. Aufl.), S. 94.

161   Vgl. Michel, O.: a.a.O., S. 103.

in keiner Weise das zu erbende Heil erläutert wird. Auch wird nicht näher darauf eingegangen, wer die Erben des Heils sind; vielmehr konzentriert sich der Verfasser noch immer auf die Gegenüberstellung des Sohnes und der Engel. So ist das erste Kapitel des Briefes an die Hebräer zwar auffallend durch die dreimalige Erwähnung von Erbe, aber für sich genommen sagt es kaum etwas über die Gegenwart von Landtraditionen in diesem Brief. Jedoch ist im Brief an die Hebräer noch verschiedentlich von erben die Rede, und diese Texte müssen auf dem christologischen Fundament verstanden werden, das schon im ersten Kapitel gelegt wird.

7.6.2 Hebr 6,12.13-20

Schon in Hebr 6 kommt das Thema der Erbschaft wieder zur Sprache, dieses Mal im Zusammenhang mit der Verheißung an Abraham. In 6,12 und 6,17 wird von den Erben der Verheißungen gesprochen (μιμηταὶ δὲ τῶν διὰ πίστεως καὶ μακροθυμίας κληρονομούντων τὰς ἐπαγγελίας bzw. ἐπιδεῖξαι τοῖς κληρονόμος τῆς ἐπαγγελίας τὸ ἀμετάθετον τῆς βουλῆς αὐτοῦ). Wer diese Erben der Verheißungen sind, wird nicht ausdrücklich gesagt, aber vom Kontext her ist anzunehmen, daß es alle Nachkommen Abrahams sind, die vor Christus wie auch diejenigen, die jetzt zum Glauben an den Sohn gekommen sind.(162) Diese Annahme wird bestärkt, wenn wir Hebr 6,12 in Zusammenhang mit Hebr 11,1-40 lesen: der Glaube der Erben, der nach 6,12 nun nachzuahmen ist, wird im späteren Kapitel exemplarisch aufgezeigt, wobei alle Zeugen dieses Glaubens vorchristlich sind, zum Teil sogar vor Abraham gelebt haben.

Auch in Hebr 6,13-20 kommt das Land Israel nicht ausdrücklich zur Sprache. Der Schwur Gottes an Abraham wird inhaltlich als Segen und Nachkommenschaft expliziert. Worin der Segen besteht, wird nicht gesagt, aber indem der Verfasser sagt, Abraham habe das Verheißene erlangt, liegt der Gedanke nahe, daß das Land darin zumindest miteingeschlossen ist.(163) Jedoch geht es auch in diesem Abschnitt nicht um den Inhalt dessen, was Gott Abraham zugeschworen hat, sondern um den Eid selbst, und damit um die unabänderliche Treue Gottes, der bei sich selbst geschworen hat.

----

162 Vgl. Michel, O.: Hebräer, S. 252.

163 Vgl. dazu jedoch Hebr 11,8-10.13-16 und was III.6.1, S. 293-303 dazu schon gesagt worden ist.

Mit dieser Thematik steht der Brief an die Hebräer ganz auf der Linie der biblischen und rabbinischen Landtradition, die, wie wir sahen (vgl. I.1, S. 29; II.1.1, S. 90), immer wieder auf den Schwur Gottes zurückgreift und auf der darin impliziten Treue Gottes aufbaut. Der Brief an die Hebräer steht in dieser Tradition, aber gleichzeitig gibt er ihr eine neue, diesem Brief eigene Interpretation: mit dem Schwur Gottes und damit mit seinen Verheißungen ist noch mehr gemeint als das Land und der Tempel. Jesus ist "in das Innere hinter dem Vorhang ... für uns als unser Vorläufer hineingegangen." Darin ist den Glaubenden Hoffnung und ein fester Anker gegeben auf ihrem Weg zur Erfüllung der Verheißungen, deren Erben nun auch sie sind (vgl. 1,14).

Im vorangehenden Abschnitt 5,11-6,12 spricht der Verfasser von diesem Weg, und auch darin klingen Landtraditionen an. Die Gemeinde wird in V. 12 ermahnt, nicht müde zu werden, sondern Nachahmer derer zu sein, "die aufgrund ihres Glaubens und ihrer Ausdauer Erben der Verheißungen sind." Das Fundament ist der Glaube an den, der Abraham einen Schwur geleistet hat, aber dieser Glaube zeigt sich in der konkreten Praxis, die in 5,11-6,11 angesprochen wird (vgl. I.6, S. 57-62; II.4.5, S. 143-150). Dabei verwendet der Verfasser in V. 7 f. ein Bild vom Land, um die Folgen des Verhaltens zu veranschaulichen. Ohne die Bedeutung dieses Bildes hinsichtlich der Landtraditionen zu überspitzt zu deuten, ist es interessant, daß gerade im Zusammenhang mit der Verheißung an Abraham die Folgen von Gut und Böse im Verhalten mit gesegnetem und verfluchtem Land beschrieben werden. Mit oder ohne Überspitzung dieses Bildes bleibt die Aufforderung, den Glauben und die Ausdauer auf dem Weg zur Erfüllung der Verheißungen durch die Praxis zu konkretisieren, wie auch die Gefahr des Verlustes durch ein Leben, das diesem Glauben nicht entspricht.

7.6.3 Hebr 9,11-28

Der Verfasser sieht in 6,6 ein Leben, das dem Glauben nicht entspricht, als ein neues Ans-Kreuz-Schlagen des Sohnes Gottes, was einer Abkehr von ihm entspricht. Wie schwerwiegend diese Abkehr ist hinsichtlich des Erbes der Verheißungen, wird in Hebr 9,11-28 auf andere Weise thematisiert. Christus, der Erbe des Alls (1,2), ist "der Mittler eines neuen Bundes; sein Tod hat die Erlösung von den im ersten Bund begangenen Übertretungen bewirkt, damit die Berufenen das verheißene ewige Erbe erhalten (τὴν ἐπαγγελίαν λάβωσιν οἱ κεκλημένοι τῆς αἰωνίου κληρονομίας)." (Hebr 9,15). Schon in Hebr 1,14 wurde in christologischem Kontext von denen gesprochen, die das Heil erben sollen. Hier ist der Erbe des Alls gleichzeitig Mittler des Erbes für die Berufenen, und das in Verbindung mit Sündenvergebung.

Wie wir bereits in den ersten beiden Teilen dieser Arbeit gesehen haben, wird Sünde gesehen als Grund, das Land zu verlieren (vgl. I.6, S. 60 ff.; II.4.5, S. 146-150). Demgegenüber steht die Hoffnung auf die Treue Gottes, der ohne menschliche Vorleistung ins verheißene Land zurückführen und dort Umkehr und eine neue und vertiefte Beziehung zu ihm bewirken wird (vgl. I.7, S. 65-68; II.4.6, S. 151 ff.; II.6.2, S. 173-182). Hier nun sagt der Verfasser, daß dieses Neue durch Christus bereits – zumindest potentiell – gegeben ist. Nicht nur die Landtradition spielt in diesem Abschnitt eine Rolle, wenn im Zusammenhang mit dem neuen Bund vom Blut des Opfers die Rede ist. Aber indem die Erlösung von den Übertretungen im Zusammenhang mit dem Empfang des Erbes gesehen wird, scheint hier auch ein Aufgreifen dieser Landtradition vorzuliegen, wobei die Erlösung nun nicht den Eintritt ins Land zur Folge haben wird, sondern vielmehr das Hineingehen "in den Himmel selbst" vor Gottes Angesicht (9,24), wo Christus, der Mittler und Vorläufer (vgl. 6,20), schon ist.

7.6.4   Hebr 11,7.8; 12,17

An drei weiteren Stellen im Brief an die Hebräer ist von Erbe die Rede: Hebr 11,7.8 und Hebr 12,17. Hebr 11,8 wurde schon im Zusammenhang mit der Ruhe besprochen (vgl. III.6.1, S. 293-303) und braucht hier nicht noch einmal behandelt zu werden. Hebr 11,7 ist in unserem Zusammenhang weniger interessant. Noach wird als einer der Zeugen des Glaubens genannt, und von ihm heißt es, er sei "Erbe der Gerechtigkeit, die aus dem Glauben kommt." (καὶ τῆς κατὰ πίστιν δικαιοσύνης ἐγένετο κληρονόμος). Diese Aussage ist zwar theologisch interessant, da sie Noach in Verbindung mit Abraham sieht (vgl. Gen 15,6), der lange nach ihm lebte, und Noach sozusagen als Erbe der Gerechtigkeit Abrahams bezeichnet wird. Aber aus demselben Grund ist Hebr 11,7 für unsere Fragestellung uninteressant: zur Zeit Noachs gab es noch keine Landverheißung, so daß hier nur das Wort Erbe an die Landtradition erinnert. Das genügt kaum, um hier auch nur zwischen den Zeilen eine verborgen verarbeitete Landtradition zu vermuten. Allerdings bestärkt dies das, was wir schon für Abraham im Zusammenhang mit der Ruhe bemerkt haben: im Brief an die Hebräer besteht das Erbe letztlich nicht im Land, sondern das Land ist eine Etappe auf dem Weg zum eigentlichen Erbe. Dies wird noch einmal am Ende von Kap. 11

gesagt, wenn der Verfasser seine Aufzählung der Glaubenszeugen zum Abschluß bringt mit der Bemerkung: "Doch sie alle, die aufgrund des Glaubens (von Gott) besonders anerkannt wurden, haben das Verheißene nicht erlangt, weil Gott erst für uns etwas Besseres vorgesehen hatte: denn sie sollten nicht ohne uns vollendet werden (τελειωθῶσιν)." (11,39 f.). Die Vollendung aber ist im Brief an die Hebräer christologisch zu verstehen.

Ein letztes Mal wird in Hebr 12,17 von erben gesprochen, und zwar in negativer Form: Esau wurde verworfen als er den Segen erben wollte. Der Kontext, 12,14-17, ist paränetisch und verweist zurück an 6,11 f. und dessen Zusammenhang. Esau wird erwähnt, um die Gemeinde daran zu erinnern, daß es auch für sie möglich ist, das verheißene Erbe zu verlieren (vgl. III.6.1, S. 293-303; III.7.8.2, S. 345). Sie sind noch auf dem Weg zum Ziel, und auf diesem Weg gilt es, gemäß der Gnade Gottes zu leben (vgl. 12,15). Das Erbe mag für den Verfasser des Briefes an die Hebräer nun nicht mehr das Land Israel sein, aber der Weg dorthin ist für ihn genauso konkret und alltäglich wie derjenige zum Erbe im Land Israel (vgl. I.4, S. 43-49; II.4.1-4.5, S. 126-150).

7.7 Das Erbe in Jak 2,5

Im Jakobusbrief steht nur einmal, nämlich in Jak 2,5 das Wort κληρονόμος (bzw. κληρονόμους), und damit verwandte Begriffe erscheinen überhaupt nicht. In diesem Abschnitt spricht Jakobus zur Gemeinde über ihr Verhalten Armen und Reichen gegenüber. Er mahnt sie, frei zu bleiben "von jedem Ansehen der Person" (2,1) und begründet dies, indem er sagt: "Hat Gott nicht die Armen dieser Welt auserwählt, um sie durch den Glauben reich und zu Erben des Königreichs zu machen, das er denen verheißen hat, die ihn lieben?" (2,5) Wir sind erinnert an die Seligpreisung, die den Armen das Reich Gottes zuspricht (vgl. III.1.3, S. 252 ff.), aber in der Mahnung des Jakobus schwingen auch ältere Gedanken aus dem Tenach mit.

Vom Kontext her ist es klar, daß Jakobus an die materiellen Armen denkt. Sie sind es, die in den Gemeinden unterschiedlich zu den Reichen behandelt werden. Dies muß nicht im ausschließlichen Sinn zu verstehen sein, als ob nur die materiell Armen Erben des Reiches seien, sondern vielmehr sind diese Armen genauso Erben wie alle andern - bzw. es gibt noch andere Formen der Armut als diejenige, die sich in schmutziger Kleidung zeigt. Letztlich geht es Jakobus nicht um eine Aussage über die

Armen, sondern wir haben hier einen paränetischen Abschnitt, in dem es darum geht, wie die Gemeinde zu leben hat. Jakobus ist dabei ganz verwurzelt in der jüdischen Tradition. Er schreibt an jene, die Gott lieben und erinnert damit an den Bundesschluß am Sinai (vgl. Dtn 5,9 f.). Für jene, die Gott in diesem Bundesverhältnis lieben, konkretisiert sich die Liebe in den Geboten. Wie wir schon bei anderen sahen, faßt auch Jakobus in V. 8 das "königliche Gesetz" – also das Gesetz des in V. 5 erwähnten verheißenen Königreiches – im Gebot der Nächstenliebe, Lev 19,18, zusammen (vgl. III.7.3.3, S. 328) und sagt gleichzeitig, daß derjenige, der ein Gebot nicht hält, gegen das ganze Gesetz verstößt (vgl. II.4.1, S. 129 f. 131). Das Ansehen der Person und damit die unterschiedliche Behandlung von Arm und Reich hat in diesem Kontext seinen Ort.

Gleichzeitig erinnert die Argumentationsweise des Jakobus hinsichtlich der Armen an Begründungen in der Torah, wie Israel im Land mit den Armen, den in irgendeiner Weise Benachteiligten, umzugehen hat: Israel selbst hat in Ägypten Armut und Diskriminierung erfahren. Und als ein Volk von Sklaven hat Gott sie erwählt und herausgeführt und zu Erben des Landes gemacht (vgl. I.4, S. 46 f. 48; II.4.5, S. 145 f.). In dieser Geschichte ist nun der Kreis der Adressaten des Jakobus verwurzelt, was noch stärker hervortritt, wenn der Verfasser sie daran erinnert, daß auch sie von den Reichen unterdrückt werden. Daher muß ihre Aufmerksamkeit genauso den Armen gelten, wie dies Israel im Land geboten ist.

Der Wechsel von "Land" zu "Königreich" braucht uns nicht näher zu beschäftigen, da dies schon wiederholt besprochen wurde (vgl. III.7.1.1, S. 310 ff.; III.7.2.3, S. 320 f.; III.7.3.2, S. 326; III.7.3.3, S. 327 ff.). Zu bemerken ist nur, daß die Verbindung zur Landtradition durch Jakobus noch mehr unterstrichen wird, indem er sein Schreiben in 1,1 an "die Zwölf Stämme, die in der Zerstreuung leben", richtet. Auf der einen Seite, in der Gegenwart, steht die Zerstreuung und auf der anderen die verheißene Erbschaft und damit auch die Sammlung im Königreich. Indem Jakobus von den zwölf Stämmen spricht, kann er die Universalität der Kirche meinen, wie es in der Einleitung der Einheitsübersetzung heißt.(164) Oder er könnte jene meinen, die aufgrund ihres Glaubens in der Welt "wie in der

---

164 Die Bibel. Einheitsübersetzung der Heiligen Schrift, a.a.O., NT, S. 263.

Fremde" leben.(165) Mußner versteht diesen Ausdruck vielmehr vom jüdischen Sprachgebrauch her, wonach alles, was außerhalb des Landes ist, als Diaspora bezeichnet wird.(166) Damit aber knüpft Jakobus an die Hoffnung auf die Einsammlung an, die ganz Israel – also auch die zehn "verlorenen" Stämme – umschließen, und die im Land Israel ihren Ort haben wird (vgl. I.7, S. 65 ff; II.6.2, S. 173 f.). Dies läßt Mußner zu der Deutung kommen, Jakobus sehe diese Hoffnung in der christlichen Gemeinde schon erfüllt, daß er "in den christlichen Adressaten seines Briefes das wahre Israel in seiner eschatologischen Wiederherstellung sieht ..."(167) Aber warum spricht er dann noch immer von der Diaspora? Vielmehr scheinen die Eingesammelten noch nicht bis zum letzten Ziel gelangt zu sein. Damit ist Hoffnung noch immer geboten – und zwar nach wie vor die Hoffnung, die ganz Israel meint. Aber jetzt umgreift diese Einsammlung nicht mehr nur Israel, sondern Israel und die Völker (vgl. I.7, S. 69 f.; II.6.3, S. 182 ff.), und ihr Ort ist nun das Königreich. Auf dem Weg dorthin gilt es, nach dem königlichen Gesetz, das die Torah ist, zu leben und somit den Glauben kundzutun, wie in 2,14–26 gesagt wird, und gleichzeitig damit auch die Hoffnung, wie sie in 2,5 zum Ausdruck gebracht wird.

7.8 Das Erbe im Ersten Brief des Petrus

An vier Stellen gibt der Erste Petrusbrief Aufschluß über sein Verständnis von Erbe: 1 Petr 1,4; 3,7.9; und 5,3, wobei im letzten Text nicht vom Erbe selbst die Rede ist, sondern von κλῆρος, was in der 1968 neu aufgelegten Übersetzung von E. Nestle und K. Aland als "Volk" übersetzt wird(168) und in der Einheitsübersetzung der Bibel als "Gemeinden".(169) So wird der "Anteil" der πρεσβυτέροι schon personal interpretiert, eine Deutung, die allerdings vom Kontext her durchaus berechtigt ist.

----

165 Vgl. Mußner, Franz: Der Jakobusbrief. HThK 13, Fasz. 1. Freiburg 1975 (3. Aufl.), S. 61.

166 Mußner, F.: a.a.O., S. 61 f.

167 Mußner, F.: a.a.O., S. 62.

168 Das Neue Testament griechisch und deutsch – Novum Testamentum Graece et Germanice. Herausgegeben von Eberhard Nestle; neu bearbeitet von Erwin Nestle und Kurt Aland. Stuttgart 1968 (18. Aufl.), S. 590.

169 Die Bibel. Einheitsübersetzung der Heiligen Schrift, a.a.O., NT S. 272.

7.8.1   1 Petr 1,3-12; 3,7

Der erste Text, in dem uns die κληρονομία begegnet, steht gleich
zu Beginn des Briefes (1 Petr 1,4) und spricht vom Erbe, "das
im Himmel für euch aufbewahrt ist." Wenn wir fragen wollen,
worin dieses Erbe besteht, müssen wir es innerhalb des ganzen
Abschnittes 1 Petr 1,3-12 sehen, denn direkt dazu wird nur gesagt, es sei unzerstörbar, makellos und unvergänglich.

Der für uns wichtige Vers 3 scheint auf den ersten Blick im Sinne der apokalyptischen Schriften von einem präexistenten Erbe
zu sprechen, das - wie etwa das himmlische Jerusalem - von
Gott vorbereitet ist und von den dazu Bestimmten in Empfang
genommen werden soll (vgl. Anhang I: Apokalyptische Schriften,
S. 218 f.). Bei näherem Hinsehen jedoch ist dieses Erbe doch
mit einer historischen Person verbunden und damit mit historischen Ereignissen, wenngleich diese aus der Zeit in die über-
zeitliche Dimension des Himmels gehoben sind. Es geht um Jesus
Christus, der von den Toten auferstanden ist, und der geoffenbart werden soll (vgl. Vv. 3 und 7). Durch die Auferstehung
Jesu Christi sind die Christen neu geboren zu einer lebendigen
Hoffnung zum Erbe, das für sie aufbewahrt ist. Gleichzeitig
scheint diese selbe Auferstehung bzw. die Person des Auferstandenen das Erbe selbst zu sein. In V. 9 wird das Ziel des Glaubens im Heil der "Seelen" gesehen (τὸ τέλος τῆς πίστεως σωτηρίαν
ψυχῶν). Dieses Ziel wird gesehen im Zusammenhang mit der schon
gegenwärtigen Freude an Jesus Christus, den die Christen zwar
nicht sehen, aber den sie lieben und an den sie glauben. Diesen Jesus haben laut V. 10 f. schon die Propheten bezeugt,
und zwar als den, der gelitten hat und darauf zur Herrlichkeit
gebracht wurde. Den Glaubenden wird bei seiner Offenbarung
diese Herrlichkeit zuteil (vgl. Vv. 11 und 7).

Daß das Erbe der Glaubenden mit der Auferstehung zu tun hat,
wird in 1 Petr 3,7 noch einmal angedeutet. In paränetischem
Kontext sagt der Verfasser, daß Frauen Miterben der Gnade des
Lebens sind (ὡς καὶ συγκληρονόμοις χάριτος ζωῆς), was hier aber
nicht näher ausgeführt wird.

In diesen beiden Texten ist kein näherer Hinweis auf eine Verbindung zu Landtraditionen, außer daß in den vergangenen
Textuntersuchungen die Auferstehung Jesu schon häufig von zentraler Bedeutung gewesen ist (vgl. III.3.2, S. 269-274; III.7.3,
S. 321-329). Ohne noch einmal näher darauf einzugehen, scheint
der Erste Petrusbrief ganz auf dieser Linie zu stehen, ohne
das Land direkt anzusprechen.

Wenn wir allerdings die Texte betrachten, die 1 Petr 1,3-12 umgeben, scheint das Land doch zumindest angedeutet zu sein: der Verfasser schreibt an die Auserwählten, die in der Zerstreuung leben (ἐκλεκτοῖς παρεπιδήμοις διασπορᾶς) (vgl. 1,1). Damit schreibt er nicht unbedingt an Judenchristen, aber er greift jüdische Begriffe auf: die Auserwählten, das Volk Gottes, leben in der Zerstreuung, also nicht im Land gesammelt und "zu Hause". Dort hoffen sie auf das Heil, das ihnen bei der Offenbarung Jesu Christi zuteil werden soll. Und inzwischen, während sie in der Fremde sind (1,17), sollen sie heilig leben, denn Gott, der sie beruft, ist heilig (1,15 f.). Wie Israel auch im Exil die Torah zu leben hat, um sich für die Zukunft im Land sozusagen einzuüben (vgl. II.4.6, S. 151 f.), so sollen die zerstreuten Christen "in der Fremde" gottgemäß leben in der Hoffnung auf die Einsammlung am Ziel ihres Glaubens.(170) In 1,22 wird die Heiligkeit, zu der sie aufgerufen werden, wie in den paulinischen Briefen (vgl. III.7.3.3, S. 328 f.) darin zusammengefaßt, "einander von Herzen lieben".

So sehr die Heiligkeit des Lebens als Folge des Glaubens gesehen wird, ist sie hier nicht Bedingung für den Empfang des Erbes. Vielmehr wird den Glaubenden in 1,13 nahegelegt, ihre Hoffnung ganz auf die Gnade zu setzen. Dasselbe ist auch in 3,7 mit dem Ausdruck "Gnade des Lebens" angedeutet. Wie in der Torah, ist der Ausgangspunkt die Gnade Gottes, die dann allerdings konkrete Folgen für das Leben haben soll (vgl. I.1, S. 28 f.; I.7, S. 65 f.). Diese letztere Seite wird im Ersten Petrusbrief in den paränetischen Abschnitten mehr zur Sprache gebracht als im ersten Kapitel, wenn auch nicht als Bedingung des Erbens. Viel deutlicher ist vielmehr der Zeugnischarakter des Verhaltens thematisiert, wie etwa in 2,11-17, wo in V. 12 gesagt wird, daß die Heiden durch das "rechtschaffene Leben" der Christen zur Einsicht kommen und Gott preisen können - wodurch ebenfalls an die biblische und rabbinische Heilserwartung erinnert wird, wonach die Heiden durch Israel zur Erkenntnis und Anbetung Gottes kommen und nach Jerusalem pilgern werden.(171)

---

170 Vgl. Brox, Norbert: Der Erste Petrusbrief. EKK 21. Zürich 1979, S. 56 f. und S. 76 ff.

171 Vgl. Lohfink, G.: Gemeinde, S. 154-159.

7.8.2   1 Petr 3,9

Eine deutliche Anknüpfung an die alte biblische Landtradition
ist' in 1 Petr 3,9 zu erkennen, wo das Erbe schlichtweg als Segen zusammengefaßt wird (vgl. Gen 12,1-3). J.N.D. Kelly macht
darauf aufmerksam, daß dieser selbe Ausdruck auch in Hebr
12,17 zu finden ist.(172) Dort wird er nicht metaphorisch gebraucht, sondern es wird an Esau erinnert, der den Segen erben wollte, aber verworfen wurde (vgl. III.7.6.4, S. 339 f.).
Ob im Brief an die Hebräer der Segen des Erstgeburtsrechtes gemeint ist, wie er in Gen 27 geschildert wird, oder der Segen,
der Abraham verheißen wurde, wie er in Gen 28 an Jakob wei-
tergegeben wird, geht aus Hebr 12,14-17 nicht ganz deutlich
hervor. In V. 16 wird vom Erstgeburtsrecht gesprochen, aber
V. 17 spricht von einem Danach (μετέπειτα), so daß auch der
Segen Abrahams – und damit auch die Landverheißung, die gut
zum Begriff des Erbes paßt (vgl. I.5, S. 53 f.; I.7, S. 66 f.;
II.1.1, S. 90 ff.; II.3.2, S. 120 ff.) – gemeint sein kann. Mit
und ohne den Verweis auf Hebr 12,17 jedoch erinnert 1 Petr 3,9
an den Segen, der Abraham verheißen wurde und damit an die
Landverheißung wie auch an die Einbeziehung aller Völker in
den Segen. Die Möglichkeit eines Bezugs zum Land wird durch
1 Petr 3,10 ff. zumindest nicht ausgeschlossen, wenn dort wieder vom konkreten Verhalten gesprochen wird (vgl. I.4, S. 43-
49; II.4.1-4.5, S. 126-150). Immer wieder findet auch im Ersten
Petrusbrief das Erbe – und sei es noch so himmlisch – seine
ganz konkrete Verankerung in der irdischen Gegenwart. Die Erinnerung an das Land trägt in großem Maße dazu bei, auch
wenn sie im Hintergrund bleibt.

7.8.3   1 Petr 5,3

Der letzte Text in diesem Brief, der in den Zusammenhang des
Erbes hineingehört, ist 1 Petr 5,3, wo, wie wir schon sahen,
(vgl. III.7.8, S. 342) nicht vom Erbe, sondern vom Anteil,
κλῆρος, gesprochen wird, und zwar im Sinne der Menschen, der
"Herde", in deren Dienst der "Älteste" steht. Interessant ist
der Gedanke, daß die Gemeinde als Anteil verstanden wird, und
es liegt nahe, bei diesem Begriff an den Anteil der Leviten zu
denken, die keinen direkten Anteil am Land selbst hatten. Vielmehr bestand deren Anteil in dem, was das Volk vom Ertrag

----

172   Kelly, J.N.D.: A Commentary on the Epistles of Peter and
      of Jude. BNTC 16. London 1969, S. 137.

des Landes abgab (vgl. I.5, S. 54; II.3.2, S. 120 f.). Durch diese Gaben und damit durch das Volk hatten die Leviten sozusagen Anteil am Land, aber dies, indem sie die Verbindung zu Gott, dem eigentlichen Besitzer des Landes, immer wieder vor Augen führten(173).

In den vorhergehenden Texten des Ersten Petrusbriefes wurde deutlich, daß das Erbe selbst in Jesus Christus schon Wirklichkeit ist; es wird "im Himmel aufbewahrt". Damit ist aber schon gesagt, daß es für die Glaubenden hier und jetzt einstweilen noch Gegenstand der Hoffnung ist. Wenn im letzten Kapitel des Briefes den Ältesten nahegelegt wird, wie sie sich gegenüber ihrer "Herde", die ihr "Anteil" ist, verhalten sollen, dann könnte damit ein Bindeglied gegeben sein, ähnlich wie wir es schon in anderen Zusammenhängen gesehen haben. Die Landverheißung ist auch für den Verfasser des Ersten Petrusbriefes durch die Auferstehung Jesu Christi verwandelt worden. Indem die Glaubenden hoffend auf das Ziel ihres Glaubens zugehen, nämlich die Teilhabe an der Herrlichkeit Jesu Christi, wird die Gemeinde selbst für sie und für ihre Hirten zum Ort, an dem sie heilig zu sein haben, weil Gott heilig ist. Das Land Israel, das in der Bibel und der rabbinischen Tradition der Ort ist, an dem Israel dem Heil Gottes entgegengeht (vgl. I.4, S. 49; II.5.3, S. 159-162), wird nach der Auferstehung Jesu und damit der Sprengung der Grenzen des Landes ausgeweitet auf den konkreten "Raum" der Gemeinde hin, in dem nun diejenigen, die an den Auferstandenen glauben und durch seine Auferstehung "neu geboren" sind, auf das Erbe zugehen, das für sie aufbewahrt wird. Indem die Heiden sehen, wie die Hirten und die Gemeinde in diesem "Raum" leben, können auch sie Gott erkennen und

---

173 Wolfgang Nauck erklärt den Begriff κλῆρος, indem er darauf hinweist, daß in der frühen Kirche der einzelne Presbyter durch Los seinen Standort zugewiesen bekam, dies also sein "Losanteil" war. Gleichzeitig zeigt Nauck den jüdischen Ursprung dieses Begriffs auf, so daß m.E. gerade auf dem Hintergrund der rabbinischen Aussage, das Land sei durch Lose verteilt worden, zu fragen ist, weswegen ein so traditionsträchtiges Wort verwendet wurde bzw. woher der Brauch kam, die Gemeinden durch Los zu bestimmen. Eine solche kirchliche Tradition scheint die Verwurzelung in den biblischen und jüdischen Landtraditionen nur zu bestärken. Vgl. Nauck, Wolfgang: Probleme des frühchristlichen Amtsverständnisses (1 Petr 5,2 f.). In: ZNW 48 (1957), S. 209ff.

ihn preisen, wie Gott es durch die Propheten hinsichtlich des
Landes Israel verheißen hat (vgl. I.7, S. 69 f.; II.6.3, S.
182 ff.).

7.9 Das Erbe in der Offenbarung des Johannes (Offb 21,1-8)

In der Offenbarung des Johannes ist nur an einer Stelle von Erben die Rede (im Evangelium nach Johannes und in den drei
johanneischen Briefen fehlen alle in diesem Abschnitt behandelten Begriffe!). In Offb 21,7 heißt es in der Vision vom neuen
Himmel und der neuen Erde: "Wer siegt, wird dies als Anteil
erhalten" (ὁ νικῶν κληρονομήσει ταῦτα). Dieter Georgi, der in
der Vision von Offb 21,1-8 "eine verschlüsselte Krönung" der sieben mit 19,1 ff. beginnenden Schlußvisionen sieht, zieht gleichzeitig eine Verbindung zu den sieben einleitenden Botschaften
an die Gemeinden in 2,1-3,22.(174) Entsprechend sieht er in der
Verheißung von 21,7 eine Zusammenfassung der dort gegebenen
Verheißungen. Indem dieser Vers Teil des Gottesspruches ist,
der neben Offb 1,8 der einzige im ganzen Buch ist, sieht Georgi
in 21,5-8 den "Höhepunkt des ganzen Werkes, die krönende Got-
tesrede."(175) Umso interessanter ist dieser Text dann für unsere Fragestellung. In dem Abschnitt Offb 21,1-8, in dem deutlich wird, was geerbt werden soll, sind sehr viele Verbindungen
zu Landtraditionen zu erkennen. Wenn wir die Verweise betrachten, die in der Nestle-Aland Ausgabe des Neuen Testamentes zu
diesem Abschnitt vermerkt werden,(176) so sind allein dort etliche Texte angegeben, die für die biblische und rabbinische
Landtradition von Bedeutung sind. Einige davon sollen hier etwas näher betrachtet werden, wobei nicht zu vergessen ist,
daß Jerusalem nicht isoliert, sondern vielmehr als Mitte, sozusagen als Konzentrat des Landes insgesamt zu verstehen ist

----

174 Vgl. Georgi, Dieter: Die Visionen vom himmlischen Jerusa-
     lem in Apg 21 und 22. In: Bornkamm, Günther: Festschrift
     zum 75. Geburtstag: Kirche. Tübingen 1980, S. 352.355.

175 Georgi, D.: a.a.O., S. 359 f. Zur Auffassung, Offb 21,1-
     8 sei die Krönung dieses Buches, würde auch die Annahme
     von Heinrich Kraft gewissermaßen passen, dieser Abschnitt
     sei der ursprüngliche Buchschluß gewesen. Vgl. Böcher,
     Otto: Die Johannesapokalypse. Erträge der Forschung 41.
     Darmstadt 1975, S. 116.

176 Das Neue Testament griechisch und deutsch, a.a.O., S. 653.

(vgl. I.7, S. 64 f.; II.5.1, S. 154 ff.). Dies wird ebenfalls
in Offb 21,1-8 deutlich, wo zunächst vom neuen Himmel und von
der neuen Erde gesprochen wird, und das neue Jerusalem inmitten dieser Erde seinen Ort hat, wieder als Raum der Gegenwart
Gottes.

Indem Offb 21,1 vom neuen Himmel und von der neuen Erde
spricht, verweist es an Jes 65,16-25, wo eine Neuschöpfung von
Gott verheißen wird. Durch den Propheten sagt Gott, er werde
einen neuen Himmel und eine neue Erde schaffen, und Jerusalem
wird Grund zum Jubel sein. Der Text spricht einerseits von Jerusalem, andererseits ist vom vorangehenden Abschnitt 65,1-15
(vor allem ab V. 8) her deutlich, daß auch hier das ganze
Land mitgemeint ist. Was für Jerusalem in Einzelheiten beschrieben wird, gilt für das ganze Land. Vom Begriff ארץ her ist
zwar nicht zu erkennen, ob hier das Land Israel oder die Erde
insgesamt gemeint ist, aber vom Kontext her scheint zunächst
das Land Israel angesprochen zu sein. Dies schließt jedoch die
anderen Völker von der Neuschöpfung nicht aus, denn in Kapitel 66 ist von ihrem Kommen nach Jerusalem die Rede.

In der Offenbarung des Johannes wird nie vom Land Israel als
solchem gesprochen, sondern von der Erde insgesamt. Von daher
scheint es klar zu sein, daß die neue Erde in Offb 21,1 auch
die Erde insgesamt meint. Indem aber der Verfasser an die Verheißung in Jes 65,16-25 anknüpft, ist er auf jeden Fall in der
Landtradition verwurzelt, die zunächst Israel meint und in der
Erneuerung die anderen Völker miteinschließt. Indem er das
neue Jerusalem beschreibt, kann er die Verbindung zum Land
gar nicht ausschalten.

Die Verbindung zum Land wird durch andere Schriftverweise bestätigt. Im Zusammenhang mit V. 3 wird auf Ez 37,27 hingewiesen. Dort ist die Verheißung der Nähe Gottes, der inmitten seines Volkes wohnen und ihr Gott sein wird, an die Wiedervereini-
gung der zwölf Stämme und deren Einsammlung im Land gebunden. Dort wird Israel den Bund ganz leben können, und dadurch werden auch die anderen Völker Gott erkennen können.
Dies wird in Sach 2,14, worauf Nestle-Aland auch hinweisen,
ebenfalls thematisiert, und wie wir sahen, verarbeitet auch die
rabbinische Auslegung diese Verheißungen, wenn sie vom zukünftigen Heil spricht (vgl. II.4.6, S. 151 ff; II.6.2, S. 173 f.).

In Offb 21,1-8 finden wir dieselben Verheißungen wieder. Dort
ist zwar in V. 3 nicht von der Einsammlung Israels die Rede
(dafür aber in Offb 7,4-8, wo die zwölf Stämme Israels gezählt
werden, bevor die "große Schar aus allen Nationen und Stämmen,

Völkern und Sprachen" erwähnt wird), aber die Einbeziehung der vielen Völker kommt ausdrücklich zur Sprache. Sie werden hineingeholt in das eine Volk Gottes (λαός)(177), indem ihnen als λαοί derselbe Status verliehen wird.(178) Raum ihres neuen Volk-Seins ist das neue Jerusalem, das aber nicht zu denken ist ohne die Verwurzelung im ersten und damit auch im Land insgesamt (vgl. II.6.3, S. 183).

Ein letzter Text schließlich, auf den im Zusammenhang mit Offb 21,7 verwiesen wird, bestätigt dies auf seine Weise. In V. 7, wo das Erbe zur Sprache kommt, ist die herkömmliche Bundesformel noch einmal abgeändert. Nicht nur wird λαός zu λαοί erweitert, sondern nun heißt es: "Ich werde sein Gott sein, und er wird mein Sohn (υἱός) sein." In 2 Sam 7,14, auf das Nestle-Aland verweisen, wird dieses Sohnesverhältnis für den Nachkommen Davids verheißen. Es würde hier zu weit führen, wollten wir die Implikationen näher untersuchen, die darin enthalten sind, wenn nun "dem Sieger" aus allen Völkern dieses selbe Sohnesverhältnis zugesagt wird wie in 2 Sam dem einen Nachkommen Davids. Für unseren Zusammenhang ist wichtig, daß auch in 2 Sam 7,10 vom Land die Rede ist, in dem Israel seinen Platz bekommen soll. Dort in dessen Mitte wird Gott wohnen, obwohl Gott David gerade vorher durch Natan gesagt hat, daß kein von Menschen erbautes Haus ihn fassen kann. In Offb 21,7 ist der Ort, an dem Gott wohnen und Heil schenken wird, nicht ein Haus, sondern das von Gott erneuerte Jerusalem. Dort wird derjenige, der siegt, all das erben.

Ein weiterer kleiner Hinweis auf die Landtraditionen wird noch in Offb 21,8 gegeben, wenn gesagt wird, wessen Los "der See von brennendem Schwefel" sein wird. Wie zu erwarten ist, sind es Sünder, unter denen auch die Treulosen (ἀπίστοις) und die Götzendiener (εἰδωλολάτραις) ausdrücklich genannt werden. Wie die Treue zur Torah und zum Einen Gott Voraussetzung ist für das Erbteil im Land (vgl. I.4, S. 43-49; I.6, S. 57-62; II.4.2, S. 131-134; II.4.5, S. 143-150), so sind sie es auch, wenn Gott Himmel und Erde erneuert in der neuen Stadt Jerusalem. Treu-

---

177   Vgl. die Bemerkung dazu im Zusammenhang mit Mt 4,16, III.1.2, S. 251.

178   λαοί ist die Lesart u.a. in Sinaiticus und Alexandrinus; in einigen jüngeren Manuskripten ist λαός zu lesen. λαοί ist vorzuziehen, aber für die hier vorliegende These würde auch λαός an dieser Stelle nichts ändern.

losigkeit und die Abkehr von Gott aber führen zum Verlust des Ortes, der zum Raum der Begegnung mit Gott bestimmt ist. In diesem Zusammenhang ist V. 6 ebenfalls besonders interessant. Dort heißt es, daß die Erneuerung bereits geschehen ist (γέ-γοναν). Wenn auch in anderer Form, begegnet hier eine ähnliche Spannung wie jene, die bereits im Brief an die Hebräer zu spüren war (vgl. III.6.1, S. 293-303): das Verheißene ist bereits geschehen, die Neuschöpfung ist getan.(179) Und doch kann sie vom Menschen verfehlt werden, wenn er sich nicht nach ihr ausrichtet.

Die Offenbarung des Johannes zeichnet das Bild des zukünftigen Heils, indem sie ganz in der biblischen und der darauf aufbauenden rabbinischen Tradition verwurzelt ist. Auch für sie ist die Stadt Jerusalem der Ort dieses Heils, zu dem alle Völker kommen werden, um in ein neues Verhältnis zu Gott einzugehen (vgl. I.7, S. 69 f.; III.6.3, S. 182 ff.). Es ist die Stadt, die bei aller Erneuerung durch Gott die Verbindung zur irdischen, ersten Stadt und zu deren Eingebettetsein im Land - dem ursprünglichen wie dem erneuerten - nicht verliert. Indem die Offenbarung das zukünftige Heil mit diesen Bildern beschreibt, verweist sie gleichzeitig auf die Gegenwart in ihrer Konkretheit. Bei aller Universalität der Thematik dieses Buches bleibt die Offenbarung des Johannes verwurzelt in den biblischen Ursprüngen und damit auch in der Konkretheit der Landverheißung und deren Anspruch für die Gegenwart. In diesem Verwurzeltsein kann dann die Universalisierung geschehen: Jerusalem ist nicht mehr nur Mitte des Landes Israel, sondern der ganzen "neuen" Erde und damit aller Völker in ihrer neuen Bundesbeziehung zu Gott und miteinander.

---

179 Vgl. Georgi, D.: Visionen, S. 359.

ERGEBNISSE

Die vorliegende Untersuchung hat die Frage gestellt, ob die
theologische Dimension des Landes, die in der Hebräischen Bibel
und in der rabbinischen Tradition von so großer Bedeutung ist,
auch in das Neue Testament aufgenommen wurde, und wenn ja,
welchen Platz sie dort einnimmt. Die Ergebnisse sind verschie-
denartig, wie wir gesehen haben, und dies ist angesichts der
Vielfalt der neutestamentlichen Verfasser und ihrer Adressaten
und Ausgangspositionen nicht verwunderlich. Umso weniger überrascht die Vielfalt, wenn wir uns an die Fülle der biblischen
und rabbinischen Deutungen erinnern. Von verschiedenen Blick-
punkten her und aus sich ändernden historischen Situationen
heraus wurden das Land und die damit verbundenen Verheißungen immer wieder meditiert und zur Sprache gebracht. Das Kommen Jesu gab neuen Anlaß dazu, und die daraus hervorgehen-
den Deutungen finden im Neuen Testament ihren Niederschlag.
Diese sollen nun kurz zusammengefaßt werden.

1. Ein erster Themenkreis könnte mit der Überschrift "Die Messianität Jesu und das Land" zusammengefaßt werden. Diese Deutung findet sich vor allem bei Matthäus, aber auch bei Markus
und in etwas weniger deutlicher Form bei Lukas. Indem er Jesus verkündet, greift besonders Matthäus unter anderem auf
Schrifttexte zurück, die Landverheißungen enthalten, deren Erfüllung in der rabbinischen Tradition mit dem Kommen des Messias in Verbindung gebracht werden. Matthäus sagt, daß Jesus
derjenige ist, durch den diese Verheißungen Wirklichkeit werden. Lukas sagt auf andere Weise letztlich dasselbe, wenn er
Jesus heilend und lehrend seinen Weg durch "das ganze Land"
gehen läßt, bis hinauf nach Jerusalem, von wo aus die Verkündigung dieses Jesus dann ausgehen soll bis an die Grenzen der
Erde.

Die von den Synoptikern aufgegriffenen Verheißungen, die mit
dem Land zu tun haben, sind in wenigen Stichworten zusammenzufassen. Zum einen wird von der Einsammlung ganz Israels im
Land der Verheißung gesprochen. Diese Einsammlung bedeutet
gleichzeitig die Reinigung sowohl des Landes als auch der Menschen von der Verunreinigung durch das Böse, das im heidnischen Einfluß und in Dämonen zum Ausdruck kommt. Damit finden wir das Thema der Vergebung wieder, die Gott von sich
aus gibt und die mit der Einsammlung im Land zusammengeht.
Und schließlich ist das Heil, das Jesus bringt, aufs engste mit
der Verheißung des segensreichen Wohnens im Land verbunden,
was Lukas ausdrücklich thematisiert, wenn er Jesu heilende

Tätigkeit im ganzen Land zeigt. Matthäus tut es nicht weniger durch seine Wahl der Schriftzitate, und schließlich, indem er beim Tod Jesu von der Auferweckung der Toten spricht.

Die Synoptiker greifen aber nicht nur die Landtraditionen auf, die mit Israel und dem Land selbst zu tun haben. Sie legen auch großen Wert auf die durch Jesus nun verwirklichte universelle Dimension dieser Traditionen. Lukas spricht vom "Exodus" Jesu, der, wie wir sahen, auf ein Ziel hin geschieht. Das Ziel für Lukas ist nicht nur die Erhöhung Jesu beim Vater, sondern auch das Überschreiten der Grenzen des Landes zu allen Völkern hin. Matthäus seinerseits spricht nicht von einem neuen Exodus, sondern er hält vielmehr die Spannung aufrecht zwischen dem Verbot, das Land Israel zu verlassen, und dem Gebot, zu allen Völkern zu gehen, um sie zu lehren und zu taufen. Der Eckstein dieser Spannung sozusagen aber ist die Auferstehung Jesu. Durch sie werden die Grenzen des Volkes und des Landes gesprengt, um sich für alle Völker zu öffnen.

2. Damit kommen wir zum zweiten großen Themenkreis, der durch das ganze Neue Testament zieht, und der im Zusammenhang mit dem Land als Schlüsselereignis zu verstehen ist. Für Lukas ist der neue Exodus hin zu allen Völkern ganz ausdrücklich nicht zu trennen von der Auferstehung Jesu, und nicht nur Matthäus sieht darin den Eckstein, der es möglich macht, auch außerhalb des Landes und vor Nicht-Juden die Frohbotschaft von Jesus Christus zu verkünden. Im Zusammenhang mit dem Erbe wurde dies sehr deutlich. Wie wir sahen, ist in der rabbinischen Tradition die Auferweckung der Toten eng mit dem Land verbunden. Indem Jesus, der im Land gestorben ist und begraben wurde, von den Toten aufersteht, kommt er in seiner Messianität zur vollen Geltung, und damit kommt die Universalität seiner Sendung zur Entfaltung. Der Auferstandene ist nun der Ort der unüberbietbaren Gegenwart Gottes, so daß nun die Grenzen des Landes überschritten werden können, ohne daß die Gefahr besteht, Gottes verlustig zu werden. Ebenso ist es der Auferstandene, durch den der Heilige Geist verliehen wird, der alle aufgrund des Glaubens zu Kindern Gottes und zu Miterben Christi macht.

Aufgrund der Auferstehung kann Paulus von der Verwandlung sprechen, die geschehen muß, um das Erbe in Empfang zu nehmen. Diese Verwandlung kann, wie wir sahen, nicht nur auf die Erben, sondern auch auf das Erbe selbst bezogen werden. Nun ist das Land der Verheißung nicht mehr nur das irdische, begrenzte Land Israel, sondern es ist Teilhabe an der Auferweckung Jesu. Diese Verwandlung des Landes findet in anderer

Form Ausdruck, wenn das Erbe nun das Reich Gottes ist, das Reich, das ebenfalls aufgrund der Auferstehung Jesu schon gegenwärtige Wirklichkeit ist. In der Offenbarung des Johannes wird die Verwandlung als Neuschöpfung gesehen, in der alle Völker mit Israel zu λαοί Gottes werden und mehr noch: im Sohn werden auch sie υἱός sein. So wird die Bundesformel, deren ganze Intensität immer in Verbindung mit dem Land gesehen wird, in die Neuschöpfung hineingenommen, zu allen Völkern ausgeweitet und im Ausdruck der Beziehung zwischen Gott und Mensch noch intensiviert.

3. Bei aller Verwandlung, die aufgrund der Auferstehung Jesu am Land der Verheißung geschieht, verliert dieses Erbe nichts von seiner Konkretheit. Das Erbesein bedeutet auch bei der neutestamentlichen Deutung des Landes eine konkrete Praxis, die in der Torah verwurzelt ist und von daher als Bundespraxis zu verstehen ist. Derselbe Geist, in dem der Bund erneuert wird, und der die Glaubenden zu Miterben macht, ist gleichzeitig das Angeld des Erbes und befähigt zu einem Leben, das dem Erbe bzw. Gott selbst, wie er sich in Jesus Christus geoffenbart hat, entspricht. Wer nicht in dieser Entsprechung lebt, wird auch das Erbe nicht empfangen können. Die synoptischen Evangelien bringen dieses Konkrete zum Ausdruck, indem sie das Reich Gottes mit der Nachfolge Jesu in Verbindung bringen. Indem dieses Konkrete so deutlich zum Ausdruck kommt, wird noch ein anderes deutlich: das zu erhaltende Erbe ist nicht nur etwas Zukünftiges. Schon jetzt kann der Mensch etwas davon erfahren. Matthäus spricht davon, wenn er sagt, daß diejenigen, die zu Jesus kommen und sein Joch auf sich nehmen, Ruhe finden. Und wenn Paulus von der Frucht des Geistes spricht, dann läßt diese das Reich Gottes schon erfahren, das "Gerechtigkeit, Friede und Freude im Heiligen Geist" ist (vgl. Röm 14,17).

4. Mit der Konkretheit, die wesentlich zum neutestamentlichen Verständnis vom Land bzw. vom verwandelten Erbe gehört, kommt eine weitere Dimension hinzu, ohne die die Deutung des Landes aufgrund von Jesus Christus unvollständig wäre. Dies ist die ekklesiologische Dimension, die ebenfalls zwar verschiedentlich ausgedrückt, aber wiederholt zu erkennen ist. Die Konkretheit des Landes findet ihre Entsprechung in der Konkretheit der Gemeinde und ist nun nicht mehr an die Territorialität des Landes Israel gebunden. So ist es möglich, ja ganz im Sinne der Nachfolge Jesu, um der Gemeinschaft der Glaubenden willen die Äcker im Land, also den persönlichen Anteil am Land zu verkaufen, um das Erbe in der Gemeinschaft, in der das Reich Gottes schon als gegenwärtig angebrochen ist, in Empfang zu nehmen. Aufgrund von Jesus Christus, der sich ganz mit dem ge-

ringsten seiner Brüder (und Schwestern) identifiziert, gibt es nicht mehr nur ein bestimmtes, eingegrenztes Land, sondern die Partikularität dieses Raumes wird ausgeweitet und universalisiert, wobei auch in dieser Universalität die Partikularität bleibt. Nun ist der jeweils ganz konkrete Mitmensch bzw. die Gemeinde der Glaubenden der Ort des Lebens, das dem Erbe entspricht, oder wie es im Evangelium nach Johannes ausgedrückt ist, die Gemeinschaft mit dem Weinstock und den Rebzweigen ist das, was zum Fruchtbringen in der Liebe befähigt. Gleichzeitig ist dies dann auch der Ort, an dem die Begegnung mit Gott, die intensive Beziehung mit ihm, möglich ist. Insofern wird in Joh 15 sogar zum Ausdruck gebracht, daß Jesus nun der neue Tempel ist, und die Gemeinschaft der Glaubenden mit ihm und miteinander entspricht dem Land und dem, was sich im Land vollzieht. Wie das Land von der Gegenwart Gottes in seiner Mitte her seinen eigentlichen und letzten Sinn bekommt, so sind Ekklesiologie und Christologie im Bild des Weinstocks aufeinander bezogen.

5. Die Thematik der Ruhe, die in der biblischen und rabbinischen Tradition zu den Landtraditionen gehört, wird ebenfalls ins Neue Testament aufgenommen. Die Deutung, die Matthäus ihr gibt, wurde schon erwähnt; auf ganz andere Weise wird die Ruhe im Brief an die Hebräer behandelt. Dort stellt das Thema die Christen mitten hinein in die Spannung zwischen dem in Jesus Christus schon Gegebenen und dem für die Glaubenden noch nicht Erreichten. Der Verfasser steht ganz in der biblischen und rabbinischen Tradition, und gleichzeitig gibt er ihr seine eigene Wendung, indem er davon spricht, daß für Abraham nichts zur Erfüllung gekommen ist. Für den Verfasser des Briefes an die Hebräer ist das Land eine Station auf dem Weg zur verheißenen Ruhe, zu der die Glaubenden noch unterwegs sind. Jesus Christus ist zwar schon hineingegangen in das Innerste des Allerheiligsten, so daß diejenigen, die an ihn glauben, voller Zuversicht zu ihm schauen können. Aber sie selbst sind noch auf dem Weg. Der Verfasser dieses Briefes sieht die Gestaltung dieses Weges genauso praktisch-konkret wie die anderen neutestamentlichen Verfasser, und auch er spricht von der Gefahr, der verheißenen Ruhe verlustig zu werden. Indem er vom Weg spricht, und indem er dabei einen Midrasch zu Ps 95 schreibt, spricht er nicht von einem Lebensraum derjenigen, die unterwegs sind. Vielmehr steht die verheißene Ruhe, die vom verheißenen Land nicht zu trennen ist, noch bevor – und zwar in Bälde. So gilt es in der richtigen Weise auf dem Weg zu bleiben, um dann in die Ruhe eingehen zu können.

6. Eine letzte Dimension, die in der biblischen und rabbinischen Tradition von großer Bedeutung ist, findet sich auch im Neuen

Testament im Zusammenhang mit anderen Landtraditionen wieder: das Land ist nicht nur um Israels – um der Menschen – willen gegeben, sondern auch um Gottes selbst willen. Durch das Leben Israels im Land sollen die Völker erkennen, wer Gott ist, um dann zu kommen und ihn anzubeten und zu preisen. Im Neuen Testament ist in einigen Texten, in denen Landtraditionen zu erkennen sind, auch diese Dimension zu finden. Im Vater Unser geht es um die Heiligung des Namens Gottes, und Joh 15 spricht davon, daß das Fruchtbringen der Jünger den Vater verherrlicht. Im Brief an die Epheser wird im Zusammenhang mit dem Erbe betont, daß Israel und nun auch die Heiden zu Erben eingesetzt sind "zum Lob seiner (Gottes) Herrlichkeit" (vgl. 1,6.12.14). Und im Ersten Brief des Petrus soll das Leben der Christen so sein, daß die Heiden durch sie zur Einsicht kommen und Gott preisen können. Gerade in diesem letzten Beispiel finden wir eine Gedankenverbindung wieder, die wir in der Tradition der Bibel und der Rabbinen schon sahen: indem die Christen – nun nicht im Land, sondern in der Gemeinde unter den Heiden – so leben, wie es ihrer Berufung entspricht, können die Völker Gott erkennen und selbst zu seinem Lobpreis gelangen. Die Zeichenhaftigkeit der Glaubenden ist für die Völker, und gleichzeitig führt sie zu Gott, den sie offenbar macht.

Aufgrund dieser Ergebnisse können wir sagen, daß die theologische Dimension des Landes, die sowohl im Tenach als auch in der rabbinischen Tradition einen wichtigen Platz einnimmt, auch im Neuen Testament von Bedeutung ist. Die Vielfalt der neutestamentlichen Deutungen des Landes, die festzustellen ist, zeugt von der Lebendigkeit dieser Traditionen auch bei den Verfassern des Neuen Testamentes. Im Gegensatz zur rabbinischen Überlieferung, die, wie wir sahen, in Kontinuität zu den Landtraditionen des Tenach diese bestätigt und entfaltet, ohne etwas grundsätzlich Neues hineinzubringen, verarbeiten die neutestamentlichen Verfasser diese Traditionen aufgrund des Christusereignisses auf ganz neue Weise. Die Landverheißung, die Abraham gegeben wurde, und die im Laufe der Jahrhunderte an Bedeutung zunahm, bleibt ihnen wichtig. Aber sie wird verarbeitet und verwandelt, um zu verkünden, wer Jesus ist, und was Gott durch ihn für Juden und Heiden getan hat.

So ist zu sagen, daß die neutestamentliche Deutung des Landes drei Bereiche der Theologie betrifft: die Christologie, die Ekklesiologie und die Eschatologie.

Im christologischen Bereich werden Landtraditionen aufgenommen, um die Messianität Jesu und damit verbunden die Universalität seiner Sendung aufzuzeigen. Gleichzeitig wird Jesus verkündet als die Erfüllung der Verheißungen, und indem dies geschieht, werden Hoffnungen aufgegriffen, die unlösbar mit dem Land verknüpft sind. Diese christologischen Aussagen sind schließlich nicht zu trennen von der Verkündigung des Auferstandenen, der gleichzeitig der "Ort" der Gegenwart Gottes ist.

Durch die Verkündigung des Auferstandenen kommt das Neue Testament in der Verarbeitung von Landtraditionen dann auch zu ekklesiologischen Aussagen: nun sind nicht nur Juden, sondern auch die Heiden gerufen, Volk Gottes zu sein. Alle, die wie Abraham glauben, werden hineingenommen in den Bund Gottes und zu Miterben der Verheißung eingesetzt. Wie Israel aber nicht in isolierendem Individualismus den Bund mit Gott lebt, so ist auch für das nun erweiterte Volk die Verbundenheit miteinander wesentlich. Dieses Volk findet seinen konstituierenden Grund und seine Mitte jetzt nicht im Tempel, sondern im Auferstandenen: in der Gemeinschaft mit Jesus findet die Gemeinschaft untereinander ihren Grund und ihre Mitte.

In dieser ekklesiologischen Perspektive wird dann auch deutlich, daß die neutestamentliche Verarbeitung der Landtraditionen falsch gedeutet wird, wenn sie nur als Spiritualisierung und Ausrichtung auf das Jenseits verstanden wird. Wenn nach dem Neuen Testament die Gemeinschaft der Glaubenden der Ort des Lebens als Bundesvolk ist, dann ist die Weise dieses Lebens die Torah, wie sie von Jesus gelehrt wird. Wie Israel in seinem täglichen Leben im Land dem an ihm handelnden Gott zu entsprechen hat, so müssen die Jünger Jesu diesem Jesus gemäß leben. Indem der Geist sie zu Miterben macht, befähigt er sie gleichzeitig, die konkrete Frucht zu bringen, die der ihnen gegebenen Verheißung entspricht und durch die die Heiden Gott erkennen und verherrlichen können.

Die Verwandlung, die aufgrund des Christusereignisses an der Auffassung vom Land geschieht, führt schließlich auch zu eschatologischen Aussagen. In der Auferstehung Jesu wird das Land nun zum Reich Gottes oder auch zur verheißenen Ruhe, die bei Gott gegeben wird. In dieser Eschatologie, die von der Landtradition her kommt, ist eine Spannung enthalten, die in gewisser Weise der Spannung Israels entspricht, wenn es im Land lebt: das Land ist gegeben, und doch steht die ganze Fülle der Landverheißung noch aus. Und auf dem Weg dorthin kann diese Fülle noch verloren werden. Ähnlich ist es im Neuen Testament beim gewandelten Landverständnis: Jesus, der Vorläufer, ist schon bei Gott und ist also in die verheißene Ruhe eingetreten. Oder auch: in Jesus, dem Auferstandenen, ist das Reich Gottes schon gegenwärtige Wirklichkeit, und der Geist, der zu Miterben Christi macht, gibt schon jetzt den ersten Anteil am Erbe, das bevorsteht. Aber die Fülle des Erbes steht noch aus, und sie kann verloren werden durch ein Leben, das dem Geiste Jesu und diesem Reich nicht entspricht, das dem Götzendienst gleichkommt. Damit erhält auch die eschatologische Dimension der neutestamentlichen Deutung des Landes ihre sehr praktisch-konkrete Seite. Wie beim Land Israel bleibt die eschatologische Zukunft, die in gewisser Weise schon gegenwärtig ist, im konkreten Alltag des "Landes" hier und jetzt verwurzelt. Vom Ort des Lebens im "Land der Verheißung" kann der neue Himmel und die neue Erde der Verheißung entweder verloren oder schon geschaut und erfahren werden.

Wir sind ans Ende dieser Untersuchung gekommen. Der Dialog zwischen beiden Teilen der Bibel und mit der jüdischen Deutung der Schrift hat gezeigt, daß das Land als theologische Dimension im Neuen Testament keineswegs zur Seite gelegt oder gänzlich spiritualisiert oder ins Jenseits verlagert wurde. Mit der Entdeckung, daß das Land als theologische Größe durchaus im Neuen Testament vorhanden ist, verbindet sich die Hoffnung, daß die in dieser Arbeit aufgezeigten Ansätze weiterentwickelt und fruchtbar werden können für ein vertieftes Verständnis neutestamentlicher Theologie. Indem der Dialog mit der jüdischen Deutung der Schrift zu einem positiven und zum Teil auch überraschenden Ergebnis verholfen hat, wird gleichzeitig etwas deutlich, das über die Thematik dieser Arbeit hinausgeht und ebenfalls zum weiteren Forschen provozieren will: um Jesus, den Christus, zu verstehen, müssen wir, "ausgehend von Mose und allen Propheten", auf das hören, "was in der gesamten Schrift über ihn geschrieben steht". Zum richtigen Hören aber, zum "Erinnern" gehört auch der Dialog mit der jüdischen Deutung dieser Schrift. Was würde uns die eschatologische Verheißung vom neuen Jerusalem bedeuten, wenn das Jerusalem unserer Zeit und damit der Geschichte nicht als konkrete Realität noch in unserer Mitte wäre? Und was würde uns Jerusalem hier und jetzt bedeuten, gäbe es nicht die Erinnerung und damit die Hoffnung, die bis Melchisedek und mit ihm bis Abraham zurückreicht? Daß diese Hoffnung aber "nicht zugrunde gehen" läßt, daß Gott vielmehr treu ist, dafür kann die "Wiederbelebung" des jüdischen Volkes im Land der Verheißung gerade in unserem Jahrhundert und auf dem Hintergrund der Schoah(181) für Juden und für Christen ein konkretes Zeichen sein.

----

181 Mit dem hebräischen Wort Schoah, das Zerstörung, Katastrophe bedeutet, ist die Verfolgung der Juden unter der NS-Herrschaft gemeint.

AnBib	Analecta Biblica
AncB	Anchor Bible
Anton.	Antonianum
ASTI	Annual of the Swedish Theological Institute
AThANT	Abhandlungen zur Theologie des Alten und Neuen Testaments
BBB	Bonner Biblische Beiträge
BFChTh.M	Beiträge zur Förderung christlicher Theologie – wissenschaftliche Monographien
BHTh	Beiträge zur historischen Theologie
Bib.	Biblica
BiKi	Bibel und Kirche
BK.AT	Biblischer Kommentar – Altes Testament
BK.NT	Biblischer Kommentar – Neues Testament
BNTC	Black's New Testament Commentaries
BThW	Bibeltheologisches Wörterbuch
BU	Biblische Untersuchungen
BWANT	Beiträge zur Wissenschaft vom Alten und Neuen Testament
BZ	Biblische Zeitschrift
CNEB	Cambridge Bible Commentaries – New English Bible
Conc (D)	Concilium (Deutsch)
CTHM	Calwer Theologische Monographien
EETh	Einführung in die evangelische Theologie
EKK	Evangelisch-Katholischer Kommentar zum Neuen Testament

---

182 Übernommen aus: Theologische Realenzyklopädie (TRE). Abkürzungsverzeichnis. Berlin 1976.

EtB	Etudes Bibliques
Evid.	Evidences
FRLANT	Forschungen zur Religion und Literatur des Alten und Neuen Testaments
FrRu	Freiburger Rundbrief
FTS	Frankfurter Theologische Studien
HNT	Handbuch zum Neuen Testament
Hor.	Emuna - Horizonte
HThK	Herders Theologischer Kommentar zum Neuen Testament
HThR	Harvard Theological Review
HUCA	Hebrew Union College Annual
HUTh	Hermeneutische Untersuchungen zur Theologie
ICC	International Critical Commentary
IntB	The Interpreter's Bible
Interp.	Interpretation
JBL	Journal of Biblical Literature
Jdm	Judaism
JES	Journal of Ecumenical Studies
Jesch.	Jeschurun
JSHRZ	Jüdische Schriften aus hellenistisch-römischer Zeit
Jud.	Judaica
Kairos	Kairos
KEK	Kritisch-exegetischer Kommentar über das Neue Testament
LeDiv	Lectio Divina
MSSNTS	Society for New Testament Studies - Monograph Series
MThS	Münchener Theologische Studien
MThSt	Marburger Theologische Studien
MThZ	Münchener Theologische Zeitschrift
NT	Novum Testamentum
NTD	Das Neue Testament Deutsch

NTS	New Testament Studies
NT.S	Supplement to Novum Testamentum
RB	Revue Biblique
RNT	Regensburger Neues Testament
RSPhTh	Revue des Sciences philosophiques et théologiques
RSR	Recherches de Science Religieuse
SBL	Svenskt biografiskt lexikon
SC	Sources chrétiennes
ScrHie	Scripta Hierosolymitana
SHVL	Skrifter utgivna av Kungl. Humanistika Vetenskaps-fundet i Lund
SJ	Studia Judaica
StANT	Studien zum Alten und Neuen Testament
StNT	Studien zum Neuen Testament
StTh	Studia Theologica
Tarb.	Tarbiz
TB	Theologische Bücherei
TBLNT	Theologisches Begriffslexikon zum Neuen Testament
TEH	Theologische Existenz heute
THAT	Theologisches Handwörterbuch zum Alten Testament
ThHK	Theologischer Handkommentar zum Neuen Testament
ThLZ	Theologische Literaturzeitung
ThQ	Theologische Quartalschrift
ThWAT	Theologisches Wörterbuch zum Alten Testament
ThWNT	Theologisches Wörterbuch zum Neuen Testament
ThZ	Theologische Zeitschrift
TThZ	Trierer Theologische Zeitschrift
WMANT	Wissenschaftliche Monographien zum Alten und Neuen Testament
WUNT	Wissenschaftliche Untersuchungen zum Neuen Testament
ZAW	Zeitschrift für die Alttestamentliche Wissenschaft

ZBK	Zürcher Bibelkommentar. Neues Testament
ZDMG	Zeitschrift der deutschen morgenländischen Gesellschaft
Zion	Zion
ZNW	Zeitschrift für die neutestamentliche Wissenschaft

LITERATURANGABE

Quellen

Altjüdisches Schrifttum außerhalb der Bibel. Übersetzt und erläutert von Paul Riessler, Freiburg 1927/1979 (4. Aufl.)

Aristeasbrief. Hrsg. von Norbert Meisner. Jüdische Schriften aus hellenistisch-römischer Zeit. Unterweisung in erzählender Form. Bd. II,1, Gütersloh 1973

The Authorised Daily Prayer Book. Revised Edition. Hebrew Text, English Translation with Commentary and Notes by Joseph J. Hertz, New York 1971 (14)

Avoda Zara. Götzendienst. Übersetzt von Gerd A. Wewers. Übersetzung des Talmud Yerushalmi. Bd. IV,7. Tübingen 1980

Der Babylonische Talmud. Neu übertragen durch Lazarus Goldschmidt. Königstein 1980 (3)

The Epistle of Barnabas. Newly translated and annotated by James A. Kleist. London 1948

Die syrische Baruch-Apokalypse. Hrsg. von A.F.J. Klijn. JSHRZ. Apokalypsen, Bd. V,2. Gütersloh 1976

Bavot. Pforten. Übersetzt von Gerd A. Wewers. Übersetzung des Talmud Yerushalmi. Bd. IV,1-3. Tübingen 1982

Berakhoth. Übersetzt von Charles Horowitz. Der Jerusalemer Talmud in deutscher Übersetzung. Bd. I. Tübingen 1975

Die Bibel. Einheitsübersetzung der Heiligen Schrift. Altes und Neues Testament. Aschaffenburg 1980

Biblia Hebraica. Edidit Rudolf Kittel. Stuttgart 1968 (3. Aufl.)

Bibliotheca Rabbinica. Eine Sammlung alter Midraschim, Bd. I-V, August Wünsche. Hildesheim 1967

The Dead Sea Scrolls in English. Edited by G. Vermes. Harmondsworth 1970

The Dead Sea Scrolls of the Hebrew University. Edited by E.L. Sukenik. Jerusalem 1955

The Didache. Newly translated and annotated by James A. Kleist. London 1948

Die Elia-Apokalypse. Hrsg. von Wolfgang Schrage. JSHRZ. Apokalypsen, Bd. V,3. Gütersloh 1980

Das 4. Buch Esra. Hrsg. von Josef Schreiner. JSHRZ. Apokalypsen, Bd. V,4. Gütersloh 1981

Das Evangelium nach Thomas. Hrsg. von A. Guillaumont, H.-Ch. Puech, G. Quispel, W. Till und Yassah 'Abd Al Masih. Leiden 1959

The Fathers according to Rabbi Nathan. Translated from the Hebrew by Judah Goldin. New York 1955

Festgebete der Israeliten nach der gottesdienstlichen Ordnung im israelitischen Bethause zu Wien und in mehreren anderen Gemeinden. Mit einer deutschen Übersetzung von I.N. Mannheimer. Dritter Band: Gebete für die drei großen Feste. Tel-Aviv 1978

The Gospel of Truth. Translation and Commentary by Kendrick Grobel. New York 1960

Hagiga. Festopfer. Übersetzt von Gerd A. Wewers. Übersetzung des Talmud Yerushalmi, Bd. II,1. Tübingen 1983

Himmelfahrt Moses. Hrsg. von Egon Brandenburger. JSHRZ. Apokalypsen, Bd. V,2. Gütersloh 1976

Les Hymnes de Qumran (Hodayot). Texte Hébreu - Introduction - Traduction - Commentaire par M. Delcor. Paris 1962

Der Jerusalemische Talmud in seinen haggadischen Bestandteilen. August Wünsche. Hildesheim 1967

Das Buch der Jubiläen. Hrsg. von Klaus Berger. JSHRZ. Unterweisung in erzählender Form, Bd. II,3. Gütersloh 1981

Machsor. Die sämtlichen Festgebete der Israeliten mit bestgeordnetem Texte und deutscher Übersetzung von S.G. Stern. Erster Teil: Für den ersten Tag des Neujahrsfestes. Zweiter Teil: Für den zweiten Tag des Neujahrsfestes. Dritter Teil: Für den Vorabend des Versöhnungstages. Vierter Teil: Für das Versöhnungsfest

Mechilta. Ein tannaitischer Midrasch zu Exodus. Übersetzt und erläutert von Jakob Winter und August Wünsche. Leipzig 1909

The Midrash on Psalms. Braude, William G., New Haven 1959

Midrasch Tanchuma. Übersetzt und erläutert von Felix Singermann. Berlin 1927

Midrasch Tehillim. Oder haggadische Erklärung der Psalmen. Nach der Textausgabe von Salomon Buber zum ersten Male ins Deutsche übersetzt und mit Noten und Quellenangaben versehen. I/II. Hildesheim 1967

The Mishnah. Translated from the Hebrew with Introduction and brief explanatory notes by Herbert Danby. London (Oxford) 1933 (1974)

Neophyti I. Targum Palestinense. Ms. de la Bibliotheca Vaticana Tomo 1-5. Hrsg. Alejandro Diez Macho. English Translation: Martin McNamara and Michael Maher. Madrid 1968-1978

Das Neue Testament griechisch und deutsch. Novum Testamentum Graece et Germanice. Herausgegeben von Eberhard Nestle. Neu bearbeitet von Erwin Nestle und Kurt Aland. Stuttgart 1968 (18. Aufl.)

Pesikta Rabbati. Discourses for Feasts. Fasts and Special Sabbaths. Translated from the Hebrew by William G. Braude. New Haven 1968

Pesikta des Rab Kahana. Das ist die älteste in Palästina redigierte Haggade. Übersetzt von August Wünsche. Leipzig 1885.

Philo von Alexandrien: Les oeuvres de Philon d'Alexandrie. Par Roger Arnaldes, Jean Pouilloux, Claude Mondésert. Band 1-34. Paris 1961-1978

Die Werke Philos von Alexandrien. In deutscher Übersetzung. Herausgegeben von Leopold Cohn, I. Heinemann, M. Adler und W. Theiler. Teil 1-6.
1. Teil: Breslau 1909
2. Teil: Breslau 1910
3. Teil: Breslau 1919
4. Teil: Breslau 1923
5. Teil: Breslau 1929
6. Teil: Breslau 1938
7. Teil: Berlin 1964

Die Psalmen Salomos. Hrsg. von Svend Holm-Nielsen. JSHRZ. Poetische Schriften, Bd. IV,2. Gütersloh 1977

La Règle de la Guerre des Fils de Lumière contre les Fils de Ténèbres. Texte restauré, traduit, commenté par Jean Carmignac. Paris 1958

Sanhedrin. Gerichtshof. Übersetzt von Gerd A. Wewers. Übersetzung des Talmud Yerushalmi, Bd. IV,4. Tübingen 1981

Seder Olam. Die Grosse Weltchronik. Hrsg. von Ber Ratner. New York 1966

Sidur Sefat Emet. Mit deutscher Übersetzung von S. Bamberger. Basel 1956-1964

Sifra. Übersetzt von Jakob Winter. Breslau 1938

Sifre Deuteronomium (Debarim). Meir Isch Schalom. Wien

Sifre zu Deuteronomium. Übersetzt und erläutert von Gerhard Kittel. Stuttgart 1922

Sifre Numeri. Der tannaitische Midrasch zu Sifre Numeri. Übersetzt und erklärt von Karl Georg Kuhn. Stuttgart 1959

Le Talmud de Jérusalem. Traduit par Moise Schwab. Paris 1871–1889

Targum des Chroniques (Cod. Vat. Urb. Ebr. 1). Tome 1 et 2: Introduction et Traduction par R. LeDéaut et J. Robert. Analecta Biblica 51. Rome 1971

The Targum of Isaiah. Edited with a Translation by J.F. Stenning. Oxford 1949 (1953)

The Targums of Onkelos and Jonathan Ben Uzziel on the Pentateuch with the Fragments of the Jerusalem Targum. From the Chaldee by J.W. Etheridge. New York 1968

Das Testament Hiobs. Hrsg. von Berndt Schaller. JSHRZ. Unterweisung in lehrhafter Form, Bd. III, 3. Gütersloh 1979

Die Testamente der zwölf Patriarchen. Hrsg. von Jürgen Becker. JSHRZ. Unterweisung in lehrhafter Form, Bd. III,1. Gütersloh 1974

Die Texte aus Qumran. Hebräisch und Deutsch. Mit masoretischer Punktation, Übersetzung, Einführung und Anmerkungen von Eduard Lohse. Darmstadt 1981

Tosefta. Hrsg. von Karl H. Rengstorf. Bd. 1/2, 4/3, 6/1, 6/2, 6/3. Stuttgart 1960–1976

The Tosefta. Translated by Jacob Neusner. Vol. 3 and 5. New York 1979

Wissenschaftliche Hilfsmittel

Balz, Horst und Schneider, Gerhard: Exegetisches Wörterbuch zum Neuen Testament, Bd. I–III. Stuttgart 1980–1983

Bauer, Johannes B.: Bibeltheologisches Wörterbuch, Bd. 1 und 2. Graz 1962 (2. Aufl.)

Concordantiae Bibliorum. Germanico – Hebraico – Graecae. Von M. Friedrich Lanckisch. Leipzig – Frankfurt 1677

Encyclopedia Judaica. Jerusalem 1971

Ginzberg, Louis: The Legends of the Jews. Vol. I–VII. Philadelphia 1967–1969

Hatch, Edwin und Redpath, Henry A.: A Concordance to the Septuagint and the other Greek versions of Old Testament (including the apocryphal books). Vol. II. Oxford 1897

Jenni, Ernst und Westermann, Claus: Theologisches Handwörterbuch zum Alten Testament. München 1978 (3. Aufl.) (Bd. 1), 1976 (Bd. 2)

Léon-Dufour, Xavier: Wörterbuch zur biblischen Botschaft. Freiburg 1964

Moulton, W.F. und Geden, A.S.: A Concordance to the Greek Testament. Edinburgh 1913 (2. Aufl.)

Real-Encyclopädie des Judentums. Leipzig 1896

Theologisches Wörterbuch zum Alten Testament. Stuttgart 1973

Theologisches Wörterbuch zum Neuen Testament. Herausgegeben von Gerhard Kittel. Stuttgart 1957

Wigram, George V.: The Englishman's Greek Concordance of the New Testament. London 1976

Sekundärliteratur

Abbott, T.K.: The Epistle to the Ephesians and to the Colossians. ICC 8. Edinburgh 1909

Albright, W.F. and Mann, C.S.: Matthew. Introduction, Translation and Notes. AncB 26. New York 1971

Allen, Willoughby C.: The Gospel according to S. Matthew. ICC. Edinburgh 1912

Allo, E.B.: La Portée de la Collecte pour Jérusalem dans les plans de Saint Paul. In: RB 45 (1936) S. 529-537

Alt, Albrecht: Erwägungen über die Landnahme der Israeliten in Palästina. In: Kleine Schriften zur Geschichte des Volkes Israel, Bd. 1. München 1953, S. 126-175

–   Die Landnahme der Israeliten in Palästina. In: Kleine Schriften zur Geschichte des Volkes Israel, Bd. 1. München 1953, S. 89-125

Annen, Franz: Heil für die Heiden. Zur Bedeutung und Geschichte der Tradition vom besessenen Gerasener (Mk 5,1-20 parr) FTS 20. Frankfurt 1976

Appold, Mark L.: The Oneness Motif in the Fourth Gospel. Motif Analysis and Exegetical Probe into the Theology of John. WUNT 2,1. Tübingen 1976

Attridge, Harold W.: "Let Us Strive to Enter that Rest". The Logic of Hebrews 4:1-11. In: HThR 73 (1980), S. 279-288

Bacher, Wilhelm: Die Agada der Tannaiten. I - von Hillel bis Akiba. Straßburg 1884

Bachmann, Michael: Jerusalem und der Tempel. Die geographisch-theologischen Elemente in der lukanischen Sicht des jüdischen Kultzentrums. BWANT 109. Stuttgart 1980

Bailey, John Amedee: The Tradition Common to the Gospels of Luke and John. NT. S. 7. Leiden 1963

Banner, Joseph: Conception Rabbinique de l'Histoire. In: Evid. 36 (1953), S. 21-25

Barrett, C.K.: The Eschatology of the Epistle to the Hebrews. In: Davies, W.D. and Daube, D.: The Background of the New Testament and its Eschatology. Cambridge 1956, S. 363-393

-      The Gospel according to St. John. An Introduction with Commentary and Notes on the Greek Text. London 1978 (2. Aufl.)

Barta, Johann: Das Achtzehngebet - Eine Betrachtung. In: Brocke, M., Petuchowski, J.J. und Strolz, W.: Das Vaterunser. Gemeinsames im Beten von Juden und Christen. Freiburg 1974, S. 77-89

Barth, Gerhard: Das Gesetzesverständnis des Evangelisten Matthäus. In: Bornkamm, Günther, Barth, Gerhard und Held, Heinz Joachim: Überlieferung und Auslegung im Matthäusevangelium. Neukirchen 1961 (2. Aufl.), S. 54-154

Barth, Karl: Der Römerbrief. München 1926

Barth, Markus: Ephesians. Introduction, Translation and Commentary on Chapters 1-3. AncB 34,1. Garden City, New York 1974

-      Ephesians. Translation and Commentary on Chapters 4-6. AncB 34,2. Garden City, New York 1974

Bartsch, Hans-Werner: Geographische Bezeichnung für Israel im Neuen Testament. In: Eckert, Willehad P., Levinson, Nathan P. und Stöhr, Martin: Jüdisches Volk - gelobtes Land. München 1970, S. 290-304.

Bauer, Johannes B.: "Ruhe", BThW, Bd. 2, Sp. 1003-1007

-      Das milde Joch und die Ruhe. Matth. 11,28-30. In: ThZ 17 (1961), S. 99-106

Baumbach, Günther: Die Mission im Matthäus-Evangelium. In: ThLZ 92 (1967), Sp. 889-893

Beare, Francis Wright: The Gospel according to Matthew. A Commentary. Oxford 1981

— The Mission of the Disciples and the Mission Charge: Matthew 10 and Parallels. In: JBL 89 (1970), S. 1-13

Becker, Jürgen: Die Abschiedsreden Jesu im Johannesevangelium. In: ZNW 61 (1970) S. 215-246

Beckwith, Isbon I.: The Apocalypse of John. Studies in Introduction with a Critical and Exegetical Commentary. Grand Rapids, Mich. 1967 (1919)

Behler, G.-M.: Les Paroles d'Adieux du Seigneur. (S. Jean 13-17). LeDiv, Paris 1960

Behm, Johannes: ἄμπελος. ThWNT, Bd. 1, Sp. 345 f.

Berger, Klaus: Abraham in den paulinischen Hauptbriefen. In: MThZ 17 (1966), S. 47-89

— Die Gesetzesauslegung Jesu. Ihr historischer Hintergrund im Judentum und im Alten Testament. Teil 1: Markus und Parallelen. WMANT. Neukirchen-Vluyn 1972

Bernard, J.H.: The Gospel according to St. John. Vol. 2. ICC 4,2. Edinburgh 1942

Betz, Hans Dieter: The Logion of the Easy Yoke and of Rest (Matt 11, 28-30). In: JBL 86 (1967), S. 10-24

Beutler, Johannes: Habt keine Angst. Die erste johanneische Abschiedsrede (Joh 14). SBS 116. Stuttgart 1984

Bickerman, Elias J.: The Civic Prayer for Jerusalem. In: HThR 55/3 (1962), S. 163-185

Bieder, Werner: Pneumatologische Aspekte im Hebräerbrief. In: Festschrift für Oscar Cullmann: Neues Testament und Geschichte. Zürich 1972, S. 251-259

Bihler, Johannes: Die Stephanusgeschichte im Zusammenhang der Apostelgeschichte. MThS 16. München 1963

Böcher, Otto: Die Johannesapokalypse. Erträge der Forschung 41. Darmstadt 1975

Böhl, Felix: Über das Verhältnis von Shetija-Stein und Nabel der Welt in der Kosmogonie der Rabbinen. In: ZDMG 124/2 (1974) S. 253-270

Borig, Rainer: Der Wahre Weinstock. Untersuchungen zu Joh 15,1-10. StANT 16. München 1967

Bornhäuser, Karl: Die Bergpredigt. Versuch einer zeitgenössischen Auslegung. BFChTh.M 2.R.Slg.25. Gütersloh 1923

Bornkamm, Günther: Das Bekenntnis im Hebräerbrief. Studien zu Antike und Urchristentum. Gesammelte Aufsätze, Bd. 2, Beiträge zur evangelischen Theologie 53. München 1959, S. 188–203

Bossuyt, Philippe et Radermakers, Jean: Jésus Parole de la Grâce selon saint Luc. Brüssel 1981

Bowker, John: The Targums and Rabbinic Literature. An Introduction to Jewish Interpretations of Scripture. Cambridge 1969

Boyle, John L.: The Last Discourse (Jn 13,31–16,33) and Prayer (Jn 17): Some Observations on Their Unity and Development In: Bib. 56 (1975), S. 210–222

Braulik, Georg: Menuchah – Die Ruhe Gottes und des Volkes im Lande. In: BiKi 23 (1968), S. 75–78

Brichto, Herbert Chanan: Kin, Cult, Land and Afterlife – A Biblical Complex. In: HUCA 44 (1973), S. 1–54

Brocke, Michael, Petuchowski, Jakob J. und Strolz, Walter: Das Vaterunser. Gemeinsames im Beten von Juden und Christen. Freiburg 1974

Brown, Raymond E.: The Birth of the Messiah. A commentary on the infancy narratives in Matthew and Luke. London 1977

– The Community of the Beloved Disciple. New York 1979

– The Gospel according to John (XIII–XXI). AncB 29,2. Garden City, New York 1970

Brown, Schuyler: The Matthean Community and the Gentile Mission. In: NT 22 (1980), S. 193–221

– The Two-Fold Representation of the Mission in Matthew's Gospel. In: StTh 31 (1977) S. 21–32

Brox, Norbert: Der Erste Petrusbrief. EKK 21. Zürich 1979

Bruce, F.F.: Promise and Fulfilment. Essays presented to Professor S.H. Hooke in Celebration of his Ninetieth Birthday, 21st January 1964. Edinburgh 1963

Brueggemann, Walter: The Land – Place as Gift, Promise, and Challenge in Biblical Faith. Overtures to Biblical Theology 1. Philadelphia 1977

Buber, Martin: Israel und Palästina. Zur Geschichte einer Idee. München 1968

Buchanan, George W.: To the Hebrews. Translation, Comment and Conclusions. AncB 36. Garden City, New York 1972

Buck, Charles H. Jr.: The Collection for the Saints. In: HThR 43 (1950), S. 1-29

Büchele, Herwig: Bergpredigt und Gewaltfreiheit. In: StZ 199 (1981), S. 632-640

Bultmann, Rudolf: Das Evangelium des Johannes. KEK 2. Abt. Göttingen 1957 (15. Aufl.)

Buren, Paul van: Ein Modell systematischer Verhältnisbestimmung von Israel und Kirche. In: Stöhr, Martin: Jüdische Existenz und die Erneuerung der christlichen Theologie. München 1981, S. 138-153

Bussche, Henri van den: Jean. Commentaire de l'Evangile spirituel. Desclée de Brouwer 1967

Byrne, Brendan: 'Sons of God' - 'Seeds of Abraham'. A Study of the Idea of the Sonship of God of All Christians in Paul against the Jewish Background. AnBib 83. Rome 1979

Carmignac, Jean: Recherches sur le "Notre Père". Paris 1969

Charles, R.H.: The Revelation of St. John. Vol. 2. ICC 14,2. Edinburgh 1920

Cohen, Gerson D.: Zion in Rabbinic Literature. In: Halkin, Abraham S.: Zion in Jewish Literature. New York 1961, S. 38-64

Congar, Yves-M.J.: Das Mysterium des Tempels. Die Geschichte der Gegenwart Gottes von der Genesis bis zur Apokalypse. Salzburg 1960

Conzelmann, Hans: Der erste Brief an die Korinther. KEK 5. Abt. 11. Aufl. Göttingen 1969

–   Zur Lukasanalyse. In: Braumann, Georg: Das Lukasevangelium. Die Redaktions- und Kompositionsgeschichtliche Forschung. Darmstadt 1974, S. 43-63

–   Die Mitte der Zeit. Studien zur Theologie des Lukas. BHTh 17. Tübingen 1964 (5. Aufl.)

Corssen, P.: Die Abschiedsreden Jesu in dem vierten Evangelium. In: ZNW 8 (1907), S. 125-142

Croner, Helga: Stepping Stones to Further Jewish-Christian Relation. London 1977

Crossan, John Dominic: The Seed Parables of Jesus. In: JBL 92 (1973), S. 244-266

Daube, David: Donum Gentilicium. New Testament Studies in Honour of David Daube. Hrsg.: Bammel, E., Barrett, C.K. und Davies, W.D., Oxford 1978

Davies, Alan: Die Haltung Israel gegenüber: Staat, Land und Volk. Ein christlicher Standpunkt. In: Conc (D) 10,10 (1974) S. 585-589

Davies, W.D.: La dimension "territoriale" du judaisme. In: RSR 66,4 (1978), S. 533-568

-    The Gospel and the Land. Early Christianity and Jewish Territorial Doctrine. Berkeley 1974

Davis, Charles Thomas: Tradition and Redaction in Matthew 1:18-2:23. In: JBL 90 (1971), S. 404-421

Declaration of the Council of Dutch Churches: The Persistence of Antisemitism. In: Christian Jewish Relation 14/4 (77), Dec. 1981, S. 59-64

Degenhardt, Johannes Joachim: Was muss ich tun, um das ewige Leben zu gewinnen? Zu Mk 10,17-22. In: Schülerfestschrift für Rudolf Schnackenburg zum 60. Geburtstag. Augsburg 1974 (2. Aufl.), S. 159-168

Deissler, Alfons: Der Geist des Vaterunsers im alttestamentlichen Glauben und Beten. In: Brocke, M., Petuchowski, J.J. und Strolz, W.: Das Vaterunser. Gemeinsames im Beten von Juden und Christen. Freiburg 1974, S. 129-150

Despina, M.: La Terre d'Israel dans la liturgie juive. In: Rencontre Chrétiens et Juifs 2 (1968), S. 220-227

Deutsch, Celia: The Sirach 51 Acrostic: Confession and Exhortation. In: ZAW 94 (1982), S. 400-409

Diepold, Peter: Israels Land. BWANT 5. Folge H. 15. Stuttgart 1972

Dodd, C.H.: The Epistle of Paul to the Romans. London 1954

-    The Interpretation of the Fourth Gospel. Cambridge 1954

Dreyfus, F.: Le thème de l'héritage dans l'Ancien Testament. In: RSPhTh 42 (1958), S. 3-49

Dreyfus, F. und Grelot, Pierre: "Erbe". In: Wörterbuch zur biblischen Botschaft, Freiburg 1964, S. 129-132.

Dupont, Jacques: Die Versuchungen Jesu in der Wüste. SBS 37. Stuttgart 1969

Duprez, Antoine: Note sur le rôle de l'Esprit-Saint dans la filiation du chrétien. A propos de Gal. 4,6. In: RSR 52 (1964), S. 421-431

Eckardt, A. Roy: Toward a Secular Theology of Israel. In: Christian Jewish Relations 72 (Sept. 1980), S. 8-20

Eckert, W.P., Levinson, N.P. und Stöhr, M.: Jüdisches Volk – gelobtes Land. Die biblischen Landverheißungen als Problem des jüdischen Selbstverständnisses und der christlichen Theologie. München 1970

Ecumenical Commission – Archdiocese of Detroit: Catholic-Jewish Relations. In: Sidic 12,3 (1979), S. 31 f.

Egger, Wilhelm: Nachfolge als Weg zum Leben. Chance neuerer exegetischer Methoden dargelegt an Mk 10,17-31. Österreichische Biblische Studien 1. Klosterneuburg 1979

Ehrlich, Ernst Ludwig: Katholiken im Gespräch mit Juden. In: Richter, Klemens: Die Katholische Kirche und das Judentum. Dokumente 1945-1980. Deutsches Pax Christi Sekretariat. Frankfurt, S. 20-28

Eichler, J.: "Erbe, Los, Teil". In: TBLNT, Bd. 1, Wuppertal 1972 (3. Aufl.), S. 232-237

Elbogen, Ismar: Der jüdische Gottesdienst in seiner geschichtlichen Entwicklung. Hildesheim 1967

Ellul, Jacques: Apokalypse. Die Offenbarung des Johannes – Enthüllung der Wirklichkeit. Neukirchen-Vluyn 1981

Engel, Helmut: Die Vorfahren Israels in Ägypten. Forschungsgeschichtlicher Überblick über die Darstellung seit Richard Lepsius (1849). FTS 27. Frankfurt 1979

Englard, I.: The Relationship between Religion and State in Israel. In: Tedeschi, G. and Yadin, U.: Studies in Israel Legislative Problems. ScrHie 16. Jerusalem 1966, S. 254-275

Erklärung der Delegiertenversammlung der Pax Christi zum 40. Jahrestag der Reichskristallnacht vom 9.11.1978. In: Richter, Klemens: Die Katholische Kirche und das Judentum. Dokumente 1945-1980. Deutsches Pax Christi Sekretariat. Frankfurt, S. 42 f.

Erklärung des Komitees der französischen Bischofskonferenz über die Haltung der Christen zum Judentum vom 16.4.1973. In: Richter, Klemens: Die Katholische Kirche und das Judentum. Dokumente 1945-1980. Deutsches Pax Christi Sekretariat. Frankfurt, S. 32-37

Erklärung des Konzils über das Verhältnis der Kirche zu den nicht-christlichen Religionen "Nostra Aetate" Art. 4 vom 28.10.1965. In: Richter, Klemens: Die Katholische Kirche und das Judentum. Dokumente 1945-1980. Deutsches Pax Christi Sekretariat. Frankfurt, S. 31 f.

Fascher, Erich: Der erste Brief des Paulus an die Korinther. Erster Teil: Einführung und Auslegung der Kapitel 1-7. ThHK in neuer Bearbeitung 7,1. Berlin 1975

Fiebig, Paul: Jesu Bergpredigt. Rabbinische Texte zum Verständnis der Bergpredigt. Göttingen 1924

Fiedler, Peter: Das Judentum im katholischen Religionsunterricht. Analysen, Bewertungen, Perspektive. Düsseldorf 1980

Filson, Floyd V.: A Commentary on the Gospel according to St. Matthew. BNTC 1. London 1971 (2. Aufl.)

Flusser, David: The Conclusion of Matthew in a New Jewish Christian Source. In: ASTI 5 (1967), S. 110-120

-       Das gelobte Land und das jüdische Volk. In: FrRu 24 (1972), 89/92, S. 5 f.

Ford, J.M.: The Heavenly Jerusalem and Orthodox Judaism. In: Daube, D.: Donum Gentilicium. New Testament Studies in Honour of David Daube. Oxford 1978, S. 215-226

France, Richard T.: Herod and the Children of Bethlehem. In: NT 21 (1979), S. 98-120

Friedländer, Albert: Israel und die Diaspora bei Leo Baeck. In: FrRu 20 (1968), 73/76, S. 38-41

Griedlander, Gerald: The Jewish Sources of the Sermon on the Mount. New York 1969

Friedrich, Johannes: Gott im Bruder? Eine methodenkritische Untersuchung von Redaktion, Überlieferung und Traditionen in Mt 25,31-46. CThM Reihe A, Bibelwissenschaft 7. Stuttgart 1977

Friedrich, J.H.: κληρονομέω, κληρονομία, κληρονόμος, κλῆρος. In: Balz, Horst und Schneider, Gerhard: Exegetisches Wörterbuch zum Neuen Testament, Bd. 2. Stuttgart 1981, Sp. 736-742

Froitzheim, Franzjosef: Christologie und Eschatologie bei Paulus. Forschung zur Bibel 35. Stuttgart 1979

Georgi, Dieter: Die Visionen vom himmlischen Jerusalem in Apok 21 und 22. In: Bornkamm, Günther: Kirche. Festschrift zum 75. Geburtstag. Tübingen 1980

Giesen, Georg: Die Wurzel שׁבע "schwören". Eine semasiologische Studie zum Eid im Alten Testament. BBB 56, Königstein 1981

Gnilka, Joachim: Der Epheserbrief. HThK 10, Fasz. 2. Freiburg 1971

Gnilka, Joachim: Der Kolosserbrief. HThK 10, Fasz. 1. Freiburg 1980

Goguel, Maurice: Le Caractère à la fois actuel et futur, du salut dans la théologie paulinienne. In: Davies, W.D.: The Background of the New Testament and its Eschatology. Cambridge 1956, S. 322-341

Goldberg, Arnold: Untersuchungen über die Vorstellung von der Schekhinah in der frühen rabbinischen Literatur. SJ 5. Berlin 1969

Goodenough, Erwin R.: An Introduction to Philo Judaeus. Oxford 1962

Goppelt, Leonhard: Der Erste Petrusbrief. KEK 12,1. Göttingen 1978

Gordon, Robert P.: Terra Sancta and the Territorial Doctrine of the Targum to the Prophets. In: Emerton, J.A. und Reif, Stefan C.: Interpreting the Hebrew Bible. Essays in Honour of E.I.J. Rosenthal. Cambridge 1982, S. 119-131

Goudoever, Jan van: Tora und Galut. In: Eckert, W.P., Levinson, N.P. und Stöhr, M.: Jüdisches Volk - gelobtes Land. München 1970, S. 197-202

Gould, Ezra P.: The Gospel according to St. Mark. ICC. Edinburgh 1907

Gradwohl, Roland: Das Land Israel in der talmudischen Literatur. In: Eckert, W.P., Levinson, N.P. und Stöhr, M.: Jüdisches Volk - gelobtes Land. München 1970, S. 52-61

Grässer, Erich: Der Glaube im Hebräerbrief. MThSt 2. Marburg 1965

Graubard, Baruch: Das 'Kaddisch'-Gebet. In: Brocke, M., Petuchowski, J.J. und Strolz, W.: Das Vaterunser. Gemeinsames im Beten von Juden und Christen. Freiburg 1974, S. 102-119

–   Der religiöse und politische Raum in der jüdischen Geschichte. In: Eckert, W.P., Levinson, N.P. und Stöhr, M.: Jüdisches Volk - gelobtes Land. München 1970, S. 203-218

Gray, John: The Biblical Doctrine of the Reign of God. Edinburgh 1979

Grundmann, Walter: Die Apostel zwischen Jerusalem und Antiochia. In: ZNW 39 (1940), S. 110-137

Grundmann, Walter: Das Evangelium nach Lukas. ThHK in neuer Bearbeitung 3. Berlin 1978 (8. Aufl.)

- Das Evangelium nach Markus. ThHK in neuer Bearbeitung 2. Berlin 1977 (7. Aufl.)

- Das Evangelium nach Matthäus. ThHK in neuer Bearbeitung 1. Berlin 1975 (4. Aufl.)

Guelich, Robert A.: The Matthean Beatitudes: "Entrance-Requirements" or Eschatological Blessings? In: JBL 95 (1976), S. 415-434

Gundry, Robert H.: Matthew. A Commentary on His Literary and Theological Art. Grand Rapids, Michigan 1982

- The Use of the Old Testament in St. Matthew's Gospel. With Special Reference to the Messianic Hope. NT. S. 18. Leiden 1967

Haenchen, Ernst: Die Apostelgeschichte. KEK 3. Göttingen 1977 (7. Aufl.)

Hahn, Ferdinand: Mt 5.17 - Anmerkungen zum Erfüllungsgedanken bei Matthäus. In: Schweizer, Eduard: Die Mitte des Neuen Testaments. Einheit und Vielfalt neutestamentlicher Theologie. Festschrift für Eduard Schweizer zum siebzigsten Geburtstag. Göttingen 1983

- Sendung des Geistes - Sendung der Jünger. Die pneumatologische Dimension des Missionsauftrages nach dem Zeugnis des Neuen Testamentes. In: Bsteh, Andreas: Universales Christentum angesichts einer pluralen Welt. Beiträge zur Religionstheologie 1. Mödling 1976, S. 87-106

Hahn, Hartmut: Wallfahrt und Auferstehung zur messianischen Zeit. Eine rabbinische Homilie zum Neumond-Shabbat (PesR 1). Frankfurter Judaistische Studien 5. Frankfurt 1979

Halkin, Abraham S.: Zion in Biblical Literature. In: Halkin, Abraham S.: Zion in Jewish Literature. New York 1961, S. 18-37

Hammer, Paul L.: A Comparison of Klēronomia in Paul and Ephesians. In: JBL 79 (1960), S. 267-272

- The Understanding of Inheritance in the New Testament. Diss. Heidelberg 1958

Hanhart, Robert: Das Land in der spätnachexilischen Prophetie. In: Strecker, Georg: Das Land Israel in biblischer Zeit. Jerusalemer Symposium 1981 der Hebräischen Universität und der Georg-August-Universität Göttingen 1983, S. 126-140

Haran, Menachem: Priestertum, Tempeldienst und Gebet. In: Strecker, Georg: Das Land Israel in biblischer Zeit. Jerusalemer Symposium 1981 der Hebräischen Universität und der Georg-August-Universität. Göttingen 1983, S. 141-153

Hasler, Victor: Die Briefe an Timotheus und Titus (Pastoralbriefe). ZBK 12. Zürich 1978

Heinemann, Isaac: The Relationship between the Jewish People and their Land in Hellenistic-Jewish Literature. In: Zion 13-14 (1948/49), S. 1-9

Heinemann, Joseph: Prayer in the Talmud. Forms and Patterns. SJ 9. Berlin 1977

Heise, Jürgen: Bleiben, Meinein in den Johanneischen Schriften. HUTh 8. Tübingen 1967

Hengel, Martin: Nachfolge und Charisma. Eine exegetisch-religionsgeschichtliche Studie zu Mt 8,21 f. und Jesu Ruf in die Nachfolge. Beiheft ZNW 34. Berlin 1968

–   Die Ursprünge der christlichen Mission. In: NTS 18 (1971-72), S. 15-38

Héring, J.: Eschatologie Biblique et Idéalisme Platonicien. In: Davies, W.D. and Daube, D.: The Background of the New Testament and its Eschatology. Cambridge 1956, S. 444-463

Herrmann, Johannes und Foerster, Werner: κλῆρος, κλ-ηρόω, προσκληρόω, ὁλόκληρος, ὁλοκληρία, κληρονόμος, συγκληρονόμος, κληρονομέω, κατακληρονομέω, κληρονομία. In: ThWNT 3. Stuttgart 1938, S. 757-786

Herrmann, Siegfried: Israels Aufenthalt in Ägypten. SBS 40. Stuttgart 1970

Hertzberg, Arthur: Judaism and the Land of Israel. In: Jdm 19/4 (1970), S. 432-434

–   Zionism and the Jewish Religious Tradition. In: Tanenbaum, Marc H. and Werblowsky, R.J. Zwi: The Jerusalem Colloquium on Religion, Peoplehood, Nation, and Land. Proceedings Truman Research Institute Publication Nr. 7, S. 161-185

Hofium, Otfried: Katapausis. Die Vorstellung vom endzeitlichen Ruheort im Hebräerbrief. WUNT 11. Tübingen 1970

Holtz, Avraham: The Concept of Qiddush Hashem in the Jewish Prayer Book. In: HThR 57/2 (1964), S. 132-137

Holtz, Gottfried: Die Pastoralbriefe. ThHK in neuer Bearbeitung 13. Berlin 1965

Hruby, Kurt: Begriff und Funktion des Gottesvolkes in der rabbinischen Tradition. In: Jud 21/4 (1965), S. 230-256; 22/3 (1966), S. 167-191; 23/1 (1967), S. 30-48; 23/4 (1968), S. 224-245

‒   Der talmudische Messianismus. In: Hor. 9,5/6 (1974), S. 324-332

Hughes, Graham: Hebrews and Hermeneutics. The Epistle to the Hebrews as a New Testament example of biblical interpretation. MSSNTS 36. Cambridge 1979

Hughes, John J.: Hebrews IX,15 ff. and Galatians III, 15 ff. A Study in Covenant Practice and Procedure. In: NT 21 (1979), S. 27-96

Idelsohn, A.Z.: Jewish Liturgy and its Development. New York 1975 (3. Aufl.)

Israel: People, Land, State ‒ "A Statement to our Fellow-Christians" by North American Theologians. In: Christian Attitudes on Jews and Judaism No. 32 (Oct. 1973), S. 9-12

Japhet, Sara: People and Land in the Restoration Period. In: Strecker, Georg: Das Land Israel in biblischer Zeit. Jerusalemer Symposium 1981 der Hebräischen Universität und der Georg-August-Universität. Göttingen 1983, S. 103-125

Jenni, Ernst: בוא bō' kommen. In: THAT, Bd. 1, München 1978 (3. Aufl.), Sp. 264-269

Jenni, Ernst: יצא jṣ' hinausgehen. In: THAT, Bd. 1, München 1978 (3. Aufl.), Sp. 775-761

Jeremias, Joachim und Strobel, August: Die Briefe an Timotheus und Titus. Der Brief an die Hebräer. NTD 9. Göttingen 1975

Jeremias, Joachim: Die Gleichnisse Jesu. Göttingen 1962 (6. Aufl.)

Jerusalem ‒ the Vatican View. In: Christian Jewish Relations 72 (Sept. 1980), S. 21-24

Johannes Paul II.: Ansprache an die Repräsentanten jüdischer Organisationen vom 12.3.1979. In: Richter, Klemens: Die Katholische Kirche und das Judentum. Dokumente 1945-1980. Deutsches Pax Christi Sekretariat. Frankfurt, S. 50-53

‒   Ansprache an die Vertreter der Juden in Mainz vom 17.11. 1980. In: Richter, K.: Die Katholische Kirche und das Judentum. Dokumente 1945-1980. Deutsches Pax Christi Sekretariat. Frankfurt, S. 72 ff.

Johnson, Sherman E.: A Commentary on the Gospel according to St. Mark. BNTC 2. London 1960

Johnsson, William G.: The Pilgrimage Motif in the Book of Hebrews. In: JBL 97 (1978), S. 239-251

Käsemann, Ernst: An die Römer. HNT 8a. Tübingen 1973

– Der gottesdienstliche Schrei nach der Freiheit. In: Paulinische Perspektiven. Tübingen 1969, S. 211-236

– Das wandernde Gottesvolk. Eine Untersuchung zum Hebräerbrief. FRLANT 55. Göttingen 1961

Kallai, Zecharia: The Reality of the Land and the Bible. In: Strecker, Georg: Das Land Israel in biblischer Zeit. Jerusalemer Symposium 1981 der Hebräischen Universität und der Georg-August-Universität. Göttingen 1983, S. 76-90

Kaufmann, Yehezkel: The Religion of Israel. From its Beginnings to the Babylonian Exile. New York 1972

Keck, Leander E.: The Poor among the Saints in the New Testament. In: ZNW 56 (1965), S. 100.129

Keller, C.A.: שבע šb' ni. schwören". In: THAT, Bd. 2, München 1976, Sp. 855-863

Kelly, J.N.D.: A Commentary on the Epistle of Peter and of Jude. BNTC 16. London 1969

Kerrigan, Alexander: Echoes of Themes from the Servant Songs in Pauline Theology. In: Studiorum Paulinorum Congressus Internationalis Catholicus 1961. AnBib 17-18. Rome 1963, Bd. 2, S. 217-228

Kickel, Walter: Das gelobte Land. Die religiöse Bedeutung des Staates Israel in jüdischer und christlicher Sicht. München 1984

Kilgallen, John: The Stephen Speech. A Literary and Redactional Study of Acts 7,2-53. AnBib 67. Rome 1976

Klein, Charlotte: The Theological Dimensions of the State of Israel. In: JES 10/4 (1973), S. 700-717

Klein, Samuel: Das halachische Motiv משום ישוב ארץ ישראל. In: Jesch. 13 (1926), S. 138-143 und S. 521 f.

Knight, Douglas A.: Rediscovering the Traditions of Israel. The Development of the Traditio-Historical Research of the Old Testament, with Special Consideration of Scandinavian Contributions. SBL Dissertation Series 9, Missoula Montana 1973

Koch, Robert: L'aspect eschatologique de l'Esprit du Seigneur d'après Saint Paul. In: Studiorum Paulinorum Congressus Internationalis Catholicus 1961. AnBib 17-18. Rome 1963, Bd. 1, S. 131-141

Kosmala, Hans: Warum isst man Karpas am Sederabend? In: Jud. 16 (1960), S. 91-102

Kraft, Heinrich: Die Offenbarung des Johannes. HNT 16a. Tübingen 1974

Kraus, Hans-Joachim: Psalmen. 1. Teilband: Psalmen 1-59, 2. Teilband: Psalmen 60-150. BKAT 15,1 und 2, Neukirchen-Vluyn 1978 (5. Aufl.).

Künzel, Georg: Studien zum Gemeindeverständnis des Matthäus-Evangeliums. CThM Reihe A, Bibelwissenschaft 10. Stuttgart 1978

Kuss, Otto: Der Brief an die Hebräer. RNT 8,1. Regensburg 1966 (2. Aufl.)

–   Zum Sinngehalt des Doppelgleichnisses vom Senfkorn und Sauerteig. In: Bib. 40 (1959), S. 641-653

Labuschagne, C.J.: נתן ntn geben". In: THAT, Bd. 2, München 1976, Sp. 117-141

Landsberger, Franz: The Sacred Direction in Synagogue and Church. In: HUCA 28 (1957), S. 181-203

Langkammer, Hugolinus: "Den er zum Erben von allem eingesetzt hat" (Hebr 1,2). In: BZ 10 (1966), S. 273-280

Lauer, Simon: Awinu Malkenu (Unser Vater, unser König!). In: Brocke, M., Petuchowski, J.J. und Strolz, W.: Das Vaterunser. Gemeinsames im Beten von Juden und Christen. Freiburg 1974, S. 120-127

Laufen, Rudolf: ΒΑΣΙΛΕΙΑ und ΕΚΚΛΗΣΙΑ. Eine traditions- und redaktionsgeschichtliche Untersuchung des Gleichnisses vom Senfkorn. In: Festschrift für Heinrich Zimmermann: Begegnung mit dem Wort. Bonn 1980, S. 105-140

Laurentin, René: Structure et Théologie de Luc I-II. EtB. Paris 1957

LeDéaut, R.: Introduction à la Littérature Targumique. 1ère partie. Rome 1966 (ad usum privatum)

Léon-Dufour, Xavier: "Ruhe". In: Wörterbuch zur biblischen Botschaft. Freiburg 1964, S. 568 ff.

Levinson, Nathan Peter: Hoffnung im Exil. In: Tradition und Erneuerung 33 (1972), S. 1-8

Lightfoot, J.B.: Saint Paul's Epistle to the Galatians. London 1892

Lindbeck, George: Christians between Arabs and Jews. In: Christian Jewish Relations 70 (March 1980), S. 5-19

Lindemann, Andreas: Die Aufhebung der Zeit. Geschichtsverständnis und Eschatologie im Epheserbrief. StNT 12. Gütersloh 1975

Lohfink, Gerhard: Der Ablauf der Osterereignisse und die Anfänge der Urgemeinde. In: ThQ 160 (1980), S. 162-176

– Wie hat Jesus Gemeinde gewollt? Zur gesellschaftlichen Dimension des christlichen Glaubens. Freiburg 1982

Lohfink, Norbert: Das Hauptgebot. Eine Untersuchung literarischer Einleitungsfragen zu Dtn 5-11. AnBib 20. Rome 1963

– Die Landverheißung als Eid. Eine Studie zu Gn 15. SBS 28. Stuttgart 1967

– Von der "Anawim-Partei" zur "Kirche der Armen". Die bibelwissenschaftliche Ahnentafel eines Hauptbegriffs der "Theologie der Befreiung". In: Bib. 67 (1986), S. 153-176

Lohmeyer, Ernst: Die Briefe an die Philipper, an die Kolosser und an Philemon. KEK. Göttingen 1956 (11. Aufl.)

– Das Evangelium nach Markus. KEK 1,2. Göttingen 1957

– Galiläa und Jerusalem bei Lukas. In: Braumann, Georg: Das Lukasevangelium. Die Redaktions- und Kompositionsgeschichtliche Forschung. Darmstadt 1974, S. 7-12.

Lohmeyer, E. und Schmauch, Werner: Das Evangelium nach Matthäus. KEK Sonderband. Göttingen 1956

Lohse, Eduard: Die Briefe an die Kolosser und an Philemon. KEK 9. Abt., 2. Bd., Göttingen 1968

Lührmann, Dieter: Die Redaktion der Logienquelle. WMANT 33. Neukirchen-Vluyn 1969

Lüthi, Kurt: Die biblische Botschaft vom heiligen Land in ihrer aktuellen Bedeutung für die Christenheit. In: Thoma, Clemens: Auf den Trümmern des Tempels. Freiburg 1968, S. 15-31

Macholz, G.Ch.: Israel und das Land. Vorarbeiten zu einem Vergleich zwischen Priesterschrift und deuteronomistischem Geschichtswerk (Theol. Habil. Masch. vervielf.). Heidelberg 1969

Maddox, Robert: The Purpose of Luke-Acts. FRLANT H. 126. Göttingen 1982

Maier, Johann: Die Messianische Erwartung im Judentum seit der Talmudischen Zeit. In: Jud. 20 (1964), S. 23-58; 90-120; 156-183

Malamat, Abraham: Die Eroberung Kanaans: Die israelitische Kriegsführung nach der biblischen Religion. In: Strecker, Georg: Das Land Israel in biblischer Zeit. Jerusalemer Symposium 1981 der Hebräischen Universität und der Georg-August-Universität. Göttingen 1983, S. 7-32

Malatesta, Edward: Interiority and Covenant. A Study of εἶναι ἐν and μένειν ἐν in the First Letter of Saint John. AnBib 69. Rome 1978

Manns, Frédéric: La Halakah dans l'Evangile de Matthieu. In: Anton. 53 (1978), S. 3-22

Marchadour, Alain: La terre dans la littérature biblique. In: Sens. Juifs et Chrétiens dans le monde aujourd'hui 7/9 (1982), S. 166-184

Marquardt, F.-W.: Christentum und Zionismus. In: Eckert, W.P., Levinson, N.P. und Stöhr, M.: Jüdisches Volk - gelobtes Land. München 1970, S. 241-274

- Gottes Bundestreue und die biblischen Landverheißungen. In: Strolz, W.: Jüdische Hoffnungskraft und christlicher Glaube. Freiburg 1971, S. 80-133

- Die Juden und ihr Land. Hamburg 1975

Matt, Hershel J.: An Outline of Jewish Eschatology. In: Jdm 17/2 (1968), S. 186-196

McCown, C.C.: Geographie der Evangelien; Fiktion, Tatsache und Wahrheit. In: Braumann, Georg: Das Lukasevangelium. Die Redaktions- und Kompositionsgeschichtliche Forschung. Darmstadt 1974, S. 13-42

McCullough, J.C.: The Old Testament Quotations in Hebrews. In: NTS 26 (1980), S. 363-379

Meier, John P.: Law and History in Matthew's Gospel. A Redactional Study of Mt. 5:17-48. AnBib 71. Rome 1976

- The Vision of Matthew. Christ, Church and Morality in the First Gospel. Theological Inquiries. New York 1978

Michel, Hans-Joachim: Die Abschiedsrede des Paulus an die Kirche Apg 20,17-38. Motivgeschichtliche und theologische Bedeutung. StANT 35. München 1973

Michel, Otto: Der Abschluss des Matthäusevangeliums. Ein Beitrag zur Geschichte der Osterbotschaft. In: Lange, Joachim: Das Matthäus-Evangelium. Darmstadt 1980, S. 119-133

Michel, Otto: Der Brief an die Hebräer. KEK 13. Göttingen 1966 (12. Aufl.)

—   Der Brief an die Römer. KEK 4. Abt., 13. Aufl. Göttingen 1966 (4. Aufl.)

—   Heilsgeschichtliche Konzeption und eschatologische Transzendierung. In: Eckert, W.P., Levinson, N.P. und Stöhr, M.: Jüdisches Volk – gelobtes Land. München 1970, S. 305-311

Minear, Paul S.: Die Funktion der Kindheitsgeschichten im Werk des Lukas. In: Braumann, Georg: Das Lukasevangelium. Die Redaktions- und Kompositionsgeschichtliche Forschung. Darmstadt 1974, S. 204-235

—   I Saw a New Earth. An Introduction to the Visions of the Apocalypse. Washington 1968

Mirsky, Aaron: The Origin of 'The Eighteen Benedictions' of the Daily Prayer. In: Tarb. 33/1 (1963), S. II-III

Miyoshi, Michi: Das jüdische Gebet Sema und die Abfolge der Traditionsstücke in Lk 10-13. In: Annual of the Japanese Biblical Institute 7 (1981), S. 70-123

Moffatt, James: The Epistle to the Hebrews. ICC 10,2. Edinburgh 1924

Montefiore, C.G.: The Synoptic Gospels, Vol. 1. New York 1968 (2. Aufl.)

Montefiore, Hugh: A Commentary on the Epistle to the Hebrews. BNTC 15. London 1969 (2. Aufl.)

Motte, A.R.: La structure du logion de Matthieu XI,28-30. In: RB 88 (1981), S. 226-233

Munck, Johannes: The Acts of the Apostles. AncB 31. Garden City, New York 1967

Munk, Elie: The World of Prayer, Bd. 1: Commentary and Translation of the Daily Prayers. New York 1961

Muntingh, L.M.: "The city which has Foundations": Hebrews 11: 8-10 in the light of the Mari Texts. In: Eybers, I.H. u.a.: De Fructu Oris Sui. Essays in Honour of Adrianus van Selms. Leiden 1971, S. 108-120

Mußner, Franz: Der Galaterbrief. HThK 9. Freiburg 1974 (2. Aufl.)

—   Der Jakobusbrief. HThK 13, Fasz. 1. Freiburg 1975 (3. Aufl.)

Mußner, Franz: Traktat über die Juden. München 1979

Nauck, Wolfgang: Probleme des frühchristlichen Amtsverständnisses (I Ptr 5,2 f.). In: ZNW 48 (1957), S. 200-220

Navone, John: Themes of St. Luke. Rome 1970

Neher, André: L'Existence juive. Solitude et Affrontements. Paris 1962

– Die Haltung Israel gegenüber: Staat, Land und Volk. Ein jüdischer Standpunkt. In: Conc (D) 10/10 (1974), S. 580-584

Neusner, Jacob: Early Rabbinic Judaism. Historical Studies in Religion, Literature and Art. Studies in Judaism in Late Antiquity, Vol. 13. Leiden 1975

– Judaism in a Time of Crisis. Four Responses to the Destruction of the Second Temple. In: Jdm 21/83 (1972), S. 313-327

– The Rabbinic Traditions about the Pharisees before 70. Leiden 1971

Noelle, Sr. Marie: Israel: Le Peuple et sa Terre. In: Sidic 1,2, S. 3-8

Nötscher, Friedrich: Zur theologischen Terminologie der Qumran-Texte. BBB 10. Bonn 1956

North American Theologians: Israel: People, Land, State – a Statement to our Fellow-Christians. In: Christian Attitudes on Jews and Judaism 32 (Oct. 1973), S. 9-12

Ohler, Annemarie: Israel, Volk und Land. Zur Geschichte der wechselseitigen Beziehungen zwischen Israel und seinem Land in alttestamentlicher Zeit. Stuttgart 1979

Painter, John: The Farewell Discourses and the History of Johannine Christianity. In: NTS 27 (1981), S. 525-543

Pamment, Margaret: The Kingdom of Heaven according to the First Gospel. In: NTS 27 (1981), S. 211-232

Percy, Ernst: Die Probleme der Kolosser- und Epheserbriefe. SHVL 39. Lund 1946

Perlitt, Lothar: Motive und Schichten der Landtheologie im Deuteronomium. In: Strecker, Georg: Das Land Israel in biblischer Zeit. Jerusalemer Symposium 1981 der Hebräischen Universität und der Georg-August-Universität. Göttingen 1983, S. 46-58

The Persistence of Antisemitism. Declaration of the Council of Dutch Churches. In: Christian Jewish Relations 14/4 (77), (Dec. 1981), S. 59-64

Pesch, Rudolf: ἀγρός. In: Balz, Horst und Schneider, G.: Exegetisches Wörterbuch zum Neuen Testament, Bd. 1, Stuttgart 1980, Sp. 57

- Das Markusevangelium. 1. Teil: Einleitung und Kommentar zu Kap. 1,1-8,26. 2. Teil: Kommentar zu Kap. 8,27-16,20. HThK 2, 1 und 2. Freiburg 1976 und 1977

Pesch, W.: "Erbe". In: BThW, Bd. 1, Graz 1962 (2. Aufl.), S. 267-272

Petuchowski, Jakob J.: Diaspora Judaism - an Abnormality? The Testimony of History. In: Jdm 9 (1960), S. 17-28

Plummer, Alfred: The Gospel according to S. Luke. ICC. Edinburgh 1910 (4. Aufl.)

Polag, Athanasius: Die Christologie der Logienquelle. WMANT 45. Neukirchen-Vluyn 1977

Porsch, F.: ἄμπελος, ἀμπελουργός, ἀμπελών . In: Balz, H. und Schneider, G.: Exegetisches Wörterbuch zum Neuen Testament, Bd. 1, Stuttgart 1980, Sp. 172 f.

Priotto, Michelangelo: Il significato della Terra Promessa nelle Vita e nel Pensiero di Paolo. Unveröffentlichte Arbeit (Tesi di Laurea in Teologia Biblica). Jerusalem 1975

Purdy, Alexander C. and Cotton, J. Harry: The Epistle to the Hebrews. Introduction and Exegesis by Alexander C. Purdy. Exposition by J. Harry Cotton. IntB 11. New York 1955

Rad, Gerhard von: Es ist noch eine Ruhe vorhanden dem Volke Gottes. Eine biblische Begriffsuntersuchung. In: Gesammelte Studien zum Alten Testament, Bd. 1, TB AT 8,48. München 1958, S. 101-108

- Das formgeschichtliche Problem des Hexateuch. In: Gesammelte Studien zum Alten Testament, Bd. 1, TB AT 8,48. München 1958, S. 9-86

- Theologie des Alten Testaments, Bd. 1, EETh 1, München 1982 (8. Aufl.), Bd. 2, München 1960

- Verheißenes Land und Jahwes Land im Hexateuch. In: Gesammelte Studien zum Alten Testament, Bd. 1, TB AT 8,48. München 1958, S. 87-100

Radermakers, Jean: Au Fil de l'Evangile selon Saint Matthieu. Bd. 2: Lecture continue. Brüssel 1974 (2. Aufl.)

Ramselaar, Antonius C.: Das Land Israel in der Wechselbeziehung von Theologie und Kultur. In: Eckert, W.P., Levinson, N.P. und Stöhr, M.: Jüdisches Volk - gelobtes Land, München 1970, S. 219-240

Reicke, Bo: The Epistles of James, Peter and Jude. AncB 37. Garden City, New York 1964

Rendtorff, Rolf: Christians and the State of Israel. In: Christian Attitudes on Jews and Judaism 39 (Dec. 1974), S. 3-7

-      Israel und sein Land. Theologische Überlegungen zu einem politischen Problem. TEH 188. München 1975

-      Das Land Israel im Wandel der alttestamentlichen Geschichte. In: Eckert, W.P., Levinson, N.P. und Stöhr, M.: Jüdisches Volk - gelobtes Land. München 1970, S. 153-168

Ricca, Paolo: Die Eschatologie des Vierten Evangeliums. Zürich 1966

Richter, Klemens: Die Katholische Kirche und das Judentum. Dokumente 1945-1980. Mit Kommentaren von Ernst Ludwig Ehrlich und Erich Zenger. Deutsches Pax Christi Sekretariat. Frankfurt

Richtlinien und Hinweise für die Durchführung der Konzilserklärung "Nostra Aetate" Art. 4 der vatikanischen Kommission für die Beziehungen zum Judentum vom 3.1.1975. In: Richter, Klemens: Die Katholische Kirche und das Judentum. Dokumente 1945-1980. Deutsches Pax Christi Sekretariat. Frankfurt, S. 37-41

Rivkin, Ellis: A Hidden Revolution. The Pharisees' Search for the Kingdom Within. Nashville 1978

Robinson, W.C. Jr.: Der Theologische Interpretationszusammenhang des lukanischen Reiseberichts. In: Braumann, Georg: Das Lukasevangelium. Die Redaktions- und Kompositionsgeschichtliche Forschung. Darmstadt 1974, S. 115-134

Rogerson, J.W. and McKay, J.W.: Psalms 1-50, Psalms 51-100, Psalms 101-150, CNEB 24, Cambridge 1977

Roloff, Jürgen: Die Apostelgeschichte. NTD 5, Göttingen 1981

-      Die Offenbarung des Johannes. ZBK 18, Zürich 1984

Ruether, Rosemary R.: The Future of Christian Theology about Judaism. In: Christian Attitudes on Jews and Judaism 49 (Aug. 1976), S. 1-5.8

Sänger, D.: χώρα. In: Balz, H. und Schneider, G.: Exegetisches Wörterbuch zum Neuen Testament, Bd. 3, Stuttgart 1983, Sp. 1178 f.

Safrai, Shmuel: The Land of Israel in Tannaitic Halacha. In: Strecker, Georg: Das Land Israel in biblischer Zeit. Jerusalemer Symposium 1981 der Hebräischen Universität und der Georg-August-Universität. Göttingen 1983, S. 201-215

Sanders, E.P.: On the Question of Fulfilling the Law in Paul and Rabbinic Judaism. In: Daube, D.: Donum Gentilicium. New Testament Studies in Honour of David Daube. Oxford 1978, S. 103-126

Schechter, Solomon: Aspects of Rabbinic Theology. Major Concepts of the Talmud. New York 1972 (4. Aufl.)

Schelkle, Karl Hermann: Die Petrusbriefe. Der Judasbrief. HThK 13, Fasz. 2, Freiburg 1964 (2. Aufl.)

Schidelko, Johannes: Der Vatikan und die Juden – Der Vatikan und Israel. In: Rübenach, Bernhard: Begegnungen mit dem Judentum. Stuttgart 1981, S. 249-258

Schierse, Franz Joseph: Verheissung und Heilsvollendung. Zur Theologischen Grundfrage des Hebräerbriefes. MThS Abt. 9. München 1955

Schlier, Heinrich: Der Brief an die Epheser, Düsseldorf 1968 (6. Aufl.)

– Der Brief an die Galater. KEK Abt. 7, Göttingen 1962 (12. Aufl.)

– Die Kirche nach dem Briefe an die Epheser. In: Schlier, H.: Die Zeit der Kirche. Exegetische Aufsätze und Vorträge, Bd. 1, Freiburg 1962 (3. Aufl.), S. 159-186

– Der Römerbrief, HThK 6, Freiburg 1977

Schmid, H.H.: גורל goral Los. In: THAT, Bd. 1, München 1978, Sp. 412-415

– ירש jrš beerben. In: THAT, Bd. 1, München 1978 (3. Aufl.), Sp. 778-781

– Messiaserwartung und Rückkehr in das Land Israel nach dem Alten Testament. In: Eckert, W.P., Levinson, N.P. und Stöhr, M.: Jüdisches Volk – gelobtes Land. München 1970, S. 188-196

Schmid, Josef: Das Evangelium nach Matthäus. RNT 1. Regensburg 1965 (5. Aufl.)

Schmidt, Hans Wilhelm: Der Brief des Paulus an die Römer. ThHK in neuer Bearbeitung 6. Berlin 1963

Schmithals, Walter: Das Evangelium nach Lukas. ZBK 3,1. Zürich 1980

Schnackenburg, Rudolf: Der Brief an die Epheser. EKK 10. Zürich 1982

−   Das Johannesevangelium. 2. Teil: Kommentar zu Kap. 5-12. 3. Teil: Kommentar zu Kap. 13-21. HThK 4,2 und 3. Freiburg 1971. 1975

Schneider, Gerhard: Die Apostelgeschichte. 1. Teil: Einleitung. Kommentar zu Kap. 1,1-8,40. 2. Teil: Kommentar zu Kap. 9,1-28,31. HThK 5,1 und 2. Freiburg 1980. 1982

Schoeps, Hans-Joachim: Paulus. Die Theologie des Apostels im Lichte der jüdischen Religionsgeschichte. Tübingen 1959

Scholem, Gershom: Über einige Grundbegriffe des Judentums. Frankfurt am Main 1970

Schröger, Friedrich: Der Verfasser des Hebräerbriefes als Schriftausleger. BU 4, Regensburg 1968

Schubert, Kurt: Das Land Israel in der Sicht des rabbinischen Judentums. In: Thoma, Clemens: Auf den Trümmern des Tempels - Land und Bund Israels im Dialog zwischen Christen und Juden. Wien 1968, S. 77-90

Schürmann, Heinz: Das Lukasevangelium. Erster Teil: Kommentar zu Kap. 1,1-9,50. HThK 3, Freiburg 1969

Schulz, Siegfried: Komposition und Herkunft der Johanneischen Reden, BWANT 5, Folge 1, Stuttgart 1960

−   Q. Die Spruchquelle der Evangelisten. Zürich 1972

Schweizer, Eduard: Der Brief an die Kolosser. EKK 12. Zürich 1976

−   Ego Eimi. Die religionsgeschichtliche Herkunft und theologische Bedeutung der johanneischen Bildreden, zugleich ein Beitrag zur Quellenfrage des vierten Evangeliums. FRLANT 56, Göttingen 1965 (2. Aufl.)

−   Das Evangelium nach Matthäus. NTD Teilbd. 2, Göttingen 1973 (13. Aufl.)

−   Gemeinde und Gemeindeordnung im Neuen Testament. AThANT 35, Zürich 1962 (2. Aufl.)

−   Der Kirchenbegriff im Evangelium und den Briefen des Johannes. In: Schweizer, E.: Neotestamentica. Deutsche und Englische Aufsätze 1951-1963, Zürich 1963, S. 254-271

Schweizer, Eduard: Matthäus und seine Gemeinde. SBS 71, Stuttgart 1974

Smend, Rudolf: Das uneroberte Land. In: Strecker, Georg: Das Land Israel in biblischer Zeit. Jerusalemer Symposium 1981 der Hebräischen Universität und der Georg-August-Universität. Göttingen 1983, S. 91-125

Smith, D. Moody: The Sources of the Gospel of John: an Assessment of the present State of the Problem. In: NTS 10 (1963 f.), S. 336-351

Solomon, Norman: Division and Reconciliation. St. Paul's Lecture 1980. London 1980

Springer, Bernard: Israels Hoffnung auf das Land. Eine Studie zum Inhalt der Landverheissung im Alten Testament. Unveröffentlichte Dissertation Wien - Rom 1976. Davon veröffentlicht:

-   Die Landverheissung im Deuteronomistischen Geschichtswerk. Rom 1976

Steck, Odil Hannes: Israel und das gewaltsame Geschick der Propheten. Untersuchungen zur Überlieferung des deuteronomistischen Geschichtsbildes im Alten Testament, Spätjudentum und Urchristentum. WMANT 23, Neukirchen-Vluyn 1967

Stegemann, Hartmut: "Das Land" in der Tempelrolle und in anderen Texten aus den Qumranfunden. In: Strecker, Georg: Das Land Israel in biblischer Zeit. Jerusalemer Symposium 1981 der Hebräischen Universität und der Georg-August-Universität. Göttingen 1983, S. 154-187

Stemberger, Günter: Die Bedeutung des 'Landes Israel' in der rabbinischen Tradition. In: Kairos 25 (1983), S. 176-199

-   Geschichte der jüdischen Literatur. Eine Einführung. München 1977

-   Die Stephanusrede (Apg. 7) und die jüdische Tradition. In: Fuchs, A.: Jesus in der Verkündigung der Kirche. Linz 1976, S. 154-174

Stendahl, Krister: Quis et Unde? Eine Analyse von Mt 1-2 (1960). In: Lange, J.: Das Matthäus-Evangelium. Darmstadt 1980, S. 296-311

Stöhr, Martin: Jüdische Existenz und die Erneuerung der christlichen Theologie. München 1981

Stolz, E.: "נוח nu[a]h ruhen". In: THAT, Bd. 2, München 1976, Sp. 43-46.

Strack, H.L. und Billerbeck, Paul: Kommentar zum Neuen Testament aus Talmud und Midrasch. Bd. 1–4. München 1922–1928

Strack, H.L. und Stemberger, Günter: Einleitung in Talmud und Midrasch. München 1982 (7. Aufl.)

Strecker, Georg: Das Land Israel in biblischer Zeit. Jerusalemer Symposium 1981 der Hebräischen Universität und der Georg-August-Universität. Göttingen 1983

– Das Land Israel in frühchristlicher Zeit. In: Strecker, Georg: Das Land Israel in biblischer Zeit. Jerusalemer Symposium 1981 der Hebräischen Universität und der Georg-August-Universität. Göttingen 1983, S. 188–200

– Die Makarismen der Bergpredigt. In: NTS 17 (1970–71), S. 255–275

Strobel, August: Der Brief an die Hebräer. In: Jeremias, J. und Strobel, A.: Die Briefe an Timotheus und Titus. Der Brief an die Hebräer. NTD 9. Göttingen 1975

Swete, Henry B.: The Apocalypse of St. John. London 1906

Tal, Uriel: Jüdisches Selbstverständnis und das Land und der Staat Israel. In: FrRu 23 (1971), Nr. 85/88, S. 27–32

Tatum, W. Barnes: Die Zeit Israels: Lukas 1–2 und die theologische Intention der lukanischen Schriften. In: Braumann, Georg: Das Lukasevangelium. Die Redaktions- und Kompositionsgeschichtliche Forschung. Darmstadt 1974, S. 317–336

Theissen, G.: "Wir haben alles verlassen" (Mc. X,28). Nachfolge und soziale Entwurzelung in der jüdisch-palästinischen Gesellschaft des I. Jahrhunderts n.Chr. In: NT 19 (1977), S. 161–196

Theologische Schwerpunkte des jüdisch-christlichen Gesprächs. Arbeitspapier des Gesprächskreises "Juden und Christen" des Zentralkomitees der deutschen Katholiken vom 24.4.1979. In: Richter, Klemens: Die Katholische Kirche und das Judentum. Dokumente 1945–1980. Pax Christi Sekretariat. Frankfurt, S. 53–59

Thoma, Clemens: Auf den Trümmern des Tempels. Land und Bund Israels im Dialog zwischen Christen und Juden. Freiburg 1968

– Christliche Theologie des Judentums. Aschaffenburg 1978

– Kirche aus Juden und Heiden. Biblische Informationen über das Verhältnis der Kirche zum Judentum. Wien 1970

Thoma, Clemens: Das Land in der rabbinischen Tradition. In: Eckert, W.P., Levinson, N.P. und Stöhr, M.: Jüdisches Volk - gelobtes Land, München 1970, S. 37-51

–   Le lien entre peuple, terre et religion dans l'Ancien et le Nouveau Testament. In: Sidic 8,2 (1975), S. 4-16

Thomas, Kenneth J.: The Old Testament Citation in Hebrews. In: Septuagint: Origins, Recensions, and Interpretations. New York 1974, S. 507-529

Thompson, Norma H. and Cole, Bruce, K.: The Future of Jewish-Christian relations. Schenectady, New York 1982

Tiede, David L.: Prophecy and History in Luke-Acts. Philadelphia 1980

Über das Verhältnis der Kirche zum Judentum. Erklärung der deutschen Bischöfe vom 28.4.1980. In: Richter, Klemens: Die Katholische Kirche und das Judentum. Dokumente 1945-1980. Deutsches Pax Christi Sekretariat. Frankfurt, S. 59-72

Urbach, Ephraim E.: The Sages - Their Concepts and Beliefs. Jerusalem 1975

Vanhoye, Albert: Situation du Christ. Hébreux 1-2, Paris 1969

–   La Structure Littéraire de l'Epître aux Hébreux. LeDiv 58. Paris 1976 (2. Aufl.)

de Vaux, Roland: Histoire ancienne d'Israel, I. Des Origines à l'installation en Canaan. Paris 1971

Vögtle, Anton: Das Buch mit den sieben Siegeln. Die Offenbarung des Johannes in Auswahl gedeutet. Freiburg 1981

–   Das Vaterunser - ein Gebet für Juden und Christen? In: Brocke, M., Petuchowski, J.J. und Strolz, W.: Das Vaterunser. Gemeinsames im Beten von Juden und Christen. Freiburg 1974, S. 165-195

Volz, Paul: Die Eschatologie der jüdischen Gemeinde im neutestamentlichen Zeitalter nach den Quellen der rabbinischen, apokalyptischen und apokryphen Literatur. Tübingen 1934 (2. Aufl.)

Wanke, G.: נַחֲלָה nah[a]la Besitzanteil. In: THAT Bd. 2, München 1976, Sp. 55-59

Wehmeier, G.: עלה 'lh hinaufgehen. In: THAT, Bd. 2, München 1976, Sp. 272-290

Weinert, Francis D.: The Meaning of the Temple in Luke-Acts. In: Biblical Theology Bulletin 11 (1981), S. 85-89

Weinfeld, Moshe: The Extent of the Promised Land – the Status of Transjordan. In: Strecker, Georg: Das Land Israel in biblischer Zeit. Jerusalemer Symposium 1981 der Hebräischen Universität und der Georg-August-Universität. Göttingen 1983, S. 59-75

Weippert, Manfred: Die Landnahme der israelitischen Stämme in der neueren wissenschaftlichen Diskussion. Ein kritischer Beitrag. FRLANT 92. Göttingen 1967

Weisl, Wolfgang von: Theologie des Zionismus und Antizionismus. In: Hor. 8,3 (1973), S. 164-181

Werblowsky, R.J. Zwi: Das "Land" in den Religionen. In: Strekker, Georg: Das Land Israel in biblischer Zeit. Jerusalemer Symposium 1981 der Hebräischen Universität und der Georg-August-Universität. Göttingen 1983, S. 1-6

–   Prophetie, das Land und das Volk. In: FrRu 23 (1971), 85/88, S. 33-35

Wilckens, Ulrich: Der Brief an die Römer. 1. Teilband: Röm 1-5, 2. Teilband: Röm 6-11. EKK 6/ 1 und 2. Zürich 1978. 1980

–   Gottes geringste Brüder – zu Mt 25,31-46. In: Festschrift für Werner Georg Kümmel zum 70. Geburtstag: Jesus und Paulus. Göttingen 1975, S. 377 ff.

Williams, C.S.C.: A Commentary on the Acts of the Apostles. BNTC 5. London 1964

Wirth, Wolfgang: Die Bedeutung der biblischen Landverheißung für die Christen. In: Eckert, W.P., Levinson, N.P. und Stöhr, M.: Jüdisches Volk – gelobtes Land. München 1970, S. 312-321

Young, Norman H.: The Gospel according to Hebrews 9. In: NTS 27 (1981), S. 198-210

Zehrer, Franz: Gedanken zum Jerusalem-Motiv im Lukasevangelium. In: Bauer, Johannes B. und Marbock, Johannes: Memoria Jerusalem. Freundesgabe Franz Sauer zum 70. Geburtstag. Graz 1977, S. 117-127

Zeller, Dieter: Die Versuchungen Jesu in der Logienquelle. In: TThZ 89 (1980), S. 61-73.

Zenger, Erich: Der Dialog muß weitergehen. Zwei wichtige Anstöße für eine notwendige Ökumene aus Juden und Christen. In: Richter, Klemens: Die Katholische Kirche und das Judentum. Dokumente 1945-1980. Deutsches Pax Christi Sekretariat, Frankfurt, S. 12-20

Zimmerli, Walther: Das "Land" bei den vorexilischen und früh-
    exilischen Propheten. In: Strecker, Georg: Das Land Is-
    rael in biblischer Zeit. Jerusalemer Symposium 1981 der
    Hebräischen Universität und der Georg-August-Universität.
    Göttingen 1983, S. 33-45

–   Die Seligpreisungen der Bergpredigt und das Alte Testa-
    ment. In: Daube, D.: Donum Gentilicium. New Testament
    Studies in Honour of David Daube. Oxford 1978, S. 8-26

Zimmermann, Heinrich: Das absolute Ἐγώ εἰμι als die neutesta-
    mentliche Offenbarungsformel. In: BZ 4 (1960), S. 54-69.
    266-276

–   Das Bekenntnis der Hoffnung. Tradition und Redaktion im
    Hebräerbrief. BBB 47. Köln 1977

Zinniker, Franz: Probleme der sogenannten Kindheitsgeschichte
    bei Matthäus. Freiburg-Schweiz 1972

Rainer Schmitt

Gottesgerechtigkeit - Heilsgeschichte
Israel in der Theologie des Paulus

Frankfurt/M., Bern, New York, 1984. 268 S.
Europäische Hochschulschriften: Reihe 23, Theologie. Bd. 240
ISBN 3-8204-5554-X   br. sFr. 56.--

In Fortsetzung der Untersuchung "Abschied von der Heilsgeschichte?"(EHS XXIII/195, 1982) wird im Zusammenhang des paulinischen Verständnisses von Gottesgerechtigkeit und Israel das Thema "Heilsgeschichte" behandelt - in durchgängiger Auseinandersetzung mit der radikal heilsgeschichtlichen Position Günter Kleins. Einem exegetischen Kap. I (zu Gal 2-4; 2Kor 3; Röm 3f.; 5,12ff.; 9-11) folgt in Kap. II-V eine Untersuchung der systematisch-theologischen Implikationen und Konsequenzen und in Kap. VI eine Stellungnahme zum rheinischen Synodalbeschluß "Zur Erneuerung des Verhältnisses von Christen und Juden" (1980).

Aus dem Inhalt: Das Thema Heilsgeschichte wird im Zusammenhang des paulinischen Verständnisses von Gottesgerechtigkeit und Israel an Hand zentraler Texte untersucht (Kap. I) und auf seine systematisch-theologischen Implikationen und Konsequenzen (Kap. II-VI) bedacht.

Verlag Peter Lang Frankfurt a.M. · Bern · New York · Paris
Auslieferung: Verlag Peter Lang AG, Jupiterstr. 15, CH-3000 Bern 15
Telefon (004131) 321122, Telex pela ch 912 651, Telefax (004131) 321131